藏文古籍文献翻译研究丛书

西藏王统世系·水晶鉴

冉热·阿旺旦贝坚赞 著
班玛更珠 译注

中国藏学出版社

总 序

我国幅员辽阔，民族众多，是一个统一的多民族国家，形成了命运相依的中华民族共同体。在5000多年文明发展历程中，各族人民紧密团结、自强不息，共同创造出了源远流长、博大精深的中华文化。藏族作为中华民族中的一员，在与各族人民长期交往交流交融过程中，创造了内容丰富、特色鲜明、形式多样的文化。

公元7世纪佛教传入西藏后，历代吐蕃赞普都很重视佛经藏译事业，曾先后派百余名藏族青年前往中原、西域及古印度等地学习梵文和佛经，在前译和后译时期的数百年漫长岁月中，经200余名藏族译师与印度、中原、尼泊尔等地译师的共同努力，将释迦牟尼佛所讲的显密佛语经典，龙树、无著等二圣六庄严为主的论师所著解释佛语经典的佛学论著和声明学、因明学、医学、工巧明学，以及修辞学、辞藻学、韵律学、戏剧学、星象学等大小五明学科的论著从梵文为主等文种翻译成藏文，编在一起分别称为《丹珠尔》和《甘珠尔》。

据统计，藏文《丹珠尔》和《甘珠尔》共收录4000多部经典和论著，译存了印度几乎完全失传、而汉文和巴利文藏经又未曾译传的大量的密宗经论，以及因明学等方面的宝贵典籍。历史上，藏传佛教历代各派大德对这些佛学知识进行了详细深入的研究，写出了浩如烟海的精湛论著。

正是由于藏文《大藏经》的特殊地位，中央政府和西藏地方政府历史上曾多次统一组织过藏文《大藏经》翻译工作，积累了丰富的翻译经验。元、明、清中央政府曾将藏文《大藏经》全部译成蒙古文和满文，例如元世祖命藏汉僧人合作完成了藏汉《大藏经》的对勘，有《至元法宝勘同总录》传世；清乾隆时期召集200多位高僧和学者，历时8年完成225卷《丹珠尔》的蒙古文翻译工作。近代以来，随着各民族交往交流交融的不断加强，藏文《大藏经》的整理和翻译工作始终没有间断。

1986年中国藏学研究中心成立不久，即设立了《大藏经》对勘局，聘请数位德高望重、学识渊博的藏族学者主持整理、对勘工作，从西藏和四省涉藏州县选聘100多名学有专长、热心这项工作的学者从事整理、对勘工作。藏文《大藏经》对勘、出版工作被列为“七五”“九五”国家重点课题规划，中央财政斥资4000多万元进行支持，是西藏文化史上最重要的大型丛书之一，最终于2008年10月完成了全部出版任务。

在完成这项课题的过程中，我们发现藏文《大藏经》中有很多汉文《大藏经》中没有的佛典，如果对这些佛典进行翻译，可以不断丰富《中华大藏经》的内容，为佛学和藏学研究提供重要的基础资料，提高中国藏学和佛学研究水平，进一步促进汉藏文化交流。同时，将有助于推动中国与印度、尼泊尔、不丹、日本、韩国、泰国等周边国家以及同世界各国的文化交流，巩固和发展历史上传承下来的同世界各国开展的以佛学为中心的文化交流传统，也有助于促进民族间的文化交流和佛学交流。

2010年，中国藏学研究中心启动了“藏传佛教经典汉译”工作，由时任总干事拉巴平措同志担任项目组长，我负责主持此项课题，中心宗教所研究人员承担具体翻译任务。2013年，藏研中心将此项工作列入工作要点和中心重点课题。

党的十八大以来，以习近平同志为核心的党中央更加重视中华民族大家庭的文明交流互鉴。习近平总书记指出，对人类社会创造的各种文明，都应该采取学习借鉴的态度，都应该积极吸纳其中的有益成分，使人类创造的一切文明中的优秀文化基因与当代文化相适应、与现代社会相协调，弘扬跨越时空、超越国度、富有永恒魅力、具有当代价值的优秀文化精神。同时，在中央第七次西藏工作座谈会上，习近平总书记强调，要挖掘、整理、宣传西藏自古以来各民族交往交流交融的历史事实，促进各民族交往交流交融。

有鉴于此，2021 年，中国藏学研究中心将“藏传佛教经典汉译”项目调整为“藏文古籍文献翻译研究丛书”。我们希望本着传播经典、弘扬文化的宗旨，觅不朽于经典，选择有利于构筑中华民族共有精神家园的有关文献，将西藏和四省涉藏州县传统藏文典籍进行翻译，向各民族群众宣传西藏自古以来各民族交往交流交融的史实，引导各族群众看到民族的走向和未来，深刻认识到中华民族是命运共同体，不断铸牢中华民族共同体意识，巩固和发展平等团结互助和谐的社会主义民族关系，促进汉藏各族群众在中华民族大家庭中像石榴籽一样紧紧抱在一起。

在课题实施过程中，我们有幸得到北京、西藏、青海、甘肃、四川、云南、香港和国际藏学界同仁的热烈响应和大力支持。许多专家学者和高僧大德也提供了很好的建议，并积极参与翻译整理。对于学界和宗教界的热心支持和帮助，我们非常钦佩，心中充满了深深的敬意，在此一并表示诚挚的谢意。

目前，课题组已经出版了《尖扎阿哇寺贤劫千佛石刻》《哲蚌教法史》两部文献。为充分增强课题的协调性，我们决定将该课题成果以“藏文古籍文献翻译研究丛书”的形式出版。一方面体现我们藏学工作者的研究成果和水平；另一方面通过出版系列成果，为铸牢中华民族共同体意识提供翔实的基础资料。

由于汉藏古籍文献翻译难度较大，鉴于我们水平有限，本系列丛书难免有舛错之处，希望专家、学者和广大读者批评指正。

郑　堆

2021 年 11 月于北京

序 言

冉热·阿旺旦贝坚赞著，班玛更珠(严永山)译注的《西藏王统世系·水晶鉴》一书就要由中国藏学出版社出版了，可喜可贺。作者冉热·阿旺旦贝坚赞生活在公元18世纪末到19世纪初，担任过西藏昌都八宿寺法台，是冉热转世系统活佛，曾在七世帕巴拉晋美班丹丹贝贡布贝桑布(1755—1794年)座前受戒，并于1814年以经师身份参加九世济咙·洛桑丹贝坚赞（1811—1854年）的坐床仪式等相关活动，经历了九世达赖喇嘛（1805—1816年）圆寂，十世达赖喇嘛认定坐床，且与七世班禅（1781—1853年）和八世帕巴拉晋美班丹丹贝尼玛（1795—1847年）同时代，阅历丰富并对西藏地方政教大事有着密切的关注，加之博学多识，遂能成就该部教法史著作。

《西藏王统世系·水晶鉴》完成于1822年，内容简明而丰富，除了书首礼赞和书尾跋颂之外，包括：中原王统、蒙古王统、昆氏世系、历任施主、蔡巴政教之兴起、帕竹政教之发展、内邬栋巴法王世系、第巴琼结巴世系、恰巴万户长世系、嘉里瓦世系、甘丹颇章和藏巴汗之兴起、宗喀巴传略、第一至九世达赖喇嘛时期及历任摄政、第一至七世班禅在世期间之历辈传承、多仁和桑珠颇章家族、历辈帕巴拉活佛、历辈喜瓦拉活佛、历辈曲杰阿旺活佛、历辈贡多活佛、历辈嘉日活佛、八宿济咙活佛世系、历辈察雅扎巴嘉措活佛、历辈琼仓活佛、达隆活佛政教史、夏仲孜扎巴传略等，重点记述元明清时期中原王朝和西藏地方的政教历史，既有蒙古暨元朝在西藏地方统治的历史，又有昆氏家族和萨迦派政教势力在西藏地方的特殊影响；既有政教结合的各万户后裔的延续，又有西藏若干贵族世家的兴衰迭代；既有宗喀巴事迹传略，又有包括达赖喇嘛、班禅额尔德尼在内的众多活佛转世系统的叙述，其中对作者所处的时代和所在地区昌都政教的记载更为详细，且更具参考价值。

《西藏王统世系·水晶鉴》虽然篇幅不大，却传递了十分丰富的历史信息，而且不乏亮点。首先，该书把佛教在中原地区的传播史，汉唐以来中原地区王朝沿革史，以及元以来中央政府对西藏地方的管理，西藏地方和中原地区的文化交流等重点历史脉络都一一呈现出来，说明作者很有见地，著作很有价值。例如，书中称："据说，上述周朝第五位王即周昭王时期，佛祖释迦牟尼诞生。第六位王即周穆王时期，最终宏化。""大汉第五位皇帝武帝时期，国力空前强大，除中原之地，还占据了蒙古和西藏等地。此外，从这时起改尚黄，改冬至为年初之惯例，采取孟春为一年之初，此习俗一直延续至今。在汉朝第十三位皇帝明帝时期，佛教开始传入中原并得到了发展。""盛唐开国年代，大致与吐蕃赞普南日松赞时期末相当。唐朝第二位皇帝穆秦王之女文成公主嫁给法王松赞干布，因此蕃人称其为唐太宗或雄狮赞普。唐朝灭亡的年代大致与吐蕃赤热巴巾赞普归天同时。"等等。"唐灭后的五十余年，先后出现部分割据政权，最终统一于宋。当时北方出现了契丹霍尔王，占据汉地北方边境十六州，除霍尔外，国力以宋为最强。"寥寥数语，王朝更替线索清楚明白。

元朝管理西藏地方各项事务，不独萨迦派受到朝廷的倚重，蔡巴噶举派"为建蔡巴教派之寺庙，曾七赴大都觐见皇帝，请来汉地能工巧匠完成中殿金顶、金饰等精美工程。"而崛起的帕木竹巴万户长司徒绛曲坚赞，在与萨迦、雅桑、蔡巴等发生冲突之际，担心受到诬告，"为消除皇帝之疑虑，司徒遣仲钦喜绕扎西进京面圣，献上四爪俱全之完整白色狮子皮为主的大量珍宝，得到利益世世代代之册封和封诰，此时的皇帝当为扎牙笃。"展现出即使元朝晚期，朝廷仍控制着西藏地方的大政并拥有至高无上的权力。明朝建立后，绛曲坚赞的后继者章阳大国师沙加监赞“继大殿之法座，皇帝授其大司徒、靖国公封号，赐灌顶国师金印，另授其掌管全藏三区之印。”“内邬栋扎巴坚赞即将荣登（帕木竹巴地方政府第悉）宝座或继位之初，恰值其（永乐皇帝）占据中原之际，赐扎巴坚赞‘灌顶阐化王’封诰和水晶大印等，之后享誉全藏中心和边远之地的‘王扎巴坚赞’之名即由此而来。这个时期恩赐各大宗宗室后裔以封号，并规定世袭罔替。”清楚说明西藏地方的政教权力来自明朝廷的赐予。作者还对元朝和明朝均予较为中肯的评价，称“元朝历任皇帝仁义勤政，然皆不长寿，统治中原地区共百五十年。从成吉思汗至顺帝，共历十五位帝王，加上元灭至林丹呼图克图之间继续统治蒙古地区的二十位王，蒙古王统共历三十五位王，统治时间延续四百二十九年，有云如此这般大汉以来未曾有也。”值得注意的是，作者把成吉思汗作为元朝的开创者。书中称“（明朝）未能占据西部斯央和北方草原之地，（疆域）虽比元朝为小，但在其他方面颇有建树。（明太祖）与法王噶玛巴结为供施，对（发扬）佛苯教法和管理地方政务恩德莫大。”可见，作者虽为出家僧人，却能抓住中央王朝政治大局，并对中央与西藏地方关系给予特殊的重视。

其次，书中对相关历史事实的描写具有重要的参考价值。比如，在谈到萨迦昆氏家族历史时，称“往昔藏人极重血统，要论起源，那就得说家族世系传自天神，江河溪流源于雪山。”谈到阔端与萨班凉州会谈时，书中称“虽然未能目睹相关文字记载，但有传说言当时弟子考察师傅三年，师傅考察弟子六年，共历整整九年云云，对此并无相关文献可以佐证。”颇有兴味。讲到西藏地方的官员、贵族服饰制度时，称“之前各法王时期，似印度、泥婆罗之俗，王者头缠名为‘拉推’之头巾；所谓国王之五标志，《律经》言为缠花式头巾、花靴、华盖、拂尘及护卫宝剑也。度量衡制定亦如印度之法。后，王朝法度松弛日久，诸多习俗亦逐渐消亡。萨迦和蒙古法度建立之时，因与蒙古和汉地交流日深，贵人所戴宝冠、官袍和蒙古靴等流传至今。此王（扎巴坚赞）之时，各仲科穿戴‘巴珏’发饰、珍宝耳饰和阿贡帽等仲科服饰，规定了藏历新年等庆典时需用的所谓‘仁钦坚缀’藏装之规格，对日常之帽、衣、靴和仪态亦做了相应的规定，力求符合上流标准，体现庄重严谨。”勾勒出服饰制度的发展轮廓及因革的动因。

书中用较大的篇幅记述了清朝中前期的西藏地方历史。诸如，五世达赖喇嘛朝觐顺治皇帝的历史。1652 年，五世达赖喇嘛应朝廷邀请，于藏历三月率僧俗随从上千人，沿北路缓缓前往京师，于十一月到达大皇宫。“顺治皇帝虽然年不过十七，但在持各种语言的众臣簇拥之下，毫无畏惧之相，现脱辔雄狮雄起之姿也。”五世达赖喇嘛留居京师三月有余，多次获得皇帝会晤和宴请，并获得大量供奉和赏赐，大皇帝赐给“统领西部全境之金册、如意金质大印等帝师规格之赏赐无量”，1653 年二月五世达赖喇嘛一行启程返藏，同年燃灯节前夕到达大昭寺。书中对六世达赖喇嘛仓央嘉措出身的记载也很有价值，而且取自《仓央嘉措秘传》资料。文称“按照密封之秘密授记，以及拉莫、乃琼等（护法神）的预言，认定六世达赖喇嘛出身尼氏大娑罗林般之掘藏师白玛林巴家族，父为扎西丹增，母名次旺拉姆，于火猪年出生于门隅错那拉沃域松之地。于火牛年（1697 年）正式公布（五世达赖喇嘛之前已经）圆寂，将（六世达赖喇嘛）迎请至羊卓，从后藏迎请班禅仁波切洛桑益希为其剃度，赐法名为洛桑仁钦仓央嘉措。……班禅也来道贺，师徒相见授受若干灌顶和供赐。”后来，仓央嘉措不受第巴桑结嘉措管束，沉湎于射箭、饮酒等。第巴遂请佛母、拉藏王子和达孜第巴等进行规劝，皆无功而返。直到 1702 年仓央嘉措径赴后藏，恭请班禅收回之前所授之戒。班禅严厉规劝并予以批评，仓央嘉措竟然一怒而起，至班禅寝殿门外，转身三叩首后说：“（吾此番）有违师命，敬请海涵”，脱下袈裟，身着长袍便装扬长而去。最终于 1707 年在前往内地途中，在蒙古贡嘎诺尔地方圆寂，时年 25 岁。清朝治理西藏地方的主要事件，该书均有记载。诸如，1720 年雍正帝派皇十四子允禵等率领大军三千余人马护送七世达赖喇嘛入藏，皇帝赐封“西天所领天下释教之主”的金册13册，百两纯金打造之金印，上刻汉、藏、蒙古三种文字“弘法觉众第六辈达赖喇嘛之印”；康济鼐获赐“戴青巴图鲁”称号，担任噶伦，工布阿尔布巴·多吉杰布、藏巴隆布鼐康萨巴·扎西杰布、卫地扎萨克札尔鼐等因功受封贝子和公之爵位，四人同被朝廷封为噶伦，以及五年后，皇帝降旨命康济鼐总理西藏政务等；“阿尔布巴事件”是西藏地方统治集团发生内讧，“究其原因，盖康济鼐极度仇视宁玛一派，然其他（三）人崇信宁玛，加上（其等）不甘居于（康济鼐之）下，遂密谋加害”。这里提到了几位噶伦因信仰教派不同引发了激烈的纷争。记载了后来颇罗鼐获赐多罗贝勒名号，顶戴花翎并受命主持政务，而贝子阿尔布巴、公隆布鼐、扎萨克札尔鼐为首之十六名贵族于同一日伏法；清朝在西藏恢复驿站并留两位大臣和五百余军士驻扎西藏；乾隆皇帝赐封颇罗鼐郡王衔；珠尔默特那木札勒叛乱被平息；大中堂福康安、海兰察等率大军驱除入侵西藏的廓尔喀，等等。这些记载内容丰富，且可以与其他相关史书相互印证，有助于西藏地方与中央政府关系，以及各民族交往交流交融史的研究，也有助于读者了解西藏地方历史文化的深刻内涵。

再次，书中对历史事件、人物等有自己的分析和判断，并努力秉持较为客观的态度。在谈到西夏王统历史时称，“宋朝第四位皇帝时期，据说西方康区王李元昊反叛并建立政权，贡布加的史记将该地认定为姜或三赕，经过探究，此说估计有误，该王当是古藏文史书中所记之木雅国王也。藏文古籍中虽有木雅王统的记载，但似无将宋称为木雅国王之说也，其地亦不在姜域。因此古称木雅之地，可能是今安多附近凉州省辖下之地区。姜三赕崛起于大明时期，清顺治时期尚有王统传承。木雅早前已被霍尔所灭，另外，宋或木雅之一也可能为姜或三赕等地也。”在谈到明朝取代元朝历史时，作者称：“此间需要论及者，在元朝末代皇帝顺帝继位三十六年后，中原王政失于大明。关于此事，虽然《西藏王臣记》有另外一说，但鉴于汉文文献本身所具之权威性，……日后势力逐渐壮大，一一兼并其他势力，最终得到蒙古天下，国号大明。”说明作者在材料取舍上持第一手资料优先的立场。

当然，作为一位佛教史家，冉热·阿旺旦贝坚赞的《西藏王统世系·水晶鉴》看重的依然是佛教历史，也始终站在佛教的立场来分析历史，尽管没有曲解西藏地方隶属于中央政府的实质，却也将元朝、明朝和清朝皇帝与西藏地方宗教首领之间的关系采用“供施”两字来表述，甚至相信所谓的谶语：“诚如莲花生大师秘密教言所言：‘与蒙供施结自公堂’，薛禅皇帝为八思巴大师奉献所有藏土，形成了‘天上日月一双，地上萨蒙供施’的辉煌局面，萨迦所统地域空前壮大。然则，自法王赤热巴巾时期僧相钵阐布勃阑伽·贝吉云丹被冤杀后，其‘愿从此往后不要出现统治全藏之王’之诅咒威力巨大，影响深远，以致八思巴兄弟在权势极盛之时英年早逝，后裔内部分裂为四而引起内斗，本钦四五年一换所致权力交接变动频繁，使得（萨迦派）完全掌握政教权力之时间仅仅维持七十五年。”但是，这些并不影响该书的学术和史料价值。

藏文历史文献的翻译工作是一项十分有意义而又辛苦的工作，必须熟悉汉藏两种文字，并具备相关的西藏历史和藏传佛教知识。该书的译者班玛更珠博士完全具备这些条件，并且以认真求实的态度完成了该书的翻译注释工作，为西藏历史研究者利用该书提供了很大的便利。译者花费了不小精力，旁征博引，利用数十种汉藏资料和研究成果做注释工作，不仅在量上，而且从质上提升了该书的使用价值。这项工作的内容主要包括：一是对历史人物、历史地理、专有名词、宗教术语、历史事件等作出详细的注释。由于藏文历史文献中同名异地异人者众多，同地同人异名者也复不少，使用简化名、指代名比比皆是，特别是为数众多的人物生卒年问题、人物主要事迹、寺院的修建年代、活佛的转世系统，还有镶嵌人名典故的诗歌等等，均作核对查证，条分缕析，详为注释，颇为难得。一是指出原书记述的错误，包括年代，引用史料（如玄奘、辩机《大唐西域记》），人物（六世帕巴拉与七世帕巴拉事迹混淆，洛桑图道与赤列嘉措事迹混淆，不同人物混淆），史实之误，甚至错字、漏字、多出句子等情况，一一罗列，或者予以校正，或者加以提醒，对准确理解文意十分有用。一是在注释中深化对一些记载内容的认识，具有一定的创新特征。译者重视吸收学术界的最新研究成果，对文献记载作了更进一步的阐述。例如，注称："吐蕃突兀之王"常见于藏文传统史籍，但其中的"突兀"两字何解，学术界一直以来没有相对准确的解释。新世纪发现于西藏阿里的一部珍贵藏文历史文书、古格班智达扎巴坚赞著《太阳王系和月亮王系》，对吐蕃为何被称为"突兀之王"做出了权威的解释。称"突兀幻化之王，一般指吐蕃。另一方面，虽然四周其他地区（汉地、印度、大食、格萨尔）都有君王，但是都由人类来担任，因此没有多少神奇之处，而吐蕃的君王是由天神担任，故称为'突兀之王'。"等等。

该译注是班玛更珠博士承担的中国藏学研究中心重点课题"西藏地方政治史研究与藏文历史文献翻译整理"子课题的最终成果，他请我作序，作为课题负责人我义不容辞，遂简略谈一下阅读该部译著后的一些感受，既作为祝贺，也就教于同好读者，聊作序言。

张　云

2022 年 3 月 25 日

目　录

译者前言

传统藏族史学尽管没有被纳入传统学科体系“十明文化”（བཅུ་ཕྲག་རིག་གནས།）的范畴，但其发展仍然源远流长，成就令人瞩目。从吐蕃时期的金石铭文到敦煌文书，再到通史性质的王统记、教法史，以及家族史、地方志和人物传记等传统藏文专史著作来看，藏族学人的治史精神和记史传统其来有自，史籍的特点亦自成一体。以王统记和教法史为代表的通史而论，自分裂割据时期的《娘氏教法源流》（ཆོས་འབྱུང་མེ་ཏོག་སྙིང་པོ་སྦྲང་རྩིའི་བཅུད།）、《弟吾教法史》（མཁས་པ་ལྡེའུས་མཛད་པའི་རྒྱ་བོད་ཀྱི་ཆོས་འབྱུང་རྒྱས་པ།）开始，先后有《布顿佛教史》（བུ་སྟོན་ཆོས་འབྱུང་གསུང་རབ་རིན་པོ་ཆེའི་མཛོད།）、《红史》（དེབ་ཐེར་དམར་པོ།）、《雅隆尊者教法史》（ཡར་ལུང་ཇོ་བོའི་ཆོས་འབྱུང་།）、《西藏王统记》（རྒྱལ་རབས་གསལ་བའི་མེ་ལོང་།）、《新红史》（དེབ་ཐེར་དམར་པོ་གསར་མ།）、《青史》（དེབ་ཐེར་སྔོན་པོ།）、《汉藏史集》（རྒྱ་བོད་ཡིག་ཚང་ཆེན་མོ།）、《贤者喜宴》（ཆོས་འབྱུང་མཁས་པའི་དགའ་སྟོན།）、《西藏王臣记》（བོད་ཀྱི་དེབ་ཐེར་དཔྱིད་ཀྱི་རྒྱལ་མོའི་གླུ་དབྱངས།）、《白史》（དེབ་ཐེར་དཀར་པོ།）等耳熟能详的史学巨著，不仅记录下了西藏历史发展的基本历程，也为后人研究西藏的历史和文化提供了珍贵的史料，打下了坚实的基础。

1990 年，由恰白·次旦平措主编的“雪域宝库”丛书系列《西藏史籍五部》（བོད་ཀྱི་ལོ་རྒྱུས་དེབ་ཐེར་ཁག་ལྔ།）出版，收入《奈巴教法史——古谭花鬘》（སྔོན་གྱི་གཏམ་མེ་ཏོག་ཕྲེང་བ་ཞེས་བྱ་བ།）和《西藏王统世系·水晶鉴》（རྒྱལ་རབས་ཆོས་འབྱུང་ཤེལ་དཀར་མེ་ལོང་།）等五部珍贵的史籍，其中《西

藏王统世系·水晶鉴》（以下简称《水晶鉴》）被誉为可以“补充五世达赖喇嘛的史学名著《西藏王臣记》所记之后的西藏历史”[1]，其中对清代西藏历史及昌都地方政教史做了更为系统的梳理，填补了传统藏文通史著作在此领域的空白，其史料价值不言而喻。

一、作者及成书年代

《水晶鉴》全称《王统世系与宗教源流水晶鉴贤者项饰》（རྒྱལ་རབས་ཆོས་འབྱུང་ཤེལ་དཀར་མེ་ལོང་མཁས་པའི་མགུལ་རྒྱན།），作者为今西藏昌都八宿寺（དཔའ་ཤོད་དགོན）的冉热活佛阿旺旦贝坚赞（རག་ར་ངག་དབང་བསྟན་པའི་རྒྱལ་མཚན），故又简称为《冉热教法史》（རག་ར་ཆོས་འབྱུང་།）。

八宿寺是昌都地区著名的藏传佛教格鲁派寺院，全称宣努八宿桑珠林（གཞོན་ནུ་དཔའ་ཤོད་བསམ་གྲུབ་གླིང་།），又称桑珠德钦林（བསམ་གྲུབ་བདེ་ཆེན་གླིང་།），因位于八宿县同卡镇，亦称同卡寺（ཐང་དཀར་དགོན་པ）。八宿寺建成于公元 15 世纪，据第巴桑结嘉措（སྡེ་སྲིད་སངས་རྒྱས་རྒྱ་མཚོ།）《格鲁派教法史——黄琉璃宝鉴》（དགའ་ལྡན་ཆོས་འབྱུང་བཻཌཱུརྻ་སེར་པོ།）载：“在宣努八宿（གཞོན་ནུ་དཔག་ཤོད），坚赞森格（རྒྱལ་མཚན་སེང་གེ）上师修建了楚寺（འཁྲུག），其侄子班觉桑布（དཔལ་འབྱོར་བཟང་པོ།）将寺迁到新址，名叫‘噶丹桑珠林寺’（དགའ་ལྡན་བསམ་གྲུབ་གླིང）。”[2]这位始建八宿寺的坚赞森格，即格鲁派祖师宗喀巴的弟子洛瓦·坚赞森格（ལྷོ་བ་རྒྱལ་མཚན་སེང་གེ）[3]。八宿寺虽由洛瓦·坚赞森格和班觉桑布叔侄所建，此前亦经历多位寺院住持，[4]但其成为藏东一带具有较大影响力的寺院，却和清代济咙呼图克图关系莫大。

一直以来，八宿寺的名义寺主由强巴林寺的帕巴拉活佛担任，但其后一度由三世第穆·拉旺乔列朗杰（དེ་མོ་ལྷ་དབང་ཕྱོགས་ལས་རྣམ་རྒྱལ།，1572—1630 年）代掌八宿寺法座。然而在四世第穆·拉旺丹贝坚赞（དེ་མོ་ལྷ་དབང་བསྟན་པའི་རྒྱལ་མཚན།，1631—1668 年）时期，其属下内部不睦而产生纷争，为了平息纠纷，最终决定八宿寺暂由甘丹颇章地方政府直接管理。1668 年（藏历第十一饶迥土猴年），六世济咙·贡却尼玛（དཀོན་མཆོག་ཉི་མ།，1653—1707 年）赴拉萨色拉寺学经，其间曾于木虎年（1674 年）参加拉萨祈愿大法会辩经，并在五世达赖喇嘛座前受具足戒。其后，六世济咙向五世达赖喇嘛请辞返回昌都，达赖喇嘛赏赐其甘丹桑珠林（དགའ་ལྡན་བསམ་གྲུབ་གླིང་།）即八宿寺三依供养，以及八部壮年差民组成之八百余户作为其庄园之属民，同时赏赐尊享华盖等显赫褒奖。至此，六世济咙驻锡八宿寺。此后六世济咙因受准噶尔噶尔丹之邀前往调停准噶尔和喀尔喀之争，结果受噶尔丹叛清牵连，被康熙帝降罪解京，最终圆寂于北京。

之后的七世济咙·洛桑班丹坚赞贝桑布（བློ་བཟང་དཔལ་ལྡན་རྒྱལ་མཚན་དཔལ་བཟང་པོ།，1708—1758 年）在八宿寺坐床，后赴拉萨学经，与七世达赖喇嘛、章嘉呼图克图等多有交往。乾隆十三年（1748 年），七世济咙入京觐见乾隆皇帝并任雍和宫堪布，被乾隆帝封为“慧通禅师”。1758 年五十一岁时在北京圆寂，乾隆帝恩准将其法体请回西藏，赐其弟八宿寺法座阿旺丹巴培杰（གཙང་ངག་དབང་བསྟན་པ་འཕེལ་རྒྱས）札萨克头衔并金册，下旨众僧节哀，对寺院赏赐颇多。

八世济咙·洛桑丹贝贡布贝桑布（བློ་བཟང་བསྟན་པའི་མགོན་པོ་དཔལ་བཟང་པོ།，1760—1810 年）即著名的摄政功德林活佛，曾主持西藏地方政务八年，尽管在拉萨新建有驻锡寺院功德林（ཀུན་བདེ་གླིང་།），但八宿寺作为其驻锡之本寺也借此机会得到了很大的发展。因其担任摄政“期间处理政教事务皆合达赖喇嘛之意。为表其功，更鉴于其本寺供养属民条件欠佳，遂于土羊年（1799 年）札萨克丹增嘉措（ཇོ་སག་བསྟན་འཛིན་རྒྱ་མཚོ།）时期，将东朵仲秀三翼（སྟོམ་རྡོ་གྲོང་ཕྱུག་གསུམ།）、擦卓三部（ཚ་འབྲོང་ཁག་གསུམ།）等多处属地转封于（八世济咙）以济其寺产。”[5] 由此可见，基于几辈济咙呼图克图在当时西藏地方政治、宗教领域的显赫地位，八宿寺的声望也随之水涨船高，成为昌都地区一个重要的宗教文化中心。

《水晶鉴》的作者冉热·阿旺旦贝坚赞，由于缺乏权威的文献记载，其生平不详，相关信息也较为零散。恰白·次旦平措先生根据《水晶鉴》中的相关内容指出：这位冉热活佛出生于昌都本地，在七世帕巴拉晋美班丹丹贝贡布贝桑布（འཇིགས་མེད་དཔལ་ལྡན་བསྟན་པའི་མགོན་པོ་དཔལ་བཟང་པོ།, 1755—1794 年）座前受戒，曾以经师身份参与九世济咙·洛桑丹贝坚赞（བློ་བཟང་བསྟན་པའི་རྒྱལ་མཚན།，1811—1854 年）1814 年的坐床仪式等相关活动，所以其大致生活在公元 18 世纪末到 19 世纪初。[6]

诚如恰白先生所言，作者在《水晶鉴》中介绍昌都主要活佛系统时，确实明确提到以上相关个人信息，恰白先生推断的其生活年代大致不误。其他相关信息也能证明这一点，比如涉及作者写作这部《水晶鉴》时的部分历史“进行时”包括：“由于佛教众生时运不济，（九世达赖喇嘛）初生莲花般之色身被酷寒之灾侵扰。然则，盖大慈观世音菩萨化度此地之时尚未结束，必将乘愿为利益我佛教众生而早日从母胎降生，身像光芒万丈之太阳遍照天下，圣者新兴功德之事业亦昌盛于此世间也。”[7]即时值九世达赖喇嘛（1805—1816 年）圆寂，十世达赖喇嘛即将认定坐床时；七世班禅（1781—1853 年）这位“具德贤者年近四十，当前健在也”[8]；“当前乘愿再掌世间教法之圣者八世帕巴拉晋美班丹丹贝尼玛（1795—1847 年），一直勤习教法并有所成，即为眼下利乐佛教信众，尤为护佑吾康区众人之怙主也”[9]。如此信息，在二世策墨林活佛、五世喜瓦拉活佛、七世甲热活佛、三世贡多活佛，以及上述九世济咙活佛的信息中可以得出。[10]在全书的最后，作者提到撰成《水晶鉴》时自己的年龄，“此著由冉热活佛赤钦阿旺旦贝坚赞贝桑布撰于□十三岁时也”[11]，可能是因为原文受损，恰恰缺失了最重要的年龄信息，否则我们就能够推测出这位作者的生年。

除了恰白先生注意到的上述信息，还有一些信息也有可能有助于我们加深对这位作者的了解，比如《水晶鉴》在介绍七世济咙活佛时记曰：

之后的洛桑班丹坚赞贝桑布，出生于朵康之地类乌齐吉域拉喀（ཕྱི་ཡུལ་ལ་ཁ）地方。其父扎西曲加（བཀྲ་ཤིས་ཆོས་

> སྐྱབས）和母贡玛（མགོན་མ）共育有子女六人，长子温布旺扎多杰（དཔོན་པོ་དཔང་དྲག་རྡོ་རྗེ）；之下为温姆（དཔོན་མོ）；之下为朗然巴（སྣང་རམ་པ）转世；之下为此尊者；之下为意希格桑（ཡེ་ཤེས་སྐལ་བཟང），曾一度被传为帕巴拉尊者之转世；幼弟为冉热噶玛贡却活佛（རག་ར་ཀརྨ་དཀོན་མཆོག་སྤྲུལ་སྐུ），之后曾任法座。[12]

由上推之，七世济咙活佛的幼弟噶玛贡却曾任某寺法座，名号亦为冉热（རག་ར），不排除是本书作者冉热活佛一系的前世活佛。另外，该书在记述达隆活佛世系时提到，类乌齐寺杰仲活佛扎巴仁钦列珠（གྲགས་པ་རིན་ཆེན་ལེགས་གྲུབ）由噶托仁增（ཀཿཐོག་རིག་འཛིན）认定，经报八宿法台冉热活佛（རག་ར་སྤྲུལ་སྐུ）确认后正式坐床。[13]此处之扎巴仁钦列珠，为第五世杰仲活佛，曾被嘉庆皇帝封为呼图克图，赐玉印。[14]而主持其坐床的这位冉热活佛，当为《水晶鉴》作者本人，时任八宿寺法台。

关于《水晶鉴》的成书年代，书后“跋颂”部分明确记为藏历第十四饶迴水马年，即1822年。其文通过严格的纪年回溯法，主要以撰成本书的年代与西藏历史上某些重大事件的间隔年数为依据，先后从佛涅槃，松赞干布诞生，大昭寺、桑耶寺建成，阿底峡、冈布巴诞生，萨迦地方政权建立，类乌齐寺建成，大司徒建立帕竹地方政权，宗喀巴、根敦珠巴诞生，甘丹寺、强巴林寺建立，帕索曲坚、班禅洛桑曲坚、五世达赖喇嘛诞生，察雅旧寺建成，甘丹颇章地方政权建立，开始修建布达拉宫，济咙掌管八宿寺，桑结嘉措任第巴，七世达赖喇嘛诞生与坐床等事件“之后……年”的方式梳理到作者写作的年代。比如最后记曰：

> 第十二饶迴土鼠年（1708年）达赖喇嘛格桑嘉措诞生，十三岁即铁鼠年（1720年）登上兜率第二菩提洛迦金座，开启甘丹颇章政教后弘期后103年；第十三饶迴铁龙年（1760年）摄政大师意希洛桑丹贝贡布诞生，三十岁即

> 铁猪年（1791 年）主持西藏政教事业，三十二年后之第十四饶迥水马年（1822 年），于北方之土，藏土中区，朵康上部所属雨生林八宿寺，寺院住持、徒有转世活佛之虚名，持出家人之姿态者，以还愿之心撰于氐宿月上旬。祝吉祥，吉祥！此著由冉热活佛赤钦阿旺旦贝坚赞贝桑布撰于□十三岁时也。[15]

由上可知，《水晶鉴》由冉热活佛赤钦阿旺旦贝坚赞完成于公元 1822 年，即在 1643 年（水羊年）五世达赖喇嘛撰成《西藏王臣记》[16]之后近一百八十年之后。作者以《西藏王臣记》这部当时为止最权威的史学著作为参考，并在此基础上以更为翔实的笔法梳理了其后更为纷繁复杂的西藏历史。

二、基本结构和主要内容

《水晶鉴》原著不分章节，恰白先生等将其整理出版时，根据所载内容为该书大致做了章节划分，全书共分为二十七章。整体来看，这二十七章基本可以分为以下四个部分：

1. 藏文传统文书撰写格式中必备的首尾赞颂和祈祷词等，这一部分在《水晶鉴》分别为第一部分“书首礼赞”（མཆོད་བརྗོད་དང་བརྩམས་པར་དམ་བཅའ་བ།）和最后的第二十七部分“跋颂”（མཛད་བྱང་སྨོན་ཚིག）。按照藏文写作传统格式，一般著作或文章都由书首礼赞（མཆོད་བརྗོད）、起笔立誓（རྩོམ་པར་དམ་བཅའ་བ）、告请智者静听（བློ་ལྡན་ཉན་སྐུལ）等开篇部分，其后为正文，最后为总结（མཇུག་བསྡུ་བ）、回向（བསྔོ་བ）和祈愿（སྨོན་ལམ）等。《水晶鉴》第一部分原题为“书首礼赞和起笔立誓”，书首韵文共九段偈颂，其中首先赞颂诸佛菩萨、佛法僧三宝、历代法王和先贤等；随后即为点题和告读者部分：“汉蒙敕令威严智慧高，势力强盛覆盖广袤土，转其金轮以法统治者，文殊萨迦具德朗氏族，甘丹教派等享政教权，历代地方首领承袭史，此前从未曾有妙善言，善辨读者听吾简述言。”[17]之后散文部分在简单讨论撰史之重要性后，直接以极为简略的语言概述了以往史籍大书特书的印度王统和吐蕃王朝史。最后的“跋颂”部分，除了常规的祝福和祈祷外，重点讨论了作者撰史之原则，一定程度上体现了作者的史学思想。关于这一点下文再述。

2. 对西藏周边古代民族、地区和政权等历史的叙述，主要包括第一章“中原王统”（རྒྱའི་རྒྱལ་རབས་སྐོར།）、第二章“蒙古王统”（ཧོར་གྱི་རྒྱལ་རབས་སྐོར།）、第四章“历任施主”（རིམ་བྱོན་ཡོན་བདག་རྣམས་ཀྱི་བྱུང་ཚུལ།）等部分。在史书编写过程中兼顾叙述周边民族和地区的历史，而不孤立地探讨西藏地方史，一直以来都是藏族传统史学的重要特点。以往大多数传统藏文通史类著作，都用相当篇幅讲述中原王统、印度王统、蒙古汗国和元朝王统、西夏王统等，这部《水晶鉴》亦不例外。在“中原王统”部分，作者通过转引清代著名译师和学者工布查布（མི་བཟང་ཀུང་པོ་ཆེན་མགོན་པོ་སྐྱབས）所著《汉区佛教源流记》（རྒྱ་ནག་ཆོས་འབྱུང་།）中的王朝口诀，完整梳理了自三皇五帝到宋代的朝代变迁、帝王数量和统治年限。之后的“蒙古王统”和“历任施主”两章，重点介绍蒙古汗国的兴起和发展以及其后元朝历代皇帝的历史，其中对元代西藏归入中央王朝行政管辖的过程、元中央治理西藏地方等内容做了深入阐述。为了记述时方便顾及历史进程和事件本身的内在逻辑，作者在章节安排上也做了巧妙处理，即在“蒙古王统”和“历任施主”这两者中间插入“昆氏世系”一章，从而连接了蒙古汗国和元中央王朝与西藏地方的关系。除了上述专论中原王朝、蒙古汗国和元朝历史的章节外，接下来的中原王朝（明、清两朝）史，比如朱元璋建立明朝以及明中央治理西藏，在帕竹地方政权历史即第七章“内邬栋法王世系”中专门讲到[18]。而清朝治藏史，则在历辈达赖喇嘛、班禅额尔德尼、帕巴拉、济咙等活佛系统历史中得到了充分的体现。至于其他民族、地区的历史，则散布在书中不同的部分，比如印度王统在前面的“书首礼赞”部分做了简要介绍；辽（契丹）和西夏在中原王朝一章简略点出；而在讲述噶玛噶举派东向传播到云南地区的历史时，间接涉及丽江木土司的历史。

3. 作为主干的西藏地方历史部分。《水晶鉴》中这一部分的内容又可以划分为三个阶段，即吐蕃王朝，分裂割据至萨迦、帕竹、藏巴地方政权的建立和发展，以及撰成此书为止的甘丹颇章地方政权之历史。

诚如上述，《水晶鉴》中的吐蕃王朝史包括在前面的“书首礼赞”部分。但是和其他藏文通史著作不同的是，通常被史家们洋洋洒洒大篇幅叙述的吐蕃王朝史，在这部史著里仅仅表述如下：

> 且说吐蕃，诚如《噶当经卷珍宝》“吐蕃突兀之国持佛法”之所言，自第一位王聂赤赞普始，吐蕃历史上依次出现了天赤七王、上丁二王、中列六王、萨拉八德、下部三赞等王执政，据说其间产生了苯、仲、德乌。佛教在拉托托日时期初传吐蕃，后由祖孙三法王大力推崇和弘扬。按照桂译师宣奴贝所言，自松赞干布至达玛赞普时期的历史，完全符合《文殊师利根本续》中的授记。[19]

如此简述笔法，实属藏文通史著述传统所罕见。

分裂割据以来之历史，主要从萨迦、帕竹、藏巴地方政权的建立和发展方面展开，同时又照应到藏传佛教各教派相继形成并与世俗权力相结合的社会性质变化。比如第三章“昆氏世系”（འཁོན་གྱི་གདུང་རབས་སྐོར།）、第七章“内邬栋巴法王世系”（ཆོས་རྒྱལ་སྣེ་གདོང་པའི་གདུང་རབས།）、第十一章“甘丹颇章和藏巴汗之兴起”（དགའ་ལྡན་ཕོ་བྲང་དང་གཙང་རྒྱལ་བྱུང་ཚུལ།）依次分别是萨迦、帕竹和藏巴三个西藏地方政权的历史，内容包括政权如何兴起、基本制度的建立和发展、与中央政府的联系、历任首领及相关要人之事迹、政权的最终更替等。第五章“蔡巴政教之兴起”（ཚལ་པའི་ཆོས་སྲིད་བྱུང་ཚུལ།）、第六章“帕竹政教之发展”（ཕག་གྲུའི་བསྟན་སྲིད་ཁྱབ་ཚུལ།）两章介绍了蔡巴和帕竹这两个政教合一力量对当时西藏地方政权、教权和文化发展的影响。后面的第十二章“宗喀巴传略”（བཙོང་ཁ་པ་བྱུང་ཚུལ།），是为过渡到下一阶段即甘丹颇章时期历史的衔接部分。值得注意的是，在梳理这一阶段地方政权更替历史的同时，《水晶鉴》还以更为广阔的视野关注到当时诸多地方势力，这一部分内容包括第八章“第巴琼结巴世系”（སྡེ་པ་འཕྱོངས་རྒྱས་པའི་གདུང་རབས།）、第九章“恰巴万户长世系”（ཞྭ་པ་ཁྲི་དཔོན་གྱི་གདུང་རབས།）、第十章“嘉里瓦世系”（རྒྱ་རི་བའི་གདུང་རབས།）等。从篇章布局和主要内容看，关于这些地方势力的介绍体系基本继承自《西藏王臣记》，不再赘述。

第三阶段甘丹颇章地方政权历史部分，尽管只由第十三章“第一至九世达赖喇嘛时期及历任摄政”（ཏཱ་ལའི་བླ་མ་སྐུ་ཕྲེང་དགུ་པ་བར་དང་སྲིད་སྐྱོང་རིམ་ཅན་སྐོར།）、第十四章“第一至七世班禅在世期间之传承”（པཎ་ཆེན་སྐུ་ཕྲེང་བདུན་པ་འཚོ་བཞེས་སྐབས་བར་གྱི་སྐུ་ཕྲེང་ན་རིམ།）两部分组成，但却是《水晶鉴》这部史籍中分量最重、篇幅最长、内容最丰富，所记内容下限至此书撰成之时，也是“补充《西藏王臣记》所记之后西藏历史”的史料价值所在。在这一部分，作者将多数笔墨放在五世达赖喇嘛和固始汗共同建立西藏甘丹颇章地方政权，清廷护送七世达赖喇嘛入藏坐床，颇罗鼐的崛起和执政，摄政制度的建立及第穆、策默林、济咙等几位摄政活佛的作为，六世班禅入京朝觐等事件的阐述和梳理上，史料丰富，叙述细致，相关内容能与汉文档案文献和《五世达赖喇嘛自传·云裳》（ངག་དབང་བློ་བཟང་རྒྱ་མཚོའི་རྣམ་ཐར་དུ་ཀཱུ་ལའི་གོས་བཟང་།）、《七世达赖喇嘛传》（རྒྱལ་དབང་སྐུ་ཕྲེང་བདུན་པ་བློ་བཟང་བསྐལ་བཟང་རྒྱ་མཚོའི་རྣམ་ཐར།）、《颇罗鼐传》（མི་དབང་རྟོགས་བརྗོད།）、《六世班禅传》（པཎ་ཆེན་སྐུ་ཕྲེང་དྲུག་པ་དཔལ་ལྡན་ཡེ་ཤེས་ཀྱི་རྣམ་ཐར།）等藏文史料相互印证。此外，第十五章“多仁和桑珠颇章家族”（རྡོ་རིང་དང་བསམ་གྲུབ་ཕོ་བྲང་གུང་གི་མི་རབས་སྐོར།）亦属于这一阶段的内容，列出两个当时的豪门简史，与上一阶段“第巴琼结巴”等家族世系的历史一样，说明作者始终坚持将全局性的政教大权接替史和个体的地方（家族）势力发展史并重的治史特点。

4. 作为本书显著特色的昌都等康区[20]地方史。这一部分包括第十六章“历辈帕巴拉活佛”（འཕགས་པ་ལྷའི་སྐུ་ཕྲེང་རིམ་བྱོན།）、第十七章“历辈喜瓦拉活佛”（ཞི་བ་ལྷའི་སྐུ་འཕྲེང་སྐོར།）、第十八章“历辈曲杰阿旺活佛”（ཆོས་རྗེ་ངག་དབང་པའི་སྐུ་ཕྲེང་སྐོར།）、第十九章“历辈贡多活佛”（དཀོན་རྫོར་རིན་པོ་ཆེའི་སྐུ་ཕྲེང་སྐོར།）、第二十章“历辈嘉日活佛”（རྒྱ་ར་མཆོག་སྤྲུལ་གྱི་སྐུ་ཕྲེང་།）、第二十一章“八宿济咙活佛世系”（དཔའ་ཤོད་རྗེ་དྲུང་རིན་པོ་ཆེའི་གདན་རབས།）、第二十二章“历辈察雅扎巴嘉措活佛”（བྲག་གཡབ་གྲགས་པ་རྒྱ་མཚོའི་འཁྲུངས་རབས།）、第二十三章“历辈琼仓活佛”（ཆུང་ཚང་འཁྲུངས་རབས།）、第二十四章“达隆活佛政教史”（སྟག་ལུང་རིན་པོ་ཆེའི་ཆོས་སྲིད་བྱུང་ཚུལ།）、第二十五章“夏仲孜扎巴传略”（ཞབས་དྲུང་རྗེར་གྲགས་པའི་བྱུང་ཚུལ།）等，若仅从章节内容来看，几近占到全书的一半。在这些活佛系统中，作者重点介绍了历辈帕巴拉、达擦济咙、察雅切仓、帕曲活佛的历史，即清代康区著名的四大呼图克图世系。同样，作者也梳理了当时康区各种地方势力的地域范围和兴衰成败。在之前的萨迦、帕竹部分，这部《水晶鉴》已就德格土司等地方势力的兴起做了简要的介绍，而在这一部分，对波密土王噶朗巴（སྤོ་བོ་ཀ་ནམ་པ），霍尔三十九族，巴（塘）、理（塘）、明正（ལྕགས་ལ）和德格土司，囊谦（ནང་ཆེན）、热须（རག་ཤུལ）、玉树（ཡུག་ཤུལ）等北部部落，以及康区诸多官府宗堡等，多有涉及。

三、主要特点和史学价值

由上可知，作为一部通史性著作，《水晶鉴》既有传统藏文通史著作的共同性特征，又在篇章结构、内容侧重、记史手法，乃至一些具体的观点方面都有其独特的特点，具有重要的史学价值。

首先，这部《水晶鉴》整体上是一部纯粹的西藏地方政治史。

关于其撰史之目的，冉热·阿旺旦贝坚赞在全书开篇的“书首礼赞”部分就开宗明义：“观吾佛教之兴衰，虽与佛门诸弟子对待闻思修之态度及相应之德行息息相关，然其实际生活中长期之法事、寺院佛堂之新建、修复维护旧殿之用度，皆需依靠强盛富贵之王臣施主也……可见世间善恶业之选择，尽在君王一言之间。”〔21〕而西藏历史的发展也证明，之前吐蕃佛教的发展依赖于松赞干布等祖孙三法王的强力推行，其后藏传佛教各教派的发展，更离不开历代中央政府和西藏地方势力的支持，“各教派首领热衷于教派之争，其间甚至多有相互联合攻伐之举。一些教派之兴衰，与其根本施主之力量大小与盛衰成败息息相关，如此事例亦不少见。”〔22〕由此，作者立志坚持完成一部记录“高上吉祥福德之无分别教法施主之王统，以及相应时期萨迦、噶举、格丹（格鲁）、历辈达赖喇嘛和班禅师徒等殊胜圣贤之略传”〔23〕，从而形成了这部以地方政治兴衰为主题的史学著作。

由于西藏传统社会的基本特征和藏传佛教对政治、经济、文化的影响，藏族传统史学也打上了佛教史的深深烙印。无论书名是概括性的“史书”（དེབ་ཐེར），还是侧重点略有差异的“王统史”（རྒྱལ་རབས）、“教法史”（ཆོས་འབྱུང）、“世系史”（གདུང་རབས）、“法嗣”（གདན་རབས）等，藏族历史上的大多数史学巨著，其主题或多或少都会偏向佛教史，其中印度佛教史、佛教传入吐蕃史、译经史、藏传佛教各教派形成史、诸高僧大德贤者译师求法授徒传教史等，都会占去相当篇幅。而像这部《水晶鉴》一样，对佛教发展事业的介绍“点到为止”，自始至终以佛教发展之本和政教权力之源来自福田施主所赐为立论基础，以梳理西藏地方政权和政治局势发展为逻辑主线，以诸多政教领袖和政治强人的治世作为和权力更替为叙述重点的“政治史”写作，在以往实属少见，所以尤显难能可贵。

其次，详略有致的独特记史法开创藏史书写之全新面貌。

作为一部通史性著作，《水晶鉴》梳理了远古至公元 19 世纪初的西藏地方政治史，其中更对 17 世纪中期到 19 世纪初的西藏地方政局以及昌都等康区历史做了翔实的记录，加上拓展的中原王朝史等内容，若要以仅仅 200 页的篇幅将以上内容完整囊括其中，需在谋篇布局上做好文章。整体而论，《水晶鉴》在史料的取舍和内容详略的安排上确有其独特的做法。

如上所述，传统藏文史籍中，印度王统和吐蕃王朝史通常都是大书特书的内容，而在《水晶鉴》中，这两部分内容都大幅度压缩。关于吐蕃王朝史上文已经述及，再来看一下印度王统：

> 且说三世佛陀诞生之地，瞻部洲之中心为圣土印度，在斗诤时之最初，逐渐形成了我养王或顶生王等分别统治金、银、铜、铁四大洲、三大洲、二大洲、一大洲的历辈转轮王。由此至（释迦牟尼的）父王净饭王时期（之间的历史），不同史家自成一说，不一而足，据《白琉璃》，说历经九十万朝君王。诤劫人寿百岁时，吾等导师世尊释迦牟尼诞生。世尊证得大菩提之上半生，有施主胜光王，下半生则有大施主阿阇世王。以这些《律本事》所载六个邦国之君王始，先后经历七代付法藏师、六庄严二胜、班智达和成就者时代等时期，直到瓦木斯时期被外道上部霍尔巴恰征服之前之印度中东部的主要王统，在多罗那他尊者的《印度佛教史》中有详细的记载。[24]

这段印度王统同样出现在开篇的“书首礼赞”部分，以极为简短的语言点出大致的历史发展脉络，并未做过度的展开。这种略写的部分，同样见于早期几世班禅和后来昌都的喜瓦拉、曲杰阿旺、贡多、嘉日活佛系统，以及元明时期一些地方势力的介绍。就像作者在文中指出的那样，详细的印度王统可参多罗那他（རྗེ་བཙུན་ཏཱ་ར་ན་ཐ）的《印度佛教史》（རྒྱ་གར་ཆོས་འབྱུང་།），吐蕃王朝发展史与《文殊师利根本续》（འཇམ་དཔལ་རྩ་རྒྱུད།）所授记并无二致且以往史籍多有论述，因此《水晶鉴》对这些内容不做过多赘述，而是对五世达赖喇嘛之后西藏地方重大政治事件和人物做详细介绍。

对《西藏王臣记》撰成之后的西藏地方史，《水晶鉴》确实以更为丰富的资料为基础做了尽可能的详述，其中包括六世达赖喇嘛之争、七世达赖喇嘛进藏、颇罗鼐治藏、六世班禅进京、驱逐廓尔喀、几任摄政治藏等。以下仅以清廷从青海护送七世达赖喇嘛进藏坐床这一路之描述，看《水晶鉴》对相关历史事件的详细描写：

（朝廷）先后派使者带来白银万两，赐为入藏用度。大皇帝康熙对此尊者（格桑嘉措）爱护有加，恩泽无边，在其驻锡塔尔寺四年期间，对全部一百三十四名侍从人等赐予俸银。

铁鼠年（1720 年）十三岁时，（皇帝）下旨入藏，派皇十四子阿格王（ཨ་ཀི་དབང）等显赫庄严之王臣贵族，（加上）大军共三千余人马作为入藏护卫，亲自护卫入藏者有将军（གཙང་ཇུན）、大喇嘛土观呼图克图（ཐུ་བླ་མ་ཐེའུ་ཀན་ཧུ་ཐོག་ཐུ）、两位钦差大臣（ཨམ་བན）、公策旺诺尔布（ཀུང་ཚེ་དབང་ནོར་བུ）、喀尔喀顿珠王（ཁལ་ཁ་དོན་གྲུབ་དབང）等部分官员。鉴于彼时准噶尔据藏带来之威胁，有千余将士同行。（格桑嘉措）为皇子设多种隆重的欢迎仪式，皇子到来时出门迎接、叩请皇上安。见到尊者，皇子亦下马步行而至。如此福田施主入内后，首先以恭敬礼节接大皇帝圣旨，传皇帝口谕。之后与王互献哈达，后相对而坐并互致问候。此次所颁赐，有封为西天所领天下释教之主的金册 13 册，百两纯金打造之金印，上刻汉、藏、蒙古三种文字“弘法觉众第六辈达赖喇嘛之印”（བསྟན་པ་རྒྱས་ཞིང་འགྲོ་བ་འདྲེན་པ་ཏཱ་ལའི་བླ་མ་དྲུག་པ）。（格桑嘉措）驻锡青海期间，对听闻接触之无数汉、藏、蒙古男女信众皆以祈愿祝福。

之后前往卫地圣教之土，两位经师骑马相送。大皇子等朝廷大员，加上青海丹津亲王（བསྟན་འཛིན་ཆིང་དབང）、噶丹额尔德尼郡王（ཇུན་དབང་དགའ་ལྡན་ཨེར་ཏེ་ནི）、额附贝勒（ཨེ་ཕུའི་པའི་ལི）等十余要员率全副武装之军队和侍从，依次进发。至噶玛塘（སྐར་མ་ཐང），途遇从西藏背叛准噶尔而来之第巴阿尔布巴（སྡེ་པ་ང་ཕོད་པ）主仆。在通天河畔向皇子大王一行敬献礼物后请回。到措姆热瓦（མཚོ་མོ་ར་བ）有扎什伦布寺译师拉尊（ལོ་ཙཱ་ལྷ་བཙུན）骑马来迎。到央日山（གཡང་རི）有西藏地方政府噶伦隆布鼐（ལུམ་པ་བ）、恰当格西卡多阿阇黎（བྱ་བཏང་དགེ་བའི་བཤེས་གཉེན་མཁར་རྡོ་སློབ་དཔོན）、地方政府内务官员若干人等前来迎接。之后依次有热振、达隆等寺之上师、执事僧等前来拜见。到达隆寺后，西藏地方各政教首领所献之华盖、宝马、金铃等崭新用具，以及乐师、舞师、大规模骑士仪仗队、全体仲科之代表尚喀瓦（ཞང་མཁར་བ）等至。到澎域林周宗（འཕན་ཡུལ་ལྷུན་གྲུབ་རྫོང）时，有甘丹寺赤仁波切、卸任甘丹寺赤巴、三大寺上师及执事僧等前来迎接，献上哈达。至欧珠林卡（དངོས་གྲུབ་གླིང་ཁ）时有西藏三大活佛（བོད་ཀྱི་སྤྲུལ་སྐུ་རྣམ་གསུམ）、达隆孜佛子（སྟག་ལུང་རྗེའི་རྒྱལ་བུ）、拉恰（ལྷ་བྱ）等地首领前来迎接。到博堆（འབོལ་སྟོད）之日，为西藏地方政府第巴达孜巴拉杰饶丹（སྡེ་སྲིད་སྟག་རྩེ་བ་ལྷ་རྒྱལ་རབ་བརྟན）、前辈达赖喇嘛司膳官罗追旺久（བློ་གྲོས་དབང་ཕྱུག）、扎仓之僧侣若干等大量僧俗群众摸顶祝福，居于甘丹曲果（དགའ་ལྡན་ཆུ་འགོ）。次日渐近布达拉宫时，无论是抱有虔诚信仰而前来拜见久违上师尊者之人，亦或纷纭而来一睹热闹之众，如此这般外部表情举止、内心所怀目的各不相同之人潮，几乎布满所有角落也。（达赖喇嘛）自人群当中缓缓前进，三大寺仪仗僧列队迎接，拉萨四茹各色歌舞和表演相伴，以珍宝装饰堪比转轮王之马队为前导，桑烟布满上空，乐声震天动地。至桑珠康萨（བསམ་འགྲུབ་ཁང་གསར），由幻化大护法跳欢喜法舞并献上五色彩缎，最后在政教百制中心之布达拉宫登上崇高之无畏金座也。[25]

作者在这里用大量的笔墨叙述皇帝对七世达赖喇嘛的关心、进藏的准备、护送人员名单、护送经过、西藏各方人士的迎接、到达拉萨的盛景，等等，不仅使这次规模宏大的进藏之旅跃然纸上，更让人意识到这次坐床仪式的非同寻常，有助于读者了解当时纷繁复杂的西藏地方政局。

《水晶鉴》这种详略有致的史实书写，即避免了固循传统而导致相关内容无谓重复的弊端，又克服了因必要情节缺失而形成史实发展逻辑断层的问题，同时又通过对之前史籍未做记录之重大史实进行详细的阐述，从而做到内容完整、线索清晰、重点突出、详略有致，算是对进一步改进藏史书写传统的一次尝试。

再次，史志和史传相结合体现了融地方史志于大历史叙述系统之努力。

这部《水晶鉴》既继承了历史上藏文通史著作的书写传统，对西藏及周边民族和地区的历史做了梳理，同时又将作者自己家乡昌都等地的历史作为一个重要补充纳入通史的书写。从章节数量和所占篇幅而论，地方史部分能够占据通史著作如此之分量的，在此前的史籍中尚不多见。《水晶鉴》对西藏通史和昌都地方史关系的处理，是将后者作为前者的一部分处理的，无论是叙述昌都各活佛系统还是当地重大事件，其中必有与“卫地”即西藏地方政府的密切联系。同理，作者记述西藏地方史，也是自始至终将其放在中国大历史的发展脉络中，从八思巴受封帝师一直到历辈达赖喇嘛、班禅额尔德尼、昌都四大呼图克图等受中央王朝授封、赐印、颁诏等历史，都强调了西藏地方与中央政府的隶属关系。正因为有了这样的基本逻辑，在这部《水晶鉴》中，地方史也就相对完美地融入到通史的叙述体系中。

另外，《水晶鉴》还做到了史志合一。作者在叙史过程中，对当时出现的相关寺院、人物、制度、传承等，随即以专篇的形式予以详细介绍。比如在介绍甘丹颇章地方政权建立之历史之前，专辟一章为格鲁派祖师宗喀巴立传[26]；在介绍班禅系统时，专门介绍扎什伦布寺之前的历任法台[27]；为了方便帕巴拉等活佛系统以及昌都地方史的叙述，在这一部分内容展开之前，用相当的篇幅叙述昌都强巴林寺的历史以及历任法台[28]；记述济咙呼图克图受赐八宿寺时，又另起一段专门介绍此前之八宿寺法台系统[29]；等等。当然，除了这种史志结合和史传合一的特点，上述卫藏等地相关地方势力，包括康区各部落的历史等，亦以专章或类似形式出现，使得这部史籍总体上既把握了整体，又照顾到局部；既有彼此之间的密切联系，又有各自的兴衰成败。了解这种撰史体系，可能有助于我们更加全面地了解藏族传统史学的发展脉络和时代特色。

最后，对传统史书观点的继承和突破凸显了史学价值的独特性。

从《水晶鉴》的资料基础来看，作者冉热阿旺旦贝坚赞可能经常驻锡在藏东一隅的八宿寺，但其博览群书和采众家之长的能力极为突出，这从其所记多数与之前或同时期的一手资料能够相互印证就颇能说明问题。尤其值得注意的是，基于丰富的资料基础，作者在全面梳理西藏历史过程中提出的一些信息，或者与其他史籍所载互有出入的观点，可能为我们进一步认识西藏历史上的相关史实或多一种解读视角多有裨益，这些可以说也是这部珍贵史籍的价值所在。

通览《水晶鉴》，其中作者对以往史著中相关定论的质疑、对一些疑问的考析、对一些细节的揭示以及一些观点的提出，对我们颇有启发。以下仅举几例：

关于对藏巴汗的评价　以固始汗和五世达赖喇嘛为代表的甘丹颇章地方政权，就是在藏巴汗政权的败亡基础上建立起来的，所以在《西藏王臣记》中，五世达赖喇嘛对藏巴汗评价极低，将其说成是妖魔的后代。[30]而《水晶鉴》的作者作为格鲁派活佛，对五世达赖喇嘛这位政教领袖所撰的、被当时诸多史家奉为权威的《西藏王臣记》中的这一部分内容，勇敢地提出了质疑：

在《西藏王臣记》中，关于第悉藏巴的内容不多，在仅有的几叶纸中，（作者）还引经据典将其论证为魔之后代。尽管如此，（我们）依然很难完全接受这种观点。……此王亦将之前各方威猛豪酋逐一击败并实现统一，复又成为引出其后甘丹颇章政权建立的先行者。……（藏巴）如仁蚌巴般对法王噶玛巴师徒和吉祥觉囊派持永固不变之信仰，作为施主长期供奉并崇敬有加，由此看来尚不属于不齿之徒。对吾格鲁派而言，尚不至于因教派偏见而完全不予重视。[31]

甚至基于藏巴汗对噶玛噶举和觉囊派的支持，提出藏巴汗“也理应是一位法王”的观点：

……从（藏巴汗）支持后藏新寺建立显密经学扎仓等善举度之，会生出其应是一位法王之念。如若之前不行相关威猛诛法，（卫地）就不会有种种（与蒙古）私下之会面。（其）甚至想赐予（达赖喇嘛）卫地一处上等之庄园，但事与愿违。不过福田施主也是法王，饶恕（藏巴属下）多数人的性命并赐予基本之生活用度，将原（藏巴）第悉主仆一行安置于内邬庄园。[32]

关于班禅转世世系的认定　我们知道，班禅转世系统的正式建立始自四世班禅洛桑曲吉坚赞（པཎ་ཆེན་བློ་བཟང་ཆོས་ཀྱི་རྒྱལ་མཚན）时期，之前的一到三世班禅都为后期追认，一般认为第一世班禅就是宗喀巴大师的心传弟子，“师徒三尊”（རྗེ་ཡབ་སྲས་གསུམ）之一的克珠杰（མཁས་གྲུབ་རྗེ）。但是在这部《水晶鉴》里，作者将克珠杰列为历代班禅的转生系统而非正式的第一世班禅。按其所记，第一世班禅是温萨巴索朗乔吉朗布（དབེན་ས་པ་བསོད་ནམས་ཕྱོགས་ཀྱི་གླང་པོ），即我们知道的第二世班禅：

据说（班禅之）转生世系共有十三世，第一为年推饶

> 觉（ཉན་ཐོས་རབ་འབྱོར），（之后依次为）柔丹绛贝扎（རིགས་ལྡན་འཇམ་དཔལ་གྲགས）、清辩阿阇黎（སློབ་དཔོན་ལེགས་ལྡན་འབྱེད）、柔贝库久（རིག་པའི་ཁུ་བྱུག）、阿恰雅嘎热（ཨ་བྷ་ཡ་ཀ་ར）等为古印度之传承。藏地为桂译师（འགོས་ལོ་ཙཱ）、萨迦班智达、宁玛雍敦巴（ཉིང་མ་གཡུང་སྟོན་པ）、宗喀巴大师心传弟子克珠杰（མཁས་གྲུབ་རྗེ）、索朗乔吉朗布（བསོད་ནམས་ཕྱོགས་ཀྱི་གླང་པོ）、洛桑顿珠（བློ་བཟང་དོན་དོན་གྲུབ）、洛桑曲吉坚赞（བློ་བཟང་ཆོས་ཀྱི་རྒྱལ་མཚན）、洛桑意希（བློ་བཟང་ཡེ་ཤེས）、洛桑班丹意希（བློ་བཟང་དཔལ་ལྡན་ཡེ་ཤེས）、洛桑班丹丹贝尼玛（བློ་བཟང་དཔལ་ལྡན་བསྟན་པའི་ཉི་མ）等。其中第一世温萨巴索朗乔吉朗布，……其转世温萨巴洛桑顿珠……其后之洛桑曲吉坚赞……第四世洛桑意希……第五世洛桑班丹意希贝桑布……[33]

显然，《水晶鉴》将班禅世系的计算推后了一辈，这种计算法的依据或者原因，还需我们进一步去探讨和分析。

关于达赖喇嘛和班禅的地位　历史上的达赖喇嘛和班禅的转世系统，都要追认到宗喀巴大师的两位弟子根敦珠巴（དགེ་འདུན་གྲུབ་པ）和克珠杰，在《水晶鉴》第十四章“第一至七世班禅在世期间的传承”部分，作者明确提出达赖喇嘛和班禅在宗教上的地位完全平等，“在教法方面，（班禅和达赖喇嘛）师徒差别不大，在达赖喇嘛格桑嘉措时期，（两人的）座位亦基本没有高低区别也。”[34]而在达赖喇嘛与班禅的相互关系中，通过梳理历辈达赖喇嘛和历辈班禅的生平，确认了四世班禅与四世、五世达赖喇嘛，五世达赖喇嘛与五世班禅，五世班禅与六世、七世达赖喇嘛，七世达赖喇嘛与六世班禅、八世达赖喇嘛与七世班禅之间的授戒和教法之师生关系。

关于六世济咙进京　六世济咙曾于1684年受第巴桑结嘉措指派前往调停准噶尔和喀尔喀之争，后因受噶尔丹叛清牵连，被康熙皇帝降罪解京。当时康熙帝在致第巴的书信中说：“可令与达赖相见，令班禅来京，执济隆以畀我。如其不然，朕且檄云南、四川、陕西之师见汝城下！”第巴回信承认五世达赖喇嘛已经圆寂，班禅尚未出痘，不敢进京，唯“济隆当捷力至之京师，乞全其生命戒体”。济咙至京后，康熙未降重罪：“济隆胡土克图情罪甚大，理应当斩。但康熙三十六年三月谕第巴旨内有宽宥其身命之语，请将济隆胡土克图并其弟子，发正阳门东城下龙泉庵，交步军统领及近庙官兵看守。该部酌量支给饮食。第巴请遣回济隆胡土克图之语，无庸议。”济咙至此被软禁在京，于火猪年（1707 年）在京圆寂。[35]而《水晶鉴》对此事的记载，则为：

> 奉命代表达赖喇嘛前去居中调停喀尔喀与厄鲁特（准噶尔）之争，遂紧急赶往（博硕克图汗）王处，经过调伏使诸人恶意归寂、争斗得解。调解功成之后，被大皇帝召请入京，恭敬有加并盛情款待，赐银印、银册以为嘉奖。不久，复由青海，经康区北路中段再到拉萨，拜见雄萨仁波切，向色拉、哲蚌等寺僧众熬茶布施。后返康区，以政教两道满足上下寺院僧俗学法之需，新建精美殊胜之寝殿甘丹朗杰。此后又遵皇帝圣旨远赴汉蒙大地广行佛法事业，最后于当地圆寂。皇帝和诸僧徒众（为其）举办追荐法事，灵塔立于安多塔尔寺。[36]

从其文来看，既没有写济咙暗助噶尔丹之事，而是“使诸人恶意归寂、争斗得解”，更没有降罪解京被长期软禁的记载，而是“遵皇帝圣旨远赴汉蒙大地广行佛法事业”。如此叙事，不知是信息有误还是出于避尊者讳之原因。从《水晶鉴》其他部分的内容看，作者掌握了丰富的史料，论述亦显全面，所以信息有误的可能性相对较小。对于其他进京觐见的大活佛，文中多有这些活佛如何见驾、如何受封、受到何种礼遇、如何讲经传法等内容，而此处只记济咙“远赴汉蒙大地广行佛法事业，最终于当地圆寂”，语词含糊，窃以为可能出于避尊者讳。

关于七世济咙进京主持雍和宫 1744年，乾隆将其父皇雍正登基前之王府雍亲王府改为藏传佛教寺院。乾隆十一年十月二十七日奉上谕：

> 章嘉呼图克图奏称，西藏济隆呼图克图乃学艺精良高僧。将此咨文达赖喇嘛，著将济隆呼图克图送来，主持雍和宫，总管教习学经喇嘛。钦此。[37]

当时从西藏赴京担任雍和宫堪布的高僧不在少数，但章嘉却一力举荐七世济咙担任总堪布。关于这一点，除了七世济咙确实精通教理、造诣深厚外，可能亦和章嘉对其了解更多有关。按照《水晶鉴》的记载：

> 其后（七世济咙）再赴卫地，在（七世）达赖喇嘛从泰宁返藏时前往迎接、拜见，与达赖喇嘛心意相通。此时拜会章嘉仁波切，于达赖喇嘛座前共同接受大威德灌顶。（七世济咙到拉萨后又）前往（后藏）参加祈祷班禅大师长寿仪轨活动，返回时班禅大师赐其能仁王佛像、道次第经卷、尖顶僧冠等，嘱其“当为法主”。火猴年章嘉仁波切（返京）面圣时，（七世济咙与其）结伴返回，至硕督寺……[38]

1734年，雍正帝正式封三世章嘉·若必多杰为“灌顶普惠广慈大国师”，同年奉旨随大军前往泰宁护送七世达赖喇嘛返回拉萨，于次年（1735年）三月到达。从上述记载看，当时七世济咙就前往拜会章嘉，并与章嘉一道在达赖喇嘛座前听法。章嘉赴藏后，还曾亲赴扎什伦布寺，在五世班禅座前受比丘戒，[39]从《水晶鉴》记载看，当时七世济咙一直陪在章嘉身边。直到章嘉闻雍正皇帝驾崩后于1736年启程回京之时，七世济咙还与其一路结伴返回。由此看来，七世济咙在这次章嘉进藏时与其多有接触，也为其之后被章嘉推荐为雍和宫总堪布打下了基础。

除此之外，书中还有很多值得细读和参考的内容，比如格鲁派和噶玛噶举派发生矛盾的起源，五世达赖喇嘛和第巴索朗饶丹关于是否迎请蒙古人入藏的讨论，后藏军民面对蒙藏联军进攻时的同仇敌忾，第巴桑结嘉措在五世达赖喇嘛圆寂后作出“匿丧”的决定，六世达赖喇嘛赴扎什伦布寺还戒的情景，康区部落之间争斗引起到拉萨和北京的诉讼，[40]等等。

综上，无论是从全书作为“政治史”的总体特征，还是作者秉持独立判断的“叛逆”特性，这部《水晶鉴》提供给我们的价值，可能不仅仅是“补充《西藏王臣记》所记之后西藏历史”之空白，而是探索出了应详尽详、当略则略，朝野并重、史志结合，博采众人之长、终成一家之言的史学研究方法和治史精神。

可以说，作为一部藏文通史性著作，《水晶鉴》在藏族史学发展史上具有独特的地位。首先，它补充了传统藏史写作中《西藏王臣记》所记之后的西藏政治史，将西藏历史记载延续到 19 世纪初。其次，继承了历史上藏文通史著作的书写传统，同时兼顾中原、蒙古、西夏、印度等周边地区的历史，将西藏历史的发展进程放在更为广阔的历史环境中去观察。最后，用显著的篇幅集中梳理了西藏昌都地区的历史，自始至终强调了昌都等地与西藏地方、中央政府的密切关系。总体来看，该史籍体系庞大，内容丰富，时间上上迄开天辟地，下至作者生活的 19 世纪初；地域上既有放眼中原、印度之广，又有聚焦昌都一地一寺之微；事件上既有朝代更替、政权更迭之大，又有勤教苦学、互生嫌隙之细，可以说具有多方面的重要价值。

藏文史学著作的汉译是一项意义重大的工作，学界前辈在这方面作出过重大的贡献。加大搜集、整理、翻译优秀的藏文古籍文献的力度，让更多的人了解包括《水晶鉴》在内的这些史学典籍的重要价值，不仅对抢救、保护、发展藏族优秀传统文化意义重大，对推动藏史研究进一步向纵深发展也大有裨益。后学才疏学浅，虽然自幼接受藏汉双语教育，也以藏史研究爱好者自居，但传统史籍翻译终归是一门专业性极强的工作，不仅有语言要求，更需掌握扎实的基础资料和学界研究成果，因此在具体翻译过程中遇到诸多难点、疑点和盲点，虽然尽己所能做了种种努力以期能够自圆其说，但其中误读、误解、误译之类必不在少数，此番冒昧捧文，只为学习并求教于方家。

注释

〔1〕恰贝·次旦平措（ཆབ་སྤེལ་ཚེ་བརྟན་ཕུན་ཚོགས།）：《西藏史籍五部》（བོད་ཀྱི་ལོ་རྒྱུས་དེབ་ཐེར་ཁག་ལྔ།）“出版说明”，拉萨：西藏藏文古籍出版社，1990 年，第 6 页。

〔2〕第司桑结嘉措（སྡེ་སྲིད་སངས་རྒྱས་རྒྱ་མཚོ།）：《格鲁派教法史——黄琉璃宝鉴》（དགའ་ལྡན་ཆོས་འབྱུང་བཻཌཱུར་སེར་པོ།），北京：中国藏学出版社，1989 年，第 318 页。

〔3〕洛瓦·坚赞森格，来自山南，宗喀巴亲传弟子，与上下喜饶桑布等人并列为宗喀巴大师亲教弟子之“边远护持圣教六大旗手”（བསྟན་པ་ཕྱོགས་མཐར་སྐྱོང་བའི་དར་ཆེན་དྲུག）。按格鲁派教史，边远护持圣教六大旗手远赴边远之地建寺授徒、弘教传法，对该派在藏地的传播居功至伟。这六大旗手分别为上部喜饶桑布（སྟོད་ཤེར་བཟང）、下部喜饶桑布（སྨད་ཤེར་བཟང）、古格·阿旺扎巴（གུ་གེ་ངག་དབང་གྲགས་པ）、洛瓦·坚赞森格（ལྷོ་བ་རྒྱལ་མཚན་སེང་གེ）、喇嘛班旦喜饶（བླ་མ་དཔལ་ལྡན་ཤེས་རབ）、喇嘛永丹贝瓦（བླ་མ་ཡོན་ཏན་དཔལ་བ）。

〔4〕据记载，八宿寺建寺以来至桑结嘉措完成《黄琉璃》时的历任住持为：扎西班旦（བཀྲ་ཤིས་དཔལ་ལྡན）、索朗唯色（བསོད་ནམས་འོད་ཟེར）、楚臣杰哇（ཚུལ་ཁྲིམས་རྒྱལ་བ）、楚臣森格（ཚུལ་ཁྲིམས་སེང་གེ）、贡却仁钦（དཀོན་མཆོག་རིན་ཆེན）、索朗仁钦（བསོད་ནམས་རིན་ཆེན）、贡却迥乃（དཀོན་མཆོག་འབྱུང་གནས）、楚哲巴（ཚུལ་བཀྲས་པ）、罗追索朗（བློ་གྲོས་བསོད་ནམས）、绛央列巴（འཇམ་དབྱངས་ལེགས་པ）、喜饶班旦（ཤེས་རབ་དཔལ་ལྡན）、南喀桑布（ནམ་མཁའ་བཟང་པོ）、云丹桑布（ཡོན་ཏན་བཟང་པོ）、班觉伦珠（དཔལ་འབྱོར་ལྷུན་གྲུབ）、赤列扎巴（འཕྲིན་ལས་གྲགས་པ）、根敦楚臣（དགེ་འདུན་ཚུལ་ཁྲིམས）、贡却班觉（དཀོན་མཆོག་དཔལ་འབྱོར）、喜饶旺久（ཤེས་རབ་དབང་ཕྱུག）、贡噶索朗（ཀུན་དགའ་བསོད་ནམས）、仁钦罗追（རིན་ཆེན་བློ་གྲོས）、扎西嘉措（བཀྲ་ཤིས་རྒྱ་མཚོ）、喜饶扎西（ཤེས་རབ་བཀྲ་ཤིས）、沃卡·曲吉坚赞（འོལ་ཁ་ཆོས་ཀྱི་རྒྱལ་མཚན）、拉卡·喜饶坚赞（ལ་ཁ་ཤེས་རབ་རྒྱལ་མཚན）、洛桑赤列（བློ་བཟང་འཕྲིན་ལས）等。见第司桑结嘉措（སྡེ་སྲིད་སངས་རྒྱས་རྒྱ་མཚོ）：《格鲁派教法史——黄琉璃宝鉴》（དགའ་ལྡན་ཆོས་འབྱུང་བཻཌཱུར་སེར་པོ།），北京：中国藏学出版社，1989 年，第 318

页；亦见于这部《西藏王统世系·水晶鉴》，见恰贝·次旦平措：《西藏史籍五部》，拉萨：西藏藏文古籍出版社，1990 年，第 368—369 页。

〔5〕冉热·阿旺旦贝坚赞（རག་ར་ངག་དབང་བསྟན་པའི་རྒྱལ་མཚན།）：《西藏王统世系·水晶鉴》（རྒྱལ་རབས་ཆོས་འབྱུང་ཤེལ་དཀར་མེ་ལོང་།），见恰贝·次旦平措：《西藏史籍五部》，拉萨：西藏藏文古籍出版社，1990 年，第 375 页。

〔6〕恰贝·次旦平措：《西藏史籍五部》“出版说明”，拉萨：西藏藏文古籍出版社，1990 年，第 6 页。

〔7〕冉热·阿旺旦贝坚赞：《西藏王统世系·水晶鉴》，见恰贝·次旦平措：《西藏史籍五部》，拉萨：西藏藏文古籍出版社，1990 年，第 337—338 页。

〔8〕冉热·阿旺旦贝坚赞：《西藏王统世系·水晶鉴》，见恰贝·次旦平措：《西藏史籍五部》，拉萨：西藏藏文古籍出版社，1990 年，第 348—349 页。

〔9〕冉热·阿旺旦贝坚赞：《西藏王统世系·水晶鉴》，见恰贝·次旦平措：《西藏史籍五部》，拉萨：西藏藏文古籍出版社，1990 年，第 361—362 页。

〔10〕冉热·阿旺旦贝坚赞：《西藏王统世系·水晶鉴》，见恰贝·次旦平措：《西藏史籍五部》，拉萨：西藏藏文古籍出版社，1990 年，第 337—338、362、363、376 页。

〔11〕冉热·阿旺旦贝坚赞：《西藏王统世系·水晶鉴》，见恰贝·次旦平措：《西藏史籍五部》，拉萨：西藏藏文古籍出版社，1990 年，第 396—397 页。

〔12〕冉热·阿旺旦贝坚赞：《西藏王统世系·水晶鉴》，见恰贝·次旦平措：《西藏史籍五部》，拉萨：西藏藏文古籍出版社，1990 年，第 370—371 页。

〔13〕冉热·阿旺旦贝坚赞：《西藏王统世系·水晶鉴》，见恰贝·次旦平措：《西藏史籍五部》，拉萨：西藏藏文古籍出版社，1990 年，第 386 页。

〔14〕见杰仲·绛白坚赞（རྗེ་དྲུང་འཇམ་དཔལ་རྒྱལ་མཚན།）：《康区类乌齐寺、杰仲活佛、噶热喇嘛简史》（ཁམས་རི་བོ་ཆེ་དགོན་པ་དང་། རྗེ་དྲུང་སྤྲུལ་སྐུ་གོང་ས།མགར་ར་བླ་མ་བཅས་ཀྱི་ལོ་རྒྱུས་རགས་བསྡུས།），载政协西藏自治区委员会文史资料编辑部编：《西藏文史资料选辑（第 3 卷）》（བོད་ཀྱི་ལོ་རྒྱུས་རིག་གནས་དཔྱད་གཞིའི་རྒྱུ་ཆ་བདམས་བསྒྲིགས།），成都：四川民族出版社，2009 年，第 48 页；谢廷杰等编著：《西藏昌都史地纲要》，拉萨：西藏人民出版社，2000 年，第 148 页。

〔15〕冉热·阿旺旦贝坚赞：《西藏王统世系·水晶鉴》，见恰贝·次旦平措：《西藏史籍五部》，拉萨：西藏藏文古籍出版社，1990 年，第 396—397 页。

〔16〕五世达赖喇嘛（རྒྱལ་དབང་ལྔ་པ་ཆེན་པོ།）：《西藏王臣记》（བོད་ཀྱི་དེབ་ཐེར་དཔྱིད་ཀྱི་རྒྱལ་མོའི་གླུ་དབྱངས།），北京：民族出版社，1957 年，第 202 页。

〔17〕冉热·阿旺旦贝坚赞：《西藏王统世系·水晶鉴》，见恰贝·次旦平措：

《西藏史籍五部》，拉萨：西藏藏文古籍出版社，1990 年，第 197—198 页。

〔18〕冉热·阿旺旦贝坚赞：《西藏王统世系·水晶鉴》，见恰贝·次旦平措：《西藏史籍五部》，拉萨：西藏藏文古籍出版社，1990 年，第 236—237 页。

〔19〕冉热·阿旺旦贝坚赞：《西藏王统世系·水晶鉴》，见恰贝·次旦平措：《西藏史籍五部》，拉萨：西藏藏文古籍出版社，1990 年，第 200—201 页。

〔20〕按照藏族传统地域观念，将持藏语康巴方言的地方称为“康区”，大致包括今西藏自治区昌都市、四川省甘孜藏族自治州、青海省玉树藏族自治州和云南省迪庆藏族自治州。

〔21〕冉热·阿旺旦贝坚赞：《西藏王统世系·水晶鉴》，见恰贝·次旦平措：《西藏史籍五部》，拉萨：西藏藏文古籍出版社，1990 年，第 199 页。

〔22〕冉热·阿旺旦贝坚赞：《西藏王统世系·水晶鉴》，见恰贝·次旦平措：《西藏史籍五部》，拉萨：西藏藏文古籍出版社，1990 年，第 393 页。

〔23〕冉热·阿旺旦贝坚赞：《西藏王统世系·水晶鉴》，见恰贝·次旦平措：《西藏史籍五部》，拉萨：西藏藏文古籍出版社，1990 年，第 391—392 页。

〔24〕冉热·阿旺旦贝坚赞：《西藏王统世系·水晶鉴》，见恰贝·次旦平措：《西藏史籍五部》，拉萨：西藏藏文古籍出版社，1990 年，第 199—200 页。

〔25〕冉热·阿旺旦贝坚赞：《西藏王统世系·水晶鉴》，见恰贝·次旦平措：《西藏史籍五部》，拉萨：西藏藏文古籍出版社，1990 年，第 305—308 页。

〔26〕冉热·阿旺旦贝坚赞：《西藏王统世系·水晶鉴》，见恰贝·次旦平措：《西藏史籍五部》，拉萨：西藏藏文古籍出版社，1990 年，第 254—260 页。

〔27〕冉热·阿旺旦贝坚赞：《西藏王统世系·水晶鉴》，见恰贝·次旦平措：《西藏史籍五部》，拉萨：西藏藏文古籍出版社，1990 年，第 341 页。

〔28〕冉热·阿旺旦贝坚赞：《西藏王统世系·水晶鉴》，见恰贝·次旦平措：《西藏史籍五部》，拉萨：西藏藏文古籍出版社，1990 年，第 354—356 页。

〔29〕冉热·阿旺旦贝坚赞：《西藏王统世系·水晶鉴》，见恰贝·次旦平措：《西藏史籍五部》，拉萨：西藏藏文古籍出版社，1990 年，第 368—369 页。

〔30〕相关内容参第五世达赖喇嘛：《西藏王臣记》，北京：民族出版社，1957 年，第 250—251 页。

〔31〕冉热·阿旺旦贝坚赞：《西藏王统世系·水晶鉴》，见恰贝·次旦平措：《西藏史籍五部》，拉萨：西藏藏文古籍出版社，1990 年，第 339 页。

〔32〕冉热·阿旺旦贝坚赞：《西藏王统世系·水晶鉴》，见恰贝·次旦平措：《西藏史籍五部》，拉萨：西藏藏文古籍出版社，1990 年，第 290 页。

〔33〕冉热·阿旺旦贝坚赞：《西藏王统世系·水晶鉴》，见恰贝·次旦平措：

《西藏史籍五部》，拉萨：西藏藏文古籍出版社，1990 年，第 339—346 页。

〔34〕冉热 · 阿旺旦贝坚赞：《西藏王统世系 · 水晶鉴》，见恰贝 · 次旦平措：《西藏史籍五部》，拉萨：西藏藏文古籍出版社，1990 年，第 339 页。

〔35〕谢廷杰等编著：《西藏昌都史地纲要》，拉萨：西藏人民出版社，2000 年，第 153—154 页。

〔36〕冉热 · 阿旺旦贝坚赞：《西藏王统世系 · 水晶鉴》，见恰贝 · 次旦平措：《西藏史籍五部》，拉萨：西藏藏文古籍出版社，1990 年，第 370 页。

〔37〕《驻藏办事大臣傅清奏请济隆呼图克图未出天花应否送京及达赖喇嘛贡使应由何路进京折》，见中国第一历史档案馆、雍和宫管理处合编：《清代雍和宫档案史料》（第四册），北京：中国民族摄影艺术出版社，2004 年，第 252—249 页；参赵令志：《济隆七世呼图克图入京考》，《吉林师范大学学报》2015 年第 4 期，第 2 页。

〔38〕冉热 · 阿旺旦贝坚赞：《西藏王统世系 · 水晶鉴》，见恰贝 · 次旦平措：《西藏史籍五部》，拉萨：西藏藏文古籍出版社，1990 年，第 372 页。

〔39〕土观 · 洛桑却吉尼玛著，陈庆英、马连龙译：《章嘉国师若必多吉传》，北京：中国藏学出版社，2007 年，第 80—81 页。

〔40〕冉热 · 阿旺旦贝坚赞：《西藏王统世系 · 水晶鉴》，见恰贝 · 次旦平措：《西藏史籍五部》，拉萨：西藏藏文古籍出版社，1990 年，第 267、286—287、288—289、298—299、301—302、334—335 页。

书首礼赞[1]

顶礼上师、诸佛菩萨！

超越有寂两边[2]兼具三身[3]智慧佛，
产生诸佛佛子灭道二谛[4]寂静法，
生起明解之勇而聚和合圣众僧，
尽赐此世殊胜三宝常吉善妙愿。

具相[5]之身千光所绕宛若金山巍然立，
深广之语六十音具好似三时法鼓隆，
无障意藏无尽智慧仿佛无底海洋深，
虔诚顶礼通具十力唯一救主本师尊。

通晓诸佛十万光现无垢智慧镜面上，
如实映现妙音自在金光满面如天神，
逢此浊世复兴佛法遍智无比宗喀巴，
顶礼足莲虔诚请赐无上善说论辩勇。

雪域大地天湖缠绕其间喜乐莲花开，
最为鲜艳应属天授法王祖孙人间日，

佛法根枝繁茂皆赖上师寂护莲花生，
恩情胜过天之广大岂能不合信仰掌。

语自在之妙音在喉尽说殊胜智慧库，
若海贤劫度众之中巍然耸立讲著山，
无畏之勇得配重装尽灭妖魔鬼怪众，
愿赐佛教新兴之力尽现四部成就盛。

周有雪山环绕广袤土，
志在度化五浊[6]有情众，
身披绛紫云裳历辈佛，
虔诚顶礼历代上师尊。

具有五种智慧善智佛，
政教教法无上怙主尊，
祈愿再度归来度化众，
怙主化身圣体永久康。

汉蒙敕令威严智慧高，
势力强盛覆盖广袤土，
转其金轮以法统治者，
文殊萨迦具德朗氏族，
甘丹教派等享政教权，
历代地方首领承袭史，
此前从未曾有妙善言，
善辨读者听吾简述之。

如此虔诚礼赞之辞，引出以下详细解说。真如大阿阇黎寂天（སློབ་དཔོན་ཆེན་པོ་ཤཱནྟི་དེ་བ）[7]云：“解苦唯一药，一切安乐源，是为寻得法，常敬久驻之！”[8]且说世间万物当下和最终所有安乐喜善之资粮，其唯一来源当为世尊（རྒྱལ་བ）[9]所创独一无二之佛教也，而皈依、护持和传承正法并使之永驻，端赖持教之贤德僧伽众。观吾佛教之兴衰，虽与佛门诸弟子对待闻思修之态度及相应之德行息息相关，然其实际生活中长期之法事、寺院佛堂之新建、修复维护旧殿之用度，皆需依靠强盛富贵之王臣施主也。《律本事》云：“王由言成，天由心成，戒由愿成。”又云：“护摩为供施之殊胜，太阳神为聚财之殊胜，君王为众人之殊胜，大海为河流之殊胜。”又云：“包含天神之世界，圆满佛为最殊胜。”可见世间善恶业之选择，尽在君王一言之间。[10]

且说三世佛陀[11]诞生之地，瞻部洲[12]之中心为圣土印度（རྒྱ་གར་འཕགས་པའི་ཡུལ），在斗诤时（རྩོད་དུས）[13]之最初，逐渐形成了我养王（ང་ལས་ནུས）或顶生王（སྤྱི་བོ་སྐྱེས）[14]等分别统治金、银、铜、铁四大洲、三大洲、二大洲、一大洲的历辈转轮王。[15]由此至（释迦牟尼的）父王净饭王（ཟས་གཙང）[16]时期（之间的历史），不同史家自成一说，不一而足，据《白琉璃》（བཻ་དཀར）[17]，说历经九十万朝君王。净劫人寿百岁时，吾等导师世尊释迦牟尼[18]诞生。世尊证得大菩提之上半生，有施主胜光王（གསལ་རྒྱལ）[19]，下半生则有大施主阿阇世王（མ་སྐྱེས་དགྲ）[20]。以这些《律本事》所载六个邦国之君王始，先后经历七代付法藏师（གཏད་རབས་བདུན）[21]、六庄严二胜（རྒྱན་དྲུག་མཆོག་གཉིས）[22]、班智达和成就者时代（པཎ་གྲུབ་དུས་སྐབས）[23]等时期，直到瓦木斯时期（ཕོ་སེའི་དུས）[24]被外道（ཀླ་ཀློ）上部霍尔巴恰（སྟོད་ཧོར་པ་ཚ）征服之前[25]之印度中东部的主要王统，在多罗那他尊者（རྗེ་བཙུན་ཏཱ་ར་ན་ཐ）[26]的《印度佛教史》（འཕགས་ཡུལ་ཆོས་འབྱུང）[27]中有详细的记载。

总体来看，按照吉祥时轮（དཔལ་དུས་ཀྱི་འཁོར་ལོ）[28]之记载，瞻部洲分为六部十二洲，南北各六。在吾等生存之南瞻部洲上，又有东西印度（རྒྱ་གར་ཤར་ནུབ）、乌仗那（ཨོ་རྒྱན）[29]、迦湿弥罗（ཁ་ཆེ）[30]、吐蕃（བོད）、于阗（ལི་ཡུལ）[31]、汉地（རྒྱ་ནག）、蒙古（ཧོར）等，各地语言不同、习俗各异。按照传统史籍之记载，印度为佛法之王（རྒྱ་གར་ཆོས）、汉地为法律或历算之王（རྒྱ་ནག་ཁྲིམས་སམ་རྩིས）、大食为财宝之王（སྟག་གཟིགས་ནོར）、格萨尔为军队之王（གེ་སར་དམག）[32]、巴达为霍尔之王（བྷ་ཏ་ཧོར）[33]、吐蕃为突兀之王（གློ་བུར་བོད）[34]，因此合称为“封授六王”（བསྐོས་པའི་རྒྱལ་པོ་སྡེ་དྲུག）。

且说吐蕃，诚如《噶当经卷珍宝》[35]“吐蕃突兀之国持佛法”之所言，自第一位王聂赤赞普（གཉའ་ཁྲི་བཙན་པོ）[36]始，吐蕃历史上依次出现了天赤七王（གནམ་གྱི་ཁྲི་བདུན）[37]、上丁二王（སྟོད་ཀྱི་སྟེང་གཉིས）[38]、中列六王（བར་གྱི་ལེགས་དྲུག）[39]、萨拉八德（ས་ལ་ལྡེ་བརྒྱད）[40]、下部三赞（འོག་གི་བཙན་གསུམ）[41]等王执政，据说其间产生了苯（བོན）、仲（སྒྲུང）、德乌（ལྡེའུ）[42]。佛教在拉托托日（ལྷ་ཐོ་ཐོ་རི）时期初传吐蕃[43]，后由祖孙三法王（མེས་དབོན་རྣམ་གསུམ）[44]大力推崇和弘扬。按照桂译师宣奴贝（འགོས་ལོ་གཞོན་ནུ་དཔལ）[45]所言，自松赞干布（སྲོང་བཙན་སྒམ་པོ）至达玛赞普（དར་མ）[46]时期的历史，完全符合《文殊师利根本续》（འཇམ་དཔལ་རྩ་རྒྱུད）中的授记[47]。贝阔赞王（མངའ་བདག་དཔལ་འཁོར་བཙན）[48]以上的吐蕃王统，可参之前诸多新旧史记的记载，而后弘期[49]诸多贵人、大德之事迹，亦多见于汉蒙史籍者。故为一探所记之根源，基于真实文献史料之记载而略述中原和蒙古王统简史于下。

注释

〔1〕这一部分原题为“书首礼赞和起笔立誓”（མཆོད་བརྗོད་དང་བརྩམས་པར་དམ་བཅའ་བ།）。按照藏文写作传统格式，一般著作或文章都有书首礼赞（མཆོད་བརྗོད）、起笔立誓（རྩོམ་པར་དམ་བཅའ་བ）、告请智者静听（བློ་ལྡན་ཉན་སྐུལ）等开篇部分，其后为正文，总结（མཇུག་བསྡུ་བ）、回向（བསྔོ་བ）和祈愿（སྨོན་ལམ）等。

〔2〕有寂（སྲིད་ཞི），即生死涅槃（སྲིད་པ་འཁོར་བ་དང་ཞི་བ་མྱང་འདས）。

〔3〕三身（སྐུ་གསུམ），即法身（ཆོས་སྐུ）、报身（ལོངས་སྐུ）、化身（སྤྲུལ་སྐུ）。

〔4〕灭道二谛（འགོག་ལམ་གཉིས་ལྡན），指四谛之灭谛（འགོག་པའི་བདེན་པ）和道谛（ལམ་གྱི་བདེན་པ）。

〔5〕相（མཚན་བཟང），即三十二种大丈夫相，分别为：千辐轮、足善住、手足

缦网、手足细软、七处分满、指纤长、跟圆长、身广洪直、足踝端厚、身毛上靡、緊泥耶腨、立手摩膝、势峰藏密、身金色、皮肤细滑、身毛右旋、眉间白毫、狮子上身、肩头圆满、肩膊圆满、得最上味、身分圆满、乌瑟腻沙、广长舌、得梵音声、狮子颔轮、齿鲜白、齿平整、齿齐密、四十齿、目绀青和牛王睫。

〔6〕五浊（ལྔ་བདོ），即五浊恶世（ལྔ་བདོའི་དུས），佛教指劫（དུས）、有情（སེམས་ཅན）、寿（ཚེ）、烦恼（ཉོན་མོངས་པ）、见（ལྟ་བ）等五者日趋鄙恶，浊秽泛滥之时。

〔7〕寂天，公元8世纪古印度著名佛学大师，出身西印度古吉拉特国的皇族。后至那烂陀寺出家，改名为寂天，通过不断学修，终成一代宗师。著有《入菩萨行论》《学处要集》等流传后世。

〔8〕寂天（ཞི་བ་ལྷ）：《入菩萨行回向品》（བྱང་ཆུབ་སེམས་དཔའི་སྤྱོད་པ་ལ་འཇུག་པ་ལས་བསྔོ་བ་ཞེས་བྱ་བ་སྟེ་ལེའུ་བཅུ་པ།）。见喜瓦拉（ཞི་བ་ལྷ）、达玛仁钦（རྒྱལ་ཚབ་དར་མ་རིན་ཆེན）：《入行论本注》（སྤྱོད་འཇུག་རྩ་འགྲེལ་བཞུགས་སོ།།），西宁：青海民族出版社，2001年，第98页。

〔9〕佛陀十号之一，指佛陀释迦牟尼。佛陀十号分别为：如来、应供、正遍知、明行足、善逝、世间解、无上调御丈夫、天人师、佛、世尊。

〔10〕本段紧随书首礼赞、起笔立誓和告请智者静听之开篇颂词之后，即为正文之前的点题部分。

〔11〕三世佛，即过去、现在、未来等三世的一切诸佛，关于其名称、数目，佛教诸经论所列并不一致，通常以燃灯佛代表过去诸佛，释迦牟尼佛代表现在诸佛，弥勒佛代表未来诸佛。

〔12〕即南瞻部洲，佛教传说中四大部洲之一，是人类生存的世界。佛教宇宙观认为世界的中心是一座耸出水面八万四千由旬，水面之下亦深达八万四千由旬的须弥山。须弥山周围分别由七香海、七金山环绕成内海。最外围的第七层金山外，还有铁围山环绕的咸海，其中分布着四大洲，分列须弥山四方，称为须弥四洲。四洲分别为：东边东胜神洲，形如半月；南边南赡部洲，形如三角；西边西牛贺洲，形如满月；北边北俱卢洲，形如正方。佛教典籍认为，每一大洲左右各有一个同样形状的中洲和无数的小洲，从而形成了四大八中诸小洲的基本认识。

〔13〕佛教时间概念之一，一般指人寿五百岁至人寿百岁时，为人们被诸多不善所左右而起斗诤冲突的时代。《俱舍论》把时间分成坏劫、成劫、中劫、大劫等四种："应知有四劫　谓坏成中大　坏从狱不生　至外器都尽　成劫从风起　至地狱初生　中劫从无量　减至寿唯十　次增减十八　后增至八万　如是成已住　名中二十劫　成坏坏已空　时皆等住劫　八十中大劫　大劫三无数"，其间随着寿命的增减和善法的衰落，人类经圆满时、三分时、二分时后进入斗诤时，"从此洲人寿八万岁。渐减乃至寿极百年。于此中间诸佛出现。"见《阿毗达磨俱舍论》卷12。

〔14〕传说中古印度君王名。《破僧事》卷 1 云：“有息名为长净。即立为王。彼时有情。号为多罗尚伽长净王。顶上有一疮疱。柔软犹如细绵叠花。虽复增长未尝痛恼。后渐熟破出一童子。颜貌端正。具三十二大丈夫相。庄严其身从顶上生故。名为顶生。时长净王六万夫人。尔时父王将顶生入于后宫。时六万夫人见顶生已。各生爱念乳皆流出。咸白王言。我养我养。由此义故。复名持养。即立为王彼时有情咸皆思惟。互相咨议分别好恶。各习一艺。时彼有情审思量故。未努沙（此名人）如前六王。寿无量岁久住于世。”见唐义净译：《根本说一切有部毗奈耶破僧事》卷 1，《大正藏》No. 1450。

〔15〕按照《红史》的记载，从我养王（ང་ལ་ནུ）右腿上生出美妙王（མཛེས་པ），统治四大洲，转动金轮。从美妙王的腿上生出近妙王（ཉེར་མཛེས），统治三大洲，转动银轮。从近妙王的腿上生出妙者王（མཛེས་ཅན），统治两大洲，转动铜轮。从妙者王的腿上生出具妙王（མཛེས་ལྡན），统治一大洲，转动铁轮。以上合称转轮五王（འཁོར་ལོས་བསྒྱུར་བའི་རྒྱལ་པོ་ལྔ།）。《俱舍论》卷 12 亦云：“从此洲人寿无量岁。乃至八万岁，有转轮王生。减八万时，有情富乐，寿量损减，众恶渐盛，非大人器，故无轮王。此王由轮旋转应导，威伏一切，名转轮王。施设足中说有四种：金、银、铜、铁，轮应别故。如其次第，胜、上、中、下。逆次能王领一、二、三、四洲。谓铁轮王王一洲界，铜轮王二，银轮王三，若金轮王，王四洲界。”

〔16〕净饭王，即佛陀释迦牟尼的父亲，是古印度迦毗罗卫国的国王。

〔17〕《白琉璃》，第司桑结嘉措（སྡེ་སྲིད་སངས་རྒྱས་རྒྱ་མཚོ།，1653—1705 年）著，为藏族天文历算学巨著。

〔18〕释迦牟尼，约为公元前 5—前 4 世纪人，本姓乔达摩，名悉达多，为古印度北部迦毗罗卫国（今尼泊尔境内）的王子，属刹帝利种姓。释迦牟尼出生后，虽然享有世间繁华，但却心系人间疾苦。后出家修行，最终悟道成佛，创立佛教。

〔19〕胜光王，即波斯匿王，佛经中记载他与释迦牟尼同日生，是释迦牟尼出生地迦毗罗卫国毗邻的拘萨罗国国王。据说胜光王最初是一个性情暴戾、争强好胜的世俗君主，后来在释迦牟尼的讲法感化下，逐渐转变成一位虔信佛法、精进修行的居士国王。

〔20〕阿阇世王，意为“未生怨”，是摩揭陀国王频毗娑罗的儿子。据说阿阇世王出生后，相士占卜认为其长大后会杀害自己的父亲，遂得名“未生怨”。其长成后果然弑父篡位，结果全身长疮腐烂，遂皈依释迦牟尼忏悔，皮肤随之愈合如初。

〔21〕七代付法藏师：即传承释迦牟尼教法的最初七代宗师，分别为饮光（འོད་སྲུང）、庆喜（ཀུན་དགའ་བོ）、麻衣（ཤ་ནའི་གོས་ཅན）、小护（ཉེ་སྦས）、有愧（དྷི་ཏི་ཀ）、黑

色（ནག་པོ）和大善见（ལེགས་མཐོང་ཆེན་པོ）。

〔22〕六庄严二胜：即佛教初传时期的八位大师，其中六庄严（རྒྱན་དྲུག）分别为龙树（ཀླུ་སྒྲུབ）、圣天（འཕགས་པ་ལྷ）、无著（ཐོགས་མེད）、世亲（དབྱིག་གཉེན）、陈那（ཕྱོགས་གླང）、法称（ཆོས་གྲགས）；二胜（མཆོག་གཉིས）分别为释迦光（ཤཱཀྱ་འོད）和功德光（ཡོན་ཏན་འོད）。

〔23〕即“六庄严二胜”之后出现的历代班智达和八十大成就者的时代。

〔24〕应该是指摩揭陀国末代王朝——斯那王朝时期。按照《印度佛教史》的记载，斯那王朝共历四王，分别为罗婆斯那、迦娑斯那、摩尼多斯那、罗提迦斯那。

〔25〕藏文文献中的“ཀླ་ཀློ”有“外道”之意，一般指伊斯兰教。“སྟོད་ཧོར”意为上部霍尔，即西蒙古。此处之“巴恰”，似指当时已经伊斯兰化的印度莫卧尔王。《印度佛教史》云：“在这四代斯那王在位的时期，外道在摩揭陀逐渐增长，奉持大食篾戾车教法的人也有很多。……罗提迦斯那王去世后，罗槃斯那护持国政，几年中平安无事。此后在恒河和阎牟那河之间的案达罗毗地国有名叫月亮的突厥王出世。由于有几个比丘充当国王的使者而引起的灾难，月亮王和居住于潘伽罗等各个地方的很多突厥小王联合在一起，摧毁摩揭陀全境。”见多罗那他著，张建木译：《印度佛教史》，成都：四川民族出版社，1988 年，第 243 页。

〔26〕多罗那他（1575—1634 年），出生于卫藏交界处喀热琼尊地方，本名色觉多吉（སྲི་གཅོད་རྡོ་རྗེ），出家后取法名为贡噶宁波（ཀུན་དགའ་སྙིང་པོ），21 岁时按照梦中的景象给自己取名为多罗那他（ཏཱ་ར་ན་ཐ），意为“依怙”。多罗那他是藏传佛教觉囊派高僧，同时又是著名的史学家和梵语学家，著有《时轮源流》《印度佛教史》《后藏志》《多罗那他道歌集》等。1614 年，多罗那他创建达丹丹曲林寺（རྟག་བརྟན་དམ་ཆོས་གླིང），其后应漠北蒙古汗王之邀到库伦等地传播藏传佛教，在漠北活动二十余年，得到蒙古各部王公及民众的信奉和供养，被尊为哲布尊丹巴（རྗེ་བཙུན་དམ་པ）。多罗那他最终于 1634 年在库伦圆寂，次年，漠北土谢图汗适得一子，被认为是多罗那他的转世，由此传出蒙古哲布尊丹巴活佛转世系统。

〔27〕多罗那他著，成书于 1608 年（据张建木汉译本前言），共分 44 章，全面介绍了晚期印度佛教的发展历史，具有重要的史料价值。

〔28〕应指《时轮根本略续》及其注释。关于《时轮根本续》的形成有多种说法，一般认为是佛涅槃前一月于南印度的米积塔向香巴拉国的月贤王讲授此经，整理出来共 12000 偈颂。月贤王回国后作注，形成《时轮根本续广释》共 60000 偈颂。藏文有《时轮根本略续》，传说是由香巴拉国第八代王妙吉祥称根据《时轮根本续》和《时轮根本续广释》整理出来的，即现在所说的《时轮根本经》，被学术

界视为本续。香巴拉第九代王白莲花为之作疏，取名《时轮根本略续无垢光疏》12000 颂。相关藏文经典除《时轮根本续》外，还有后续《吉祥时轮后续心要》（亦译《吉祥时轮本续后本续心》）和《吉祥时轮续心要》（亦译《吉祥时轮本续藏》），是《时轮根本略续》的纲要。《时轮根本略续》为颂诗体裁，是时轮类经典的本经。全经五品 1030 颂，包括：第一，宇宙庄严品 167 颂；第二，内定品（诊断疾病品）106 颂；第三，灌顶品 202 颂；第四，修行品 233 颂；第五，智慧品 260 颂；前绪、后跋共 122 颂。其中第一品“宇宙庄严品”详细介绍了天地大宇宙和人体小宇宙的结构和构成要素。见索南才让：《〈时轮根本略续〉及其宇宙和谐论》，《青海民族大学学报》2011 年第 3 期。

〔29〕大致为今阿富汗地区。

〔30〕即今克什米尔地区。

〔31〕即今新疆和田地区。

〔32〕在藏文记史传统中，对西藏与周边民族、地区的地理和方位认识，基本都是西藏居中，东方汉地、南方印度、西方大食、北方格萨尔。与此同时，四方国度又各具特点，通常意义上即东方汉地法治之王，南方印度佛教之王，西方大食财宝之王，北方格萨尔军队之王。在四方王中，汉地、印度和大食三个区域所指比较明确，但北方格萨尔的具体所指尚不清晰。值得注意的是，不同的藏文史籍中对四方王的记载也略有出入，详细可参石泰安：《西藏史诗和说唱艺人》，北京：中国藏学出版社，2012 年，第 276—285 页；A. 麦克唐纳：《“四天子理论”在吐蕃的传播》，载《法国藏学精粹》(1)，兰州：甘肃人民出版社，2011 年，第 135—151 页。

〔33〕藏文史籍中，通常将“巴达”和“霍尔”连用为一个词，即“巴达霍尔”。其中的“霍尔”，一般指青藏高原北部的游牧民族，其名所指人群主体随着时代的不同有所不同，比如起初指回鹘，后指蒙古，之后又指土族。如前所述，在藏史传统“四方王”的理论中，“巴达霍尔”或者“霍尔”通常也以“北方军队之王”的形式出现，但如本书这样将“格萨尔”和“巴达霍尔”同时列出的情况相对少见。

〔34〕“吐蕃突兀之王”常见于藏文传统史籍，但其中的“突兀”两字何解，学术界一直以来没有相对准确的解释。新世纪发现于西藏阿里的一部珍贵藏文历史文书，其中对吐蕃为何被称为“突兀之王”做出了解释。该史籍云：“突兀幻化之王，一般指吐蕃。另一方面，虽然四周其他地区（汉地、印度、大食、格萨尔）都有君王，但是都由人类来担任，因此没有多少神奇之处，而吐蕃的君王是由天神担任，故称为‘突兀之王’。”见古格班智达扎巴坚赞（གུ་གེ་པཎྜི་ཏ་གྲགས་པ་རྒྱལ་མཚན།）：《太阳王系和月亮王系》（ཉི་མའི་རིགས་ཀྱི་རྒྱལ་རབས་དང་ཟླ་བའི་རིགས་ཀྱི་རྒྱལ་རབས།），拉萨：西藏

人民出版社，2014 年，第 157 页；巴擦·巴桑旺堆：《阿里新发现的古藏文历史文书评介》，《西藏研究》2012 年第 4 期，第 35 页。

〔35〕噶当派教诫要门总集，全称《噶当经卷菩提心珍宝鬘》（བཀའ་གདམས་གླེགས་བམ་བྱང་སེམས་ནོར་བུའི་ཕྲེང་བ），又称《噶当宝卷》是噶当派相师阿底峡尊者和仲敦巴与其弟子之间的学法记录，据说由阿底峡及其弟子讲说集结于耶尔巴神山，主要分《父法》（ཕ་ཆོས།，又称《祖师问道语录》）和《子法》（བུ་ཆོས།，又称《弟子问道语录》）两部分，前者为仲敦巴向阿底峡请问法，后者为库敦·尊追雍仲（ཁུ་སྟོན་བརྩོན་འགྲུས་གཡུང་དྲུང）和俄·列贝喜饶（རྔོག་ལེགས་པའི་ཤེས་རབ）向阿底峡和仲敦巴请问法。

〔36〕聂赤赞普，为吐蕃第一代赞普，相传“自天神而为人主”。《敦煌本吐蕃历史文书》之《赞普世系表》载：“降世天神之上，有天父六君之子，三兄三弟，连同墀顿祉共七位。墀顿祉之子即岱·聂墀赞普，来做雅砻大地之主，降临雅砻地方，天神之子做人间之王，后又为人们目睹直接返回天界。”见王尧、陈践译注：《敦煌本吐蕃历史文书（增订本）》（ཏུན་ཧོང་ནས་ཐོན་པའི་བོད་ཀྱི་ལོ་རྒྱུས་ཡིག་ཆ།），北京：民族出版社，1992 年，藏文第 69 页，汉译文参第 174 页。到了后期，关于聂赤赞普的身世来历还出现了“印度释迦王族王子说”和“源自波密地方说”。至于聂赤赞普一名的由来，传统史籍将“聂赤”两字从字面理解为“肩座”，遂衍生出一则著名的传说，即聂赤赞普沿天梯下凡，路遇苯教卜士十二人问其从何而来，他以手指天，众人认为其乃天神之子，堪为藏地之主，遂以肩为座，迎之以归，遂称为“聂赤赞普”，意为“肩座王”。

〔37〕按照藏文传统史籍记载，聂赤赞普之后，雅隆悉补野部（སྤུར་རྒྱལ）的六代赞普名字中都带有“赤”（ཁྲི）字，加上传说他们在儿子 13 岁能够骑乘时逝归天界，不留人间，故被统称为“天赤七王”。关于天赤七王的姓名，文献记载虽略有出入，但大致一致，分别为聂赤赞普（གཉའ་ཁྲི་བཙན་པོ）、穆赤赞普（མུ་ཁྲི་བཙན་པོ）、丁赤赞普（དིང་ཁྲི་བཙན་པོ）、索赤赞普（སོ་ཁྲི་བཙན་པོ）、美赤赞普（མེར་ཁྲི་བཙན་པོ）、德赤赞普（གདགས་ཁྲི་བཙན་པོ）、术赤赞普（སྲིབས་ཁྲི་བཙན་པོ）。但是按照《敦煌本吐蕃历史文书》之《赞普世系表》的记载，“天赤七王”分别为岱·聂赤赞普（ལྡེ་ཉག་ཁྲི་བཙན་པོ）、穆赤赞普（མུ་ཁྲི་བཙན་པོ）、丁赤赞普（དིང་ཁྲི་བཙན་པོ）、索赤赞普（སོ་ཁྲི་བཙན་པོ）、德赤赞普（དེ་ཁྲི་བཙན་པོ）、赤白赞普（ཁྲི་སྤེ་བཙན་པོ）和止贡赞普（དྲི་གུམ་བཙན་པོ），即用德赤赞普、赤白赞普和止贡赞普替代美赤赞普、德赤赞普和术赤赞普，其中最值得注意的变化是把传统史籍列为第八代赞普的止贡赞普提前到第七位。见王尧、陈践译注：《敦煌本吐蕃历史文书（增订本）》，北京：民族出版社，1992 年，藏文第 69 页，汉文第 174 页。

〔38〕上丁二王，即止贡赞普（དྲི་གུམ་བཙན་པོ）和布德贡杰（སྤུ་དེ་གུང་རྒྱལ）父子。

据记载，止贡赞普生性好斗，结果被属下罗昂达孜（ལོ་ངམ་ཏ་རྫི）用计杀害，尸体遗留人间。两位王子惨遭流放，悉补野王位被罗昂所夺。后，王子恰赤（བྱ་ཁྲི）长大后立志为父报仇，遂在贤臣能人的辅佐下铲除罗昂，恢复悉补野王统，人封尊号“布德贡杰”。按照《敦煌本吐蕃历史文书》之《赞普世系表》的记载，止贡赞普已提前一位归入“天赤七王”，所以布德贡杰赞普只能单列，遂有“上丁一王”之说。

〔39〕中列六王，又称“地列六王”（ས་ཡི་ལེགས་དྲུག），源于六位赞普的名字中都带一个“列”（ལེགས）字。按照藏文传统史籍记载，中列六王分别为艾雪列（ཨེ་ཤོ་ལེགས）、德雪列（དེ་ཤོ་ལེགས）、特雪列（ཐི་ཤོ་ལེགས）、古如列（གུ་རུ་ལེགས）、仲西列（འབྲོང་ཞི་ལེགས）和俄雪列（ཨི་ཤོ་ལེགས）。《敦煌本吐蕃历史文书》之《赞普世系表》记为托列（ཐོ་ལེག）、雪列（ཤོ་ལེགས）、郭茹列（ཀོ་རུ་ལེགས）、仲西列（འབྲོང་ཞི་ལེགས）、梯雪列（ཐི་ཤོ་ལེག）和俄雪列（ཨི་ཤོ་ལེག）。见王尧、陈践译注：《敦煌本吐蕃历史文书（增订本）》，北京：民族出版社，1992 年，藏文第 69 页，汉文第 174 页。

〔40〕萨拉八德，即名字中带有“德”（ལྡེ）字的八位赞普。按照藏文传统史籍记载，分别为萨囊森德（ཟ་ནམ་ཟིན་ལྡེ）、德楚囊雄赞（ལྡེ་འཕྲུལ་ནམ་གཞུང་བཙན）、塞诺囊德（སེ་སྣོལ་ནམ་ལྡེ）、塞诺布德（སེ་སྣོལ་པོ་ལྡེ）、德诺囊（ལྡེ་སྣོལ་ནམ）、德诺布（ལྡེ་སྣོལ་པོ）、德杰布（ལྡེ་རྒྱལ་པོ）、德珍赞（ལྡེ་སྤྲིན་བཙན）。《敦煌本吐蕃历史文书》之《赞普世系表》继“中列六王”后所记为：萨囊森德（ཟྭ་གནམ་ཟིན་ཏེ）、德珠布囊雄赞（ལྡེ་འཕྲུ་བོ་གནམ་གཞུང་བཙན）、德阔（ལྡེ་གོལ）、囊德诺囊（གནམ་ལྡེ་སྣོལ་ནམ）、塞诺布（བསེ་སྣོལ་པོ）、德杰布（ལྡེ་རྒྱལ་པོ）。值得注意的是，此处《赞普世系表》所记名字中带有德字的赞普实际上只有七位。接下来所记之杰森赞（རྒྱལ་སྤྲིན་བཙན），与传统史籍中的德珍赞（ལྡེ་སྤྲིན་བཙན）似乎仅一字之差，但两者的区别恰恰又在“德”字。见王尧、陈践译注：《敦煌本吐蕃历史文书（增订本）》，北京：民族出版社，1992 年，藏文第 69 页，汉文第 174 页。

〔41〕下部三赞，即名字中带有“赞”（བཙན）字的三位赞普。按照藏文传统史籍记载，分别为杰多日龙赞（རྒྱལ་ཏོ་རེ་ལོང་བཙན）、赤赞囊（ཁྲི་བཙན་ནམ）、赤扎邦赞（ཁྲི་སྒྲ་དཔུང་བཙན）。另外也有“下部五赞”（འོག་གི་བཙན་ལྔ）之说，即加上其后的赤托杰托赞（ཁྲི་ཐོག་རྗེ་ཐོག་བཙན）和拉托托日年赞（ལྷ་ཐོ་ཐོ་རི་གཉན་བཙན）。如上注所记，《敦煌本吐蕃历史文书》之《赞普世系表》中将通常列为“萨拉八德”之一的德珍赞记为杰森赞，而其后能够与传统史书对应的下部三赞，分别为杰多日龙赞（རྒྱལ་ཏོ་རེ་ལོངས་བཙན）、赤赞囊（ཁྲི་བཙན་ནམ）、赤扎邦赞（ཁྲི་སྒྲ་སྤུང་བཙན），加上赤托赞（ཁྲི་ཐོག་བཙན）和拉托托年赞（ལྷ་ཐོ་དོ་སྙ་བཙན），亦可组成“下部五赞”。见王尧、陈践译注：《敦煌本吐蕃历史文书（增订本）》，北京：民族出版社，1992 年，藏文第 69—70

页，汉文第174页。

〔42〕传统史书中多记载，佛教传入之前，吐蕃早期的赞普皆用苯、仲、德乌理政，其中的“苯”即苯教，“仲”意为故事，“德乌”被理解为谜语。苯教是青藏高原古老的本土宗教，起源于青藏高原西部的古象雄地区。根据学界研究，苯教经历了自然崇拜为特征的世续苯教（སྲིད་པ་རྒྱུད་ཀྱི་བོན）和体系化的雍仲本教（གཡུང་དྲུང་བོན）两个时期，其宗教理论、仪轨、观念等对古代藏族文化的形成和发展具有深远的影响。苯教对前吐蕃时期的政治文化产生影响是不言而喻的，但是如何理解“仲”和“德乌”的具体含义、基本内容、表现特征和社会功能，目前尚缺乏具有说服力的研究。

〔43〕拉托托日赞普，又称为拉托托日年赞，是前吐蕃时期一位重要的赞普，据说这位赞普在位时佛教第一次传入西藏。藏史载：“作为普贤菩萨化身的赞普拉托托日年赞执政到八十岁时，住在自然天成的雍布拉康宫顶。真如当初佛陀在竹林苑所预言的那样，为了预示佛教在吐蕃的弘传，此时从天上伴着太阳之光降下《宝箧经》《六字真言心要》《百拜忏悔经》等经典和一肘高的金塔、嚕达嘛呢萨擦泥塔和弥扎手印等法器，空中还预言‘你之后经历五代人，自有理解这些物品意义的王者出世！’赞普如获至宝，但由于不知到底为何物，所以起名‘宁布桑瓦’（གཉན་པོ་གསང་བ）供在宝座之上，赞普本人由于这种功德返老还童，遂能享年一百二十岁。”参萨迦·索南坚赞（ས་སྐྱ་བསོད་ནམས་རྒྱལ་མཚན།）：《西藏王统记》（རྒྱལ་རབས་གསལ་བའི་མེ་ལོང་།），北京：民族出版社，1981年，第59—60页。相对于这种充满神秘色彩的“天降神物”，奈巴班智达（ཉིའུ་པཎྜི་ཏ་གྲགས་པ་སྨོན་ལམ་བློ་གྲོས）就指出拉托托日年赞时期的佛经和佛塔并非从天而降，而是由人携来进藏：“当圣者（拉托托日年赞）秉政时，李天子（ལི་ཐེ་སེ）与吐火罗（ཐོ་གར）的译师罗森措（བློ་སེམས་མཚོ）二人，自天竺请来班智达学者李敬（ལིགས་བྱིན），向国王讲经，由于当时吐蕃无有文字，无法领受，便将书于黄纸上的《佛说大乘庄严宝王经》、用金粉书写六字真言，上盖有木叉手印，一并献于国王……”参奈巴班智达·札巴孟兰洛卓（ཉིའུ་པཎྜི་ཏ་གྲགས་པ་སྨོན་ལམ་བློ་གྲོས།）：《古谭花鬘》（རྙིང་ཀྱི་གཏམ་མེ་ཏོག་ཕྲེང་བ་ཞེས་བྱ་བ།），见恰贝·次旦平措（ཆབ་སྤེལ་ཚེ་བརྟན་ཕུན་ཚོགས།）主编：《西藏史籍五部》（བོད་ཀྱི་ལོ་རྒྱུས་དེབ་ཐེར་ཁག་ལྔ།），拉萨：西藏藏文古籍出版社，1990年，第14—15页。王尧、陈践汉译文参《奈巴教法史——古谭花鬘》，《中国藏学》1990年第1期，第114页。一直以来，学界亦将这个时期算为佛教第一次在西藏传播的努力，但有学者指出，佛教第一次尝试传播到西藏地区的时间，可以上溯到桑赤赞普（སངས་ཁྲི་བཙན་པོ），即苯教文献所记第七代吐蕃赞普时期。参才让太：《佛教传入吐蕃的年代可以推前》，《中国藏学》2007年第3期。

〔44〕指松赞干布（སྲོང་བཙན་སྒམ་པོ།，？—650年在位）、赤松德赞（ཁྲི་སྲོང་ལྡེ་བཙན།，

755—797 年在位）和赤祖德赞（ཁྲི་གཙུག་ལྡེ་བཙན།，815—836 年在位）三位赞普。松赞干布先后迎娶泥婆罗赤尊公主和唐朝文成公主，建佛殿，译佛经，佛教从东西两个方向正式传入吐蕃。赤松德赞时期建立桑耶寺，“七试人”（སད་མི་བདུན）出家，大量翻译佛经，佛教正式立足吐蕃。赤祖德赞（又称赤热巴巾，ཁྲི་རལ་པ་ཅན།）时期僧人得到空前尊崇，佛经翻译规模宏大。藏文史籍认为他们三人为佛教在吐蕃传播作出了巨大贡献，所以被称为“法王”。

〔45〕桂译师宣奴贝，明代藏族著名译师，藏文史籍《青史》（དེབ་ཐེར་སྔོན་པོ）的作者。译师于第七饶迥水猴年（1392 年）出生于山南琼结，九岁出家，后广拜名师，遂成一代大家。第八饶迥铁牛年（1481 年）圆寂，享年 91 岁。

〔46〕达玛赞普，又称为“乌东赞普”（འུ་དུམ་བཙན་པོ），吐蕃末代赞普，公元 836—842 年在位。该赞普在位期间实施压制佛教的策略，最终被僧人拉隆贝吉多吉（ལྷ་ལུང་དཔལ་གྱི་རྡོ་རྗེ）所弑。其后，爆发了两位王子争位竞立和遍及全境的平民暴动，导致统一的吐蕃王朝最终瓦解。

〔47〕《青史》载：“如《文殊根本续》中授记说：‘如来教法中，将生各种相，依于北方土。尔时将出现，有名拉登地，位于雪山丛，王是人中天。种族毗耶离，彼能修密义，福寺两具足，复具智财富。彼复成人王，抚政寿八十，彼离盗贼行，彼王舍寿命，亦为密速成。息增能清凉，世间度母称，天母白衣母，彼母勤利他，常时无疲厌。所说彼等中，如是有多王，示现多种相，各色各种身。雪域边地王，彼能信供佛，牛王贤牛王，地光贤地光，如是镇彼岸，示知行步态，地护与牛犊，具光为最后，后出王天性，为各边地相，此后另一规，外众起作行’。授记中所谓‘北方’（བྱང་གི་ཕྱོགས）和‘雪域’（ཁ་བ་ཅན），这是普遍传称的西藏。‘拉登’（ལྷ་ལྡན）即拉萨。所谓‘抚政寿八十’，实际住寿八十二岁，中间贡松贡赞王也曾略摄藏政。所谓‘度母和白衣母’等，是指最胜三位王妃，即文成公主、尼泊尔公主和郑萨玛（འབྲིང་བཟའ་མ་ཐོད་དཀར）三妃。所谓‘种族毗耶离’（ལི་ཙ་བྱིའི་རིགས）即指系毗舍离（ཡངས་པ་ཅན）的传嗣。所谓‘边地王’（ཏཱ་གློའི་རྒྱལ），是说乃至西边有一名达（ཏཱ）的地区也在权辖之下。所谓‘如是有多王’，是说后来的诸藏王。‘牛王’（ཁྱུ་མཆོག）是指芒松藏王。‘贤牛王’（ཁྱུ་མཆོག་བཟང）是指龙朗王（གླུང་ནམ）。‘地光’（ས་འོད）系指麦阿冲王（མེས་ཨག་ཚོམས）。‘贤地光’（ས་འོད་བཟང）是指赤松德赞王。‘镇彼岸’（པ་རོལ་གནོན）系指牟勒赞波王（མུ་ནེ་བཙན་པོ）。‘行步’（ཀང་པའི་འགྲོས）是指赤德松赞王。‘地护’（ས་སྲུངས）系指热巴坚王。‘牛犊’（བེའུ）是指朗达玛王。‘具光’（འོད་ལྡན）系指峨松王（饮光王，འོད་སྲུང）。所谓‘具’和‘护’是说最后的藏王。所谓‘后出王天性’是指从日所出方而来到西藏作统治的霍尔王。又有一些人认为是指侠喀（ཤར་ཁ）地区，被粟族（སྣགས）所杀害的伯柯赞（དཔལ་འཁོར་བཙན）

王。由于此后也就没有能统治西藏的王，所以说为‘此后另一规’。以上为《文殊根本续》中所授记的诸藏王。”见郭·勋努贝（འགོས་ལོ་གཞོན་ནུ་དཔལ།）：《青史（上册）》（དེབ་ཐེར་སྔོན་པོ།），成都：四川民族出版社，1984年，第70—72页，汉译文参廓诺·迅鲁伯著，郭和卿译：《青史》，拉萨：西藏人民出版社,2003年,第27页。

〔48〕贝阔赞是吐蕃末代赞普达玛乌东赞之孙，赞普沃松（འོད་སྲུང）之子，大致生活于公元9世纪末至10世纪初。关于贝阔赞的生卒年，相关史书记载皆有不同，具体参恰白·次旦平措（ཆབ་སྤེལ་ཚེ་བརྟན་ཕུན་ཚོགས）、诺昌·吴坚（ནོར་བྲང་ཨོ་རྒྱན）：《西藏简明通史》（བོད་ཀྱི་ལོ་རྒྱུས་རགས་རིམ་གཡུ་ཡི་ཕྲེང་བ།），拉萨：西藏藏文古籍出版社，1989年，第483—485页。统一的吐蕃王朝分裂后，沃松一裔占据约茹（今山南地区）地区，贝阔赞时期，势力中心西移至后藏地区。他执政后，为了更好地保存和发展自己的势力，巩固政权，采取了一系列的施政措施，建造城堡、复兴佛教，但是在内部矛盾和平民起义的双重打击下宣告失败，贝阔赞最终亦被属下所弑，长子赤扎西孜巴贝（ཁྲི་བཀྲ་ཤིས་བརྩེགས་པ་དཔལ）继承王位，而次子吉德尼玛衮（སྐྱིད་ལྡེ་ཉི་མ་མགོན）远走阿里。

〔49〕按照传统藏文史籍的时段划分方法，朗达玛灭佛之前的历史为佛教在西藏的前弘时期，吐蕃王朝灭亡以后佛教在西藏的复兴和发展为佛教的后弘期。佛教在西藏历史上的后弘，以卫藏十人在安多受戒的“下路弘法”和古格王朝时期拉喇嘛益西沃（ལྷ་བླ་མ་ཡེ་ཤེས་འོད）组织译经建寺的“上路弘法”为开端。按照东噶·洛桑赤列（དུང་དཀར་བློ་བཟང་འཕྲིན་ལས）的研究，藏传佛教后弘期正式始于鲁梅大师在拉萨建立僧团组织的公元949年：“到巴贡意希雍仲（སྦང་གོང་ཡེ་ཤེས་གཡུང་དྲུང）等人受比丘戒十年后即火狗年（926年）时，巴贡的年龄约四十岁，仲·意希坚赞（གྲུམ་ཡེ་ཤེས་རྒྱལ་མཚན）跟从巴贡受了比丘戒（这时仲·意希坚赞已到二十岁）。仲·意希坚赞受比丘戒十年后，也即是他三十岁的火猴年（936年）才有卫藏十二人前来，其中第一批来的七人中，鲁梅·楚臣喜饶（ཀླུ་མེས་ཚུལ་ཁྲིམས་ཤེས་རབ）和直·益西云丹（འབྲིང་ཡེ་ཤེས་ཡོན་ཏན）等五人受了比丘戒，甲（རྒྱ）和宣班（གཞོན་བན）两人受了沙弥戒。鲁梅等五人受比丘戒后十年时，即鲁梅三十四岁的土鸡年（949年），鲁梅在拉萨的拉莫（ལ་མོ）建恰德乌（ཆག་དེའུ）、芒热巴杰（མོང་ར་སྤད་འགྱེལ）、巴兰木（བ་ལམ）僧团，此年距朗达玛灭法的铁鸡年已是一百零九个年头，按整算是一百零八年，这即是西藏佛教前弘和后弘之间没有佛法的时期。鲁梅在拉萨建立佛教的根基即僧团组织的这一年，即是西藏佛教后弘期开始的年代。”见恰白·次旦平措、诺昌·吴坚：《西藏简明通史》，拉萨：西藏藏文古籍出版社，2006年，第808—809页。汉译文见陈庆英等汉译本：《西藏通史·松石宝串》，西藏社科院、中国西藏杂志社、西藏藏文古籍出版社，2004年，第1049—1050页。

第一章　中原王统

在东方与藏土多康（མདོ་ཁམས）[1]等地接壤者，乃五髻文殊菩萨（རྗེ་བཙུན་ཟུར་ཕུད་ལྔ་པ）[2]施行教化之国度，印度人称为摩诃支那（མ་ཧཱ་ཙི་ན）[3]，如今通常称为汉地（རྒྱ་ནག）。当地拥有五台山（རི་བོ་རྩེ་ལྔ）[4]等众多佛教道场，文化艺术争奇斗艳，丰富资源和奇珍异宝可媲美财神（ཛུགས་འཛིན་གྱི་བདག་པོ）[5]也。其地共分十六部，取名曰省（ཞིང་ཆེན）[6]，各省属众几十万户。拥有千万众威猛雄壮的军队，分布于全国。早在佛陀诞生之前，汉地就已依次出现了诸多统治该土之君王，为省篇幅，在此不做过多赘述，仅将公（ཀུང）[7]撰口诀（ཆ་ཚིག）[8]如实转引[9]于下：

文殊持国礼仪盛，
仁义为本功盖世；
三皇（ཧུ་གསུམ）[10]五帝（ཏྲི་ལྔ）[11]与三王（དབང་གསུམ）[12]，
后世君臣之楷模。

此为上古王统（ཐོག་མའི་རབས）。口诀又云：

伏羲（ཧྥུ་ཧི）[13]传承十六代[14]，
神农（ཤན་ནུང）[15]八代百五十[16]；

黄帝（ཧུའང་ཏྭི）[17]在位一百年[18]，
五帝（ཏྭི་ལྔ）[19]四百二六年[20]；
其后周氏王朝（ཙོ་ཁྲུའི་རིགས）[21]立，
三十六帝[22]八七三[23]；
强汉（ཆེན་པོ་ཧན）[24]二十六位帝[25]，
共传四百六七年[26]；
晋朝（ཛིན）[27]尧古（ཡུ་གུར）[28]隋朝（ཟུས）[29]建，
共历三百零三年[30]。

又云：

唐朝（ཐང）[31]二百八十九[32]，
帝传二十[33]五代（སྲིད་རབས་ལྔ）[34]继，
五十三年[35]宋（དསུང〈སུང〉[36]）十八[37]，
共传三百二十年。[38]

此为大唐和大宋时期之基本历史也。

据说，上述周朝第五位王即周昭王（ཙོ་ཁྲུ་དབང）时期，佛祖释迦牟尼诞生。第六位王即周穆王（ཙུ་དབང）时期，最终宏化。[39]

大汉第五位皇帝武帝（ཧུ་ཏྭི）[40]时期，国力空前强大，除中原之地，还占据蒙古（སོག）和西藏等地[41]。此外，从这时起改尚黄（རྒྱལ་ཚེས་ཁ་དོག་སེར་པོ），改冬至为年初之惯例，采取孟春为一年之初，[42]此习俗一直延续至今。在汉朝第十三位皇帝明帝（མིང་ཏྭི）[43]时期，佛教开始传入中原并得到发展。[44]

盛唐开国年代，大致与吐蕃赞普南日松赞（གནམ་རི་སྲོང་བཙན）时期末[45]相当。唐朝第二位皇帝穆秦王（མོའུ་ཆེན་དབང）[46]之女文成公主（ཝེན་ཆེང་ཀོང་ཇོ）[47]嫁给法王松赞干布（སྲོང་བཙན་སྒམ་པོ），因此蕃人称其为唐太宗（ཐང་ཐའི་ཙུང）或雄狮赞普（སེངྒེ་བཙན་པོ）。唐朝灭亡的年代大致与吐蕃赤热巴巾（ཁྲི་རལ）赞普[48]归天同时。

唐灭后五十余年，先后出现部分割据政权，[49]最终统一于宋（སུང）。当时北方出现契丹霍尔王（ཁི་དན་ཧོར་གྱི་རྒྱལ་པོ），[50]占据汉地北方边境十六州（ཅིའུ་མཁར）[51]，除霍尔外，国力以宋为最强。宋朝第四位皇帝时期[52]，据说西方康区王（ཁམས་རྒྱལ）李元昊（ལི་ཡན་ཧའོ）[53]反叛并建立政权，贡布加（མགོན་པོ་སྐྱབས）的史记[54]将该地认定为姜（འཇང་ཡུལ）[55]或三赕（ས་ཧམ）[56]，然经探究，此说[57]估计有误，该王当是古藏文史书中所记之木雅国王（མི་ཉག་རྒྱལ་པོ）[58]也。藏文古籍中虽有木雅王统的记载，但似无将宋称为木雅国王之说也，其地亦不在姜域。因此古称“木雅”（མི་ཉག）之地，可能是今安多附近凉州省（ལེན་ཇུས）[59]辖下之地区。姜三赕（འཇང་ས་ཧམ）崛起于大明（ཏཱ་〈ཏ་〉མིང）时期，清（མན་ཇུ）顺治（ཤུན་ཏའི་〈ཀྱི〉）时期尚有王统传承。[60]木雅早前已被霍尔（ཧོར）所灭。[61]另外，宋或木雅之一也可能为姜或三赕等地也[62]。

注释

〔1〕多康即藏族传统地理名词“安多”和“康”的合称，指今青海、甘肃、四川和云南等地藏族聚居的地区。按照藏族传统的史地观念，藏族地区从西到东依次分为“上阿里三围”“中卫藏四茹”和“下多康六岗”等三个区域。所谓多康六岗，按照《安多政教史》的记载，分别为色莫岗（ཟལ་མོ་སྒང）、察洼岗（ཚ་བ་སྒང）、玛康岗（སྨར་ཁམས་སྒང）、勃波岗（སྤོ་འབོར་སྒང）、玛杂岗（དམར་རྫ་སྒང）和木雅惹岗（མི་ཉག་རབ་སྒང）。见智贡巴·贡去乎丹巴绕布杰（བྲག་དགོན་པ་དཀོན་མཆོག་བསྟན་པ་རབ་རྒྱས།）：《安多政教史》（མདོ་སྨད་ཆོས་འབྱུང་།），兰州：甘肃民族出版社，1982年，第1页。

〔2〕文殊菩萨为佛教四大菩萨之一，代表佛智，与普贤菩萨同为释迦佛之胁侍，世称“华严三圣”。传说文殊菩萨的应化道场为山西五台山，《华严经·诸菩萨住处品》云：“东北方有处。名清凉山。从昔已来。诸菩萨众。于中止住。现有菩萨。名文殊师利。与其眷属。诸菩萨众。一万人俱。常在其中。而演说法。”《文殊师利宝藏陀罗尼经》亦云：“尔时世尊复告金刚密迹主菩萨言。我灭度后于此瞻部洲东北方。有国名大振那。其国中间有山号为五顶。文殊师利童子游行居住。为诸众生于中说法。”

〔3〕梵文中“摩诃”意为“大”，“支那”（Cīna）即指中国汉地。关于“支那”一词的来源及其意义，学术界多有探讨，主流观点将其归为“秦”字的音译，

指始皇帝统一六国后建立的秦王朝。按《大唐西域记》卷五载，“至那者，前王之国号。大唐者，我君之国称。”

〔4〕位于山西省东北部，隶属忻州市五台县。五台山作为文殊菩萨的道场，与浙江普陀山（观世音菩萨）、四川峨眉山（普贤菩萨）、安徽九华山（地藏菩萨）合称“中国佛教四大名山”。

〔5〕指瞻巴拉（ཛམ་བྷ་ལ），又译阎婆罗，旧译布禄金刚，为佛教一财神名。

〔6〕中国古代地方制度，从周开始先后经历了分封、郡县、州郡、道路、行省等五个时期。行省建制始于元朝，除中书省直辖的“腹里”和宣政院管辖的西藏和四川、青海部分地区外，设河南江北、江浙、江西、湖广、陕西、四川、辽阳、甘肃、岭北、云南十处行中书省，简称行省。明初加强中央集权，撤销行中书省，改设承宣布政使司。有明一代，除京师、南京即南北两京直隶外，计有山东、山西、河南、陕西、四川、江西、湖广、浙江、福建、广东、广西、云南、贵州13个布政使司，即两京（直隶）十三布政使司，俗称为十五省。清初承明制，后经几次分合，于康熙初形成了“内地十八省”，即直隶、江苏、安徽、山西、山东、河南、陕西、甘肃、浙江、江西、湖北、湖南、四川、福建、广东、广西、云南、贵州。本书成于清代，但称汉地分十六个省，疑受明代及清初资料的影响。《汉区佛教源流记》亦称“组成中原大地的为十三个省，鉴于不同时期人口增减和地域大小的不同，行省数量亦非一成不变。目前有十六省……”见贡布加（མགོན་པོ་སྐྱབས།）：《汉区佛教源流记》（རྒྱ་ནག་ཆོས་འབྱུང་།），成都：四川民族出版社，1983年，第4—5页。

〔7〕即《汉区佛教源流记》的作者贡布加，也就是《造像量度经》和《大唐西域记》的翻译者（汉文文献中作工布查布）。《汉区佛教源流记》藏文本的题跋称他为“མི་དབང་གུང་ལོ་ཆེན་མགོན་པོ་སྐྱབས།”（贤德公大译师贡布加）。据《造像量度经》木刻版序言介绍，工布查布出生于内蒙古乌珠穆沁部的一个贵族家庭。《汉区佛教源流记》的结语中他也自称是成吉思汗的后裔。据陈庆英先生研究，乌珠穆沁部在锡林郭勒盟的北部，清代分左右二旗，右旗的封爵有扎萨克和硕车臣亲王一、镇国公一、辅国公一，左旗的封爵有扎萨克多罗额尔德尼贝勒一，都出自成吉思汗的后裔多尔济。工布查布的名字不见于这些封爵的传承世系，因此他可能出身于乌珠穆沁部一个闲散台吉的家庭。由于工布查布懂得四种语文，所以在雍正朝和乾隆朝做民族语文的翻译工作，曾经担任过清“西番学总管”的官职，有多部著作和译著问世。参陈庆英：《汉区佛教源流记·序》，见贡保嘉著，罗桑旦增译：《汉区佛教源流记》，北京：中国藏学出版社，2005年，第1—3页。

〔8〕关于中原王统的传承和年代，贡布加在《汉区佛教源流记》中引用了很

多口诀。按照贡布加的说明，这些口诀是他按照当时流行的孔安国的见解编制的。见贡布加：《汉区佛教源流记》，成都：四川民族出版社，1983 年，第 12 页。孔安国（约公元前 156—前 74 年），字子国，孔子十世孙。据说受《诗》于申公，《尚书》于伏生。汉武帝时官谏大夫、临淮太守。史载武帝末年鲁共王刘馀毁孔府旧宅，当时从壁中得《尚书》《礼记》《论语》及《孝经》等经典，为蝌蚪文写之，时人不识，结果唯有孔安国能以当时的文字读之，又奉诏作书，得以留传，共定五十八篇，谓之《古文尚书》，另外又著《古文孝经传》《论语训解》等。贡布加说此见解来自孔安国，当为《尚书》，然下文所列帝王系统，个别地方又与《尚书》《尚书大传》有异，但却和皇甫谧之《帝王世纪》所载相同，详见下文。

〔9〕这些口诀出现在贡布加简述中原王朝每一段历史的末尾，起到总结的作用，见贡布加：《汉区佛教源流记》，成都：四川民族出版社，1983 年，第 33、42—43、47 页。

〔10〕关于三皇有很多的说法，比如《史记》记天皇、地皇、泰皇为三皇；《春秋纬》提出天皇、地皇、人皇为三皇；《尚书大传》主张燧人、伏羲、神农为三皇；《帝王世纪》以伏羲、神农、黄帝为三皇；《通鉴外纪》又以伏羲、神农、共工为三皇，等等。本书作者言其口诀来自贡布加的《汉区佛教源流记》，该书所记三皇分别为太昊伏羲氏（ཐའ་ཧོའུ་ཧྥུ་ཧི་ཞི）、炎帝神农氏（ཡན་ཏྲི་ཤེན་ནུ་དུ་ཞི）、黄帝轩辕氏（ཧུ་ཡང་ཏྲི་ཡིའུ་ཧྱུང་ཞི）。见贡布加：《汉区佛教源流记》，成都：四川民族出版社，1983 年，第 12—16 页。

〔11〕关于五帝，也和三皇一样没有定论，比如《大戴礼记》记为黄帝、颛顼、帝喾、尧、舜；《战国策》记为伏羲、神农、黄帝、尧、舜；《吕氏春秋》记为太昊、炎帝、黄帝、少昊、颛顼；《资治通鉴外纪》记为黄帝、少昊、颛顼、帝喾、尧；伪《尚书序》记为少昊、颛顼、帝喾、尧、舜。目前以《史记·五帝本纪》所列黄帝、颛顼、帝喾、唐尧、虞舜之五帝说较为常见。《汉区佛教源流记》所记五帝分别为少昊金天氏（ཤོའུ་ཧོའུ་ཀིན་ཐི་ཡན་ཞི）、颛顼高阳氏（ཐུའན་ཧྲུའི་ཀའུ་ཡང་ཞི）、帝喾高辛氏（ཏྲི་ཀུ་ཀའུ་སིན་ཞི）、帝尧陶唐氏（ཏྲི་ཡོའུ་ཐོའུ་ཐང་ཞི）、帝舜有虞氏（ཏྲི་ཞུན་ཡིའུ་ཡུས་ཞི）。见贡布加：《汉区佛教源流记》，成都：四川民族出版社，1983 年，第 18—23 页。

〔12〕所谓三王，一般指夏禹、商汤和周武王（贡布加在《汉区佛教源流记》中把周文王和周武王合称为文武王），三王时代即我国最早的夏、商、周三个朝代。

〔13〕伏羲，风姓，又称宓羲、庖牺、包牺、伏戏，亦称牺皇、皇羲、太昊，《史记》中称伏牺。伏羲是古代传说中中华民族的人文始祖，是我国古籍中记载的最早的王，曾开创中医，发明创造了文字、八卦、琴瑟、渔猎等，并与女娲兄妹相

婚，繁衍人类。传说伏羲称王111年以后去世，留下了大量神话传说。《帝王世纪》载："太昊帝庖牺氏，风姓也。蛇身人首，有圣德，都陈。作瑟三十六弦。燧人氏没，庖牺氏代之，继天而王，首德于木，为百王先。帝出于震，未有所因，故位在东方主春。象日之明，是称太昊。制嫁娶之礼，取牺牲以充庖厨，故号曰庖牺。后世音谬，故或谓之宓牺。一号黄熊氏，在位一百一十年。""伏羲氏仰观象于天，俯观法于地，观鸟兽之文与地之宜，近取诸身，远取诸物，于是造书契以代结绳之政，画八卦以通神明之德，以类万物之情。所以六气、六府、五藏、五行、阴阳、四时、水火升降，得以有象。百病之理，得以有类。乃尝味百药而制九针，以极夭枉焉。"见《二十五别史·帝王世纪》，第一，自开辟至三皇，济南：齐鲁书社，2000年，第2—3页。

〔14〕伏羲之后依次出现十五皇，然都承伏羲之制，故虽为皇而不自为一代。《帝王世纪》载："女娲氏，亦风姓也。承庖牺制度。亦蛇身人首，一号女希，是为女皇。其末诸侯有共工氏，任智刑以强，伯而不王。以水承木，非行次，故《易》不载。及女娲氏没，次有大庭氏、柏皇氏、中央氏、栗陆氏、骊连氏、赫胥氏、尊卢氏、浑混氏、昊英氏、有巢氏、朱襄氏、葛天氏、阴康氏、无怀氏，凡十五世，皆袭庖牺之号。"见《二十五别史·帝王世纪》，第一，自开辟至三皇，济南：齐鲁书社，2000年，第3页。

〔15〕神农氏，传说为人身牛首，曾尝尽百草，为华夏农业和医药的发明者之一。《帝王世纪》云："神农氏，姜姓也。母曰任姒，有乔氏之女，名女登，为少典妃。游于华阳，有神农首感女登于尚羊，生炎帝，人身牛首，长于姜水，因以氏焉。有圣德，以火承木，位在南方，主夏，故谓之炎帝。都于陈，作五弦之琴。""炎帝神农氏长于江水，始教天下耕种五谷而食之，以省杀生。尝味草木，宣药疗疾，救夭伤人命。百姓日用而不知，著《本草》四卷。""营都于鲁，重八卦之数，究八八之体为六十四卦。在位百二十年而崩，葬长沙。"见《二十五别史·帝王世纪》，第一，自开辟至三皇，济南：齐鲁书社，2000年，第4页。

〔16〕《帝王世纪》载，神农"在位百二十年而崩。至榆罔凡八世，合五百三十年。""凡八世：帝承、帝临、帝明、帝直、帝来、帝衰、帝榆罔。"见《二十五别史·帝王世纪》，第一，自开辟至三皇，济南：齐鲁书社，2000年，第4—5页。

〔17〕黄帝，传说为少典与附宝之子，本姓公孙，居轩辕之丘，故号轩辕氏，建都于有熊，亦称有熊氏。史载黄帝以姬水成，因有土德之瑞，故号黄帝。在位期间，播百谷草木，大力发展生产，始制衣冠、建舟车、制音律、创医学等。《史记·五帝本纪》载："黄帝者，少典之子，姓公孙，名曰轩辕。生而神灵，弱而能言，幼而徇齐，长而敦敏，成而聪明……乃习用干戈，以征不享，诸侯咸来宾从

……修德振兵，治五气，艺五种，抚万民，度四方，教熊罴貔貅貙虎，以与炎帝战于阪泉之野……与蚩尤战于涿鹿之野，遂禽杀蚩尤。而诸侯咸尊轩辕为天子，代神农氏，是为黄帝。天下有不顺者，黄帝从而征之，平者去之，披山通道，未尝宁居……顺天地之纪，幽明之占，死生之说，存亡之难。时播百谷草木，淳化鸟兽虫蛾，旁罗日月星辰水波土石金玉，劳勤心力耳目，节用水火材物。有土德之瑞，故号黄帝。”见司马迁：《史记》卷一·五帝本纪第一。《帝王世纪》亦云：“黄帝有熊氏，少典之子，姬姓也。母曰附宝，其先即炎帝。母家有娇氏之女，世与少典氏婚，故《国语》兼称焉。及神农氏之末，少典氏又取附宝，见大电光绕北斗枢星，照郊野，感附宝，孕二十五月，生黄帝于寿丘，长于姬水，因以为姓。以土承火，位在中央，故曰黄帝。龙颜，有圣德，受国于有熊，居轩辕之丘，故因以为名，又以为号。与神农氏战于阪泉之野，三战而克之。力牧、常先、大鸿、神皇钜封直人镇、大山稽、鬼臾区、封胡、孔甲等，或以为师，或以为将，分掌四方，各如己视，故号曰黄帝四目。又使歧伯尝味百草，典医疗疾，今《经方》、《本草》之书咸出焉。其史仓颉，又取象鸟迹，始作文字。史官之作，盖自此始。记其言行，策而藏之，名曰书契。黄帝亦号帝鸿氏，或曰归藏氏，或曰帝轩。吹律定姓。有四妃，生二十五子。”见《二十五别史·帝王世纪》，第一，自开辟至三皇，济南：齐鲁书社，2000 年，第 5—6 页。

〔18〕《帝王世纪》载：黄帝“在位百年而崩，年一百一十岁……葬于上郡阳周之桥山”。见《二十五别史·帝王世纪》，第一，自开辟至三皇，济南：齐鲁书社，2000 年，第 6 页。

〔19〕按照《汉地佛教源流记》，五帝分别为少昊金天氏、颛顼高阳氏、帝喾高辛氏、帝尧陶唐氏、帝舜有虞氏。《帝王世纪》记五帝云：“少昊帝，名挚，字青阳，姬姓也。母曰女节。……降居江水，有圣德，邑于穷桑，以登帝位，都曲阜，故或谓之穷桑帝。以金承土，故曰金天，即图谶所谓‘白帝朱宣’者也。位在西方，主秋令，有光明，居小阴位。故称少昊，号金天氏。在位百年而崩。”“帝颛项高阳氏，黄帝之孙，昌意之子，姬姓也。母曰景仆，蜀山氏女，为昌意正妃，谓之女枢……生颛顼于若水。首戴干戈，有圣德……生十年而佐少昊，十二年而冠，二十年而登帝位。平九黎之乱，以水承金，位在北方，主冬。……始都穷桑，后徙商丘……在位七十八年，九十八岁，岁在鹑火而崩。葬东郡顿丘广阳里。”“帝喾高辛氏，姬姓也。其母不见。生而神异，自言其名曰‘夋’……年十五而佐颛顼，三十登帝位，都亳。以木承水……帝喾在位七十五年，年百五岁而崩，葬东郡顿丘广阳里。”“帝尧陶唐氏，伊祁姓也。母曰庆都，孕十四月而生尧于丹陵，名曰放勋……年十五而佐帝挚，授封于唐，为诸侯。身长十尺。常梦攀天而上之，故年二

十而登帝位。以火承木，都平阳。置敢谏之鼓，天下大和……舜摄政二十八年，尧于方回游阳城而崩，《尚书》所谓‘二十有八载，放勳乃殂落’是也。百姓如丧考妣，三载，四海遏密八音……凡尧在位九十八年，年百一十八岁乃殂。”“舜，姚姓也，其先出自颛顼……目重瞳，故名重华，字都君……年二十，始以孝闻。尧以二女娥皇、女英妻之。见舜于二宫，设飨礼，迭为宾主。南面而问政，然后赐以絺衣琴瑟，筑宫室，封之于虞……尧乃赐舜以昭华之玉，老而命舜代己摄政……舜摄政二十八年而尧崩，三年丧毕，舜年八十一。以仲冬甲子，月次于毕，始即真。改正朔，以土承火，色尚黄……初，舜既践帝位，而父瞽瞍尚存，舜常戴天子车服而朝焉。天下大之，故曰大舜。都平阳，或云蒲坂沩汭……有庶子八人皆不肖，故以天下禅禹。舜年八十一即真，八十三而荐禹，九十五而使禹摄政，摄五年有苗氏叛，南征，崩于鸣条，年百岁……殡以瓦棺，葬苍梧九疑山之阳。”见《二十五别史·帝王世纪》，第二，五帝，济南：齐鲁书社，2000 年，第 10—19 页。

〔20〕按《帝王世纪》，五帝先后执政年数为一百、七十八、七十五、九十八、四十五，共计三百九十六年。另，按《汉区佛教源流记》，此句之后紧跟着是“夏王十七四百四一年，商王廿八六百四四年，其后有周三十八代王，国存八百七十又四年”等，见贡布加：《汉区佛教源流》，成都：四川民族出版社，1983 年，第 33 页。

〔21〕周朝是我国最后一个世袭奴隶制王朝，分为西周（前 11 世纪中期—前 771 年）与东周（前 770 年—前 256 年）两个时期。西周由周武王姬发创建，定都镐京。公元前 770 年（周平王元年），平王姬宜臼东迁，定都雒邑，史称东周。东周又分为春秋（公元前 770 年—前 476 年）和战国（公元前 475 年—前 221 年）两个时期。公元前 256 年（周赧王五十九年），秦灭周。

〔22〕周朝实际上共传三十七位王，分别为武王姬发、成王姬诵、康王姬钊、昭王姬瑕、穆王姬满、共王姬繄扈、懿王姬囏、孝王姬辟方、夷王姬燮、厉王姬胡（公元前 841 年改元共和，在位 37 年）、宣王姬静（公元前 827—前 781 年，在位 46 年），幽王姬宫涅（前 781—前 770 年，在位 11 年）、平王姬宜臼（公元前 770—前 719 年，在位 51 年）、桓王姬林（公元前 719—前 696 年，在位 23 年）、庄王姬佗（公元前 696—前 681 年，在位 15 年）、釐王姬胡齐（公元前 681—前 676 年，在位 5 年）、惠王姬阆（公元前 676—前 651 年，在位 25 年）、襄王姬郑（公元前 651—前 618 年，在位 33 年）、顷王姬壬臣（公元前 618—前 612 年，在位 6 年）、匡王姬班（公元前 612—前 606 年，在位 6 年）、定王姬瑜（公元前 606—前 585 年，在位 21 年）、简王姬夷（公元前 585—前 571 年，在位 14 年）、灵王姬泄心（公元前 571—前 544 年，在位 27 年）、景王姬贵（公元前 544—前 520 年，在位 25

年）、悼王姬猛（公元前520—前519年，在位1年）、敬王姬匄（公元前519—前475年，在位44年）、元王姬仁（公元前475—前468年，在位7年）、贞定王姬介（公元前468—前441年，在位28年）、哀王姬去疾（公元前441—前441年，在位1年）、思王姬叔（公元前441—前440年，在位1年）、考王姬嵬（公元前440—前425年，在位15年）、威烈王姬午（公元前425—前401年，在位24年）、安王姬骄（公元前401—前375年，在位26年）、烈王姬喜（公元前375—前368年，在位7年）、显王姬扁（公元前368—前320年，在位48年）、慎靓王姬定（公元前320—前314年，在位6年）、赧王姬延（公元前314—前256年，在位59年）。

〔23〕关于周朝延续的时间，基本认为是约前11世纪至前256年，共计约为791年。但由于周朝的建国之年一直无法确认，目前史学家对此尚未形成定论。另一说是868年，两者相差一百多年。在《汉区佛教源流记》里，贡布加的口诀记为“周朝三十八代王”，历874年，与本文所引有出入，见贡布加：《汉区佛教源流记》，成都：四川民族出版社，1983年，第33页。

〔24〕公元前206年，秦朝灭亡。经过前206—前202年的楚汉战争，汉王刘邦取得了最终的胜利，于前202年建立汉朝，定都长安，史称“西汉”。西汉在文景之治后，汉武帝时期达到极盛，昭宣时期再次复兴。公元9年，王莽篡夺西汉政权，建立新朝（公元9—23年）。公元25年，刘秀称帝，建立东汉，定都洛阳，开创了光武中兴和明章之治。公元184年爆发黄巾起义，东汉名存实亡。公元220年，曹丕篡汉建魏，东汉灭亡。

〔25〕西汉自高祖刘邦至孺子婴传十四代，东汉自光武帝刘秀至献帝刘协传十二代，两汉共历二十六位皇帝。高帝刘邦（公元前206—前195年，在位12年）、惠帝刘盈（公元前194—前188年，在位7年）、前少帝刘恭（公元前187—前184年，在位4年）、后少帝刘弘（公元前183—前180年，在位4年）、文帝刘恒（公元前179—前157年，在位23年）、景帝刘启（公元前156—前141年，在位16年）、武帝刘彻（公元前140—前87年，在位54年）、昭帝刘弗陵（公元前86—前74年，在位13年）、宣帝刘询（公元前73—前49年，在位25年）、元帝刘奭（公元前48—前33年，在位16年）、成帝刘骜（公元前32—前7年，在位26年）、哀帝刘欣（公元前6—前1年，在位6年）、平帝刘衎（公元1年—5年，在位5年）、孺子婴（6—8年，在位3年）、光武帝刘秀（25—57年，在位33年）、明帝刘庄（58—75年，在位18年）、章帝刘炟（76—88年，在位13年）、和帝刘肇（89—105年，在位17年）、殇帝刘隆（106—106年，在位1年）、安帝刘祜（107—125年，在位19年）、顺帝刘保（126—144年，在位19年）、冲帝刘炳（145—145年，在位1年）、质帝刘缵（146—146年，在位1年）、桓帝刘志（147—167年，在位

21 年)、灵帝刘宏（168—189 年，在位 22 年）、献帝刘协（190—220 年，在位 31 年)。两汉之间王莽篡汉建新（9—23 年），其后还有更始帝刘玄（23—25 年）和刘盆子（25—27 年)。

〔26〕从高祖刘邦于公元前 206 年建汉到公元 220 年曹丕篡汉，汉朝共存 426 年。其后有三国之曹魏（220—265 年)、蜀汉（221—263 年)、东吴（222—280 年)。

〔27〕公元 265 年，司马炎逼迫魏元帝禅让，改国号为晋，建都洛阳，史称西晋。280 年灭东吴，完成统一。后期出现“八王之乱”和“五胡入华”局面，316 年，西晋被匈奴建立的政权所灭。317 年，晋朝宗室司马睿于建康称帝，史称东晋。420 年，刘裕建宋，东晋灭亡。两晋共传十五帝，共 155 年。

〔28〕藏文文献中，“ཡུ་གུར”（尧古）通常指回鹘和后期的维吾尔族，广义上可以理解为西域诸族。结合上下文，这里的尧古当指我国历史上的南北朝时期，特别是北朝各政权多为北方草原民族所建，故称其为尧古也有一定的依据。南北朝是中国历史上的一段大分裂时期，由公元 420 年刘裕篡东晋建立南朝宋开始，至公元 589 年隋灭南朝陈为止，共历 170 年。南朝（420—589 年）包含宋（420—479 年，刘裕建)、齐（479—502 年，萧道成建)、梁（502—557 年，萧衍建)、陈（557—589 年，陈霸先建）四朝；北朝（386—581 年）包含北魏（386—534 年，拓跋珪建)、东魏（534—550 年，元善见建)、西魏（535—556 年，元宝炬建)、北齐（550—577 年，高洋建）和北周（557—581 年，宇文觉建）五朝。

〔29〕公元 581 年，北周静帝禅让帝位于杨坚，隋朝建国，定都长安。589 年，隋灭陈完成统一。后发生大规模农民起义，619 年隋恭帝杨侑禅让李渊，隋朝正式灭亡，共历 38 年。

〔30〕从公元 265 年西晋建立到 618 年隋亡，共历 353 年。

〔31〕唐朝（618—907 年）是中国封建社会中国力最强盛的朝代之一。隋朝末年，天下大乱，隋太原留守、唐国公李渊在晋阳起兵并最终占领长安。公元 618 年，隋恭帝杨侑禅让帝位，李渊登基称帝，改国号为唐。627 年，唐太宗李世民继位，在明君贤臣的励精图治和共同努力下开创了政治清明、经济发展、社会安定、武功兴盛的“贞观之治”。690 年，武后称帝，改国号为周。705 年，唐中宗李显复位，恢复唐朝政权。唐玄宗李隆基即位后，再一次开创了全盛的“开元盛世”。755 年，“安史之乱”爆发，唐朝国力从此日渐衰微。907 年，朱温逼唐哀帝李柷禅位，改国号梁，改元开平，定都于开封，唐朝灭亡。

〔32〕从公元 618 年李渊建唐到公元 907 年朱温篡位，唐朝（包括武周时期）共历 289 年。

〔33〕唐朝从开国皇帝唐高祖李渊到末代哀帝李柷，共历 20 代皇帝。分别为：高祖李渊（566—635 年，618—626 年在位）、太宗李世民（599—649 年，627—649 年在位）、高宗李治（628—683 年，650—683 年在位）、中宗李显（656—710 年，684 年正月—684 年二月、705—710 年在位）、睿宗李旦（662—716 年，684—684 年、710—712 年在位）、玄宗李隆基（685—762 年，712—756 年在位）、肃宗李亨（711—762 年，756—762 年在位）、代宗李豫（726—779 年，762—779 年在位）、德宗李适（742—805 年，780—805 年在位）、顺宗李诵（761—806 年，805 年在位）、宪宗李纯（778—820 年，806—820 年在位）、穆宗李恒（795—824 年，821—824 年在位）、敬宗李湛（809—826 年，825—826 年在位）、文宗李昂（809—840 年，826—840 年在位）、武宗李炎（814—846 年，841—846 年在位）、宣宗李忱（810—859 年，847—859 年在位）、懿宗李漼（833—873 年，859—873 年在位）、僖宗李儇（862—888 年，873—888 年在位）、昭宗李晔（867—904 年，889—904 年在位）、哀帝李柷（892—908 年，904—907 年在位）。

〔34〕唐朝灭亡后，中原地区依次出现梁、唐、晋、汉、周等五个朝代，史称后梁、后唐、后晋、后汉与后周，统称“五代”。公元 907 年，朱温篡唐建立后梁，923 年李存勖建立后唐，936 年石敬瑭建立后晋，947 年刘知远建立后汉，951 年郭威建立后周。960 年，赵匡胤篡后周建立北宋，五代结束。

〔35〕从公元 907 年朱温篡唐建梁到 960 年赵匡胤篡周建宋，恰好 53 年。另，和五代基本同时，从唐末至宋初，还存在过十个割据政权，史称“十国”（896—979 年）。分别为前蜀（907—925 年，王建建）、后蜀（934—965 年，孟知祥建）、吴（902—937 年，杨行密建）、南唐（937—975 年，李昪建）、吴越（907—978 年，钱镠建）、闽（909—945 年，王审知建）、楚（896—951 年，马殷建）、南汉（917—971 年，刘龑建）、南平（924—963 年，高季兴建）、北汉（951—979 年，刘崇建），这十个割据政权被《新五代史》及后世史学家合称“十国”。979 年，北宋最终灭北汉政权，基本实现了统一。

〔36〕本书在编辑出版过程中，编者对原文中出现的一些词语，凡断定为错误者，在原词之后以三角括号标出编者提供的正确用法，如此处的“宋朝”，原文用“དསུང”，音近“邦”，编者在三角括号中提供了“སུང”（音“宋”）字，以起到纠正作用。下同，不再一一说明。

〔37〕从北宋开国皇帝宋太祖赵匡胤到钦宗赵桓共历九代皇帝，1127 年赵构建南宋，到末代皇帝赵昺亦历九代，因此两宋共历 18 代皇帝。分别为：太祖赵匡胤（927—976 年，960—976 年在位）、太宗赵炅（939—997 年，976—997 年在位）、真宗赵恒（968—1022 年，997—1022 年在位）、仁宗赵祯（1010—1063 年，1022—

1063 年在位)、英宗赵曙 (1032—1067 年，1063—1067 年在位)、神宗赵顼(1048—1085 年，1067—1085 年在位)、哲宗赵煦 (1076—1100 年，1085—1100 年在位)、徽宗赵佶 (1082—1135 年，1100—1125 年在位)、钦宗赵桓 (1100—1156 年，1125—1127 年在位)、高宗赵构 (1107—1187 年，1127—1162 年在位)、孝宗赵昚 (1127—1194 年，1162—1189 年在位)、光宗赵惇 (1147—1200 年，1189—1194 年在位)、宁宗赵扩 (1168—1224 年，1194—1224 年在位)、理宗赵昀(1205—1264 年，1224—1264 年在位)、度宗赵禥 (1240—1274 年，1264—1274 年在位)、恭帝赵㬎 (1271—1323 年，1274—1276 年在位)、端宗赵昰 (1268—1278 年，1276—1278 年在位)、怀宗赵昺 (1271—1279 年，1278—1279 年在位)。

〔38〕从公元 960 年宋太祖赵匡胤开国到 1279 年元灭南宋，宋朝共历 320 年。

〔39〕关于佛祖释迦牟尼的生卒年，汉传、藏传、南传佛教看法不一，目前通常认为是公元前 5—前 4 世纪。但是按照藏传佛教格鲁派和元魏昙无最的说法，佛陀在世当在公元前 10—前 9 世纪，换算成公历，恰好符合诞生于周昭王时期，涅槃于周穆王时期的说法。

〔40〕汉武帝刘彻（公元前 156 年—前 87 年），生于汉景帝前元元年（公元前 156 年）。16 岁登基。为巩固皇权建立中朝，地设刺史。“罢黜百家，独尊儒术”。改革币制，盐铁官营。首创年号，兴太学。公元前 87 年，武帝崩于五柞宫，享年 70 岁，谥号孝武皇帝，庙号世宗，葬于茂陵。《汉书 · 武帝本纪》云：“孝武初立，卓然罢黜百家，表章六经，遂畴咨海内，举其俊茂，与之立功。兴太学，修郊祀，改正朔，定历数，协音律，作诗乐，建封禅，礼百神，绍周后，号令文章，焕焉可述，后嗣得遵洪业，而有三代之风。如武帝之雄才大略，不改文景之恭俭以济斯民，虽诗书所称，何有加焉。”

〔41〕此处的蒙古，当指汉朝时期北方的匈奴故地，而汉朝占据西藏一说，目前尚无资料支持。汉武帝时期开疆拓土，首开丝绸之路。曾经北击匈奴、东并朝鲜、南诛百越、西逾葱岭，征服大宛，开始以中原为基础，全力开拓西域、闽越和西南等地，奠定了汉朝疆域的最大版图。

〔42〕即汉武帝时制定的太初历。汉初之前，主要采用“古六历”之“颛顼历”，但计算不够精密。据史载，汉武帝太初元年（前 104 年），由邓平、落下闳及司马迁等制订太初历，以冬至所在之月为十一月，以正月为岁首。平年 12 个月，闰年 13 个月，大月 30 日，小月 29 日，并首次将二十四节气订入该历法，与春种、秋收、夏忙、冬闲的农业节奏合拍。汉武帝“乃诏迁用邓平所造八十一分律历，罢尤疏远者十七家”，并将元封七年改为太初元年，以示纪念。汉成帝末年，由刘歆重新编订，改称三统历。从汉武帝太初元年至汉章帝元和元年，《太初历》共实行

了188年。

〔43〕汉明帝刘庄（28—75年），汉光武帝第四子，中元二年（57年）即皇帝位。即位后遵奉光武制度，明确后宫之家不得封侯与政。在位期间善刑理，明法令，为政苛察，提倡儒学。永平十六年（73年），命窦固征伐北匈奴，其后又以班超出使西域，加强与西域诸国的联系。后复置西域都护。另外，据史载，佛教也于明帝年间自西域传入中土。《后汉书·明帝本纪》赞曰："显宗丕承，业业兢兢。危心恭德，政察奸胜。备章朝物，省薄坟陵。永怀废典，下身遵道。登台观云，临雍拜老。懋惟帝绩，增光文考。"

〔44〕关于佛教初传中国内地的具体年代，学术界尚无定论，通常认为大约在两汉之际。《后汉书·西域·天竺国传》载："世传明帝梦见金人，长大，顶有光明，以问群臣。或曰：'西方有神，名曰佛，其形长丈六尺而黄金色。'帝于是遣使天竺，问佛道法，遂于中国图画形像焉。楚王英始信其术，中国因此颇有奉其道者。后桓帝好神，数祀浮图、老子，百姓稍有奉者，后遂转盛。"可见，东汉初年佛教已传入内地。据说汉明帝夜梦金人后遣使西域拜求佛法，永平十年（67年），汉使及印度二高僧迦叶摩腾、竺法兰以白马驮载佛经、佛像抵达洛阳，汉明帝躬亲迎奉。永平十一年（68年），汉明帝敕令在洛阳雍门外建僧院，为铭记白马驮经之功，故名该僧院为白马寺。白马寺是中国第一座佛教庙宇，被中外佛教界誉为"释源""祖庭"。

〔45〕南日松赞，又作"囊日论赞"，吐蕃第三十一代赞普，松赞干布之父。关于其生卒年，藏文史书无确切记载，然结合藏汉文史料分析，作者此处论断基本不误。《敦煌本吐蕃历史文书·赞普传记》载："松赞干布赞普之时，父王所属民庶心怀怨恨，母后所属民庶公开叛离，外戚如象雄、犛牛苏毗、聂尼达布、工布、娘布等均公开叛变。父王囊日论赞被进毒而亡。"松赞干布生于公元617年，囊日论赞被害当在620年左右。又据《通典》载："其赞普弄赞，雄霸西域。隋开皇中，其主论赞率弄赞都牂牁西匹播城已五十年矣，国界西南与婆罗门接。自大唐初，已有胜兵数十万，号为强国。"显然，隋开皇年间，囊日论赞正值事业巅峰。因此，盛唐开国的公元618年与囊日论赞执政晚期当为同时。

〔46〕即唐太宗李世民（599—649年）。早年随父亲李渊建立唐朝并完成统一，被封为秦王、天策上将。626年玄武门之变夺位登基，在位23年，年号贞观，开创了著名的贞观之治。他虚心纳谏，厉行俭约，轻徭薄赋，文功武治，百姓得以休养生息，疆土得以开发拓展，使得各族共处、国泰民安，被各族人民尊称为"天可汗"。649年驾崩，享年50岁，庙号太宗，谥号文武大圣大广孝皇帝，葬于昭陵。《旧唐书》评曰："史臣曰：臣观文皇帝发迹多奇，聪明神武。拔人物则不私于党，

负志业则咸尽其才。所以屈突、尉迟，由仇敌而愿倾心膂；马周、刘洎，自疏远而卒委钧衡。终平泰阶，谅由斯道。尝试论之：础润云兴，虫鸣螽跃。虽尧、舜之圣，不能用梼杌、穷奇而治平；伊、吕之贤，不能为夏桀、殷辛而昌盛。君臣之际，遭遇斯难，以至抉目剖心，虫流筋擢，良由遭值之异也。以房、魏之智，不逾于丘、轲，遂能尊主庇民者，遭时也……若文皇自定储于哲嗣，不骋志于高丽；用人如贞观之初，纳谏比魏徵之日。况周发、周成之世袭，我有遗妍；较汉文、汉武之恢弘，彼多惭德。迹其听断不惑，从善如流，千载可称，一人而已！”

〔47〕文成公主，唐朝宗室女，于唐贞观十五年（641 年）与吐蕃松赞干布联姻。《新唐书·吐蕃传》载：“太宗贞观八年，始遣使者来朝，帝遣行人冯德遐下书临抚。弄赞闻突厥、吐谷浑并得尚公主，乃遣使赍币求昏，帝不许。使者还，妄语曰：‘天子遇我厚，几得公主，会吐谷浑王入朝，遂不许，殆有以间我乎？’弄赞怒，率羊同共击吐谷浑，吐谷浑不能亢，走青海之阴，尽取其赀畜。又攻党项、白兰羌，破之。勒兵二十万入寇松州，命使者贡金甲，且言迎公主，谓左右曰：‘公主不至，我且深入。’……十五年，妻以宗女文成公主，诏江夏王道宗持节护送，筑馆河源王之国。弄赞率兵次柏海亲迎，……归国，自以其先未有昏帝女者，乃为公主筑一城以夸后世，遂立宫室以居。公主恶国人赭面，弄赞下令国中禁之。自褫毡罽，袭纨绡，为华风。遣诸豪子弟入国学，习《诗》、《书》。又请儒者典书疏。”文成公主薨于 680 年，《新唐书·吐蕃传》云：“永隆元年，文成公主薨，遣使者吊祠”。《敦煌本吐蕃历史文书·大事纪年》亦载：“及至羊年（公元 683 年）……冬，祭祀赞蒙文成公主。”见王尧、陈践：《敦煌本吐蕃历史文书（增订本）》（ཏུན་ཧོང་ནས་ཐོན་པའི་བོད་ཀྱི་ལོ་རྒྱུས་ཡིག་ཆ།），北京：民族出版社，1992 年，藏文第 16 页，汉文第 147 页。

〔48〕赤热巴巾（815—836 年在位），又叫赤祖德赞（ཁྲི་གཙུག་ལྡེ་བཙན），汉籍作“可黎可足”，赞普赤德松赞（ཁྲི་ལྡེ་སྲོང་བཙན）之子。按照藏文传统史籍的记载，赞普赤热巴巾崇僧尊佛，辫子系绢带以作僧人坐席，以高僧钵阐布参预吐蕃政事，规定“七户养僧制”。广建寺院，厘定文字，扩大译经，编纂佛经目录。特别是该赞普在位期间，致力于唐蕃和好，于长庆元年（821 年）、二年（822 年），分别在长安及逻娑（拉萨）与唐会盟。由于赤热巴巾极力崇佛，引起崇苯反佛势力的反对，随着吐蕃高层内部矛盾的激化，赤热巴巾亦被反佛大臣所弑。作者此处所记稍有错误，按藏史记载，赤热巴巾被弑于 836 年，而朱温篡唐则是公元 907 年，之间有近 70 年，其实唐朝灭亡是在吐蕃王朝灭亡之后。

〔49〕即五代十国。

〔50〕指公元 10—12 世纪由契丹人建立的大辽政权。公元 916 年，契丹族首领

耶律阿保机登基称帝，国号“契丹”。918年定都临潢府，936年南下中原，攻灭五代后晋，其后改国号为“大辽”。先后历太祖耶律阿保机（872—926年，907—926年在位）、太宗耶律德光（902—947年，927—947年在位）、世宗耶律阮（917—951年，947—951年在位）、穆宗耶律璟（931—969年，951—969年在位）、景宗耶律贤（948—982年，969—982年在位）、圣宗耶律隆绪（972—1031年，982—1031年在位）、兴宗耶律宗真（1016—1055年，1031—1055年在位）、道宗耶律洪基（1032—1101年，1055—1101年在位）、恭宗（天祚皇帝）耶律延禧（1075—1128年，1101—1125年在位）等九帝。1125年为金国所灭。

〔51〕当指燕云十六州，即幽州（今北京）、顺州（今北京顺义）、儒州（今北京延庆）、檀州（今北京密云）、蓟州（今天津蓟县）、涿州（今河北涿州）、瀛州（今河北河间）、莫州（今河北任丘北）、新州（今河北涿鹿）、妫州（今河北怀来）、武州（今河北宣化）、蔚州（今河北蔚县）、应州（今山西应县）、寰州（今山西朔州东）、朔州（今山西朔州）、云州（今山西大同）。公元936年，后唐河东节度使石敬瑭反唐自立，作为契丹出兵扶植其建立政权的交换条件，石敬瑭于938年将燕云十六州割让给了契丹。燕云十六州是中原地区的北部屏障，失去这片地区直接导致北宋王朝直接暴露在北方少数民族的铁蹄下，因此宋朝一直以来都致力于收复燕云十六州，但最终未能实现。

〔52〕即宋仁宗赵祯（1022—1063年在位）。

〔53〕李元昊（1003—1048年），党项人，北魏鲜卑族拓跋氏之后，祖父李继迁，父李德明。1038年，李元昊称帝，建国号大夏（史称西夏），定都兴庆（今宁夏银川），修建宫殿，设立官制，创造文字，发展生产，开创了与宋、辽三分天下的格局。1048年，李元昊薨，谥武烈皇帝，庙号景宗。李元昊建政以兴庆为中心，本文将其地说成康区，似与后期康区木雅之地名混淆，此处存疑。

〔54〕即《汉区佛教源流记》。

〔55〕在藏文文献中，姜（འཇང）通常指云南地区，比如敦煌历史文书和传统藏文史籍就把历史上的南诏（738—902年）称为“姜”。南诏是8世纪时兴起于云贵高原的地方政权，由蒙舍诏首领皮罗阁在738年建立，其属民主要由乌蛮和白蛮组成。

〔56〕三赕，古地名，在丽江东。《元史·地理志·云南行省》通安州条载：“通安州，治在丽江之东，雪山之下。昔名三赕。仆繲蛮所居，其后麼些蛮叶古乍夺而有之，世隶大理。宪宗三年，其二十三世孙麦良内附。中统四年，以麦良为察罕章管民官。至元九年，其子麦兀袭父职。十四年，改三赕为通安州。”

〔57〕见贡布加：《汉区佛教源流记》，成都：四川民族出版社，1983年，第

45页。

〔58〕藏文史书中的木雅（མི་ཉག）通常指西夏王朝，从李元昊1038年改国号为“大夏”到1227年亡于蒙古，西夏政权延续近二百年，经景宗李元昊（1003—1048年，1038—1048年在位）、毅宗李谅祚（1047—1068年，1048—1067年在位）、惠宗李秉常（1061—1086年，1067—1086年在位）、崇宗李乾顺（1083—1139年，1086—1139年在位）、仁宗李仁孝（1124—1193年，1139—1193年在位）、桓宗李纯祐（1177—1206年，1193—1206年在位）、襄宗李安全（1170—1211年，1206—1211年在位）、神宗李遵顼（1163—1226年，1211—1223年在位）、献宗李德旺（1181—1226年，1223—1226年在位）和末帝李晛（1204—1227年，1226—1227年在位）共10帝。

〔59〕按《宋史·夏国传》记载：“元昊既悉有夏、银、绥、宥、静、灵、盐、会、胜、甘、凉、瓜、沙、肃，而洪、定、威、龙皆即堡镇号州，仍居兴州，阻河依贺兰山为固。”史称西夏疆域东尽黄河，西至玉门，南接萧关，北控大漠，盛时控制二十二州。

〔60〕这里的姜三赕王统，实指丽江木氏土司。早在元朝建立时期，忽必烈就封之前归顺蒙古的木氏首领麦良为“茶罕章宣慰司”，其子孙多任宣抚司，屡次受到朝廷的封赏。明洪武十五年（1382年），明军远征云南，攻克大理，当时丽江的纳西族首领率众首先归附明军，“钦赐木姓”。次年，明太祖颁旨“授尔子孙世袭土官知府，永令防固石门、镇御蕃魁”，“封中顺大夫”。从此，木氏以“世袭土官知府”的身份统治丽江，直到清雍正元年改土归流为止，共传了18代，分别为木得（1304—1389年）、木初（1345—1425年）、木土（1364—1433年）、木森（1401—1442年）、木嵚（1429—1485年）、木泰（1455—1502年）、木定（1476—1526年）、木公（1494—1553年）、木高（1515—1568年）、木东（1534—1579年）、木旺（1551—1596年）、木青（1569—1597年）、木增（1587—1646年）、木懿（1608—1692年）、木靖（1627—1671年）、木尧（1647—1708年）、木兴（1667—1720年）、木钟（1687—1725年）。

〔61〕即1227年蒙古灭西夏。

〔62〕此句原文言语不详，似指后期所谓木雅可能为姜或三赕等地之意。

第二章　蒙古王统[1]

再说当前对西藏多有用处之蒙古王统及萨迦（ས་སྐྱ）[2]与蒙古供施关系[3]之形成历史。若说其兴起和分布之地：蒙古分为上下部等多个部落，[4]接近中原青城（མཁར་སྔོན）[5]之蒙古六部（སོག་པོ་གཞུང་དྲུག）[6]，其与契丹（ཁི་དན）[7]相同，除此之外，还有厄鲁特四部（ཨོ་རོད་ཚོ་བཞི）[8]、喀尔喀七部（ཏལ་ཁ་ཚོ་བདུན）[9]、青海蒙古[10]等零散部落。

（传说）有一名为阿阑美人（ཨ་ལུན་མཛེས་མ）[11]之蒙古女子，与天神交合，生一子，甚为神奇灵巧，取名孛端察穆干（བོག་ཏོན་ཚར་མུན་ཀན）[12]。五世达赖喇嘛在其《教法史》[13]中称其为“那木阿阑”（ནག་མོ་ཨ་ལན）[14]，此处依汉文文献所记也。（孛端察穆干）长大成人后，渐成蒙古各部之首领。不计此人再经十代[15]，（一日）飞来一鸟，伶俐神奇，边飞边鸣“成吉思”（ཆིང་གེ）、“成吉思”之音，人皆以为吉，遂以其（为该十一世孙）命名，此即藏人所称之“成吉思”（ཆིང་གེ或ཇིང་གིར）[16]，原名铁木真（ཐེ་མུན་ཇིན）[17]也。

（成吉思汗）从火虎年到火猪年，共掌政二十二年[18]，六十六岁薨。其有三子：长子术赤（ཇུ་ཆི）[19]，封为脱莫地区（ཐོག་སྨོག་ཡུལ）[20]之王，该地疑为今突厥[21]之地也。次子察合台（ཆ་ག་ཏེ）[22]，授亲王衔，封为果噶地区（མགོ་ཀར）[23]之王，驻于汗之牙帐。其（察合台）有五子[24]，长子阿德勒（ཨ་ཏེ་ལ）后继父汗位[25]，其余四子[26]，分别统治印度（རྒྱ་གར）、克什米尔（ཁ་ཆེ）、绒域（རུམ་ཡུལ）、俄罗斯（ཨོར་རུ་སུ）等地。此处所说之印度，不可能是印度全境，应是距离托噶（ཐོད་ཀར）[27]较近之部分地区也。

上述成吉思汗之第三子名窝阔台（ཨུ་གོ་ཏ）[28]，于土阴牛年[29]继父汗（成吉思汗）位，如此成吉思汗之后裔统治了整个北部地区。汉文将其称为西方斯央（ནུབ་ཕྱོགས་སི་ཡང）[30]，印度称之为陪让（པེ་རང）[31]，班禅大师[32]称其为施央归洲（ཕྱི་ཡང་ཀུའི་གླིང）[33]，总之将其认定为瞻部洲或任意小洲皆不矛盾。据说当初佛在世时，在北方胜音城（བྱང་ཕྱོགས་སྒྲ་སྒྲོགས་རྒྱལ་པོ）之地，仙道王之子（ཨོཾ་ཏ་ཡ་ནའི་སྲས）由于歪曲教义、修道走入歧途，导致国土成不毛之地，这在《律部》[34]当中确有记载。（据说）其后该地形成新的人群，称为“羌人”（བྱང་མི），当地亦成诸多珍宝和奇特器具产生之土也。如此广阔之土地，自此时[35]直到顺帝（ཞུན་ཏི）[36]时期成为（蒙古）辖下之领地，当前按班禅班丹益西（པཎ་ཆེན་དཔལ་ལྡན་ཡེ་ཤེས）所说，应是外道绒仙（ཀླ་ཀློ་རུམ་ཤམ་པ）之属民矣。《汉区佛教源流记》记载应是此王[37]迎请萨迦班智达[38]，而五世达赖喇嘛在其史籍[39]中则认为是阔端（གོ་དན）[40]时期，（两者）稍有不同。无论是父子[41]何人之时，有一蛮横将军名多达那布（དོར་ཏ་ནག་པོ），眼见者悉数诛杀，闻名就令人胆寒者，率领无数可使战神自在天都战栗之铁骑进入西藏及广大藏地，通过武力征伐，将上部冈底斯山至珞门（ལྷོ་མོན）[42]之地的广大地区纳入麾下，并以蒙古汗王颁布之严厉法令统治所有庶民。[43]由于汗王[44]逐渐心向佛教，需一合适之供依处，遂令多达纳布查（请）何人为宜。多达大人答曰：“边远吐蕃之地，僧伽组织以噶当派（བཀའ་གདམས་པ）[45]为大，通情赏面以达隆法王（སྟག་ལུང་ཆོས་རྗེ）[46]最甚，威仪庄严以止贡京俄（འབྲི་གུང་སྤྱན་སྔ）[47]最重，佛法精深则以萨迦班智达（ས་སྐྱ་པཎྜི་ཏ）[48]为最。”（汗王）下令曰：“此生之富贵，鲜有能匹敌成吉思汗者，为了利益来生，就请萨迦班智达。”

注释

〔1〕藏文写为“霍尔王统”（ཧོར་གོང་མའི་བྱུང་ཚུལ།），其中“霍尔”一词在藏文史书中多见，通常泛指北方草原民族，此处指蒙古。

〔2〕萨迦派（ས་སྐྱ་པ），藏传佛教主要教派之一，创始人为昆·贡却杰布（འཁོན་དཀོན་མཆོག་རྒྱལ་པོ）。昆·贡却杰布幼时随父兄习宁玛派（རྙིང་མ་པ）教法，后来拜卓弥大译师（འབྲོག་མི་ལོ་ཙྪ་བ）等习新密，得传“道果法”（ལམ་འབྲས）。1073 年，昆·贡却杰布在后藏萨迦（ས་སྐྱ）地方建立具吉祥萨迦寺（དཔལ་ལྡན་ས་སྐྱ་དགོན），萨迦派也因其母寺而得名。

〔3〕供施关系，指僧人为施主讲法，施主以物质馈赠作为报酬而形成的关系。值得注意的是，“供施关系”这样一种多用于宗教领域的名词，近代以来随着所谓的“西藏问题”，被一些人拿来用于解释历代中央政府与西藏地方的关系。已有诸多学者研究指出，历史上所谓的供施关系只不过是元朝以来西藏地方与中央政权隶属关系上的一层宗教面纱，实质上是各民族僧俗上层统治者出于各自的政治目的而常常利用的宗教形式。宗教上的“供施关系”是形式，政治上的隶属关系才是问题的本质。

〔4〕本书成书于清代，此处所论蒙古各部及相关地域，反映了清代蒙古各部的分布状况。明末清初，蒙古以大漠为界，整体上分为漠南蒙古、漠北蒙古和漠西蒙古三部分。

〔5〕青城，即今呼和浩特。

〔6〕应指漠南蒙古，清代漠南蒙古有科尔沁、札赉特、杜尔伯特、乌拉特、喀喇沁、乌珠穆沁、察哈尔、土默特、鄂尔多斯等部。

〔7〕契丹，我国古代北方草原民族之一，北魏时在辽河上游一带活动，公元 907 年建立契丹国，后改称辽，统治中国北方。1125 年为金所灭，其余部西迁后建立了西辽王朝。

〔8〕厄鲁特四部即漠西蒙古，四部分别为绰罗斯部（准噶尔部）、和硕特部、杜尔伯特部和土尔扈特部。

〔9〕喀尔喀七部应指漠北蒙古。喀尔喀共十二部，内五部居喀尔喀河以东，外七部居河西。后内五部逐渐南徙，清初编旗，属内札萨克旗（即内蒙古）；外七部留居故地，仍号所部为喀尔喀，辖地逐渐扩大，据有漠北地区（即外蒙古）。

〔10〕青海蒙古，又称柴达木蒙古。明末和硕特部固始汗占据青海后在青海建政，清康熙帝打败噶尔丹后和硕特人罗卜藏丹津入附，但因在雍正元年造反，青海蒙古由此一厥不振。

〔11〕即阿阑豁阿。据《汉译蒙古黄金史纲》，阿阑豁阿为朵奔篾尔干的妻子，

先生两子不忽合答吉和不合赤撒勒只。朵奔篾尔干死后，阿阑豁阿在寡居中又生下 3 个儿子，分别为不古（纳）台、别勒古（纳）台和孛端察儿。见朱风、贾敬颜译：《汉译蒙古黄金史纲》，呼和浩特：内蒙古人民出版社，1985 年，第 4 页。《元史·太祖本纪》亦载：“太祖其十世祖孛端叉儿，母曰阿兰果火，嫁脱奔咩哩犍，生二子，长曰博寒葛答黑，次曰博合睹撒里直。既而夫亡，阿兰寡居，夜寝帐中，梦白光自天窗中入，化为金色神人，来趋卧榻。阿兰惊觉，遂有娠，产一子，即孛端叉儿也。”

〔12〕即孛端察儿。本书对蒙古王统的记载始自孛端察儿，但按照《汉译蒙古黄金史纲》的记载，蒙古王统实际上始自孛儿帖赤那，到孛端察儿之父朵奔篾儿干共历 12 代，分别为：孛儿帖赤那、巴塔赤罕、塔马察、豁里察儿篾儿干、阿兀站赤罗温勒、撒里合察兀、也客你敦、挦锁赤、撒里合儿出、孛儿只吉歹篾儿干、脱罗豁勒真伯颜、朵奔篾儿干、孛端察儿。见朱风、贾敬颜译：《汉译蒙古黄金史纲》，呼和浩特：内蒙古人民出版社，1985 年，第 3 页。其他藏文史籍如郭译师·循努白的《青史》、蔡巴·贡嘎多吉的《红史》和萨迦·索南坚赞的《西藏王统记》等，都列出了朵奔篾儿干之前的 9 位王，其中缺撒里合察兀、孛儿只吉歹篾儿干和脱罗豁勒真伯颜，见郭译师·循努白（འགོས་ལོ་གཞོན་ནུ་དཔལ།）：《青史（上）》（དེབ་ཐེར་སྔོན་པོ།），成都：四川民族出版社，1985 年，第 81—82 页；蔡巴·贡嘎多吉（ཚལ་པ་ཀུན་དགའ་རྡོ་རྗེ།）著，东嘎·洛桑赤列（དུང་དཀར་བློ་བཟང་འཕྲིན་ལས།）校注：《红史》（དེབ་ཐེར་དམར་པོ།），北京：民族出版社，1981 年，第 28—29 页；萨迦·索南坚赞（ས་སྐྱ་བསོད་ནམས་རྒྱལ་མཚན།）：《西藏王统记》（རྒྱལ་རབས་གསལ་བའི་མེ་ལོང་།），北京：民族出版社，1981 年，第 23—24 页。达仓宗巴·班觉桑布的《汉藏史集》列出了朵奔篾儿干之前的八位王（缺撒里合察兀、撒里合儿出、孛儿只吉歹篾儿干和脱罗豁勒真伯颜，见班觉桑布（དཔལ་འབྱོར་བཟང་པོ།）：《汉藏史集》（རྒྱ་བོད་ཡིག་ཚང་ཆེན་མོ།），成都：四川民族出版社，1985 年，第 254 页。班钦·索南札巴的《新红史》只点出“最初之王”孛儿帖赤那，但所记“从此以后至太祖成吉思汗共有王统二十二代”之说，却和蒙古史中孛儿帖赤那到孛端察儿之父朵奔篾儿干共历 12 代，以及孛端察儿至成吉思汗共历 10 代的说法恰好吻合。见班钦·索南札巴（པཎ་ཆེན་བསོད་ནམས་གྲགས་པ།）：《新红史》（དེབ་ཐེར་དམར་པོ་གསར་མ།），拉萨：西藏人民出版社，1989 年，第 45 页。五世达赖喇嘛的《西藏王臣记》在阐述蒙古王统起源时也从孛端察儿始，但却指出索南札巴言“成吉思汗似为孛儿帖赤（那）之裔”不可据。见五世达赖喇嘛（རྒྱལ་དབང་ལྔ་པ་ཆེན་མོ།）：《西藏王臣记》（བོད་ཀྱི་དེབ་ཐེར་དཔྱིད་ཀྱི་རྒྱལ་མོའི་གླུ་དབྱངས།），北京：民族出版社，1957 年，第 89 页。另外值得注意的是，《汉译蒙古黄金史纲》认为孛儿帖赤那是吐蕃赞普后裔，按该书所记吐蕃王统，吐蕃最初之王为库谆三搭里图王［即

聂赤赞普（གཉའ་ཁྲི་བཙན་པོ）］，由此历7代为大赉苏宾阿尔滩三搭里图王［即止贡赞普（གྲི་གུམ་བཙན་པོ）］，其有三子，长子博罗出［即恰赤（བྱ་ཁྲི）］，次子锡巴罟持［即夏赤（ཤ་ཁྲི）］，幼子即为孛儿帖赤那［即聂赤（ཉ་ཁྲི）］，参朱风、贾敬颜译：《汉译蒙古黄金史纲》，呼和浩特：内蒙古人民出版社，1985年，第3页。

〔13〕即《西藏王臣记》（བོད་ཀྱི་དེབ་ཐེར་དཔྱིད་ཀྱི་རྒྱལ་མོའི་གླུ་དབྱངས།），五世达赖喇嘛阿旺洛桑嘉措（རྒྱལ་ དབང་ ལྔ་ པ་ ངག་ དབང་ བློ་ བཟང་ རྒྱ་ མཚོ།，1617—1682年）著，成书于1643年。

〔14〕作者此说有误，《西藏王臣记》中说那木阿阑感日月之光而生下的孩子，名孛端察穆干，而非本文作者所记生下的孩子名那木阿阑。见五世达赖喇嘛：《西藏王臣记》，北京：民族出版社，1957年，第89页。

〔15〕按照《汉译蒙古黄金史纲》的记载，孛端察儿的儿子是合必赤曲鲁克，其子巴奇儿巴阿秃儿，其子篾年土敦，其子合赤曲鲁克（即《元史·太祖本纪》所记海都）、其子伯升豁儿多黑申、其子屯必乃薛禅、其子合不勒汗、其子把尔檀把阿秃儿，其子也速该把阿秃儿。见朱风、贾敬颜译：《汉译蒙古黄金史纲》，呼和浩特：内蒙古人民出版社，1985年，第6页。其他藏文史籍如《西藏王统记》所记和《蒙古黄金史纲》相同（萨迦·索南坚赞：《西藏王统记》，北京：民族出版社，1981年，第24页），而《青史》《红史》中记孛端察儿至也速该把阿秃儿共历十一代，其中把伯升豁儿多黑申分列为伯升和豁儿多黑申（郭译师·循努白：《青史》（上），成都：四川民族出版社，1985年，第82页；蔡巴·贡嘎多吉著，东嘎·洛桑赤列校注：《红史》，北京：民族出版社，1981年，第29页）。《汉藏史集》把篾年土敦和海都合记为“篾年海都汗”（班觉桑布：《汉藏史集》，成都：四川民族出版社，1985年，第254页）。

〔16〕关于“成吉思”一词，学术界有不同的解释，此处“鸟啼说”亦为一种。据余大钧《蒙古秘史》译注本：《蒙古源流》《蒙古世系谱》等蒙古史籍上都说：鸡年（1189年）铁木真二十八岁即位于克鲁伦河畔的前三天，每天清晨有一五色鸟飞来啼叫“成吉思”“成吉思”之声不止，以此啼声为祥瑞，遂取此声为汗尊号。15、16世纪所撰察合台语《成吉思汗传略》中也有“一只鸟飞来，叫着‘成吉思、成吉思……’”的记载。又，欧阳玄所撰《进金史表》有云：“念彼（金）泰和以来之事迹，涉我圣代（指蒙元）初兴之岁年。（元）太祖受帝号于丙寅（1206年），先五载而朱凤应”（见《金史》附录）。铁木真称帝于1206年，“先五载”为1201年鸡年、金泰和元年，这一年铁木真联合王汗战胜了札木合为首的十二部联盟军，出现了“朱凤应”的祥瑞，与五色鸟啼“成吉思”声的传说相似。可见，在古代蒙古人的传说中，“成吉思汗”的尊号来自五色鸟啼“成吉思”

声之说法由来已久。

〔17〕孛儿只斤·铁木真（1162—1227年），出生于漠北草原斡难河上游地区。9岁时父亲也速该被铁木真兀格之子札邻不合毒死，铁木真母子被部落抛弃，从此母子俩相依为命。18岁时，为报夺妻之仇打败蔑儿乞人。1184年前后被推举为蒙古乞颜部可汗，从此开始了统一蒙古草原的征程。1206年春天，蒙古各部首领和贵族们在斡难河源头召开大会，诸王和群臣为铁木真上尊号"成吉思汗"，正式登基成为蒙古汗国可汗。之后，成吉思汗开始对外发动大规模征服战争，征服地域西达中亚、东欧的黑海海滨。1227年8月，远征西夏归来的成吉思汗病逝于六盘山附近的清水县。加谥法天启运圣武皇帝，庙号太祖。《元史·太祖本纪》曰："帝深沉有大略，用兵如神，故能灭国四十，遂平西夏。其奇勋伟迹甚众，惜乎当时史官不备，或多失于纪载云。"

〔18〕按照公历和藏历换算，成吉思汗生于藏历第三饶迥水马年（1162年），正式登上蒙古汗国可汗之位是在1206年即藏历第三饶迥火虎年，在位22年。逝于藏历第四饶迥火猪年（1227年）。《汉藏史集》对成吉思汗登基和卒年记载准确，但将其生年记为木马年（班觉桑布：《汉藏史集》，成都：四川民族出版社，1985年，第254—255页）。《红史》中先后两次提到成吉思汗的生年，分别为水虎年和火虎年，从文意来看，前者似为笔误。《红史》按照成吉思汗享年61岁的记载推断其逝于水猴年，误（蔡巴·贡嘎多吉著，东嘎·洛桑赤列校注：《红史》，北京：民族出版社，1981年，第29页）。《青史》《新红史》将成吉思汗卒年记为水虎年，亦误。

〔19〕术赤（约1178—1225年），成吉思汗长子。其母孛儿帖曾被蔑儿乞部所掠，在被救回的途中生下儿子，因疑非铁木真之子，故名"术赤"，意为"客人"。术赤骁勇善战，为蒙古汗国的开创和扩张立下了赫赫战功，成吉思汗分封领地时，术赤一系蒙古诸汗的世袭领地为术赤汗国。

〔20〕此处的脱莫应指术赤的封地。成吉思汗第一次西征后分封诸子，术赤得额尔齐斯河以西，花剌子模海（今咸海）、宽田吉思海（今里海）以北的钦察故地为封地。后其子拔都在此封地基础上建钦察汗国，其地东起也儿的石河（额尔齐斯河），西到斡罗思，南起巴尔喀什湖、里海、黑海，北到北极圈。明朝推翻元朝的同时，钦察汗国拔都系主要分支被新兴起的白帐汗国所取代。

〔21〕此处原文作"ཐོར་ཁོད"，音译接近"土尔扈特"或者更早的"突厥"或"吐火罗"，当指西域或中亚的民族或地域。

〔22〕察合台（？—1241年），成吉思汗次子。多年来随父亲南征北战，成吉思汗分封领地时，把畏兀儿以西直至阿姆河之间的草原地区分封给察合台。后依其

领地扩建而成著名的察合台汗国。察合台汗国最盛时其疆域东至吐鲁番、罗布泊，西及阿姆河，北到塔尔巴哈台山，南越兴都库什山，包括阿尔泰至河中地区。14世纪中叶，察合台汗国分裂为东、西两部，从此走向衰落。

〔23〕此处的“果噶”意为“白首”，应指头缠白头巾的阿拉伯人，果噶地区即中亚阿拉伯地区。

〔24〕《红史》《汉藏史集》等藏文史籍记载察合台有9个儿子。

〔25〕继察合台汗位的应是察合台之孙哈剌旭烈。1241年，按照察合台的遗命，察合台之孙、木阿秃干之子哈剌旭烈继位成为察合台汗国第二任可汗。1246年，蒙古大汗贵由废黜哈剌旭烈，册立察合台五子也速蒙哥为可汗。1251年，蒙古大汗蒙哥汗支持哈剌旭烈回汗国夺取汗位，但哈剌旭烈在途中去世。

〔26〕即木阿秃干、也速蒙哥、拜答儿和撒班。

〔27〕藏文史书中的“ཐོད་དཀར”一词具体所指尚不明确，学界有将其对应为吐火罗的说法，有待进一步研究。

〔28〕窝阔台（1186—1241年），蒙古汗国大汗，成吉思汗三子。早年随父征服漠北诸部，参与西征、攻金、灭夏等战争。1225年被成吉思汗封于也儿的石河（今额尔齐斯河）上游和巴尔喀什湖以东一带。成吉思汗逝世后即蒙古大汗位，在位13年，追谥英文皇帝，庙号太宗。《元史·太宗本纪》曰：“帝有宽弘之量，忠恕之心，量时度力，举无过事，华夏富庶，羊马成群，旅不赍粮，时称治平。”《红史》和《汉藏史集》等藏文史书皆记窝阔台在位6年，误。

〔29〕成吉思汗逝世后，窝阔台于1229年经忽里台选举而即大汗位，成为蒙古汗国第二任大汗。公元1229年为藏历第四饶迥土牛年。

〔30〕疑为西域。

〔31〕疑为陪让，又做披楞，18世纪晚期以来，有关西藏的汉文史料中经常称南亚的英国人为“ཕེ་རང”。

〔32〕即六世班禅额尔德尼罗桑班丹益希（1738—1780年）。1740年被确认为五世班禅的转世灵童，1741年在扎什伦布寺坐床。1779年六月，率随行人员赴京庆贺乾隆帝七十大寿，于次年七月到达承德觐见乾隆。1780年十一月在北京黄寺圆寂，享年42岁。

〔33〕指古印度一地名，见于六世班禅著《香巴拉王国指南》（ཤམྦྷ་ལའི་ལམ་ཡིག）一书。

〔34〕关于仙道比丘及其太子顶髻的宿业因缘，见《大正藏》律部，根本说一切有部毗奈耶卷第四十五，入王宫门学处第八十二之二。

〔35〕即窝阔台时期。

〔36〕指元顺帝妥懽帖睦尔（1320—1370 年），蒙古汗国大汗，元朝末代皇帝。

〔37〕即窝阔台。

〔38〕见贡布加：《汉区佛教源流记》，成都：四川民族出版社，1983 年，第 51 页。

〔39〕即《西藏王臣记》。

〔40〕见五世达赖喇嘛：《西藏王臣记》，北京：民族出版社，1957 年，第 89 页。

〔41〕即窝阔台和阔端。

〔42〕珞门：即我国西藏的珞瑜和门隅地区。珞瑜地区包括今西藏自治区林芝市的察隅、墨脱、米林县，山南市隆子县的部分地区，是珞巴族、门巴族主要聚居地区。门隅地区即我国西藏自治区藏南地区，位于山南市南部，喜马拉雅山东南。

〔43〕公元 1239 年，阔端派多达纳布进军西藏。多达纳布率军从青海攻入藏北，沿途烧毁著名的热振寺和杰拉康，僧俗五百多人遭到杀害。1240 年，多达纳布率军撤回凉州。1244 年，多达纳布再次奉阔端之命进入西藏，带着阔端的信和礼物拜会了萨迦班智达等西藏地方各教派领袖，了解当时西藏的真实情况。

〔44〕指阔端。阔端（1206—1251 年），成吉思汗孙，窝阔台之子。其封地在西夏故地，遂设府于凉州（今甘肃武威）之西。1246 年，召西藏萨迦派首领萨迦班智达贡噶坚赞来凉州会谈，使致书西藏僧俗首领归附蒙古。1251 年逝于凉州。

〔45〕噶当派（བཀའ་གདམས་པ），藏传佛教主要教派之一，奠基人为著名佛教大师阿底峡（ཇོ་བོ་རྗེ་དཔལ་ལྡན་ཨ་ཏི་ཤ།，982—1055 年）。阿底峡应古格王拉喇嘛益希沃（ལྷ་བླ་མ་ཡེ་ཤེས་འོད）之请来藏传法，撰有《菩提道炬论》（བྱང་ཆུབ་ལམ་གྱི་སྒྲོན་མ），在佛教教理系统化、修持规范化方面作出了巨大贡献。阿底峡的三大弟子之一仲敦巴杰哇迥乃（འབྲོམ་སྟོན་པ་རྒྱལ་བའི་འབྱུང་གནས།，1005—1064 年）于 1056 年创建热振寺（ར་སྒྲེང་དགོན་པ། 位于今拉萨市林周县境内），正式开创噶当派。

〔46〕指达隆噶举派领袖。达隆噶举（སྟག་ལུང་བཀའ་བརྒྱུད），为帕竹噶举（ཕག་གྲུ་བཀའ་བརྒྱུད）八小支派之一，达隆塘巴・扎西贝（སྟག་ལུང་ཐང་པ་བཀྲ་ཤིས་དཔལ）于 1180 年在拉萨附近的达隆地方建达隆寺（སྟག་ལུང་དགོན་པ），创立达隆噶举派。

〔47〕指止贡噶举派领袖。止贡噶举（འབྲི་གུང་བཀའ་བརྒྱུད），为帕竹噶举八小支派之一，1179 年止贡巴・仁钦贝（འབྲི་གུང་པ་རིན་ཆེན་དཔལ）在拉萨东北建止贡替寺（འབྲི་གུང་མཐིལ），创立止贡噶举派。

〔48〕萨迦班智达贡噶坚赞（ས་སྐྱ་པཎྜི་ཏ་ཀུན་དགའ་རྒྱལ་མཚན），藏历第三饶迥水虎年（1182 年）出生在萨迦昆氏（འཁོན）家族，是藏传佛教萨迦派首领萨迦五祖中的第四祖，因学富五明而被称作“班智达”。自幼从伯父至尊扎巴坚赞（རྗེ་བཙུན་གྲགས་པ་རྒྱལ་མཚན）学习并掌握了显密二宗精要。23 岁去印度学法，精通大小五明，论著等

身。藏历第四饶迥木龙年（1244 年），应阔端的邀请携侄八思巴（འགྲོ་མགོན་འཕགས་པ་བློ་གྲོས་རྒྱལ་མཚན）和恰那多吉（ཕྱག་ན་རྡོ་རྗེ）远赴凉州，在和阔端会谈后发表著名的《萨迦班智达致蕃人书》（ས་སྐྱ་པཎྜི་ཏས་དབུས་གཙང་མངའ་རིས་དང་བཅས་པའི་དགེ་བའི་བཤེས་གཉེན་ཡོན་མཆོད་རྣམས་ལ་སྤྲིངས་པ），奠定了西藏地方正式纳入元朝中央政府行政管辖的政治基础。藏历第四饶迥金猪年（1251 年），萨迦班智达圆寂于凉州幻化寺，享年 70 岁。

第三章　昆氏世系

且说尊者萨迦班智达所属之氏族。往昔藏人极重血统，要论起源，那就得说家族世系传自天神，江河溪流源于雪山。正如俄尔钦贡伦巴（ངོར་ཆེན་དཀོན་ལྷུན་པ）[1]所云：“如此不死光明天神系，无明缘怨文殊化身族。”据说天界有杰仁（ལྡེ་རིང）、玉仁（གཡུ་རིང）、玉塞（གཡུ་བསེ）三昆仲，其中玉仁娶穆氏女牟萨德（རྨུའི་བུ་མོ་མུ་ཟ་ལྡེམ）为妻，生玛桑七兄弟（མ་སངས་སྤུན་བདུན）。后六兄弟随父亲远逝天界，幼弟[2]留在人间，生一子取名托蔡巴沃达（ཐོད་ཚད་དཔའ་བོ་སྟག）。（托蔡巴沃达）娶莫萨措莫杰（མོ་ཟ་མཚོ་མོ་རྒྱལ），生子雅邦杰（གཡའ་སྤང་སྐྱེས）[3]。（雅邦杰成年后）杀死罗刹嘉仁察美（སྲིན་པོ་སྐྱ་རིང་ཁྲག་མེད），夺亚仲塞玛（གཡའ་གྲིམ་སིལ་མ）为妻，生四子。因出于仇怨与罗刹结合，故所得子又称为“昆巴杰”（འཁོན་པ་སྐྱེས）[4]，昆系氏族之起源便是如此。昆巴杰娶觉莫赞姆（བཙན་མོ）和杰曼（ལྡེ་སྨན），生子贝布（དཔལ་པོ），据拉堆宁布塔（ལ་སྟོད་གཉན་པོ་ཐར）之地，成为赤松德赞王（མངའ་བདག་ཁྲི་སྲོང）[5]之大臣。贝布有五子，其中昆·鲁益旺布（འཁོན་ཀླུའི་དབང་པོ）曾作为“七试人”（སད་མི་བདུན）[6]之一首次出家为僧。（鲁益旺布之）弟多吉仁钦（རྡོ་རྗེ་རིན་ཆེན）曾受莲花生大师（སློབ་དཔོན་ཆེན་པོ）[7]金刚乘大曼陀罗灌顶。多吉仁钦之子为喜饶永丹（ཤེས་རབ་ཡོན་ཏན）。喜饶永丹之子永丹迥乃（ཡོན་ཏན་འབྱུང་གནས）。永丹迥乃之子为楚臣杰布（ཚུལ་ཁྲིམས་རྒྱལ་པོ）。楚成杰布之子为多杰祖多（རྡོ་རྗེ་གཙུག་གཏོར）。多杰祖多之子为格杰（དགེ་སྐྱབས）。格杰之子为格通（དགེ་མཐོང），曾专注修行，目睹金刚橛曼陀罗像。格通之子为释迦罗追（ཤཱཀྱ་བློ་གྲོས）。释迦罗追有二子，长子昆若喜饶楚臣（འཁོན་རོག་ཤེས་རབ་ཚུལ་ཁྲིམས）。以上诸师皆为修得秘密橛法之旧密咒师。

（昆若喜饶楚臣之）弟昆·贡却杰布（འཁོན་དཀོན་མཆོག་རྒྱལ་པོ）[8]先后拜新密派大师卓弥译师（འབྲོག་མི་ལོ་ཙཱ་བ）[9]、芒译师（མང་ལོ་ཙཱ་བ）[10]、布让译师（པུ་རང་ལོ་ཙཱ）、朗库兄弟（གནམ་ཁའུ་སྐྱུ་མཆེད）等为师，建具吉祥萨迦寺（དཔལ་ལྡན་ས་སྐྱ་དགོན）[11]。昆·贡却杰布之妻玛久香姆（མ་ཅིག་ཞང་མོ）生子萨钦·贡噶宁布（ས་ཆེན་ཀུན་དགའ་སྙིང་པོ）[12]，对显密之法进行了卓绝的闻思修（ཐོས་བསམ་སྒོམ་གསུམ），成为大密金刚乘（གསང་ཆེན་རྡོ་རྗེ་ཐེག་པ）之一代大法主。萨钦有四子，长子[13]远赴印度，后因酷热染病而逝。次子索南孜摩（བསོད་ནམས་རྩེ་མོ）[14]为米突达瓦（མི་ཐུབ་ཟླ་བ）[15]之化身，对因果乘进行了圆满的闻思。三子扎巴坚赞（གྲགས་པ་རྒྱལ་མཚན）[16]领金刚持法统。四子贝钦沃波切（དཔལ་ཆེན་འོད་པོ་ཆེ）[17]生两子，其中长子即为上面所说之萨迦班智达。

（萨迦班智达）自幼对梵语、梵文有前生已习熟悉之感，于伯父杰尊扎巴坚赞（གྲགས་པ་རྒྱལ་མཚན）座前受居士戒后赐名为贡噶坚赞（ཀུན་དགའ་རྒྱལ་མཚན）。后又先后拜多位贤者大德为师，遂精通内外各种学问，萨迦班智达之盛名也由此享誉全藏也。后在卡切索宁巴钦布（ཁ་ཆེའི་བསོད་སྙོམས་པ་ཆེན་པོ）[18]座前受近圆戒，在原法名后加“贝桑布”（དཔལ་བཟང་པོ）三字，精通声、因各明，学识精进，辩才无敌，通过闻、思、讲、著为佛法之弘扬作出了贡献。收到蒙古诏令时，[19]（萨迦班智达）想起此前伯父扎巴坚赞（གྲགས་པ་རྒྱལ་མཚན）遗言曰：“汝之晚年，若有来自语言不同、风俗相异之地来人邀请，若承许前往，可使法教昌盛，利益众生。”遂遵诏前往，依靠身语意之无量功业，使佛法之光芒照亮此边地（མཐའ་འཁོབ་ཀྱི་རྒྱལ་ཁམས）也。虽然未能目睹相关文字记载，但有传说言当时弟子考察师傅三年，师傅考察弟子六年[20]，共历整整九年云云，对此并无相关文献可以佐证。不过，按照汗王请授密宗灌顶的愿望，一度指示修因乘道（རྒྱུའི་

ཐེག་པ）。在东方莲花寺讲显宗经典，在南方自在寺授灌顶上百，在西方大海寺伏众龙归法，求甘霖实时普降等，使受用无限，如意满足。又，时有一场辩论为乌龟有无毛，汗王从内库取出长有毛之乌龟皮一张，用来反驳（萨班关于乌龟无毛的）观点。（萨班）答曰：“此物非龟，乃佛菩萨为救度水中生物而化成龟像，若会细观，会有不可思议之特性。”遂在阳光下展开龟皮，见龟毛皆化为虹光，诸佛菩萨形象也逐渐出现。汗王和大臣见之，生出无比崇敬之心，遂将此贤哲尊为纯正之供奉处。（汗王）虽然心中恭敬，但又要维护颜面，问（属下）幻术师们（སྒྱུ་མ་མཁན）能否扳回一城，答曰：“能！”遂于不远处变一附带花园之精美小寺，汗王言有一舒适之佛堂要供奉，请萨班一同往彼处观之。到该处后，（萨班）已经知道（该寺）乃幻化而成，便举行开光仪式，使得幻化之术不得破，[21]此寺即幻化寺（སྤྲུལ་པའི་སྡེ）[22]。（萨班）在该寺生活十三年[23]，并最终在此圆寂。此时蒙古虽然统治了包括西藏在内的其他所有地区，[24]但中原的都城仍在宋朝掌握之中[25]，（蒙古）邀请萨班时，其王宫设在上都（ཤང་ཏོ）[26]、行宫城（ཤིན་ཀུན་མཁར）[27]等。后来阔端之侄钦乞颜可曼（ཆིང་ཞི་ཡན་ཁི་མན）[28]灭宋，《遗教》所言“牧虎者占中原国王座”应该就是指这个时期。藏人将此人称为“薛禅”（སེ་ཆེན），“牧虎者”指蒙古人，为“牧马者”之讹。从吐蕃赞普达玛乌东赞（དར་མ་ཨུ་དུམ）被弑到此薛禅汗把所有藏地作为灌顶供献给萨迦派，已经过去了将近四百五十年。

萨班之弟桑擦索南坚赞（བཟང་ཚ་བསོད་ནམས་རྒྱལ་མཚན）[29]有众生怙主八思巴（འགྲོ་མགོན་འཕགས་པ）[30]和恰那（ཕྱག་ན）[31]等八个子女。八思巴大师从小听闻和静思经典，幼年出家，取法名为洛哲坚赞贝桑布（བློ་གྲོས་རྒྱལ་མཚན་དཔལ་བཟང་པོ），（随伯父萨班）远赴蒙古。法王（ཆོས་རྗེ）[32]和汗王（རྒྱལ་པོ་གོང་མ）[33]圆寂，之后薛禅继大汗位，赐（八思巴）金册金印等多种所需物件，以及宝伞、金座等以彰显尊贵，并封其为国师（དའུ་ཤྲ）。[34]后，八思巴赴朵康（མདོ་ཁམས）等地，在昆·扎巴僧格（འཁོན་གྲགས་པ་སེང་གེ）[35]座前受近圆戒。其后回宫，为汗王授金刚乘灌顶。三次灌顶时，（汗王）先后三次将十三万户（ཁྲི་སྐོར་བཅུ་གསུམ）、吐蕃三区（བོད་ཆོལ་ཁ་གསུམ）等作为供养奉献（给八思巴）。所谓的“十三万户”，即拉堆洛（ལ་སྟོད་ལྷོ）、拉堆强（ལ་སྟོད་བྱང）、古摩（གུར་མོ）、曲弥（ཆུ་མིག）、襄（ཞངས）、夏鲁（ཞ་ལུ）为藏地六万户（གཙང་ཁྲི་དྲུག），嘉玛（རྒྱ་མ）、止贡（འབྲི་གུང）、蔡巴（ཚལ་པ）、唐波切（ཐང་པོ་ཆེ）、帕竹（ཕག་གྲུ）、雅桑（གཡའ་བཟང）为卫地六万户（དབུས་ཁྲི་དྲུག），卫藏两地之间为羊卓万户（ཡར་འབྲོག་ཁྲི་སྐོར），共计十三万户。所谓的“吐蕃三区”，即冈底斯山（གངས་ཏི་སེ）以下至索拉嘉沃（སོག་ལ་སྐྱ་བོ）以上为“卫藏法区”（དབུས་གཙང་ཆོས་ཀྱི་ཆོལ་ཁ），“朵堆人区”（མདོ་སྟོད་མི་ཡི་ཆོལ་ཁ）[36]，朵麦（མདོ་སྨད）即安多（ཨ་མདོ）地区为俯行之马区（རྟ་ཡི་ཆོལ་ཁ），凡持藏语者无一不包括在这三区者也。第三次灌顶时所奉献者为废除汉地以人填河渠之制度（རྒྱའི་མི་ཡུར་ཆེན་མོ），以及奉献阿阇世王（རྒྱལ་པོ་མ་སྐྱེས་དགྲ）所获之佛祖舍利等。时汗王先后下旨要求藏地僧人独尊萨迦，不入别派，（八思巴）恳请允许不同教派各得传承。（汗王遂）下旨：“既然上师如此说，所有教派可各持传承，依各法为朕祈福。”赐（八思巴）诏书。[37]其间亦新创蒙古新字[38]。

其后不久，（八思巴）返回西藏，与井然有序的十三种侍从官员（ལས་ཚན་བཅུ་གསུམ）[39]，从朵康开始巡查清点沿途诸地，设立诸多百户长（བརྒྱ་དཔོན）、千户长（སྟོང་དཔོན）、万户长（ཁྲི་དཔོན）。封给一个行动敏捷的年轻侍从一个部落，后称为德格（སྡེ་དགེ）[40]。此后依次抵达萨迦，释迦桑布（ཤཱཀྱ་བཟང་པོ）[41]时任萨迦本钦（དཔོན་ཆེན）[42]，用金汁书写二百多部经典。后皇帝派金字使者前来要求尽快回京，随即返程。回京途中朝拜杰日拉康（གྱེ་རེ་ལྷ་ཁང），吩咐本钦丈量尺度，按此比例修建萨迦大殿（ས་སྐྱའི་ལྷ་ཁང་ཆེན་མོ）[43]。古雅哇（སྐུ་ཡལ་བ）[44]在《达隆教法史》（སྟག་ལུང་ཆོས་འབྱུང）中所言达隆雅塘祖拉康（སྟག་ལུང་ཡར་ཐང་གཙུག་ལག་ཁང）建成后不久便有八思巴莅临，指的应该就是这个时期。回到皇宫（ཕོ་བྲང་ཆེན་པོ），（皇帝）又赐水晶玉佩，先后赐银两千多大升（བྲེ་ཆེན），绸缎五千九百匹。赐绸缎时七匹黑缎搭一匹白缀，就其因缘曾预言：“吾二人七世不遇，其后当陛下您名字带‘金’（རྒྱལ་པོ་གསེར་གྱི་མིང་ཅན），臣名字有‘水’之时，二人方会相聚，共行礼众之事。”[45]此语预示后来（三世）达赖喇嘛索南嘉措（རྒྱལ་བ་བསོད་ནམས་རྒྱལ་མཚན）[46]时期与俺答汗（ཨལ་ཐན）[47]结为福田施主之事，见于《三世达赖喇嘛传记》也。[48]尽管八思巴大师亦在朗塘巴多吉僧格（སྒང་ཐང་པ་རྡོ་རྗེ་སེང་གེ）[49]和章嘉（ཞང་སྐྱ）[50]的传记中出现，但我等凡夫俗子岂能判断佛菩萨之形象就此一个也！

此时噶玛拔希（ཀརྨ་པཀ་ཤི）[51]展示入水、腾空、碎石等种种神通（རྫུ་འཕྲུལ），皇帝言：“吾之帝师八思巴，虽为无量光佛（སངས་རྒྱས་སྣང་བ་མཐའ་ཡས）真身，但若比神通，则此得道长髯上师[52]为上。”察必皇后（བཙུན་མོ་ཆ་བུ）[53]将此语悄悄传给上师（八思巴），并请求展示神通。遂于皇帝和诸大臣面前用宝剑将自己的头颅和四肢一一分解后，分别加持为五方佛（རྒྱལ་བ་རིགས་ལྔ），如此展示了多种神通。此后又回到具吉祥萨迦大寺（གདན་ས་ཆེན་པོ་དཔལ་ལྡན་ས་སྐྱ），为十万众僧侣隆重举行布施供养节之曲弥法会（ཆུ་མིག་ཆོས་འཁོར）[54]。此时贡噶桑布（ཀུན་དགའ་བཟང་པོ）任本钦，由于（八思巴的）侍从向皇帝进谗言说其（贡噶桑布）违背了上师（八思巴）的命令，（使得）蒙古兵攻陷恰若宗（བྱ་རོག་རྫོང），杀本钦，[55]此即所谓的“军擂法鼓恰若宗，懦夫洒金大河中”。此处之恰若宗，其地望仍需进一步分析。有人认为该地在止贡替（འབྲི་གུང་མཐིལ）[56]前方，然萨迦派和止贡派之间发生争斗的所谓“止贡林洛”（འབྲི་གུང་གླིང་ལོག）[57]，其实发生在阿迦仑（དཔོན་ཆེན་ཨག་ལེན）[58]担任本钦之时，时间相对靠后。一些史书记载“四坚赞”（རྒྱལ་མཚན་བཞི་པ）之军队攻陷恰若宗指的就是此时，“四坚赞”是指阿卓南喀坚赞（ཨ་གྲོ་ནམ་མཁའ་རྒྱལ་མཚན）等统领朵康军队的四位姓名中带有“坚赞”（རྒྱལ་མཚན）两字的将领。八思巴此前已圆寂于拉康拉章（ལྷ་ཁང་བླ་བྲང），有人说是侍从唯恐八思巴知道自己招来蒙古兵，所以暗中加害了大师。[59]此后的说法基本一致。

萨班的弟弟桑擦之妻觉姜霍姆（ཇོ་ལྕམ་ཧོར་མོ）生子仁钦迥乃（རིན་ཆེན་འབྱུང་གནས），早逝。其侍女杰容玛（རྗེ་རོང་མ）生子益西迥乃

（ཡེ་ཤེས་འབྱུང་གནས）。益西迥乃之子为达尼钦布桑布贝（བདག་ཉིད་ཆེན་པོ་བཟང་པོ་དཔལ）[60]。八思巴之弟恰那（འགྲོ་མགོན་ཕྱག་ན）入皇宫，被封为藏地官员，[61]要求做蒙古人打扮。恰那之妻玛吉康卓本（མ་གཅིག་མཁའ་འགྲོ་འབུམ）生子达玛巴拉热希达（དྷརྨ་པཱ་ལ་རཀྵི་ཏ）[62]。八思巴圆寂后，恰那权势大盛，因为达玛热希达是其子，所以被扶上萨迦寺住持之位，并向皇帝进言说达尼钦布桑布贝不是昆氏血统，结果使桑布贝被皇帝流放至一座海路二十多程站的小岛（རྒྱ་མཚོའི་ཆུ་འཛམ་ཉི་ཤུ་བསྒྲལ་བའི་གླིང་ཕྲན）[63]。在此期间，达玛热希达父子先后去世，本钦等主事官员派人进宫向皇帝求情，希望能够迎回达尼钦布，结果未得允许。[64]（之后有）法王叔侄受护法授命之徒嘉阿年丹巴贡噶扎（ཀྱ་ཨ་གཉན་དམ་པ་ཀུན་དགའ་གྲགས）赴京，（通过法力使）皇宫顶上突降石雨，并有铁嘴乌鸦鸣叫（等异兆，皇帝询问），丹巴贡噶扎就上师达尼钦布是萨迦派之脸面以及所受之冤屈一一向皇帝启奏。（皇帝闻后）将达尼钦布迎回皇宫并多加礼遇，允许其掌萨迦法座。（达尼钦布）先后娶七位妻子，[65]子嗣亦多。玛吉贡噶本（མ་གཅིག་ཀུན་དགའ་འབུམ）生子贡噶洛追（ཀུན་དགའ་བློ་གྲོས），后赴蒙古地方，成为普颜笃（ཏེ་ཡན）、格坚（གོ་གན）、也孙铁木儿（ཡེ་སུན་ཐེ་མུར）[66]三位皇帝的帝师。（贡噶洛追）分四大拉章（བླ་བྲང་བཞི）[67]，命几位弟弟分别掌管。因此，南喀勒巴（ནམ་མཁའ་ལེགས་པ）[68]及其世系被称为曲弥法王（ཆུ་མིག་བདག་ཆེན）。贡噶洛追之子贡噶旺久（ཀུན་དགའ་དབང་ཕྱུག），从其传承至今的萨迦法王系统被称为细脱拉章（གཞི་ཐོག་བླ་བྲང）。达尼钦布桑布贝之子坚喇嘛丹巴索南坚赞（གཅེན་བླ་མ་དམ་པ་བསོད་ནམས་རྒྱལ་མཚན）[69]是萨迦“三红上师”（དམར་པོ་རྣམ་གསུམ）中最后的持金刚比丘。萨钦贡噶宁布、索南孜摩、杰尊扎巴坚赞三人所受为居士戒，故称为“三白上师”（དཀར་པོ་རྣམ་གསུམ）。如今伏藏师或优秀咒师为表示其所受为居家别解脱戒而穿白衣（དཀར་ཆས），这只是一种模仿而非外界所传的那样。萨班、法王八思巴和喇嘛丹巴索南坚赞三人为比丘，故称为“三红上师”。八思巴之前的五位上师统称为“萨迦五祖”（གོང་མ་རྣམ་ལྔ）。从喇嘛丹巴开始传出俄尔、贡、蔡（ངོར་གོང་ཚར་གསུམ）等三个持教系统。[70]从喇嘛丹巴之兄顿月坚赞（དོན་ཡོད་རྒྱལ་མཚན）[71]传出的系统为仁钦岗拉章（རིན་ཆེན་སྒང་བླ་བྲང）。从帝师贡噶勒迥（ཏི་ཤྲཱི་ཀུན་དགའ་ལེགས་འབྱུང）[72]之弟贡噶坚赞（ཀུན་དགའ་རྒྱལ་མཚན）[73]传出的系统称为拉康拉章（ལྷ་ཁང་བླ་བྲང）。其间萨迦寺又分为上下两寺（གདན་ས་གོང་འོག་གཉིས），虽然名声很大，但是由于传承子嗣较少，一度法王只有一人。

再来简介列一下此时执掌行政权力之本钦。在此前已经提及之释迦桑布和贡噶桑布后，先后有尚尊（ཞང་བཙུན）和潘噶巴（བན་དཀར་པ）[74]掌权。其后封绛仁巴（བྱང་རིམ་པ）[75]（为本钦），获宣慰使六棱印（སྦྲ་ཐན་པའི་དམ་ཁ）等。其后有贡宣（ཀུན་གཞོན）[76]与宣旺（གཞོན་དབང）[77]两任于乌斯藏清查户口、制定法律[78]。其后为绛多（བྱང་རྡོར）[79]。其后为阿迦仑（ཨག་ལེན），此时因与止贡派不和，萨迦派大军进攻止贡，火烧止贡寺，史称"止贡林洛"（འབྲི་གུང་གླིང་ལོག），所谓"萨止之争发酵于此"即指此事也。其后先后由列巴贝（ལེགས་པ་དཔལ）[80]、僧格贝（སེང་གེ་དཔལ）、沃色僧格（འོད་ཟེར་སེང་གེ）等。（沃色僧格曾）掌宣政院（སྣན་ཧིང་དབེན）印，[81]其为康区人，又称"贡觉本钦"（གོ་འཇོ་དཔོན་ཆེན）。其后依次是贡仁（ཀུན་རིན）[82]、顿月贝（དོན་ཡོད་དཔལ）、云尊（གཡོན་བཙུན）、沃色僧格（འོད་ཟེར་སེང་གེ）再任、甲哇桑布（རྒྱལ་བ་བཟང་པོ）、旺久贝（དབང་ཕྱུག་དཔལ）、索南贝（བསོད་ནམས་དཔལ）、甲哇桑布再任。在（甲哇桑布和其后的旺尊）两任期间，因与帕竹（ཕག་གྲུ）不和，导致大部分领地失陷。[83]

诚如莲花生大师（ཨོ་རྒྱན་རིན་པོ་ཆེ）秘密教言（གསང་ལུང）所言："与蒙供施结自公堂（ཁྲིམས་ས）"，薛禅皇帝为八思巴大师奉献所有藏土，形成了"天上日月一双，地上萨蒙供施"（གནམ་ལ་ཉི་ཟླ་ཟུང་གཅིག་དང་ས་ལ་ས་ཧོར་ཡོན་མཆོད）的辉煌局面，萨迦所统地域空前壮大。然则，自法王赤热巴巾时期僧相钵阐布勃阑伽・贝吉云丹（ཆོས་བློན་བྲན་ཁ་དཔལ་ཡོན）[84]被冤杀后，其"愿从此往后不要出现统治全藏之王"之诅咒（ལོག་སྨོན）威力巨大，影响深远，以致八思巴兄弟在权势极盛之时英年早逝，后裔内部分裂为四而引起内斗，本钦四五年一换所致权力交接变动频繁，使得（萨迦派）完全掌握政教权力之时间仅仅维持七十五年。

注释

〔1〕此处指的是俄尔钦贡却伦珠（ངོར་ཆེན་དཀོན་མཆོག་ལྷུན་གྲུབ）所著的《萨迦世系史——贤者口饰》（ས་སྐྱ་པའི་གདུང་རབས་ཡ་རབས་ཁ་རྒྱན།），贡却伦珠是16世纪萨迦派俄尔钦寺堪布，其《贤者口饰》是后期昂旺·贡噶索南（ངག་དབང་ཀུན་དགའ་བསོད་ནམས）创作《萨迦世系谱》（ས་སྐྱའི་གདུང་རབས་ངོ་མཚར་བང་མཛོད།）的重要资料来源之一。

〔2〕按照《萨迦世系史——贤者口饰》的记载，幼弟的名字即为玛桑（མ་བཟའ）。这里的“玛桑七兄弟”，《贤者口饰》原文做“མ་བཟའ་སྤུན་བདུན”，本书则写成“མ་སངས་སྤུན་བདུན”，用的是“མ་སངས”这个藏文远古史中常见的名称，但其具体所指尚不明确，目前来看有姓氏、部族、时代等多种含义。

〔3〕意为生于石山与草甸之间。

〔4〕意为“由怨而生”。

〔5〕赤松德赞（ཁྲི་སྲོང་ལྡེ་བཙན།，742—797年），吐蕃王朝第三十七代赞普，在位期间（755—797年在位）先后迎请寂护（མཁན་ཆེན་ཞི་བ་འཚོ）和莲花生（སློབ་དཔོན་པདྨ་འབྱུང་གནས）入蕃，修建桑耶寺（བསམ་ཡས་གཙུག་ལག་ཁང）、七试人（སད་མི་བདུན）出家、翻译经典，使佛教立足吐蕃。由于赤松德赞支持佛教传播有功，从而与松赞干布、赤祖德赞被后世尊为“吐蕃祖孙三法王”（ཆོས་རྒྱལ་མེས་དབོན་རྣམ་གསུམ），又与寂护和莲花生并称为“师君三尊”（མཁན་སློབ་ཆོས་གསུམ），备受藏传佛教信众的尊崇。另外，赤松德赞时期吐蕃的军事实力也达到鼎盛，积极向四周扩张，在8世纪的中亚历史舞台上扮演了重要的角色。

〔6〕又称“七觉士”，是吐蕃第一批出家僧人。关于七试人，藏文史籍的记载稍有出入，通常认为是巴赛囊（བ་གསལ་སྣང）、韦·赤协（དབས་ཁྲི་ཤེར）、巴廓·毗卢遮那（པ་གོར་བཻ་རོ་ཙ་ན）、恩兰·杰哇却央（ངན་ལམ་རྒྱལ་བ་མཆོག་དབྱངས）、玛·仁钦乔（རྨ་རིན་ཆེན་མཆོག）、昆·鲁益旺波（འཁོན་ཀླུའི་དབང་པོ）和藏列珠（གཙང་ལེགས་གྲུབ）7人。

〔7〕莲花生，出身邬金国王族。佛教史上最伟大的大成就者和藏传佛教的奠基者之一。公元8世纪，莲花生应吐蕃赞普赤松德赞迎请入蕃弘法，降服诸多本地神灵成为佛教护法神，并与寂护大师一道创立吐蕃第一座佛、法、僧三宝齐全的佛教寺院——桑耶寺，因此与赞普赤松德赞和寂护大师合称“师君三尊”，被后人奉为藏传佛教宁玛派祖师。

〔8〕昆·贡却杰布（1034—1102年），藏传佛教萨迦派创始人。自幼随父兄学习旧派密乘教法，后师从卓弥·释迦益西等大师学习以“道果教法”为主的新译密法。1073年创建萨迦寺，正式创立了萨迦派。

〔9〕卓弥·释迦益西（འབྲོག་མི་ཤཱཀྱ་ཡེ་ཤེས།，993—1074），藏传佛教后弘期著名译师，出家后曾赴印度和尼泊尔求法达 13 年之久，后返藏授徒传法，萨迦派著名的“道果法”就是由他传出。

〔10〕即玛译师格贝洛追（རྨ་ལོ་ཙཱ་བ་དགེ་བའི་བློ་གྲོས།，1044—1089 年）。

〔11〕1073 年建，位于今西藏自治区日喀则市萨迦县苯波山下。据说贡却杰布当初发现苯波山南侧的土呈白色，现瑞相，即出资建寺，亦因此得名“萨迦”，意为“灰白土”。《萨迦世系史》载：“（贡却杰布）从山顶远眺，见苯波山形同一头卧着的大象，山腰右侧之土地，色白油润，水从右侧流过，呈诸祥瑞之相，故想若在该地建一寺庙，将会大大利益佛教和众生。遂请求该地之主人觉卧顿那巴售之，获得同意。又对该处领主象雄古热瓦、四个僧人村庄和七个俗民村庄等人说：‘我想在此处建一寺庙，对你们不会有什么危害，你们这块土地需要多少代价，请卖给我？’回答说：‘任何代价都不要。’随即奉献出来。喇嘛说：‘然而为了后代不生口舌，还是依价买卖才公平合理。’遂以一匹白骡马、珍珠鬘、一套女装而购得该地，自门卓以下，派卓以上皆归喇嘛（即贡却杰布）占有。当喇嘛四十岁时，按佛教住世十个五百年的算法计算，为进入第七个五百年后的第二百零七年即阴水牛年（1073 年）仲秋月上弦日，建造了吐蕃地方的金刚座具吉祥萨迦寺。”见昂旺·贡噶索南：《萨迦世系谱》，民族出版社，1986 年，第 19—20 页；陈庆英、高禾福、周润年汉译本，中国藏学出版社，2005 年，第 15 页。

〔12〕萨钦·贡噶宁布（1092—1158 年），萨迦派第一代祖师，萨迦五祖之初祖。幼时随大译师巴哩仁钦扎（བ་རི་ལོ་ཙཱ་བ་རིན་ཆེན་གྲགས།，1040—1111 年）等学习“道果法”，1111 年接替师父巴哩译师正式主持萨迦寺。贡噶宁布佛学造诣精深，弟子众多，在他的努力下，萨迦派声势日隆，一套完整的“道果教授法”也逐渐形成，被后世尊为萨钦（ས་ཆེན），意为“萨迦派大师”。

〔13〕即贡噶拔（ཀུན་དགའ་འབར），为萨钦与他第一个妻子恰荣玛觉嘉普姆（ཆ་རོང་མ་ཇོ་ལྕམ་ཕུར་མོ）所生。

〔14〕索南孜摩（1142—1182 年），萨钦·贡噶宁布次子，萨迦五祖之二祖。初从父亲学习萨迦教法，17 岁时传法座给弟弟扎巴坚赞（གྲགས་པ་རྒྱལ་མཚན），自己到卫地继续求法，从桑浦寺恰巴·却吉僧格（ཕྱ་པ་ཆོས་ཀྱི་སེང་གེ，1109—1169 年）等大师学习显密教法，著述及弟子颇多。

〔15〕印度著名班智达。

〔16〕扎巴坚赞（1147—1216 年），萨钦·贡噶宁布三子，萨迦五祖之三祖。13 岁接替其兄索南孜摩的法座，到 1216 年圆寂，任萨迦寺寺主达 57 年之久，为萨迦派的发展作出了重大贡献。

〔17〕贝钦沃波（1150—1203年），萨钦·贡噶宁布四子，在家娶妻延嗣，有两子，分别为萨班·贡噶坚赞（ས་པཎ་ཀུན་དགའ་རྒྱལ་མཚན།，1182—1251年）和桑擦索南坚赞（ཟངས་ཚ་བསོད་ནམས་རྒྱལ་མཚན།，1184—1239年）。关于贝钦沃波，《萨迦世系史》记曰：“他心性刚毅、沉着、深远，勤奋精进。从父兄学习教法，精通诸语诀，尤喜医学。他发慈悲之心，普为众人治病。”见昂旺·贡噶索南：《萨迦世系谱》，第85页；陈庆英、高禾福、周润年汉译本，第62—63页。

〔18〕即卡切班钦·释迦师利（ཁ་ཆེ་པཎ་ཆེན་ཤཱཀྱ་ཤྲཱི），印度那烂陀寺末任座主，著名佛教大师。按照《青史》的记载，释迦师利于1127年出生于印度西部卡切（即今克什米尔）地区，佛学造诣精湛，著述等身，成为一代大班智达。后来，随着佛教在印度的逐渐衰落，诸多佛教大师都转移到印度东部和北部继续修行传法。1208年，已经78岁高龄的卡切班钦由绰普译师（ཁྲོ་ཕུག་ལོ་ཙཱ་བ་ཚུལ་ཁྲིམས་ཤེས་རབ）迎请入藏传法，在藏几年间传法授徒，为当时藏传佛教的发展作出了巨大的贡献。1214年返回克什米尔，1225年圆寂。

〔19〕据《萨迦世系史》记载，萨班62岁时，阔端派使者入藏迎请，当时蒙古人呈送的邀请诏书全文如下：“依长生天之力、具吉祥福泽之王者诏：晓谕萨迦班智达贡噶坚赞贝桑布者，吾为报答父母天地之恩，今需一善引正道之上师，为此思虑之时，恰有汝在。故，望不辞长途劳顿，即刻前来。若论年迈，昔日佛陀可为利益诸有情而施舍自身肉体，如此万生万世，与之如何？此可有违汝所习教法之誓愿乎？不惧吾金戈铁马严法酷刑有害于众生乎？故，望汝以教法为旨、众生为重，即刻前来，吾必使太阳落向之西方僧伽皆知此为汝功。赏赐有：白银五大升、镶六千二百珍珠之图案绸缎袈裟、硫黄色锦缎长坎肩、僧靴等，以及整幅‘卡迪’（ཁ་ཧྲི）花缎二匹、整幅‘通迪’（ཐོན་ཧྲི）彩缎二匹、五种绸缎共二十四等，此回函及赏赐由多尔斯贡（ཇོར་སི་མགོན）和王侄觉达玛（དཔོན་ཇོ་དར་མ）送达。龙年八月三十日。”蒙古迎请使者携带邀请诏书前来，法王萨班想到若说年迈，信中已有不让推脱之语，故不顾身体性命，于63岁时起程前往西夏故地之凉州地方。见昂旺·贡噶索南：《萨迦世系谱》，第118页。

〔20〕此处的师傅指萨班，弟子指阔端。

〔21〕即寺院本是幻化而成，结果经萨班开光后无法消除幻术，寺院不但没有消失，反而成为萨班在凉州的驻锡地。

〔22〕即今武威白塔寺，位于凉州城区东南20多公里的武南镇白塔村。据《萨迦世系史》记载，阔端在与萨班就龟毛的辩论中失败后，感到极为难堪，遂请幻术师幻化了一座奇特的寺院并请萨班入住。萨班一看就知道是幻变之物，但却施法被除许多怖畏守门之鬼魔，并把开光之花撒向其他尊者身上，幻变之寺竟然成真。见

昂旺·贡噶索南:《萨迦世系谱》，民族出版社，1986 年，第 135 页。

〔23〕此说有误。萨班 1246 年到达凉州，1247 年进行凉州会谈，1251 年圆寂。萨班曾在幻化寺驻锡 5 年多，时间不可能超过 6 年。

〔24〕1247 年，阔端和萨班在凉州举行了具有历史意义的会见，史称“凉州会谈”。会谈后，萨迦班智达撰写了著名的《致蕃人书》，最终促成了西藏地方纳入中央政府的行政管辖。《致蕃人书》全称《具吉祥萨迦班智达致乌思、藏、纳里速各地诸善知识、施主和福田书》（དཔལ་ལྡན་ས་སྐྱ་པཎྜི་ཏས་དབུས་གཙང་མངའ་རིས་དང་བཅས་པའི་དགེ་བའི་བཤེས་གཉེན་ཡོན་མཆོད་རྣམས་ལ་སྤྲིངས་པ།），之前已有王尧、李有义、邓锐龄、陈庆英、高禾福、周润年等先生汉译文。以下在参考以上诸位先生译文基础上尝试重译一遍:

愿得吉祥！顶礼上师怙主文殊尊！

具吉祥萨迦班智达致乌思、藏、纳里速各地诸善知识、施主和福田书:

吾以利益佛陀教法、世间苍生，尤以所有持藏语者为念，此来蒙古之地。邀吾之大施主，待吾极善，曰:“汝能领如此稚子八思巴兄弟及随身侍从前来，实乃眷顾于吾。汝以头归顺于吾，他人则以足归顺于吾；汝因吾召而入，他人则因惧吾而入，此吾岂有不知也！盖八思巴兄弟之前已悉吐蕃教法，今仍由八思巴习蕃法，恰那多吉可习蒙古语文。吾掌世间法，汝持出世间法，如此释迦牟尼之教法焉有四海不覆之理也！”

此汗王菩萨，尊崇佛法，尤敬三宝，对民仁爱有治，对吾则礼遇有加。曾对吾言:“汝可安心讲法，有所求，吾必予之。汝之善，吾可知；吾之善，天可鉴！”其对八思巴兄弟尤为厚爱。彼心怀“知法守法、四海皆平”之良愿，曰:“汝当教授汝吐蕃部众习知法度，吾当予之安乐生活。”望吾辈为汗王及王子王孙之长寿，力行福寿祈愿法事。

当今之势，此蒙古军队兵多将广，整个瞻部洲俨然已归其统治之下矣。顺之者可同甘，如若不以诚心遵旨听命，必为其灭亡殆尽，此非假言归顺可幸免也。回鹘国境未遭涂炭，皆因此也。现其百姓财产皆归自土，掌文、理财、守城者皆由已人充任。想那汉地、西夏、阻卜等地，未灭之前蒙古待其如已，等同视之，然彼等逆旨抗命，最终走投无路，不得不黯然归降。然归顺之后，遵旨听命，今有已人充任守城、理财、统兵、掌文之职者众。吾等部族地偏民弱、势单力薄，如若自忖千方百计可脱逃，痴想蒙古军因路途遥远而不至，妄想或可战而胜之，凡谲诈谄诳等伎俩，必换来灭顶之灾。现各处归顺蒙古者众，吐蕃部族因地偏民弱、势单力薄之故，除却驱为贱役奴仆外，能充官职者百里方见一二。蕃部归顺者亦多，然因贡赋微薄而致此方诸大人颇为不悦，此要害一也。

去岁之前，上部地区数年未见用兵。吾率白利来归，因归顺多有好处，遂有上部阿里、乌思、藏民之归顺，白利各部亦趋归伏，故刀斧得免，缘于此也。然上部诸民，似有不解此中缘由者。彼时多有称归顺却少贡赋、怀二心，最终引来刀兵之灾而致人死财空者，诸位必有所闻。彼等自认地险、人勇、兵多、甲固、善射，试图战而胜之，本身却遭毁灭。

诸人或忖，此蒙古乌拉、兵役轻，别部乌拉、兵役重；其他部落则认为蒙古乌拉及兵役重，与之相比，其他部反而较轻也。

（汗王）又曰："如若尊令行事，汝等所据之土不变、所拥民众不变、各级职官可委官职。"召萨迦金字、银字使者，令其承担来往信使之责："传吾此令，同意委任彼等为达鲁花赤。"如此，请将（卫、藏、阿里各地）官名、户数、贡赋等编为三册，一寄吾处、一存萨迦、一由该处官员自存。另绘舆图一幅，标明归附和未归附者，如不区分，恐归顺者被未归顺者所牵连而致覆亡。萨迦金字使者当与各处官吏共商决断，以利益民众为重，切忌擅权专行。各处官员，亦忌无视萨迦金字使者而独断行事。凡不经商榷擅自妄为者，皆视为目无法度，若犯法，吾处亦不好求情。对此，尔等务必齐心同志。遵行蒙古法度，效果必佳。

善待金字使者之迎送与侍奉。盖金字使者甫至，汗王必定先问：有无脱逃者和抗拒者？是否善待金字使者？有无乌拉差役？归顺者是否安定？若金字使者对汝不悦，则必进恶语；若金字使者愉悦，则多有益处。故不遵从金字使者之言，后患无穷。

但凡势大贵族，以及携带贡品而至者，此间善待有加。汝等若怀求得善待之愿，吾等诸官可备上好贡品，与萨迦之人同来。备何等贡品类，汝等协商之，吾于此处亦为计议。如此之后返乡，对人对己皆有益处。去岁吾曾遣人告知汝等，建议如此行事甚善，然听从执行者寡，汝等是否遭到覆亡后，方有听吾所说为何之愿乎？既然所说者不遵，日后切勿有"萨迦巴远赴蒙古，然未有益于吾"之类怨言也。吾怀舍己利他之心，为利益所有持藏语之众而来此蒙古之地，若依吾言，必有益处。汝等未见此间情景，所闻者亦难信服，尚存以自身微薄之力而拒之之妄想。吾则深虑如"安乐之余鬼忽至"之谚语般，天降灾祸，恐使吾卫藏之子弟和民众被驱往蒙古也。吾本人将要所遇者，勿论是福是祸，绝无半点悔意，自有上师、三宝之加持与护佑，增福添运亦未可知。汝等诸人，亦多向三宝祈祷。

汗王待吾，远超他人，因此，汉地、吐蕃、畏兀儿、西夏诸地之善知识和大人显贵，诸人虽来处不同，然甚觉奇异，故前来听吾讲法者众，且颇为恭敬。凡来吾处者，对蒙古如何待己之类无需多虑，诸人心中所怀者皆为善意，故安心居于吾处即可也。

贡品者，此间多喜金、银、象牙、大粒珍珠、银朱、茜草、木香、牛黄、虎

(皮)、豹(皮)、草豹(皮)、水獭(皮)、藏布、乌思地方的上等氆氇等。此间所重者非所献之财物，故可以各方自重宝物进贡即可。

黄金在手，万事皆会如意！诸位切记、切记！

愿佛陀之法教弘传四海内外！吉祥！

〔25〕蒙古于 1276 年攻占南宋都城临安，1279 年崖山海战宋军战败，南宋灭亡。

〔26〕又称开平，位于今内蒙古自治区锡林郭勒盟正蓝旗境内。1260 年忽必烈在开平即位，1263 年下诏升开平为上都，1267 年定都燕京后改上都为陪都，作避暑行宫。1369 年明军攻克上都，后改上都路为开平府。

〔27〕似指哈拉和林，又称和林、和宁，是成吉思汗、窝阔台、贵由、蒙哥四代蒙古大汗时期蒙古汗国的中心。窝阔台汗七年（1235 年）建都于此。故址即今蒙古国中部鄂尔浑河上游额尔德尼召近旁，距乌兰巴托市西南 365 公里。忽必烈在开平自立为汗并打败阿里不哥后，蒙元的政治中心开始南迁，和林的政治地位下降。元亡后，和林又成为北元的政治中心。

〔28〕即忽必烈。

〔29〕桑擦索南坚赞（ཟངས་ཚ་བསོད་ནམས་རྒྱལ་མཚན།, 1184—1239 年），根据《萨迦世系史》的记载，桑擦索南坚赞除了“学习祖辈一切佛典，彻底修证喜金刚和金刚橛二密法”，“建乌孜宁玛殿”等宗教业绩外，作为昆氏家族的在家传嗣者，他在世俗事务上也颇有建树，比如“诸老翁请求在门卓（མོན་གྲོག)、派卓（འབལ་གྲོག）和萨噶洛（ས་དཀར་ལོགས）等地的后边修建一围墙。遂从辛莫且（ཞིང་མོ་ཆེ）开始修建了一箭之地等长的围墙；在斯塘（ཟི་ཐང）等地设立了集市和人口众多之村庄，在仲堆（གྲོམ་སྟོད)、仲麦（གྲོམ་སྨད)、达托（སྟག་ཐོག)、芒喀寨钦（མང་མཁར་དྲིལ་ཆེན)、藏哇普（གཙང་བར་ཕུག)、夏堆麦（ཤབ་སྟོད་སྨད)、达那（རྟ་ནག）等地建立庄园；在绛迥(བྱང་གཙང)、喀索（ཁབ་སོ)、果斋（ཀོམ་འདྲེ)、客尔普（ཀར་ཕུག）等地建立了许多牧场；在热萨（ར་ས）等地牧养马群。”见昂旺·贡噶索南：《萨迦世系谱》，民族出版社，1986 年，第 147—148 页；陈庆英、高禾福、周润年汉译本，中国藏学出版社，2005 年，第 110—111 页。

〔30〕八思巴洛哲坚赞（འཕགས་པ་བློ་གྲོས་རྒྱལ་མཚན།, 1235—1280 年），萨迦五祖之第五祖。从小聪慧好学，在伯父萨迦班智达座前学习佛法。10 岁时随伯父萨班赴凉州与阔端会谈。萨迦班智达在凉州圆寂后，17 岁的八思巴继任法位，成为萨迦派新领袖。1253 年，八思巴应召谒见忽必烈，受到忽必烈重用，先后受封国师、帝师，领总制院，管理全国佛教事务和西藏地方，为元朝治藏和藏传佛教的发展作出了重要贡献。1280 年，八思巴在萨迦寺拉康拉章英年早逝，享年 46 岁。

〔31〕恰那多吉（ཕྱག་ན་རྡོ་རྗེ།，1239—1267 年），八思巴之弟，6 岁时和兄长八思巴一起随伯父萨班赴凉州与阔端会谈。至凉州后，阔端令恰那多吉着蒙古装，娶公主墨卡顿。朝见忽必烈后，受封白兰王，赐金印，受命管理西藏事务。据《萨迦世系史》记载，恰那多吉在凉州等地住了 18 年，25 岁时返回萨迦，29 岁时在萨迦示寂。

〔32〕即萨迦班智达。

〔33〕即阔端。

〔34〕《元史》世祖本纪载：（中统）元年十二月乙巳，“以梵僧八合思八为帝师，授以玉印，统释教。”《释老传》载：“中统元年，世祖继位，尊为国师，授以玉印。”

〔35〕即聂塘巴·扎巴僧格（ཉེ་ཐང་པ་གྲགས་པ་སེང་གེ），聂塘寺座主。

〔36〕此处原文似乎有缺。

〔37〕即“优礼僧人诏书”和“珍珠诏书”，主要内容是忽必烈对八思巴及其萨迦派在西藏地位的认可，《萨迦世系史》录有两篇诏书的全文，见昂旺·贡噶索南：《萨迦世系谱》，民族出版社，1986 年，第 160—167 页；陈庆英、高禾福、周润年汉译本，中国藏学出版社，2005 年，第 124—131 页。

〔38〕即著名的八思巴字。按照《元史》记载，八思巴于中统元年（1260 年）接受创制蒙古新字的任务，至至元六年（1269 年）创制完成并得以颁行。《元史·释老传》载：“中统元年，世祖继位，尊为国师，授以玉印。命制蒙古新字，字成上之。其字仅千余，其母凡四十有一。其相关纽而成字者，则有韵关之法；其以二合三合四合而成字者，则有语韵之法；而大要则以谐声为宗也。至元六年，诏颁行于天下。诏曰：‘朕惟字以书言，言以纪事，此古今之通制。我国家肇基朔方，俗尚简古，未遑制作，凡施用文字，因用汉楷及畏吾字，以达本朝之言。考诸辽、金，以及遐方诸国，例各有字，今文治浸兴，而字书有阙，于一代制度，实为未备。故特命国师八思巴创为蒙古新字，译写一切文字，期于顺言达事而已。自今以往，凡有玺书颁降者，并用蒙古新字，仍各以其国字副之。’遂升号八思巴曰大宝法王，更赐玉印。”

〔39〕按照《萨迦世系史》的记载，八思巴于 31 岁的阴木牛年（1265 年）返回萨迦，33 岁的阴火兔年（1277 年）前往朝廷，当时设置了 13 种侍从官员。作者引《贤者口饰》的记载：“‘附带述及内外官职之名称为索（གསོལ）、森（གཟིམས）、却（མཆོད）三者；可宾（མགྲོན）、仲译（ཡིག）、司库（མཛོད）三者；司厨（ཐབ）、引见（འདྲེན）、营帐（གདན）三者；管鞍具（སྒ）、管马匹（རྟ）、管牛（མཛོ）、管狗（ཁྱི）四者。此是伟人应有的十三种侍从官员，这十三种侍从官员是从萨迦派法王

八思巴时开始设置的。’他将侍从官员分为三个一组的三组；两个一组的二组；三个一组的三组，即索本、森本和却本三个一组，司宾、仲译和司库三个一组，司厨、引见和营帐三个一组。两个一组的二组即管鞍具和管马匹二者一组；管牛和管狗二者一组。”见昂旺·贡噶索南：《萨迦世系谱》，民族出版社，1986 年，第 175 页；陈庆英、高禾福、周润年汉译本，中国藏学出版社，2005 年，第 137 页。

〔40〕据说八思巴赴京途经康区即今四川甘孜德格境内时，受到当地人索郎仁青的热情接待，遂被八思巴选任为膳食堪布并追随左右，后得封德格之地，取佛教词汇“四德十格”之意。

〔41〕释迦桑布原为萨迦班智达的弟子，萨班赴凉州之前封其为谿干巴（གཞིས་ཀན་པ），负责萨迦派的各种世俗事务。至元四年（1267 年），经国师八思巴举荐，忽必烈任命释迦桑布为萨迦本钦，从而成为萨迦地方政权的首任本钦。

〔42〕又称乌斯藏本钦，为元代统治乌思藏地区的萨迦地方政权的军政首领，主要职责是代表元朝中央实施对西藏的行政管理和统治。终元一代，萨迦共历 27 任本钦，分别为：释迦桑布（ཤཱཀྱ་བཟང་པོ）、贡噶桑布（ཀུན་དགའ་བཟང་པོ）、尚尊（ཞང་བཙུན）、秀波岗噶哇（ཕྱུག་པོ་སྒང་དཀར་བ）、绛曲仁钦（བྱང་ཆུབ་རིན་ཆེན）、贡噶宣努（ཀུན་དགའ་གཞོན་ནུ）、宣努旺久（གཞོན་ནུ་དབང་ཕྱུག）、绛曲多吉（བྱང་ཆུབ་རྡོ་རྗེ）、阿迦仑（ཨག་ལེན）、宣努旺久（重任）、列巴贝（ལེགས་པ་དཔལ）、僧格贝（སེང་གེ་དཔལ）、沃色僧格（འོད་ཟེར་སེང་གེ）、贡噶仁钦（ཀུན་དགའ་རིན་ཆེན）、顿月贝（དོན་ཡོད་དཔལ）、云尊扎巴达（ཡོན་བཙུན་གྲགས་པ་དར）、沃色僧格（重任）、甲哇桑布（རྒྱལ་བ་བཟང་པོ）、旺久贝（དབང་ཕྱུག་དཔལ）、索南贝（བསོད་ནམས་དཔལ）、甲哇桑布（重任）、旺久尊追（དབང་ཕྱུག་བརྩོན་འགྲུས）、南喀丹巴（ནམ་མཁའ་བརྟན་པ）、扎巴坚赞（གྲགས་པ་རྒྱལ་མཚན）、洛追坚赞（བློ་གྲོས་རྒྱལ་མཚན）、贝本（དཔལ་འབུམ）、扎巴旺久（གྲགས་པ་དབང་ཕྱུག）。

〔43〕关于这段，《汉藏史集》中说：“阴火龙年（误，当为阴火兔年，即 1267 年）朝廷派人来迎请上师八思巴，八思巴动身前往时，本钦也去了。他们师徒一行到达杰日拉康的那天晚上，上师说：‘其人必有能干之侍从，才能够修建起这样一座佛殿来。’本钦在上师身后听见了这话，趁上师高兴，就请求准许修建一座能把杰日拉康从天窗中装进去的大佛殿。由于坚持请求，上师同意了。本钦立即进行了测量，把图纸带回萨迦，向当雄蒙古以上的乌思藏地方各个万户和千户府发布命令，征调人力。于次年为萨迦大殿奠基，还修建了里面的围墙、角楼和殿墙等。当时，为了管理乌思地方的弟子们，专门委派贡噶杰波管理白蔡、噶莫仲、朗蔡等地。在运来了修建萨迦大殿的木料等器材、架好了底层的房梁时，（释迦桑布）在本钦的任上于萨迦去世。”见班觉桑布（དཔལ་འབྱོར་བཟང་པོ།）：《汉藏史集》（རྒྱ་བོད་ཡིག་ཚང་ཆེན་མོ།），成都：四川民族出版社，1985 年，第 357—358 页；陈庆英汉译本，西

藏人民出版社，1986 年，第 224—225 页。

〔44〕即古雅瓦仁钦衮（1191—1236 年），达隆噶举派高僧，达隆塘巴大师的得意弟子。

〔45〕即后来的俺答汗和三世达赖喇嘛索南嘉措的会面。俺答汗意为“黄金汗”，“索南嘉措”之“嘉措”意为海。

〔46〕三世达赖喇嘛索南嘉措（1543—1588 年），出生于西藏拉萨附近的一个贵族家庭，1546 年，作为前任座主根敦嘉措的转世，索南嘉措由哲蚌寺上层僧人迎至寺内，从此广拜名师学经修法，获得很高造诣。1577 年，应蒙古土默特部俺答汗之邀前往青海，次年五月抵达青海会见俺答汗。会见后，俺答汗赠给索南嘉措“圣识一切瓦齐尔达喇达赖喇嘛”的尊号，这也是“达赖喇嘛”这一称号的起源。其后，索南嘉措一直在蒙古等地传教，最终于 1588 年圆寂于蒙古。

〔47〕俺答汗（1507—1582 年），也称阿勒坦汗，16 世纪后期蒙古土默特部重要首领，孛儿只斤氏，成吉思汗黄金家族后裔，达延汗孙。明朝嘉靖年间崛起，1571 年被明朝封为“顺义王”。后征服青海，1578 年与藏传佛教格鲁派领袖索南嘉措（བསོད་ནམས་རྒྱ་མཚོ）在青海湖畔的仰华寺举行会谈，蒙古正式接受了藏传佛教格鲁派。会见期间，俺答汗赠给索南嘉措“圣识一切瓦齐尔达喇达赖喇嘛”称号，为“达赖喇嘛”（ཏཱ་ལའི་བླ་མ）封号之始。索南嘉措回赐“咱克喇瓦尔第彻辰汗”称号。从此，蒙古正式接受了藏传佛教格鲁派，蒙藏关系有了新的发展。

〔48〕《第三世达赖喇嘛传》记载，索南嘉措和俺答汗会谈时，后者一时失去知觉，苏醒过来后说：“从前，八思巴创建象更寺时，我是薛禅汗，与你八思巴上师结为福田施主。你为寺院开光祝赞。而从那时到现今，我在何处漂泊?”这是如实忆想前世的诸种情形的言语。见第五世达赖喇嘛阿旺洛桑嘉措（རྒྱལ་དབང་ལྔ་པ་ཆེན་པོ།）：《三世达赖喇嘛索南嘉措传·成就大海之舟》（རྗེ་བཙུན་ཐམས་ཅད་མཁྱེན་པ་བསོད་ནམས་རྒྱ་མཚོའི་རྣམ་ཐར་དངོས་གྲུབ་རྒྱ་མཚོའི་ཤིང་རྟ་ཞེས་བྱ་བ་བཞུགས་སོ།།），载第五世达赖喇嘛等（རྒྱལ་དབང་ལྔ་པ་ཆེན་པོ་སོགས།）：《历辈达赖喇嘛传·第一世至第四世达赖喇嘛传》（རྒྱལ་དབང་སྐུ་ཕྲེང་རིམ་བྱོན་གྱི་མདོར་རྣམ་ལས་སྐུ་ཕྲེང་དང་པོ་ནས་བཞི་པའི་བར་གྱི་རྣམ་ཐར།），北京：中国藏学出版社，2010 年，第 610 页；陈庆英、马连龙等汉译本，中国藏学出版社，2006 年，第 236 页。

〔49〕朗日塘巴·多吉僧格（1054—1123 年），噶当派高僧，博多瓦（པོ་ཏོ་བ）弟子，属噶当教典派法系。

〔50〕似指章嘉若必多吉（ལྕང་སྐྱ་རོལ་པའི་རྡོ་རྗེ།，1716—1786 年），清代著名藏传佛教领袖。生前担任过雍正、乾隆朝国师。

〔51〕噶玛拔希（1204—1283 年），藏传佛教噶玛噶举派黑帽系第二世活佛。年幼聪慧，被都松钦巴（དུས་གསུམ་མཁྱེན་པ）的再传弟子们认定为都松钦巴的转世。出

家后，先入噶玛丹萨寺（ཀམ་གདན་ས་དགོན），后来到楚布寺（མཚུར་ཕུ་དགོན），逐渐成为噶玛噶举派著名上师。1253 年忽必烈南征云南大理时派人召见，会晤后未继续追随忽必烈，转而前往宁夏、甘肃、内蒙古等地说法。1256 年，噶玛拔希接到宪宗蒙哥召他会晤的诏书后到和林，受到蒙哥的尊崇，赐给一顶金边黑色僧帽。1259 年蒙哥去世后，忽必烈于次年即大汗位，鉴于噶玛拔希不愿追随自己且有帮助阿里不哥的嫌疑，遂下令将其逮捕入狱。后得以释放返回西藏。

〔52〕此处原文为“རྟོག་ལྡན་རྒྱ་བོ”，意为“得道长髯人”，假设原文抄写有误，如为“རྟོགས་ལྡན་རྒྱལ་པོ”，则可译为“得道法王”。

〔53〕察必（？—1281 年），弘吉剌氏，名察必，元世祖忽必烈的皇后。中统初年立为皇后。至元十年（1273 年），上尊号“贞懿昭圣顺天睿文光应皇后”。至元十八年（1281 年），察必去世，谥号“昭睿顺圣皇后”。

〔54〕1271 年，八思巴离开大都，出居临洮 3 年，1276 年抵达萨迦寺。次年，他以护送其入藏的真金太子为施主，召集卫藏、康区及阿里等地的 7 万余名僧人在后藏曲弥仁莫举行法会。这次法会共举行 14 天，为参加法会的每名僧人发放黄金一钱，每三名僧人发一套袈裟，并广为宣讲佛法。

〔55〕贡噶桑布是继释迦桑布之后的第二任萨迦本钦（1269—1274 年），《汉藏史集》载：“他一共任本钦六年，在这期间，建成了萨迦大殿的底层、顶层、外围墙和内围墙，建了黄金制成的屋脊宝瓶，还建了纪念萨迦班智达的观音菩萨镀金像，并完成了大殿回廊的绘画。他还管理修建仁钦岗拉章、大屋顶北殿、拉康拉章的事务。”见班觉桑布：《汉藏史集》，成都：四川民族出版社，1985 年，第 358—359 页；陈庆英汉译本，西藏人民出版社，1986 年，第 225 页。但是，贡噶桑布由于处事风格等原因，与八思巴产生了矛盾并遭到罢免。真金太子护送八思巴回到萨迦后，鉴于贡噶桑布多次“违忤师意”，加上八思巴近前弟子的离间，回京后便向忽必烈汇报，导致朝廷派大臣桑哥率兵入藏，攻陷贡噶桑布居住的恰若宗，使得贡噶桑布伏法。

〔56〕止贡替寺，是藏传佛教止贡噶举派（འབྲི་གུང་བཀའ་བརྒྱུད）的主寺，由止贡噶举派的创始人止贡巴・仁钦贝（འབྲི་གུང་པ་རིན་ཆེན་དཔལ།，1143—1217 年）创建于 1179 年，位于今西藏自治区拉萨市墨竹工卡县门巴乡。

〔57〕又称“止贡寺之乱”，是在萨迦派和止贡噶举派之间发生的一场严重的战乱。萨迦派与止贡噶举派一向不睦，1281 年，京俄居尼巴仁钦多杰（སྤྱན་སྔ་བཅུ་གཉིས་པ་རིན་ཆེན་རྡོ་རྗེ）圆寂后，随着止贡寺法座继承权问题，两派的矛盾进一步激化。1285 年，止贡派请来西路蒙古军入藏进攻萨迦。1290 年，萨迦本钦阿迦仑奏请忽必烈支援，铁木而不花率兵入藏，最终攻入止贡峡谷，焚烧止贡替寺大经堂，杀死

止贡僧俗军民一万余人，止贡派的多处属地被萨迦所占。

〔58〕阿迦仑是第九任萨迦本钦，直接参与了止贡之乱的平定，对萨迦寺的建设亦有贡献。五世达赖喇嘛的母亲就出身于与阿迦仑家族有关的浪卡子巴（སྣ་དཀར་རྩེ་པ）家族。

〔59〕1280 年，八思巴在平定贡噶桑布之乱后圆寂，享年 46 岁。关于八思巴遭侍从进毒的说法，按照《新红史》和《西藏王臣记》等的记载，八思巴的侍从由于和本钦贡噶桑布不睦，于是经常向八思巴进谗言，挑拨八思巴与贡噶桑布的关系，甚至假借八思巴的名义向皇帝请兵治罪本钦。据说当朝廷的法官和军队快要到达乌思藏时，这名侍从害怕自己的阴谋败露，于是毒死八思巴。见班钦·索南札巴（པཎ་ཆེན་བསོད་ནམས་གྲགས་པ）：《新红史》（དེབ་ཐེར་དམར་པོ་གསར་མ），拉萨：西藏人民出版社，1989 年，第 52 页。

〔60〕达尼钦布桑布贝（1262—1324 年），一生充满传奇色彩，先是陷入八思巴之后的萨迦派首领继承权之争，其后被流放江南，再后又被迎回萨迦掌握政教权力并娶妻生子。

〔61〕指封白兰王事。

〔62〕即达玛巴拉（1268—1287 年），白兰王恰那多吉之子，13 岁时即担任法座，八思巴圆寂后主持荐福大法会。14 岁时到朝廷拜见忽必烈，20 岁时在回萨迦的路上逝于朵甘思地方。

〔63〕指达尼钦布被流放江南事。八思巴圆寂后，作为昆氏家族的两位继承人，桑布贝很快就被达玛巴拉一方排除在权力中心之外。《萨迦世系史》记载："达尼钦波至十九岁时，八思巴去世。此时因事先已决定由恰那多吉的子嗣继承萨迦世系，加以恰那多吉和益希迥乃声望地位不同，尽管堂兄弟二人中达尼钦波年长，还是由恰那多吉之子达玛巴拉继承了法座，达尼钦波则另住一处。当追荐八思巴的法会结束后，二十一岁的达尼钦波应大臣阿布之邀请前往朝廷。因此有人向朝廷控告他违反追荐八思巴之规矩，皇帝下令予以追查。达尼钦波遂被流放到蛮子地方。达尼钦波先是被流放到离京城海路二十多程站的一座大城苏州，后来又有圣旨将他流放到再离七程站的一座大城杭州。此后他又到离杭州十程站的普陀山修习瑜伽行。"见昂旺·贡噶索南：《萨迦世系谱》，民族出版社，1986 年，第 238—239 页；陈庆英、高禾福、周润年汉译本，中国藏学出版社，2005 年，第 190 页。

〔64〕按照《萨迦世系史》的记载，帝师扎巴沃色（གྲགས་པ་འོད་ཟེར）居于朝廷向皇帝递交呈文，帝师的助手尼底瓦国师喜绕贝（ཉི་ལྡེ་བ་ཤེས་རབ་དཔལ）、米钦奥布（མི་ཆེན་ཨོ་བྲུས）、萨迦本钦阿迦仑（ཨག་གླེན）、助手康巴温那（ཁམས་པ་དབོན་ནག）等多次向皇帝请求，使得皇帝改变了心意。见昂旺·贡噶索南：《萨迦世系谱》，民族出版社

社，1986 年，第 240—241 页；陈庆英、高禾福、周润年汉译本，中国藏学出版社，2005 年，第 191—192 页。

〔65〕按照《萨迦世系史》的记载，“在皇帝命他承袭萨迦款氏家族世系的圣旨下达后，他（达尼钦波桑布贝）娶有六妻。在此之前于蛮子地方还娶有一汉人妻子，共计有七个妻子。蛮子地方之妻生有一子，年轻时夭逝。……在达尼钦波遵照皇帝的旨意所娶的六位妻子当中，（白兰）王索南桑布（དབང་བསོད་ནམས་བཟང་པོ）之母公主门达干（དཔོན་མོ་སྨུ་ད་གན）是长妻，帝师贡噶洛追（ཀུན་དགའ་བློ་གྲོས）之母芒喀索比玛（མང་མཁར་སོག་སྦྱི་མ）是第二妻，细脱拉章的阔尊巴（གཞི་ཐོག་མཁས་བཙུན་པ）兄弟之母朗措那比玛南喀杰莫（སྣང་མཚོའི་ན་སྦྱི་མ་ནམ་མཁའ་རྒྱལ་མོ）是第三妻，帝师贡噶勒贝迥乃（ཀུན་དགའ་ལེགས་པའི་འབྱུང་གནས）兄弟的母亲贡噶南喀坚赞（ཀུན་དགའ་ནམ་མཁའི་རྒྱལ་མཚན）是第四妻，达尼钦波之子贡噶勒巴（ཀུན་དགའ་ལེགས་པ）兄妹之母仁达玛拉久尼玛仁钦（རེ་མདའ་མ་ལྷ་གཅིག་ཉི་མ་རིན་ཆེན）是第五妻，绛阳顿月坚赞（འཇམ་དབྱངས་དོན་ཡོད་རྒྱལ་མཚན）兄弟之母夏鲁玛玛久宣努本（ཞ་ལུ་མ་མ་གཅིག་གཞོན་ནུ་འབུམ）是第六位妻子。”见昂旺·贡噶索南:《萨迦世系谱》，民族出版社，1986 年，第 249、262 页；陈庆英、高禾福、周润年汉译本，中国藏学出版社，2005 年，第 198、206 页。

〔66〕贡噶洛追，达尼钦布桑布贝之子，又称贡噶洛追坚赞贝桑布（ཀུན་དགའ་བློ་གྲོས་རྒྱལ་མཚན་དཔལ་བཟང་པོ），《元史·释老传》作公哥罗古罗思坚藏班藏卜。按照《红史》的记载，他曾先后担任元仁宗普颜笃、英宗格坚、泰定帝也孙铁木儿的帝师，1327 年逝于大都。见蔡巴·贡嘎多吉（ཚལ་པ་ཀུན་དགའ་རྡོ་རྗེ།）著，东嘎·洛桑赤列（དུང་དཀར་བློ་བཟང་འཕྲིན་ལས།）校注：《红史》（དེབ་ཐེར་དམར་པོ།），北京：民族出版社，1981 年，第 49 页。

〔67〕达尼钦布桑布贝圆寂后，帝师贡噶洛追为了调解家族内部继承权问题，遂将家族分为细脱、仁钦岗、拉康和都却四个拉章，以平衡几位同父异母兄弟的权势和利益。细脱拉章（གཞི་ཐོག་བླ་བྲང）的传承归达尼钦布桑布贝第四个妻子玛久南喀杰莫所生子嗣，其长子凯尊南喀勒贝洛追坚赞（མཁས་བཙུན་ནམ་མཁའ་ལེགས་པ་བློ་གྲོས་རྒྱལ་མཚན།，1304—1343 年）为首任细脱拉章传人。细脱拉章法座主要护持萨迦法座。仁钦岗拉章（རིན་ཆེན་སྒང་བླ་བྲང）属达尼钦布桑布贝第七个妻子玛久夏鲁玛宣努本所生子嗣，其长子贡噶尼玛坚赞贝桑布（ཀུན་དགའ་ཉི་མ་རྒྱལ་མཚན་དཔལ་བཟང་པོ།，1309—1322 年）曾受封为大元国师，其后有绛央顿月坚赞贝桑布（འཇམ་དབྱངས་དོན་ཡོད་རྒྱལ་མཚན་དཔལ་བཟང་པོ།，1310—1344 年）、喇嘛丹巴·索南坚赞贝桑布（བླ་མ་དམ་པ་བསོད་ནམས་རྒྱལ་མཚན་དཔལ་བཟང་པོ།，1312—1375 年）等均受封为国师。拉康拉章（ལྷ་ཁང་བླ་བྲང）归达尼钦布桑布贝第五个妻子玛久贡噶南喀所生子嗣，长子贡噶勒贝迥乃坚赞贝桑布（ཀུན་དགའ་ལེགས་པའི་འབྱུང་གནས་རྒྱལ་མཚན་དཔལ་བཟང་པོ།，1038—1330 年）1327 年泰定帝时立

为帝师，其后有贡噶坚赞贝桑布（ཀུན་དགའ་རྒྱལ་མཚན་དཔལ་བཟང་པོ།，1310—1353 年）、却吉坚赞贝桑布（ཆོས་ཀྱི་རྒྱལ་མཚན་དཔལ་བཟང་པོ།，1332—1359 年）和洛追坚赞贝桑布（བློ་གྲོས་རྒྱལ་མཚན་དཔལ་བཟང་པོ།，1332—1364 年）均曾受封为大元帝师。都却拉章（དུས་མཆོད་བླ་བྲང）属于达尼钦布桑布贝第六个妻子玛久仁达玛拉久尼玛仁钦的子嗣，其幼子贡噶勒贝迥乃坚赞贝桑布（ཀུན་དགའ་ལེགས་པའི་འབྱུང་གནས་རྒྱལ་མཚན་དཔལ་བཟང་པོ།，1308—1336 年）被元顺帝封为白兰王，其后扎巴坚赞贝桑布（གྲགས་པ་རྒྱལ་མཚན་དཔལ་བཟང་པོ།，1336—1376 年）亦受封白兰王。

〔68〕即达尼钦布桑布贝第四个妻子玛久南喀杰莫的长子凯尊南喀勒贝洛追坚赞，主持细脱拉章。

〔69〕喇嘛丹巴索南坚赞（1312—1375 年），萨迦派著名高僧，达尼钦布桑布贝与第七个妻子玛久夏鲁玛宣努本之三子，属仁钦岗拉章。喇嘛丹巴幼年时即接触佛法，1328 年出家，曾师从邦译师洛追丹巴（དཔང་ལོ་ཙཱ་བ་བློ་གྲོས་བརྟན་པ）、布顿·仁钦珠（བུ་སྟོན་རིན་ཆེན་གྲུབ）等大师学法，著述甚多，包括著名的史学著作《西藏王统记》（རྒྱལ་རབས་གསལ་བའི་མེ་ལོང）等。至元年间，朝廷曾多次召他进京，却因故未赴，继续在桑耶寺等地修行讲法，在当时的西藏具有很高的社会声望。藏历第六饶迥之木兔年（1375 年）在桑耶寺圆寂。

〔70〕即俄尔（ངོར）、贡噶（གོང་དཀར）和擦尔（ཚར）三个萨迦密教的传承支派，15 世纪后逐渐形成。俄尔支派始于俄尔钦贡噶桑布（ངོར་ཆེན་ཀུན་དགའ་བཟང་པོ།，1382—1456 年），他以喇嘛丹巴的再传弟子佛陀师利为根本上师学习道果法，1429 年创建艾旺却德寺（ཨེ་ཝམ་ཆོས་སྡེ），后来通称俄尔寺。贡噶支派始于图敦贡噶南杰（ཐུ་སྟོན་ཀུན་དགའ་རྣམ་རྒྱལ།，1432—1496 年），他以喇嘛丹巴的三传弟子索南桑布为根本上师学习萨迦密法，1464 年创建多吉丹寺（གོང་དཀར་རྡོ་རྗེ་གདན），后来通称贡噶寺。擦尔支派始于擦尔钦罗赛嘉措（ཚར་ཆེན་བློ་གསལ་རྒྱ་མཚོ།，1494—1566 年），他的师承也可以推到喇嘛丹巴，常住芒喀地方的图登公培寺（ཐུབ་བསྟན་དགེ་འཕེལ）。见王森：《西藏佛教发展史略》，北京：中国藏学出版社，2002 年，第 94—96 页。

〔71〕即达尼钦布桑布贝第七个妻子玛久夏鲁玛宣努本之次子绛阳顿月坚赞贝桑布（འཇམ་དབྱངས་དོན་ཡོད་རྒྱལ་མཚན་དཔལ་བཟང་པོ།，1310—1344 年），其兄为大元国师贡噶尼玛坚赞贝桑布（ཀུན་དགའ་ཉི་མ་རྒྱལ་མཚན་དཔལ་བཟང་པོ།，1309—1322 年），弟为喇嘛丹巴索南坚赞（བླ་མ་དམ་པ་བསོད་ནམས་རྒྱལ་མཚན།，1312—1375 年）。

〔72〕即达尼钦布桑布贝第五个妻子玛久贡噶南喀的长子贡噶勒贝迥乃坚赞贝桑布（ཀུན་དགའ་ལེགས་པའི་འབྱུང་གནས་རྒྱལ་མཚན་དཔལ་བཟང་པོ།，1038—1330 年），1327 年泰定帝时立为帝师。

〔73〕即贡噶坚赞贝桑布（ཀུན་དགའ་རྒྱལ་མཚན་དཔལ་བཟང་པོ།，1310—1353 年），达尼

钦布桑布贝与玛久贡噶南喀的次子。

〔74〕按照《汉藏史集》的记载，当为秀波岗噶哇（ཕྱུག་པོ་སྒང་དཀར་བ）。

〔75〕当为绛仁（བྱང་རིན），即绛曲仁钦（བྱང་ཆུབ་རིན་ཆེན）。

〔76〕即贡噶宣努（ཀུན་དགའ་གཞོན་ནུ）。

〔77〕即宣努旺秋（གཞོན་ནུ་དབང་ཕྱུག）。

〔78〕《汉藏史集》记载，贡宣和宣旺任本钦时进行了大清查，乌思藏的详细法律大都从此制定。见班觉桑布：《汉藏史集》（རྒྱ་བོད་ཡིག་ཚང་ཆེན་མོ།），成都：四川民族出版社，1985 年，第 360 页。

〔79〕即绛曲多吉（བྱང་ཆུབ་རྡོ་རྗེ）。

〔80〕在阿迦仑之后，勒巴贝之前，诸多史籍如《汉藏史集》《西藏王臣记》等都说宣旺再任本钦。

〔81〕此处文字似有误，《西藏王臣记》作“སྙན་རིང་དཔོན”，即宣政院。

〔82〕即贡噶仁钦（ཀུན་དགའ་རིན་ཆེན）。

〔83〕此时，帕竹万户已经在绛曲坚赞的领导下迅速壮大，萨迦势力在帕竹的步步紧逼下逐渐衰落。详参大司徒·绛曲坚赞（ཏཻ་སི་བྱང་ཆུབ་རྒྱལ་མཚན་སོགས）：《朗氏家族》（རླངས་ཀྱི་པོ་ཏི་བསེ་རུ་རྒྱས་པ།），拉萨：西藏人民出版社，1986 年。

〔84〕吐蕃末年著名僧相，得到赞普赤祖德赞的重用，力主唐蕃和谈，促成了著名的“长庆会盟”。随着佛苯矛盾的激化，钵阐布引起贵族大臣的不满和愤怒，最终被反佛贵族谋杀。

第四章 历任施主

围绕当前历史，再来简述施主蒙古皇帝世系。薛禅汗[1]善待藏汉诸族，崇信佛法，有世间菩萨之功德。薛禅于四十六岁[2]时继父祖之汗位，第四年灭宋、称帝[3]，在位三十一年，共在位三十五年[4]，八十岁崩[5]。其后由早逝皇子[6]之子、皇长孙铁穆耳（ཐེ་མུར）[7]，又称成宗广孝帝完泽笃可汗（ཚེང་ཙུང་ཀུན་འཕང་ཐི་ཧོ་ཝུ་ཛྲི་ཨུ་ཛའི་ཐུ་རྒྱལ་པོ）继位，在位十三年[8]。其后为皇兄之子曲律可汗（ཁུ་ལུག་རྒྱལ་པོ）[9]，在位四年[10]。其后（曲律可汗之）兄普颜笃可汗（ཡན་ཐུ་རྒྱལ་པོ）[11]在位九年[12]。普颜笃可汗之子格坚汗（གོ་གན་རྒྱལ་པོ）[13]在位三年[14]，此帝之前元朝皇帝皆着本族衣冠，从此帝始改为汉制[15]。其后有真金汗（ཇིན་གན）[16]之孙泰定帝（ཐ་འའི་ཏི་རྒྱལ་པོ）[17]在位五年[18]。此后其子阿速吉八（ཨ་སུ་ཀི་པ）[19]摄政三个月[20]，此王在《青史》（དེབ་སྔོན）[21]中记为热契帕（ར་ཁྲི་པག）[22]。此后武宗（ཝུ་ཙུང）[23]幼子图帖睦尔（ཐུག་ཐེ་མུར）[24]夺位[25]，假意立弟[26]明宗（མིང་ཙུང）[27]，八个月后明宗崩[28]，图帖睦尔自己即帝位，为文宗（ཝན་ཙུང），即札牙笃可汗（ཛ་ཡ་ཐུལ་རྒྱལ་པོ）[29]。三年后，图帖睦尔崩。按遗诏由皇子仁钦贝（རིན་ཆེན་དཔལ）[30]继位，不久亦崩。其后仁钦贝之兄哈图可汗（ཏ་ཐུ་རྒྱལ་པོ）[又称顺帝（ཞུན་ཏི）[31]][32]执政六年[33]，时被大明（ཏཱ་མིང）王朝[34]所灭，蒙古人撤回故土。元朝历任皇帝仁义勤政，然皆不长寿，统治中原地区共百五十年[似为一百零五年][35]。从成吉思汗至顺帝，共历十五位帝王[36]，加上元灭至林丹呼图克图（ལེགས་ལྡན་ཏུ་ཧོག་ཐུ）[37]之间继续统治蒙古地区的二十位王[38]，蒙古王统共历三十五位王，统治时间延续四百二十九年[39]，有云如此这般，大汉（ཏན་གུར）[40]以来未曾有也。迎请（三世）达赖喇嘛索南嘉措之察哈尔俺答汗（ཚ་དཀར་ཨལ་ཐན）亦属此家族。五世达赖喇嘛八岁时，蒙古四十九部（སོག་པོ་ཚོ་ཆེན་ཞེ་དགུ）分散，察哈尔林丹（ཚ་ཁར་ལེགས་ལྡན）亦派兵入藏[41]，但未能立足，从此逐渐衰落。当闻得当今天子（ད་ལྟའི་གོང་མ）之先祖满博格达汗（མན་ཇུ་འབོག་ཏོ་རྒྱལ་པོ）[42]之盛名后，认为虽然尚未成为中原之主，但实力强盛，遂向满人献出未落入大明之传国玉玺（རྒྱའི་གཡང་ཏེའི་ཐམ་ག）以示投靠（མགོ་བཏགས་ཞུས），得以赐婚公主，子孙亦得与满人联姻[43]，从此其政统（སྲིད་རྒྱུན）逐渐融入大清。

再说后期蒙古各汗王时期，噶玛巴让迥多吉（ཀརྨ་རང་བྱུང་རྡོ་རྗེ）[44]、若比多吉（རོལ་པའི་རྡོ་རྗེ）[45]，以及宁玛派雍敦多吉（རྙིང་མ་གཡུང་སྟོན་རྡོ་རྗེ）[46]等人都受到迎请，让迥多吉圆寂也在北京皇宫内[47]。关于大明王朝的建立，将于下文阐述内邬栋世系史（ཉེ་གདོང་གདུང་རབས）[48]时进行介绍。如此萨迦时期乌斯藏分为多个万户，其中蒙哥汗（མོང་གོལ་རྒྱལ་པོ）[49]尊止贡（འབྲི་གུང），薛禅汗尊蔡巴（ཚལ་པ），旭烈兀（ཧུ་ལ་ཧུ）[50]尊帕竹（ཕག་གྲུ）噶举为师。封地也按各自供奉缘分划归各万户，[51]如雅桑巴（གཡའ་བཟང་པ）[52]在帕竹万户之内，此类情况亦见于其他两个万户（止贡和蔡巴）。官员（དཔོན）和人口数（ཀང་གྲངས）虽然单独统计，但有税收之卫地六万户中，以帕、止、蔡囊括所有，其他万户无法匹敌，所以此三万户亦是所有万户长中最主要者。这些（卫地六万户）要将年赋上交萨迦，藏地七万户之收入除了上交给萨迦地方政府（ས་སྐྱ་གཞུང），其余由各万户自己支配，然事关大局之规定或诉讼，仍要上报萨迦本钦。

注释

〔1〕即元世祖孛儿只斤·忽必烈（1215—1294 年），成吉思汗之孙，拖雷第四子。1260 年登基成蒙古汗国大汗，1271 年将国号由“大蒙古国”改为“大元”，成为元朝开朝皇帝。1279 年灭南宋，元朝统一全国。1294 年逝，谥号圣德神功文

武皇帝，庙号世祖，蒙古语尊号“薛禅皇帝”。《元史·世祖本纪》曰：“世祖度量弘广，知人善任使，信用儒术，用能以夏变夷，立经陈纪，所以为一代之制者，规模宏远矣。”

〔2〕忽必烈于1260年登基成蒙古汗国大汗，时年46岁。

〔3〕此说有误，忽必烈1260年登基成蒙古汗国大汗，1276年攻破临安，时隔16年。忽必烈改国号为“元”、称帝是1271年。

〔4〕从1260年登基为蒙古汗国大汗到1294年去世，忽必烈共在位35年。

〔5〕忽必烈生于元太祖十年（1215年），逝于元世祖至元三十一年（1294年），享年80岁。

〔6〕指真金太子（1243—1285年），元世祖忽必烈第二子，中统三年（1262年）受封燕王，守中书令。次年，兼判枢密院事。至元十年（1273年）二月被立为皇太子，仍兼中书令，判枢密院事。1285年去世。《元史·裕宗列传》载：“其大雅不群，本于天性，中外归心焉”，后有人提出年岁已高的忽必烈禅位于太子，太子闻之，惧。“台臣寝其奏，不敢遽闻，而小人以台臣隐匿，乘间发之。世祖怒甚，太子愈益惧，未几，遂薨，寿四十有三。”

〔7〕孛儿只斤·铁穆耳（1265—1307年），元朝第二位皇帝。元世祖忽必烈孙、太子真金之子。其父死后，于至元三十年（1293年）“受皇太子宝，抚军于北边”。次年（1294年）即皇帝位。1307年逝，谥曰钦明广孝皇帝，庙号成宗。《元史·成宗本纪》曰：“成宗承天下混壹之后，垂拱而治，可谓善于守成者矣。惟其末年，连岁寝疾，凡国家政事，内则决于宫壶，外则委于宰臣；然其不致于废坠者，则以去世祖为未远，成宪具在故也。”

〔8〕铁穆耳于1294年即皇帝位。1307年逝，在位13年。

〔9〕即元武宗孛儿只斤·海山（1281—1311年），汗号“曲律可汗”，元朝第三位皇帝。真金次子答剌麻八剌（《红史》和《汉藏史集》等藏文史书皆记其是个哑巴）之长子，统军北边。1307年成宗铁穆耳病逝，海山回大都奔丧，被拥立为帝。1311年逝，谥曰仁惠宣孝皇帝，庙号武宗。《元史·武宗本纪》曰：“武宗当富有之大业，慨然欲创治改法而有为，故其封爵太盛，而遥授之官众，锡赉太隆，而泛赏之恩溥，至元、大德之政，于是稍有变更云。”

〔10〕元武宗海山1307年即帝位，1311年逝，按《元史》，在位应为5年。

〔11〕即元仁宗孛儿只斤·爱育黎拔力八达（1285—1320年），元武宗海山弟，汗号“普颜笃可汗”，元朝第四位皇帝。1320年逝，谥曰圣文钦孝皇帝，庙号仁宗。《元史·仁宗本纪》曰：“仁宗天性慈孝，聪明恭俭，通达儒术，妙悟释典……平居服御质素，澹然无欲，不事游畋，不喜征伐，不崇货利。事皇太后，终

身不违颜色；待宗戚勋旧，始终以礼。大臣亲老，时加恩赉；太官进膳，必分赐贵近。有司奏大辟，每惨恻移时。其孜孜为治，一遵世祖之成宪云。”

〔12〕爱育黎拔力八达 1311 年即位，1320 年逝，按《元史》，在位应为 10 年。

〔13〕即元英宗孛儿只斤·硕德八剌（1303—1323 年），蒙古汗号“格坚汗”，元朝第五位皇帝。1316 年立为皇太子，即位时年 18 岁。1323 年“八月癸亥，车驾南还，驻跸南坡。是夕，御史大夫铁失、知枢密院事也先帖木儿……等谋逆，以铁失所领阿速卫兵为外应，铁失、赤斤铁木儿杀丞相拜住，遂弑帝于行幄”（《元史·英宗本纪》），史称“南坡之变”，年仅 21 岁，谥曰睿圣文孝皇帝，庙号英宗。

〔14〕硕德八剌于 1320 年即位，次年（1321 年）改元至治，1323 年被刺，在位应为 4 年。

〔15〕史载英宗自幼学习汉儒典籍，即位后重用汉儒，发布《振举台纲制》，举善荐贤、裁汰冗员，轻徭减赋，“格例成定，凡二千五百三十九条，内断例七百一十七、条格千一百五十一、诏赦九十四、令类五百七十七，名曰《大元通制》，颁行天下”，使得当时天下为之风动，政治为之一新。

〔16〕即太子真金。

〔17〕元泰定帝孛儿只斤·也孙铁木儿（1276—1328 年），太子真金的嫡孙，父甘麻拉。1323 年即位，元朝第六位皇帝。1328 年逝。《元史·泰定帝本纪》曰：“泰定之世，灾异数见，君臣之间，亦未见其引咎责躬之实，然能知守祖宗之法以行，天下无事，号称治平，兹其所以为足称也。”

〔18〕也孙铁木儿于 1323 年即位，1328 年逝，在位应为 6 年。

〔19〕孛儿只斤·阿速吉八（1320 年或 1328 年?），元朝第七位皇帝，蒙古语亦称“阿希达布”。1328 年在位月余。谥号德孝皇帝，史称天顺帝。

〔20〕阿速吉八乃是正式即位，而非摄政。致和元年（1328 年）七月初十日，“泰定皇帝崩于上都，倒剌沙专权自用，逾月不立君，朝野疑惧。时佥枢密院事燕铁木儿留守京师，遂谋举义”。当年九月十三日，燕铁木儿在大都（今北京）拥立元武宗之子图帖睦尔即位，改元“天历”。其后，丞相倒剌沙在上都拥立皇太子阿速吉八为皇帝，改元“天顺”。接下来，双方展开了惨烈的夺权斗争。经过多次斗争，图帖睦尔和燕铁木儿获胜，天顺元年（1328 年）十月十三日，大都朝廷的军队包围上都，丞相倒剌沙等大臣奉皇帝宝出降。

〔21〕《青史》（དེབ་ཐེར་སྔོན་པོ），明代藏族著名译师郭·循努白（འགོས་ལོ་གཞོན་ནུ་དཔལ།，1392—1474 年）著，成书于 1361 年。

〔22〕见郭译师·循努白（འགོས་ལོ་གཞོན་ནུ་དཔལ།）：《青史（上）》（དེབ་ཐེར་སྔོན་པོ།），成都：四川民族出版社，1985 年，第 82 页。热契帕（ར་ཁྱི་པག）实为“阿速吉八”

的音译，并无贬义。除了本文所说的《青史》，其他藏文史籍如《红史》（第 31 页）、《汉藏史集》（第 257 页）、《西藏王统记》（第 25 页）等皆把“阿速吉八”记为热契帕（ར་ཁྱི་ཕག）。

〔23〕即元武宗海山。

〔24〕孛儿只斤·图帖睦尔（1304—1332 年），海山子，元朝第八位皇帝，汗号“札牙笃可汗”。图帖睦尔两次在位，第一次在位时间为 1328—1329 年，第二次在位时间为 1329—1332 年，在位时间共计 4 年。1332 年逝，谥曰圣明元孝皇帝，庙号文宗。

〔25〕即上述大都和上都之战。

〔26〕和世㻋其实为图帖睦尔之兄。

〔27〕即元明宗孛儿只斤·和世㻋（1300—1329 年），元朝第九位皇帝，汗号“忽都笃可汗”。1329 年逝，谥曰翼献景孝皇帝，庙号明宗。

〔28〕史载疑为其弟图帖睦尔所害。《元史·文宗本纪》曰：“后至元六年六月，以帝（文宗）谋为不轨，使明宗饮恨而崩，诏除其庙主。其略曰：……（文宗）继知天理人伦之攸当，假让位之名，以宝玺来上，皇考（明宗）推诚不疑，即授以皇太子宝。文宗稔恶不悛，当躬迓之际，乃与其臣月鲁不花、也里牙、明里董阿等谋为不轨，使我皇考饮恨上宾。归而再御宸极，思欲自解于天下，乃谓夫何数日之间，宫车弗驾。海内闻之，靡不切齿……”

〔29〕图帖睦尔汗号“札牙笃可汗”。

〔30〕即孛儿只斤·懿璘质班（1326—1332 年），元明宗和世㻋次子，元朝第十位皇帝。1332 年十月即位，十二月逝，谥曰冲圣嗣孝，庙号宁宗。懿璘质班为藏语“རིན་ཆེན་དཔལ”之音译。

〔31〕即孛儿只斤·妥懽帖睦尔（1320—1370 年），元明宗和世㻋长子，元朝第十一位皇帝，汗号“乌哈噶图可汗”。1333 年六月即位，1368 年八月明军攻破大都后退回漠北草原，史称北元。1370 年逝，庙号惠宗。由于其放弃最终的抵抗，“大明皇帝以帝知顺天命，退避而去，特加其号曰顺帝”（《元史·顺帝本纪》）。

〔32〕文中中括号“[ ]”为编者所加，旨在补充原文遗漏之处，下同，不再一一注明。

〔33〕妥懽帖睦尔 1333 年即位，1368 年退回漠北，在位 6 年，退到漠北后继续在位两年，共在位 8 年。

〔34〕明朝，1368 年由明太祖朱元璋建立，历经十二世、16 位皇帝，国祚 276 年。1644 年，李自成攻入北京，崇祯皇帝在煤山自缢，明亡。

〔35〕从元顺帝妥懽帖睦尔 1368 年退回漠北上溯到元世祖忽必烈 1271 年定国

号为“元”为98年，上溯到1260年忽必烈登基称蒙古汗国大汗为109年。

〔36〕这15帝分别为：元太祖铁木真（成吉思汗）、元太宗窝阔台、元定宗贵由、元宪宗蒙哥、元世祖忽必烈、元成宗铁穆耳、元武宗海山、元仁宗爱育黎拔力八达、元英宗硕德八剌、元泰定帝也孙铁木儿、元天顺帝阿速吉八、元明宗和世瑓、元文宗图帖睦尔、元宁宗懿璘质班、元顺帝妥懽帖睦尔。

〔37〕林丹汗（1592—1634年），蒙古最后一任大汗。林丹于1604年继任汗位，后以察哈尔部为基础，直接控制了内喀尔喀巴林、札鲁特、巴岳特、乌齐叶特、弘吉剌特等5部，同时也遥控了蒙古其他各部。与努尔哈赤和皇太极父子进行了多年的战争，1634年逝。

〔38〕按照蒙古文史籍《蒙古黄金史纲》等记载计算，从顺帝子必里克图汗到林丹汗，明代蒙古可汗世系为二十代，即必里克图汗、乌斯哈勒汗、卓里克图汗、额勒伯克汗、托欢可汗、额勒特穆尔汗、答勒伯克汗、卫雅喇台汗、阿岱吉汗、脱脱不花汗、玛哈吉儿吉斯汗、摩伦汗、满都古里汗、达延汗、巴尔斯·博罗特汗、博迪阿拉克汗、达赉逊库登汗、俺达汗、图门汗、布颜彻辰汗、林丹呼图克图。见朱风、贾敬颜译：《汉译蒙古黄金史纲》，呼和浩特：内蒙古人民出版社，1985年，第50—106页。

〔39〕从1206年铁木真被上尊号“成吉思汗”，正式登基成为蒙古汗国可汗至林丹汗逝世的1634年，共429年。

〔40〕此处的“རྒྱ་གར”一词，似为“大汉”“强汉”之意，指中国历史上的汉朝（公元前206—公元220年）。此说亦见于《汉区佛教源流》，见贡布加：《汉区佛教源流记》，成都：四川民族出版社，1992年，第57页。

〔41〕林丹汗派兵入藏尚不清楚，但其即位初期信奉藏传佛教格鲁派。1618年噶玛噶举派红帽系六世活佛却吉旺久（ཆོས་ཀྱི་དབང་ཕྱུག，1584—1630年）来到蒙古，林丹汗在察哈尔接待了他，并封其为国师，接受其灌顶。

〔42〕指皇太极。1636年三月，漠南蒙古十六部49个大小首领齐聚沈阳，承认皇太极为汗，并上“博格达·彻辰汗”的尊号。

〔43〕林丹汗死后，其子额哲率部撤回鄂尔多斯。其后皇太极将察哈尔置于义州，分设左右翼察哈尔八旗，封林丹汗之子额哲为亲王，并将自己的女儿嫁给额哲。

〔44〕噶玛巴·让迥多吉（1284—1339年），黑帽系第三世噶玛巴活佛，生于后藏贡塘地方，3岁时被邬坚巴（གྲུབ་ཆེན་ཨོ་རྒྱན་པ）认定为噶玛拔希的转世灵童，赐名让迥多吉。其后，让迥多吉在楚布寺等地广拜名师，系统学习佛法理论和仪轨，撰有多部著作。1332年应元文宗图帖睦尔之请赶赴大都，不料到京时元文宗去世，

元宁宗懿璘质班即位。让迥多吉在大都和上都为元文宗举行了一系列超度仪轨。不久，元宁宗去世，参加了元顺帝妥懽帖睦尔的即位仪式，并在接下来的一年多时间里与元顺帝讲解佛法。至顺四年，元顺帝赐其“圆通诸法性空噶玛巴”封号，并赐国师玉印、金字圆符。1334 年，让迥多吉辞归西藏。1336 年再次应元顺帝之请赴京，被元顺帝封为灌顶国师，赐玉印，为皇帝举行了一系列的宗教仪轨，并在北京西郊建噶玛噶举派寺院。其后又到上都。1339 年圆寂。

〔45〕噶玛巴·若比多吉（1340—1383 年），黑帽系第四世噶玛巴活佛，生于康区南部阿拉荣地方，幼时被噶玛巴的弟子确认为噶玛巴让迥多吉的转世灵童。1352 年从工布来到楚布寺，在诸多上师的指导下精修显密教法。1358 年，应元顺帝迎请赴大都。路过青海时为年仅 3 岁的宗喀巴授居士戒，赐名贡噶宁布。1360 年抵达大都，受到元顺帝的极高礼遇，随后在京为皇帝及相关大臣、百姓讲解佛法，广建寺院，传播佛教文化。1362 年辞归西藏，一路上广施善举，为信众排忧解难。1383 年圆寂于工布地区。

〔46〕即雍敦·多吉贝（གཡུང་སྟོན་རྡོ་རྗེ་དཔལ།，1284—1365 年），宁玛派著名高僧，对旧密和时轮教法有极高的造诣。1298 年受元文宗图帖睦尔之请赴大都，为皇帝讲经传法达十年之久。元文宗驾崩后返藏，1365 年圆寂。

〔47〕让迥多吉至元五年于大都圆寂。元朝为他隆重发丧，火化法体，并将其舍利运回楚布寺，修建灵堂供养，并塑等身像等。按照《贤者喜宴》的记载，让迥多吉留在皇帝身边讲经传法，于兔年（1339 年）六月八日身体出现不适，于六月十四日圆寂。让迥多吉圆寂后，14 天期间皇帝及诸大臣前来供奉，所有国师和大官员们步行抬着轿子前来谒拜。二十五日，用檀香和黑沉香火化如同佛陀和转动法轮王之身躯。见巴俄·祖拉陈瓦（དཔའ་བོ་གཙུག་ལག་ཕྲེང་བ།）：《贤者喜宴》（ཆོས་འབྱུང་མཁས་པའི་དགའ་སྟོན།），北京：民族出版社，1986 年，第 944—945 页。

〔48〕即萨迦之后崛起的帕竹地方政权，因其建政中心在今山南乃东，故有其名。

〔49〕蒙哥汗（1209—1259 年），蒙古帝国大汗，为成吉思汗之孙、拖雷长子、元世祖忽必烈之兄。1248 年贵由去世后，蒙古上层围绕汗位继承权展开了争夺，1251 年在蒙古草原斡难河畔举行的忽里台大会上，宗王大臣们共同拥戴蒙哥登基成为大蒙古国大汗，自此汗位继承权便由窝阔台家族转移到了拖雷家族。蒙哥即位后继续蒙古国的对外扩张，主要致力于攻灭南宋、大理等国。并派遣旭烈兀西征西亚诸国。1259 年，蒙哥死于合川东钓鱼山下。后元世祖忽必烈追尊蒙哥庙号为宪宗，谥号桓肃皇帝。

〔50〕旭烈兀（1217—1265 年），成吉思汗之孙、拖雷之子，忽必烈、蒙哥和

阿里不哥的兄弟。早年随拔都远征中亚、欧洲，一直打到了今匈牙利境内。贵由死后积极拥戴长兄蒙哥夺得大汗之位。1253 年，旭烈兀率军西征，1258 年灭阿拉伯帝国。1264 年接受元朝的册封，称为伊儿汗。

〔51〕蒙哥即大汗位后的分封活动中，将西藏地区也分封给自己的兄弟。关于这点，藏文史籍中记载道："窝阔台、贵由皇帝升天之时，皇子诸王聚会，商议皇帝大位由谁来坐，一致同意蒙哥应做皇帝，于是蒙哥即了皇帝位。此时我们吐蕃是由在凉州的皇子阔端所有，于是从阔端阿哈（阿哈为蒙古语兄长之意）那里收取了上师福田，止贡巴由蒙哥皇帝管理，蔡巴由薛禅皇帝（即忽必烈）管理，帕木竹巴由皇子旭烈兀管理，达隆巴由阿里不哥管理，这四个皇子分别占有各个万户。"见大司徒·绛曲坚赞：《朗氏家族》，拉萨：西藏人民出版社，1986 年，第 109—110 页。

〔52〕雅桑在 1260 年清查户口时有属民三千户，旭烈兀时期只为帕竹万户下的一个千户，所以在大司徒回顾雅桑与帕竹纷争的由来时说："先前，在王子旭烈兀之时，雅桑是我们（即帕竹）属下的一个千户。"见大司徒·绛曲坚赞：《朗氏家族》，拉萨：西藏人民出版社，1986 年，第 115 页。

第五章　蔡巴政教之兴起

关于蔡巴政教（ཚལ་པའི་ཆོས་སྲིད）兴起之概要，塔布班钦扎西朗杰（དྭགས་པོ་པཎ་ཆེན་བཀྲ་ཤིས་རྣམ་རྒྱལ）赞曰：“佛前已觉佛子月光童子般，雪域苍生为念化身神医僧，遵照佛示广宣了义于浊世，二佛冈布巴之声誉传三地。”用佛语和大手印之两种教法丰富心传，不忘时刻用了义狮子吼宣说佛法，以一切修持统领教法之大乘吉祥无比冈布巴（སྒམ་པོ་པ）[1]，盛名享誉三界，座下弟子当中智者、贤哲如天界繁星，由其产生祈祷之处四大八小（ཆེ་བཞི་ཆུང་བརྒྱད）等传承。其中四大分别为止贡（འབྲི）[2]、达隆（སྟག）[3]、楚布（མཚུར）[4]加上主巴（འབྲུག་པ）[5]为四也，这是至今的传统分法。[6]八小是蔡巴（ཚལ་པ）[7]，下文将述之旦绕噶举（གདན་རབས་བཀའ་བརྒྱུད）或京俄噶举（སྤྱན་སྔ་བཀའ་བརྒྱུད）[8]，另有拔绒（འབམ་རོང）[9]、绰普（ཁྲོ་ཕུ）[10]、叶巴（ཡེལ་པ）[11]、雅桑（གཡའ་བཟང）[12]等等。[13]香巴噶举（ཤངས་པ་བཀའ་བརྒྱུད）[14]虽然类似由琼布大师（མཁས་གྲུབ་ཁྱུང་པོ）[15]所传的那若美智（ནཱ་རོ་མེ་ཏྲི）[16]之法统，但形成更早，不属于塔布噶举（དྭགས་པོ་བཀའ་བརྒྱུད），望众知。

如此且说具大智大悲之尚卓威贡布宇扎巴（ཞང་འགྲོ་བའི་མགོན་པོ་གཡུ་བྲག་པ）[17]，出生于吉雪擦瓦楚（སྐྱིད་ཤོད་ཚ་བ་གྲུ）。出家后得法名尊追扎（བརྩོན་འགྲུས་གྲགས），拜吉祥噶译师（ཀ་ལོ）等大量善知识为师，勤以闻思。修塔布静修法（དྭགས་པོ་སྒོམ་ཚུལ），俱生大手印之大智慧，遂有大悟、大幻化等共通成就。在公堂（གུང་ཐང）建大佛殿并立大佛像，供三层楼高大佛塔。有说71岁时呈涅槃状，实际上逝往不生大乐之净土也，一生现双运身。近侍达玛宣努（དར་མ་གཞོན་ནུ）[18]，据传为天神之主帝释天（ལྷ་དབང་བརྒྱ་བྱིན）之化身，成为其（尊追扎）心传弟子，在众生怙主[19]行将圆寂之时被委任为两寺之主，完成建造灵塔扎西沃巴（བཀྲ་ཤིས་འོད་འབར）和十万佛塔的续建事业。其（达玛宣努）族侄迥乃尊追（འབྱུང་གནས་བརྩོན་འགྲུས）[20]担任长官[21]以来，政教事业多有成就。其（迥乃尊追）子意希迥乃（ཡེ་ཤེས་འབྱུང་གནས）[22]（担任万户长）时将所谓的“四母八子”（མ་བཞི་བུ་བརྒྱད）等多个地区和村落纳入辖下。其后之长官桑杰欧珠（སངས་རྒྱས་དངོས་གྲུབ），[23]为法王松赞干布时期大论噶尔（བློན་པོ་མགར）之后裔。噶尔十二代孙噶尔·嘉瓦迥乃（མགར་རྒྱལ་བ་འབྱུང་གནས）与尚[24]结下供施关系，诚如“生育圆满之子”的预言，生子桑杰欧珠，被封为长官，为蔡巴教派打下了基础。其（桑杰欧珠）子长官仁钦杰（རིན་ཆེན་རྒྱལ）[25]继任后到大都朝觐，薛禅汗将其委任为负责修复上下吉雪（སྐྱིད་ཤོད་སྟོད་སྨད）、堆龙（སྟོད་ལུང）、查多（གྲ་དོལ）、琼布（འཕྱོང་པོ）、杰曼（རྒྱལ་སྨན）、艾塔聂三地（ཨེ་དགས་གཉལ་གསུམ）等地区佛殿之长官并赐印。赴贡塘（གུང་ཐང）后建东寝殿和大廊道。其（仁钦杰）有三子，其中（长子）尼玛喜饶（ཉི་མ་ཤེས་རབ）[26]作为八思巴之侍从赴京并得到封诰，次子长官噶德贡布（དཔོན་དགའ་བདེ་མགོན་པོ）[27]据传为慈乌面勇护法（མགོན་པོ་བྱ་རོག་གདོང་ཅན）之化身，为建蔡巴教派之寺庙，曾七赴大都觐见皇帝，请来汉地能工巧匠完成中殿金顶、金饰等精美工程。分别建立曲阔林（ཆོས་འཁོར་གླིང）开创显宗经学院（བཤད་གྲྭ）以及卫林密宗学院（དབུས་གླིང་སྔགས་གྲྭ），善业之功极伟矣。其弟仁钦旺久（རིན་ཆེན་དབང་ཕྱུག）出家为僧。噶德（贡布）长子仁钦森格（རིན་ཆེན་སེང་གེ）[28]和次子默朗多杰（སྨོན་ལམ་རྡོ་རྗེ）[29]两人曾（修复）八廓街道，为（大昭寺）释迦牟尼佛像和十一面观音佛像缀金饰，建立卫林沃塞楚吉拉康（དབུས་གླིང་འོད་གསལ་འཕྲུལ་གྱི་ལྷ་ཁང）等，善业之功亦极大。其（默朗多杰）长子贡噶多杰（ཀུན་དགའ་རྡོ་རྗེ）[30]对父祖之法和教典文化融会贯通，也曾入朝觐见，建立诸多佛殿佛像等。（贡噶多杰）晚年将万户长之位传给弟扎巴喜饶（གྲགས་པ་ཤེས་རབ），[31]自己出家为僧，被称为仲钦格韦罗追（དྲུང་ཆེན་དགེ་བའི་བློ་གྲོས）。其后家族传承有仲钦贡噶多杰（དྲུང་ཆེན་ཀུན་དགའ་རྡོ་རྗེ）之子白茹格列桑布（པའི་རུ་དགེ་ལེགས་བཟང་པོ）[32]，其（白茹格列桑布）子斋慧噶德桑布（ཉི་ཏོས་དགའ་བདེ་བཟང་པོ）[33]等，所有人都有受皇帝册封之荣耀，兴政教事业之功绩。但是，由于长官贡噶多杰与萨迦本钦甲桑（རྒྱལ་བཟང）、旺尊（དབང་བརྩོན）、雅桑巴（གཡའ་བཟང་པ）等合伙，数次打压帕竹司徒绛曲坚赞（ཕག་གྲུ་སི་ཏུ་བྱང་རྒྱལ་བ），所以到仲钦默朗贝瓦（དྲུང་ཆེན་སྨོན་ལམ་དཔལ་བ）时期，辖下多数属民尽失矣。

注释

〔1〕即塔布拉杰·索朗仁钦（དྭགས་པོ་ལྷ་རྗེ་བསོད་ནམས་རིན་ཆེན།，1079—1153 年），噶举派祖师之一，米拉日巴尊者的大弟子，藏传佛教噶举派两大支系之塔布噶举的创立者。由于之前医术高明，遂有“神医”之称，1121 年建冈布寺，形成塔布噶举的根本道场，所以又被称为“冈布巴”（སྒམ་པོ་པ）。冈布巴座下弟子众多，其中由都松钦巴、帕竹多吉杰布、达玛旺久、尊追扎巴等亲传和再传弟子传出噶玛噶举、帕竹噶举、拔绒噶举和蔡巴噶举，后帕竹噶举又分出八小支派，在藏传佛教史上具有很大的影响力。

〔2〕止贡噶举（འབྲི་གུང་བཀའ་བརྒྱུད），为帕竹噶举（ཕག་གྲུ་བཀའ་བརྒྱུད）八小支系之一，传自止贡巴·仁钦贝（འབྲི་གུང་པ་རིན་ཆེན་དཔལ།，1143—1217 年），祖寺为止贡替寺。

〔3〕达隆噶举（སྟག་ལུང་བཀའ་བརྒྱུད），为帕竹噶举八小支系之一，传自达隆塘巴·扎西贝（སྟག་ལུང་ཐང་པ་བཀྲ་ཤིས་དཔལ།，1142—1210 年），祖寺为达隆寺。

〔4〕即噶玛噶举（ཀརྨ་བཀའ་བརྒྱུད），塔布噶举四大支派之一，传自都松钦巴（དུས་གསུམ་མཁྱེན་པ།，1110—1193 年），噶玛丹萨寺和楚布寺先后成为其祖寺。此处以祖寺“楚布”指代噶玛噶举派。

〔5〕主巴噶举（འབྲུག་པ་བཀའ་བརྒྱུད），为帕竹噶举八小支系之一，传自林热·白玛多吉（གླིང་རས་པད་མ་རྡོ་རྗེ།，1128—1188 年），形成于藏巴嘉热·益希多吉（གཙང་པ་རྒྱ་རས་ཡེ་ཤེས་རྡོ་རྗེ།，1161—1211 年）。主要以热隆寺为主寺。

〔6〕关于塔布噶举派四大八小的分法，本书之分法与传统分法多有不同。

〔7〕蔡巴噶举，塔布噶举四大支派之一，传自尚蔡巴·尊追扎巴（ཞང་ཚལ་པ་བརྩོན་འགྲུས་གྲགས་པ།，1123—1193 年），主寺为拉萨蔡贡塘寺。

〔8〕即帕竹噶举，塔布噶举四大支派之一，传自帕木竹巴·多吉杰布（ཕག་མོ་གྲུ་པ་རྡོ་རྗེ་རྒྱལ་པོ།，1110—1170 年），主寺为丹萨替寺。

〔9〕拔绒噶举，塔布噶举四大支派之一，传自拔绒巴·达玛旺久（འབའ་རོམ་པ་དར་མ་དབང་ཕྱུག，1127—1199 年），主寺为拔绒寺。

〔10〕即绰普噶举，为帕竹噶举八小支系之一，传自杰曹·仁钦贡（རྒྱལ་ཚབ་རིན་ཆེན་མགོན།，1118—1195 年）和贡旦热巴（ཀུན་ལྡན་རས་པ།，1148—1217 年），主寺为绰普寺。

〔11〕叶巴噶举，为帕竹噶举八小支系之一，传自意希孜巴（ཡེ་ཤེས་རྩེ་པ）。

〔12〕雅桑噶举，为帕竹噶举八小支系之一，传自萨热瓦·格丹意希僧格（ཟ་རབ་སྐལ་ལྡན་ཡེ་ཤེས་སེང་གེ,？—1207 年）及其弟子曲吉默朗（ཆོས་ཀྱི་སྨོན་ལམ།，1169—1233 年），主寺为雅桑寺。

〔13〕除上述几个教派外，塔布噶举的八小支派还有吉贡·楚臣僧格（དཀྱིར་སྒོམ་ཚུལ་ཁྲིམས་སེང་གེ།，1144—1204 年）所传修赛噶举（ཤུག་གསེབ་བཀའ་བརྒྱུད），玛仓·喜饶僧格（སྨར་ཚང་ཤེས་རབ་སེང་གེ）所传玛仓噶举（སྨར་ཚང་བཀའ་བརྒྱུད）等。

〔14〕噶举派根本两派之一，由琼布南觉大师所创，与玛尔巴系塔布噶举共同组成藏传佛教噶举派。

〔15〕琼布南觉巴（ཁྱུང་པོ་རྣལ་འབྱོར་པ།，978—1127 年），香巴噶举派祖师，幼年先后学习苯教和宁玛派大圆满心法，后赴印度求法，精修拙火定和大手印。回藏后在后藏香地区建寺传法，由此传出香巴噶举派。

〔16〕指那若巴（ནཱ་རོ་པ）和美智巴（མེ་ཏྲི་པ）大师，古印度佛教大师，为噶举教法的主要来源之一。

〔17〕亦称贡塘喇嘛尚（གུང་ཐང་བླ་མ་ཞང），第二饶迥水兔年即 1123 年出生，自幼习字礼佛，26 岁受比丘戒，得法名尊追扎巴（བརྩོན་འགྲུས་གྲགས་པ），从噶译师（ཀ་ལོ་ཙཱ་བ）和塔贡楚臣宁布（དྭགས་སྒོམ་ཚུལ་ཁྲིམས་སྙིང་པོ）等修习噶举教法，1175 年主持修建蔡央寺（ཚལ་ཡང་དགོན），1187 年建公堂寺（གུང་ཐང་དགོན），两寺合称蔡公堂寺（ཚལ་གུང་ཐང），由此传出蔡巴噶举派。

〔18〕达玛宣努，初为贡塘喇嘛尚的近侍，后成为其心传弟子。1187—1202 年担任蔡巴“本萨”（དཔོན་ས།，即蔡巴行政首领，似指蔡巴万户长），在任 21 年。喇嘛尚圆寂后曾负责管理公堂寺。见东噶·洛桑赤列（དུང་དཀར་བློ་བཟང་འཕྲིན་ལས།）：《东噶藏学大辞典》（དུང་དཀར་ཚིག་མཛོད་ཆེན་མོ།），北京：中国藏学出版社，2002 年，第 1699 页。

〔19〕即尚卓威贡布尊追扎。

〔20〕迥乃尊追，1203—1215 年担任蔡巴本萨，在任 13 年。见东噶·洛桑赤

列：《东噶藏学大辞典》，北京：中国藏学出版社，2002 年，第 1699 页。

〔21〕即蔡巴万户长，下同。

〔22〕意希迥乃，《东噶藏学大辞典》做意希松（ཡེ་ཤེས་གཟུངས），1215—1218 年担任蔡巴本萨，在任 4 年。见东噶・洛桑赤列：《东噶藏学大辞典》，北京：中国藏学出版社，2002 年，第 1699—1700 页。

〔23〕桑杰欧珠，1219—1242 年担任蔡巴本萨，在任 24 年。见东噶・洛桑赤列：《东噶藏学大辞典》，北京：中国藏学出版社，2002 年，第 1700 页。

〔24〕即尚卓威贡布尊追扎。

〔25〕仁钦杰，《东噶藏学大辞典》做坚赞仁钦（རྒྱལ་མཚན་རིན་ཆེན），1243—1268 年担任蔡巴本萨，在任 26 年。见东噶・洛桑赤列：《东噶藏学大辞典》，北京：中国藏学出版社，2002 年，第 1700 页。

〔26〕尼玛喜饶，1269—1279 年担任蔡巴本萨，在任 11 年。见东噶・洛桑赤列：《东噶藏学大辞典》，北京：中国藏学出版社，2002 年，第 1700 页。

〔27〕噶德贡布，《东噶藏学大辞典》做噶德贝（དགའ་བདེ་དཔལ），1280—1322 年担任蔡巴本萨，在任 43 年。见东噶・洛桑赤列：《东噶藏学大辞典》，北京：中国藏学出版社，2002 年，第 1700 页。

〔28〕仁钦森格，1323—1326 年担任蔡巴本萨，在任 4 年。见东噶・洛桑赤列：《东噶藏学大辞典》，北京：中国藏学出版社，2002 年，第 1700 页。

〔29〕默朗多杰，1303—1323 年担任蔡巴本萨，在任 20 年。见东噶・洛桑赤列：《东噶藏学大辞典》，北京：中国藏学出版社，2002 年，第 1700 页。

〔30〕贡噶多杰，1323—1350 年担任蔡巴本萨，在任 28 年。见东噶・洛桑赤列：《东噶藏学大辞典》，北京：中国藏学出版社，2002 年，第 1700 页。

〔31〕扎巴喜饶，按《东噶藏学大辞典》，其于 1342 年卸任，担任蔡巴本萨 5 年，以此类推，应是 1338—1342 年在位，见东噶・洛桑赤列：《东噶藏学大辞典》，北京：中国藏学出版社，2002 年，第 1699 页。但按同条注释内容，其前任贡噶多杰卸任万户长是在 1350 年，所以按扎巴喜饶在任 5 年算，其任职时间当为 1350/51—1354/55 年。值得注意的是，由于此处可能记错年代，《东噶藏学大辞典》自此往下所记蔡巴万户长的任职年代自然出现偏差。

〔32〕格列桑布，1342—1358 年（实际疑为 1355—1371 年）担任蔡巴本萨，在任 17 年。见东噶・洛桑赤列：《东噶藏学大辞典》，北京：中国藏学出版社，2002 年，第 1700 页。

〔33〕按《东噶藏学大辞典》，继格列桑布之后担任本萨的是斋慧班觉桑布（ཏཱེ་ཧོས་དཔལ་འབྱོར་བཟང་པོ），其于 1358—1378 年（实际疑为 1371—1391 年）担任蔡巴

本萨，在任 21 年。而这里的斋慧噶德桑布，则是在隔一任（1378—1384 年，实际疑为 1391—1397 年）在任的列丹巴（དྲུང་སློབ་དཔོན་ལེགས་ལྡན་པ）之后担任本萨，即 1384—1397 年（实际疑为 1397—1410 年），在任 14 年。见东噶·洛桑赤列：《东噶藏学大辞典》，北京：中国藏学出版社，2002 年，第 1700 页。

第六章　帕竹政教之发展

将吉祥帕木竹巴（དཔལ་ཕག་མོ་གྲུ་པ）[1]事业之修习传承发扬光大者为止贡居热仁波切（འབྲི་གུང་སྐྱུ་ར་རིན་པོ་ཆེ）[2]。且说前弘期时期，居热氏（སྐྱུ་ར）一位密咒师娶了一位名叫那囊萨（སྣ་ནམ་བཟའ）的空行母族女子为妻，具有诸多超凡脱俗之幻化能力，即现在所称之止贡阿齐（འབྲི་གུང་ཨ་ཕྱི）也。[3]两人之子为朗喀旺久（ནམ་མཁའ་དབང་ཕྱུག），其后人阿米旺杰（ཨ་མེས་དབང་རྒྱལ）[4]之第四子多杰（རྡོ་རྗེ）[5]，娶觉姆杰尊玛（ཇོ་མོ་རྗེ་བཙུན་མ）为妻，所生之子即为止贡居热仁波切[6]。他在众生怙主[7]座前听受佛法、接收灌顶，饱学而成，得法名仁钦贝（རིན་ཆེན་དཔལ）。帕木竹巴圆寂后，继尚松托巴（ཞང་སུམ་ཐོག་པ）[8]之后出任（丹萨替寺）住持，但未能取得所愿之成就。时有近侍将多丹木雅郭仁（རྟོགས་ལྡན་མེ་ཉག་སྒོམ་རིན）[9]的一个小寺供奉给他，于是赴此寺将其发扬光大，从此形成止贡替寺（འབྲི་གུང་མཐིལ）[10]，为雪域佛教各派中实修教统之翘楚也。贡却仁钦（དཀོན་མཆོག་རིན་ཆེན）为觉巴仁波切（སྐྱོབས་པ་རིན་པོ་ཆེ）[11]之伯父，其子阿美扎坚（ཨ་མེས་གྲགས་རྒྱལ）[12]有三子[13]，其中幼子叫迥多杰扎（གཅུང་རྡོ་རྗེ་གྲགས）[14]，即迥仁波切（གཅུང་རིན་པོ་ཆེ），传说为德罗巴（ཏི་ལོ་པ）的化身。此时贡巴（སྒོམ་པ）得到万户长（ཁྲི་དཔོན）之职[15]，掌管恰尔塔（བྱར་དྭགས）以下地区，可谓强盛富庶。此后三四位贡巴都与萨迦派不和，（阿美扎坚）次子[16]之子托喀仁钦森格（ཐོག་ཁ་རིན་ཆེན་སེང་གེ）[17]和京俄仓决巴（སྤྱན་སྔ་མཚམས་

བཅད་པ)[18]之后，当由努氏（སྣུབས）出任住持时[19]，发生了止贡之乱（གླིང་ལོག)[20]，止贡替大殿被焚，据说约万名僧人归天。住持逃到工布，原来所属地盘亦被占去不少。其后依次由多杰仁波切（རྡོ་རྗེ་རིན་པོ་ཆེ)[21]、多吉杰布（རྡོ་རྗེ་རྒྱལ་པོ)[22]、聂尼仁波切（ཉེར་གཉིས་རིན་པོ་ཆེ)[23]、顿珠杰布（དོན་གྲུབ་རྒྱལ་པོ)[24]等担任京俄之职，专心传教兴法之事，世俗政务皆如萨迦本钦般由止贡贡巴负责。历任贡巴有多杰森格（རྡོ་རྗེ་སེང་གེ)、释迦仁钦（ཤཱཀྱ་རིན་ཆེན)、绛协（བྱང་ཤེ)、绛曲(བྱང་ཆུབ)、央热（ཡང་རས)、却森（ཆོས་སེང)、仁钦森格（རིན་ཆེན་སེང་གེ)、贡温布（སྒོམ་དཔོན་པོ)、贡巴释迦塔尔（སྒོམ་པ་ཤཱཀྱ་དར)、仁钦扎(རིན་ཆེན་གྲགས)、意希贝（ཡེ་ཤེས་དཔལ)。意希贝时期正值司徒（སི་ཏུ)[25]威名极盛之际，所以在其即将去世之时，大司徒前来看望，供施双方议定（其后）由仁钦多杰（རིན་ཆེན་རྡོ་རྗེ）出任大贡巴、贡仁(ཀུན་རིན）出任小贡巴。后仁钦多杰卒，贡仁和之后的释迦桑布（ཤཱཀྱ་བཟང་པོ）掌握了所有权力[26]。其后有宗吉索仁（རྫོང་ཇི་བསོད་རིན）和古尚楚杰（སྐྱུ་ཞང་ཚུལ་རྒྱལ）等掌管政务并形成了相应的传统。但在法王仁钦贝桑（ཆོས་རྒྱལ་རིན་ཆེན་དཔལ་བཟང)[27]时期形成“喇本”（བླ་དཔོན）制度，政教两权统摄归一。其（仁钦贝桑）有二子，幼子为觉阿仁波切（བཅོ་ལྔ་རིན་པོ་ཆེ)[28]，获政教事业之最高地位。其（觉阿仁波切）有三子，次子贡噶仁钦（ཀུན་དགའ་རིན་ཆེན)[29]继承法统。此时止贡上层内部产生些许矛盾。[30]弟却吉杰布（ཆོས་ཀྱི་རྒྱལ་པོ）与妻布隆（སྤུ་ལོང）所生之子仁钦平措（རིན་ཆེན་ཕུན་ཚོགས)[31]，能忆起前世为诸多印藏大德之转生经历[32]，所以出任住持，也符合“热达纳（རཏྣ）名者[33]执掌众生运”之授记。此时事业也多有发展。仁钦平措圆寂后，从帕木（竹巴）迎来温仁波切（དཔོན་རིན་པོ་ཆེ)[34]担任住持，时托噶囊索（ཐོག་ཀ་ནང་སོ）招来工布大军，将止藏（འབྲི་གཙང）归到麾下。同时，亦有平民暴动反抗第悉政权等事件发生，时局多乱。此后有素尔巴（ཟུར་པ）之子曲杰平措（ཆོས་རྒྱལ་ཕུན་ཚོགས)[35]者，据说为萨霍尔持轮王（ཟ་ཧོར་གཙུག་ལག་འཛིན）之转世。其有子扎西平措（བཀྲ་ཤིས་ཕུན་ཚོགས)[36]、杰仲（རྗེ་དྲུང)[37]、贡却岩拉（དཀོན་མཆོག་ཡན་ལག）的化身贡却仁钦（དཀོན་མཆོག་རིན་ཆེན）[38]、杰贡却平措（རྗེ་དཀོན་མཆོག་ཕུན་ཚོགས）[39]等四人，五世（达赖喇嘛）撰写《西藏王臣记》正是此时。此后夏仲却吉扎巴（ཞབས་དྲུང་ཆོས་ཀྱི་གྲགས་པ）出家为僧[40]，所以绝嗣。后有两三位转世活佛[41]，但不见相关传记。而此教派之政教传承，则延续至今。

关于绛达万户[42]的形成，东方木雅国王杰郭（མི་ཉག་རྒྱལ་པོ་རྒྱལ་གོད）[43]之后裔中，有一名木雅森格塔（མི་ཉག་སེང་གེ་དར）者，其子多杰贝（རྡོ་རྗེ་དཔལ）拜在萨迦派门下。其（多杰贝）子贡却（དཀོན་མཆོག）。其（贡却）子本岱（འབུམ་སྡེ）拜萨迦班智达为师。其（本岱）子扎巴塔（གྲགས་པ་དར）[44]曾任乌斯藏本钦（བོད་སྤྱིའི་དཔོན་ཆེན）。其（扎巴塔）子多杰贡布（རྡོ་རྗེ་མགོན་པོ）依旧担任萨迦本钦（ས་སྐྱའི་དཔོན་ཆེན）[45]。其（多杰贡布）子南喀扎丹巴（ནམ་མཁའ་གྲགས་བརྟན་པ）[46]。其（南喀扎丹巴）子仁钦坚赞（རིན་ཆེན་རྒྱལ་མཚན）[47]，据说是观音菩萨之化身。其（仁钦坚赞）子国公曲扎贝巴（གུས་གུང་ཆོས་གྲགས་དཔལ་བ）[48]。其（国公曲扎贝巴）子达钦朗杰扎桑（བདག་ཆེན་རྣམ་རྒྱལ་གྲགས་བཟང）[49]，在显密教法和医药方面博学广智，被称为与白莲法胤（རིགས་ལྡན་པད་དཀར）[50]无二的王班智达（རྒྱལ་པོ་པཎྜི་ཏ）。其（达钦朗杰扎桑）子南喀次旺多杰（ནམ་མཁའ་ཚེ་དབང་རྡོ་རྗེ）。其（南喀次旺多杰）有南喀仁钦（ནམ་མཁའ་རིན་ཆེན）等三子。其（南喀仁钦）有三子，分别为南喀坚赞（ནམ་མཁའ་རྒྱལ་མཚན）、贡噶仁钦（ཀུན་དགའ་རིན་ཆེན）、扎西多布杰旺布德（བཀྲ་ཤིས་སྟོབས་རྒྱལ་དབང་པོའི་སྡེ）[51]，其中后者受得莲花甚深教法之传也，但其辖土最终被藏巴第悉兼并。

浪卡子（སྣ་དཀར་རྩེ）亦得羊卓万户长（ཡར་འབྲོག་ཁྲི་དཔོན）之封诰，而曾经参与平息止贡之乱[52]之（萨迦）本钦阿迦仑（དཔོན་ཆེན་ཨག་ལན）[53]，亦属羊卓一系。第巴丹增巴（སྡེ་པ་བསྟན་འཛིན་པ）在位时期，建起羊卓堡寨等，政教声誉日隆，历任万户首领博学广智，对各教派一视同仁，从而赢得一片赞誉。萨迥贡噶旺钦（ས་སྐྱོང་ཀུན་དགའ་དབང་ཆེན）为五世达赖喇嘛的舅舅[54]，其子旺杰多吉（དབང་རྒྱལ་རྡོ་རྗེ）去世后绝嗣，于是羊卓万户在五世达赖喇嘛执政后期成为甘丹颇章地方政权之宗谿。如此具吉祥萨迦派掌权时期形成之西藏各地方势力之历史叙述完毕。

其次叙述帕竹·多吉杰布（ཕག་གྲུ་རྡོ་རྗེ་རྒྱལ་པོ）[55]之政教事业传播情况。关于创派祖师众生怙主帕木竹巴之出现，且说具吉祥冈布巴座下贤哲弟子如大海般浩瀚，其中翘楚有“康巴三大成就者”（ཁམས་པ་མཁས་པ་མི་གསུམ），即都钦（དུས་མཁྱེན）[56]、塞东岗雪（གསལ་སྟོང་ཤམ་ཤོད）和帕竹三人。其中第一位[57]声名显赫，塞东岗雪据说是一位具有无量神奇幻化能力之大成就者，只是身后没有形成师承系统。而帕木竹巴，（可谓）上根心中之三世之佛，凡庸眼中之登地菩萨，出生在具吉祥贝莫秀（དཔལ་ལྡན་འབབས་མོ་ཤོད）地方，父名潘朵阿塔（འཕེན་རྡོག་ཨ་དར），母名库尊阿姜玛（ཁུ་འཛོམ་ཨ་ལྕམ་མ）。18 岁时远赴卫地，在恰律师（བྱ་འདུལ་འཛིན）座前受近圆戒。从热琼巴（རས་ཆུང་པ）[58]弟子普贡（ཕུར་སྒོམ）习方便法门，从桑普法王恰巴（ཚ་པ）[59]习般若量学等显宗理论，从噶译师（ཀ་ལོ）习曲迥法（ཆོས་སྐྱོང），从萨钦（ས་ཆེན）[60]习道果法（ལམ་འབྲས），闻思各派教理法门[61]。在吉祥冈布巴座前听受大手印法并修证法门精髓，终获齐天大道般之殊胜觉悟，达到极高成就。其弟子除了楚布（མཚུར་ཕུ）[62]，从止（འབྲི）、达（སྟག）、主（འབྲུག）[63]三个传出者多如大地之尘埃。六十一岁时在贡桑林（ཀུན་བཟང་ནགས་ཁྲོད）之净地圆寂，建有闪耀加持光芒之殊胜灵塔。

有道是：

集聚四部精华朗氏木，
上有天授王政枝叶密，
结出福德善行人主果，
普降属民所望及时雨。
具有一千精细智慧眼，
分辨政教各处取与舍，
维系教政大权所献多，

此功仍可傲立无上座。

此为间歇之诗歌也。

注释

〔1〕指帕木竹巴·多吉杰布（1110—1170 年），帕竹噶举的开创者。

〔2〕即止贡仁钦贝（1143—1217 年），帕木竹巴亲传弟子，止贡噶举派创始人。

〔3〕按《直贡法嗣》记载，金刚空行母化身曲吉卓玛（ཨ་ཕྱི་ཆོས་ཀྱི་སྒྲོལ་མ）嫁给阿美楚成嘉措（ཨ་མེས་ཚུལ་ཁྲིམས་རྒྱ་མཚོ），先后生下朗喀旺久（ནམ་མཁའ་དབང་ཕྱུག）、贝嘎旺杰（དཔེ་ཀ་དབང་རྒྱལ）、那嘎巴·索朗贝（ན་འགགས་པ་བསོད་ནམས་དཔལ）和噶顿楚希（དཀར་གདུང་གྲུ་བཞི）四个儿子。见直贡·旦曾白玛坚参（འབྲི་གུང་བསྟན་འཛིན་པད་མའི་རྒྱལ་མཚན）：《直贡法嗣》（འབྲི་གུང་གདན་རབས་གསེར་ཕྲེང་།），拉萨：西藏藏文古籍出版社，1989 年，第 65—67 页。

〔4〕当为贝嘎旺杰。如前注所述，贝嘎旺杰当为朗喀旺久之弟。

〔5〕按《直贡法嗣》记载，贝嘎旺杰育有四子，分别为：堪布达尔玛（མཁན་པོ་དར་མ）、贡却仁钦（དཀོན་མཆོག་རིན་ཆེན）、尊巴巴瓦（བཙུན་པ་འབར་བ）、瑜伽师多杰（རྣལ་འབྱོར་པ་རྡོ་རྗེ）。见直贡·旦曾白玛坚参：《直贡法嗣》，拉萨：西藏藏文古籍出版社，1989 年，第 68 页。

〔6〕按《直贡法嗣》记载，仁钦贝从小随父亲学习怖畏金刚法，父亲去世后以为人念经谋生。之后广拜名师，听到帕木竹巴大名后，历经千辛万苦从康区来到卫地，拜在帕木竹巴门下。见直贡·旦曾白玛坚参：《直贡法嗣》，拉萨：西藏藏文古籍出版社，1989 年，第 68—72 页。

〔7〕即帕木竹巴·多吉杰布。

〔8〕曾与帕木竹巴一道在萨钦贡噶宁布座前听法，后成为帕木竹巴的弟子。帕木竹巴圆寂后代理住持丹萨替寺。见大司徒·绛曲坚赞：《朗氏家族》，拉萨：西藏人民出版社，1986 年，第 105 页。

〔9〕帕木竹巴弟子，《朗氏家族》言其建立止贡替寺，但继承者凋零。见大司徒·绛曲坚赞：《朗氏家族》，拉萨：西藏人民出版社，1986 年，第 106 页。

〔10〕位于拉萨市墨竹工卡县，为止贡噶举派主寺，由止贡仁钦贝建于 1179 年。

〔11〕即止贡仁钦贝。

〔12〕《直贡法嗣》做阿尼阿扎（ཨ་ཉེ་ཨ་གྲགས）。

〔13〕分别为温仁波切（དཔོན་རིན་པོ་ཆེ）、温居·多杰森格（དཔོན་བརྒྱུད་རྡོ་རྗེ་སེང་གེ）和迥仁波切（གཅུང་རིན་པོ་ཆེ）。见五世达赖喇嘛（རྒྱལ་དབང་ལྔ་པ་ཆེན་མོ།）：《西藏王臣记》（བོད་ཀྱི་དེབ་ཐེར་དཔྱིད་ཀྱི་རྒྱལ་མོའི་གླུ་དབྱངས།），北京：民族出版社，1957 年，第 110 页。

〔14〕迥多杰扎（1210—1278 年），是止贡仁钦贝之侄，止贡替寺第四任住持（历任住持次序参考自《直贡法嗣》，下同），也是第二任住持温敦索朗扎（དཔོན་སྟོན་བསོད་ནམས་གྲགས།，1187—1234 年）的弟弟。

〔15〕贡巴是管理止贡地方行政事务的官职，类似于萨迦派的萨迦本钦。迥多杰扎时期，止贡贡巴获封止贡万户万户长，是为政教事业发展之巅峰。

〔16〕其名为多杰森格（རྡོ་རྗེ་སེང་གེ）。《直贡法嗣》载："觉巴仁波切父亲的兄弟贡却仁钦有子阿尼阿扎，他有温仁波切、温居多杰僧格、迥仁波切等三个儿子。"见直贡·旦曾白玛坚参：《直贡法嗣》，拉萨：西藏藏文古籍出版社，1989 年，第 108 页。

〔17〕托喀仁钦森格（1226—1284 年），迥仁波切之侄，止贡替寺第五任住持。

〔18〕京俄仓决巴扎巴索朗（སྤྱན་སྔ་མཚམས་བཅད་པ་གྲགས་པ་བསོད་ནམས།，1238—1286 年），迥仁波切之侄，托喀仁钦森格之弟，止贡替寺第六任住持。

〔19〕即努·多杰意希（སྣུབས་རྡོ་རྗེ་ཡེ་ཤེས།，1223—1293 年），根据《直贡法嗣》的记载，京俄仓决巴圆寂后，鉴于侄子居尼巴等年幼，遂由 63 岁的努·多杰意希担任住持，这件事违背了之前仁钦贝"勿将寺院托付努氏"的遗言。见直贡·旦曾白玛坚参：《直贡法嗣》，拉萨：西藏藏文古籍出版社，1989 年，第 122—123 页。

〔20〕即 1290 年忽必烈派大军入藏击溃止贡和西蒙古联军，攻下止贡替寺并烧毁大殿之事。

〔21〕多杰仁钦（1278—1214 年），托喀瓦侄孙，止贡替寺第八任住持。

〔22〕多吉杰布（1284—1350 年），托喀瓦侄孙，多杰仁钦之弟，止贡替寺第九任住持。

〔23〕聂尼巴·却吉杰布（ཉེར་གཉིས་པ་ཆོས་ཀྱི་རྒྱལ་པོ།，1335—1407 年），多吉杰布之侄，止贡替寺第十任住持。

〔24〕顿珠杰布（1369—1427 年），却吉杰布之侄，止贡替寺第十一任住持。

〔25〕即大司徒·绛曲坚赞。

〔26〕贡仁被委任为小贡巴即为帕竹一方的主意，但其掌权后与大司徒多有对抗，参大司徒·绛曲坚赞：《朗氏家族》，拉萨：西藏人民出版社，1986 年，第 207—213 页。

〔27〕仁钦贝桑（1421—1469 年），止贡替寺第十二任住持仁钦旺杰之子，第

十三任住持。

〔28〕即仁钦却吉坚赞（རིན་ཆེན་ཆོས་རྒྱན།，1449—1484 年），止贡替寺第十四任住持。

〔29〕贡噶仁钦（1475—1527 年），止贡替寺第十五任住持。

〔30〕按照《直贡法嗣》的记载，这个时期止贡派上层出现了诸多矛盾，比如与西院轨范师发生矛盾导致拉章被捣毁，曲果拉章的喇嘛出走等。见直贡·旦曾白玛坚参：《直贡法嗣》，拉萨：西藏藏文古籍出版社，1989 年，第 185 页。

〔31〕仁钦平措（1508—1557 年），贡噶仁钦三弟却吉杰布丹贝坚赞之子，止贡替寺第十六任住持，受封明中央“阐教王”。

〔32〕关于其神奇的转世经历，参直贡·旦曾白玛坚参：《直贡法嗣》，拉萨：西藏藏文古籍出版社，1989 年，第 185—186 页。

〔33〕热达纳（རཏྣ）为“宝”意，即“仁钦”，此处指仁钦平措。

〔34〕即仁钦平措之侄仁钦朗杰（རིན་ཆེན་རྣམ་རྒྱལ།，1519—1570 年），止贡替寺第十七任住持。

〔35〕即曲杰平措扎西（ཆོས་རྒྱལ་ཕུན་ཚོགས་བཀྲ་ཤིས།，1547—1602 年），仁钦平措之子，止贡替寺第二十任住持。

〔36〕扎西平措扎巴坚赞（བཀྲ་ཤིས་ཕུན་ཚོགས་གྲགས་པ་རྒྱལ་མཚན།，1547—1628 年），平措扎西长子，止贡替寺第二十一任住持。

〔37〕即第六世红帽系噶玛巴活佛却吉旺久（ཆོས་ཀྱི་དབང་ཕྱུག，1584—1630 年），5 岁时被黑帽系九世噶玛巴认定为五世红帽的转世。

〔38〕贡却仁钦，平措扎西三子，止贡替寺第二十二任住持。

〔39〕贡却平措（1595—1660 年），平措扎西四子，止贡替寺第二十三任住持。

〔40〕即贡却平措，指其重受比丘戒。

〔41〕贡却平措之后，居热家族从此断嗣，遂以活佛转世制度代替家族传承。止贡替寺第二十四任住持贡却赤烈桑布（དཀོན་མཆོག་འཕྲིན་ལས་བཟང་པོ།，1656—1718 年），即为贡却平措认定之贡却仁钦的转世。第二十五任住持贡却赤烈顿珠（དཀོན་མཆོག་འཕྲིན་ལས་དོན་གྲུབ།，1704—1754 年），即为贡却平措之转世。第二十六任住持贡却旦增珠堆（དཀོན་མཆོག་བསྟན་འཛིན་འགྲོ་འདུལ།，1724—1766 年），为贡却赤烈桑布之转世，等等。见直贡·旦曾白玛坚参：《直贡法嗣》，拉萨：西藏藏文古籍出版社，1989 年，第 289—331 页。

〔42〕即拉堆绛万户（ལ་སྟོད་བྱང），元代西藏十三万户之一。

〔43〕按照藏文史料记载，拉堆绛万户来源于西夏（木雅）王族，据说西夏遭大蒙古汗国灭国后，王族后裔远迁西藏，由此传出拉堆绛万户长一系。据《西藏王

臣记》载，拉堆绛家族源自木雅色乌王（མི་ཉག་སེའུ་རྒྱལ་པོ），是西夏灭亡后的王室后裔，其中木雅杰郭是色乌王的第七代孙。见第五世达赖喇嘛（རྒྱལ་དབང་ལྔ་པ་ཆེན་མོ།）：《西藏王臣记》（བོད་ཀྱི་དེབ་ཐེར་དཔྱིད་ཀྱི་རྒྱལ་མོའི་གླུ་དབྱངས།），北京：民族出版社，1957年，第113页。

〔44〕按照相关史料，此人极有可能是八思巴圆寂后赴京报丧的扎巴沃塞（གྲགས་པ་འོད་ཟེར），曾任帝师，也是朝廷册封的拉堆绛万户长。见班钦·索南札巴（པཎ་ཆེན་བསོད་ནམས་གྲགས་པ།）：《新红史》（དེབ་ཐེར་དམར་པོ་གསར་མ།），拉萨：西藏人民出版社，1989年，第56—57页；昂旺·贡噶索南（ངག་དབང་ཀུན་དགའ་བསོད་ནམས།）：《萨迦世系谱》（ས་སྐྱའི་གདུང་རབས་ངོ་མཚར་བང་མཛོད།），北京：民族出版社，1986年，第231页等。《西藏王臣记》记其被元世祖忽必烈敕封为司徒，获赐宝印。见第五世达赖喇嘛：《西藏王臣记》，北京：民族出版社，1957年，第113页。

〔45〕见第五世达赖喇嘛：《西藏王臣记》，北京：民族出版社，1957年，第113页。关于扎巴塔父子两人出任萨迦本钦的记载，与其他史书所载有出入，比如《红史》记萨迦本钦世系只有扎巴塔，并不见多杰贡布。但在《叶如第巴绛巴王统世系》（རྩེ་པ་གཡས་རུ་བྱང་པའི་རྒྱལ་རབས་རིན་པོ་ཆེ་བསྟར་བ།）中又记载多杰贡布在其父去世后继任本钦，见艾略特·史伯岭著，陈庆英译：《评〈拉堆绛（家族）世系〉》，《国外藏学研究译文集》（第十三辑），拉萨：西藏人民出版社，1997年，第86页。

〔46〕据《叶如第巴绛巴王统世系》，多杰贡布之子大元南喀丹贝坚赞曾受封大元国师，明初随同摄帝师喃加巴藏卜入朝，见艾略特·史伯岭著，陈庆英译：《评〈拉堆绛（家族）世系〉》，《国外藏学研究译文集》（第十三辑），拉萨：西藏人民出版社，1997年，第89页。本书所记南喀扎丹巴和仁钦坚赞父子，两人名字结合恰恰近似《拉堆绛世系》所记南喀丹贝坚赞，待考。

〔47〕亦有研究认为，仁钦坚赞为大元却吉坚赞之子。见艾略特·史伯岭著，陈庆英译：《评〈拉堆绛（家族）世系〉》，《国外藏学研究译文集》（第十三辑），拉萨：西藏人民出版社，1997年，第87页。

〔48〕据《叶如第巴绛巴王统世系》，曲扎贝桑布（ཆོས་གྲགས་དཔལ་བཟང་པོ）曾先后获得元朝“大司徒”和明朝“国公”的封号。见艾略特·史伯岭著，陈庆英译：《评〈拉堆绛（家族）世系〉》，《国外藏学研究译文集》（第十三辑），拉萨：西藏人民出版社，1997年，第88页。

〔49〕强达朗杰扎桑（1395—1475年），出生于后藏昂仁地方，从小广拜名师学习佛法，其中尤以柏东·乔列朗杰大师（བོ་དོང་ཕྱོགས་ལས་རྣམ་རྒྱལ）对其影响最大。朗杰扎桑虽然佛学造诣高深，但其对藏族文化最大的贡献还在藏医学方面，精于识草、制药，根据藏北环境特点和人群体质，结合藏医基本理论开创了藏医药两大派

别之北派。

〔50〕香巴拉白莲法胤，为时轮教法祖师之一，曾为法王月贤的《时轮根本续六万品释》作注，撰成《时轮根本续无垢光大疏》《时轮根本续无垢光大疏摄要》，由此传出时轮教法。

〔51〕扎西多布杰（1540—1578 年），在宁玛派教法上颇有成就，但受到藏巴辛夏巴次旦多杰的仇视，最终遭到驱逐，流亡前藏。所建寺院也遭到毁坏。见东噶·洛桑赤列：《东噶藏学大辞典》，北京：中国藏学出版社，2002 年，第 1477 页。扎西多布杰游方传法时曾组“艾汪教团”，并创建了多吉扎寺，是为宁玛派在前藏地区的主寺，见王森：《西藏佛教发展史略》，北京：中国藏学出版社，2002 年，第 49 页。

〔52〕据《五世达赖喇嘛传》记载，在阿迦仑担任萨迦本钦时，“止贡派请来上部霍尔的军队向萨迦进攻，元朝皇帝忽必烈也派遣了一支由铁木尔不花带领的蒙古骑兵进藏援助萨迦派，与萨迦本钦阿迦仑率领的十三万户军队配合行动，一举歼灭了上部霍尔的军队。止贡派的官巴温布被正法，在集市上示众。上部霍尔人的王子仁钦也被俘虏，后来正法了。”见阿旺洛桑嘉措著，陈庆英、马连龙、马林译：《五世达赖喇嘛传》（上册），北京：中国藏学出版社，2006 年，第 29—30 页。

〔53〕即在元代西藏历史上扮演了重要角色的阿迦仑，曾任萨迦本钦，参与元朝在西藏的括户和驿站设置等重要事务。《汉藏史集》载：“本钦阿迦仑前往汉地，朝见了爱育黎拔力八达普颜笃皇帝，皇帝赐给他世代担任羊卓万户长的诏书”，见班觉桑布（དཔལ་འབྱོར་བཟང་པོ།）：《汉藏史集》（རྒྱ་བོད་ཡིག་ཚང་ཆེན་མོ།），成都：四川民族出版社，1985 年，第 361 页。

〔54〕五世达赖喇嘛在自传中介绍其家族时，言元代由苏图阿吉（སུ་ཐུ་ཨ་སྐྱིད）等主持户口清查，苏图阿吉的后裔即是浪卡子的羊卓万户家族。后来，羊卓万户首领贡噶扎巴（ཀུན་དགའ་གྲགས་པ）之女赤坚贡噶拉孜（ཁྲི་ལྕམ་ཀུན་དགའ་ལྷ་མཛེས）出嫁到琼结巴家族，生下了五世达赖喇嘛。见《五世达赖喇嘛自传——云裳》（ངག་དབང་བློ་བཟང་རྒྱ་མཚོའི་རྣམ་ཐར།）（上册），拉萨：西藏人民出版社，1989 年，第 37—41 页。

〔55〕帕木竹巴·多吉杰布（1110—1170 年），康区哲隆乃雪人，冈布巴弟子，藏传佛教帕竹噶举派创始人。

〔56〕即都松钦巴（དུས་གསུམ་མཁྱེན་པ།，1110—1193 年），康区哲雪人，冈布巴弟子，藏传佛教噶玛噶举派创始人。自幼学习佛法，后赴卫地广拜名师，30 岁时（1139 年）师从冈布巴大师，兼收并蓄各派教法，修持成就极高。后返康区类乌齐，77 岁（1185 年）建噶玛丹萨寺并在此收徒传法，从而创建噶玛噶举派。1189 年又在拉萨堆龙地方建楚布寺。1193 年圆寂，享年 84 岁。噶玛噶举派是藏传佛教

活佛转世制度的开创者，元初，噶玛噶举派高僧噶玛拔希圆寂后，该教派为了解决领袖的继承权问题采取了活佛转世的办法，由此传出黑帽系噶玛巴活佛系统，噶玛拔希为第二世，都松钦巴被追认为第一世噶玛巴活佛。

〔57〕即都松钦巴。

〔58〕热琼巴多杰扎（རས་ཆུང་པ་རྡོ་རྗེ་གྲགས།，1084—1161 年），米拉日巴弟子，噶举派高僧，由其传出“热琼耳传”（རས་ཆུང་སྙན་བརྒྱུད）。

〔59〕恰巴·却吉森格（ཕྱ་པ་ཆོས་ཀྱི་སེང་གེ，1109—1169 年），曾任桑普寺住持 18 年，创立桑普寺经学教习体系，为藏传佛教寺院教育发展做出了重大贡献。

〔60〕即萨迦派初祖萨钦贡噶宁布。

〔61〕帕木竹巴·多吉杰布有“曲仓巴”（ཆོས་ཚང་པ）即“全法者”的美誉，就是说他贯通各种教派和各种传承的教法。

〔62〕楚布寺，主要指噶玛噶举派。

〔63〕分别指止贡噶举、达隆噶举和主巴噶举三派。

第七章　内邬栋巴法王世系

将帕竹·多吉杰布所创政教事业传遍天下者是京俄叔侄（སྤྱན་སྔ་དཔོན་རྒྱུད）所传法王内邬栋巴世系（ཆོས་རྒྱལ་སྣེ་གདོང་པ）[1]。在《朗氏家族史·灵犀宝卷》中，从斯巴耶蒙杰布（སྲིད་པ་ཡེ་སྨོན་རྒྱལ་པོ）[2]到雅拉达珠（ཡབ་ལྷ་བདལ་དྲུག）[3]、米吾董楚（མིའུ་གདོང་དྲུག）[4]等，关于藏地形成及人种来源的记载，[5]颇多苯教记叙传统之说法，在此不再展开。其中有云最初形成三枚金卵，其中花卵所生之长幼各系皆属纯洁之种，依次产生了阿杰祖芒董达赞（ཨར་རྗེ་གཙུག་མང་སྟོམ་སྟག་བཙན）[6]等。芒董娶天神之女曼尊（སྨན་བཙུན）为妻，生子天神外甥美髻者（ལྷ་ཚ་ཁྱིའུ་གཙུག་ཕུད་ཅན），因头顶冒白气，遂被称为朗氏（རླངས་ཀྱི་རིགས）。[7]此后依次传出巴沃东图切（དཔའ་བོ་སྟོང་ཐུ་ཆེ）、桂当东格（གོད་ལྡང་སྟོང་དགེ）、东赤帕措（སྟོང་ཁྲི་ཕག་ཚོགས）、当热祖聂（ལྡང་ར་གཙུག་གཉེར）、赞巴董聂（བཙན་པ་གདུང་གཉེན）[8]、芒布切卓（མང་པོ་ཆེ་སྒྲོགས）、达布却塔贝（སྟག་པོ་ཆོ་དར་དཔལ）等。达布（却塔贝）娶工萨拉姆（ཀོང་ཟ་ལྷ་མོ）为妻，生子措桑拉瑟朗氏子（མཚོ་བཟང་ལྷ་གཟིགས་རླངས་ཀྱི་གདུང）。其（措桑拉瑟朗氏子）子为阿美绛曲哲阔（ཨ་མེས་བྱང་ཆུབ་འདྲེ་ཁོལ），具有将天龙八部等收为属役之大神通，[9]曾受格萨尔（གེ་སར）邀请，两次到访岭国（གླིང་ཡུལ）。第二次曾骑乘一只骏马般大小的蝙蝠，四处斩妖除魔。其有三子，为贝森（དཔལ་སེང）[10]、年托阿冲（གཉེན་ཐོག་ཨ་ཁྲམ）、达蔡（སྟག་ཚབ）。年托阿冲一系有年布聂郭（གཉེན་པོ་ཉ་མགོ）、恰秀纳布（བྱ་

ཞུ་ནག་པོ)、阿森阿塞（ཨ་སེང་ཨ་སེར）等。阿塞有七嘉（སྐྱབས་བདུན）一贝（དཔལ）一赞（བཙན）等九子，[11]其中长子为云钦杰瓦嘉（ཡོན་ཆེན་རྒྱལ་བ་སྐྱབས）。这些皆为朵堆六地人（མདོ་སྟོད་གནས་དྲུག་པ），此六地者，似乎为囊谦嘉玛雄（ནང་ཆེན་རྒྱ་མ་གཞུང）地方。云钦杰瓦嘉曾任琅堆（རླང་སྟོད）总管，之前琅氏（རླང）头人统治擦瓦岗（ཚ་བ་སྒང）[12]时，有琅云丹（རླང་ཡོན་ཏན）等人，如此该二氏族当为同一个。（此后有）阔通森格（ཁོ་དུམ་སེང་གེ）占领汉地、泽通（རྩེ་ཐོན）降服威猛四兄弟、董塞（སྟོང་སྲས）占据丹域（འདན་ཡུལ）[13]之地等诸多世俗世界之伟大功业。[14]

纯正善法方面，前弘期有朗・康巴阔恰（ཁམ་པ་ཁོ་ཆ）翻译般若十万颂。吐蕃“七试人”之二，[15]君民二十五成就者之朗・贝吉森格（རླངས་དཔལ་གྱི་སེང་གེ）降伏天龙八部为役使，此说载吾等杰仲仁波切（རྗེ་དྲུང་རིན་པོ་ཆེ）之广传当中。贝吉迥乃（དཔལ་གྱི་འབྱུང་གནས）降伏天龙众，达玛森格（དར་མ་སེང་གེ）勇闯寒尸林，意希森格（ཡེ་ཤེས་སེང་གེ）贝塘（དཔལ་ཐང）除盗贼，贝吉多杰（དཔལ་གྱི་རྡོ་རྗེ）阳光挂法衣，皆为具备神通幻化者也。[16]

且说云钦杰瓦嘉有卓多桑（འབྲོག་ལྟོག་བཟང）、德古玛（དེ་གུ་མ）、卓桑意希却（འབྲོག་བཟང་ཡེ་ཤེས་མཆོག）等（三位妻子），其中第一位（妻子卓多桑）生子京俄仁波切（སྤྱན་སྔ་རིན་པོ་ཆེ）、温桑杰嘉（དཔོན་སངས་རྒྱས་སྐྱབས）、温喜绕杰（དཔོན་ཤེས་རབ་རྒྱལ）等；第二位（妻子德古玛）有子温贡布坚赞（མགོན་པོ་རྒྱལ་མཚན）；第三位（妻子卓桑意希却）之子有杰瓦仁钦（རྒྱལ་བ་རིན་ཆེན）、居尼巴德赛仁钦多吉朗杰（བཅུ་གཉིས་པ་གཏེར་ཟབ་རིན་ཆེན་རྡོ་རྗེ་རྣམ་རྒྱལ）。[17]

京俄仁波切[18]对以噶举教法代表的如大海般佛学教法典籍闻思有加，遂成各实修派一代法主。曾以幻化之术击退东方皇帝[19]派遣进藏的凶残将军霍尔多达那布（ཧོར་དོར་ཏ་ནག་པོ）[20]。所谓“京俄”，之前是指长年在止贡巴[21]座前服侍而得的“近侍”之名，即现在近前或侍寝官之意。（京俄仁波切）享年 80 岁时圆寂。此后其（京俄仁波切）弟杰瓦仁波切（རྒྱལ་བ་རིན་པོ་ཆེ）[22]出家为僧，取法名为扎巴尊追（གྲགས་པ་བརྩོན་འགྲུས），赴卫地，学修德行皆属卓绝，因天降霹雳时将之裹于袈裟收之，遂有“裹霹雳佛子”（རྒྱལ་སྲས་ཐོག་བཏུམ་མ）之称。虽然在京俄仁波切之前没有得到皇帝的封授，但属于旭烈兀封地者亦有皇帝敕书得以明确。时有丹玛贡尊（ལྡན་མ་སྒོམ་བརྩོན）[23]担任万户长，因没有太多作为，遂从康区招来多杰贝（རྡོ་རྗེ་དཔལ）委以万户长之职。其（多杰贝）三次入觐大都，日常严持僧人规范，弘扬政教两种事业。众生怙主[24]之转世居尼仁波切（བཅུ་གཉིས་རིན་པོ་ཆེ）教证精深，功德无边，出任丹萨替寺住持。时万户长多杰贝去世，其弟宣努坚赞（གཞོན་ནུ་རྒྱལ་མཚན）被委任为万户长，不料其寡廉鲜耻，贻害万户事业。（之后）万户长依次由绛宣（བྱང་གཞོན）、宣努云丹（གཞོན་ནུ་ཡོན་ཏན）等担任，也纷纷步前任[25]后尘，对万户事业作用甚微。[26]

本贡[27]有仁钦喜绕（རིན་ཆེན་ཤེས་རབ）、扎巴意希（གྲགས་པ་ཡེ་ཤེས）、扎巴仁钦（གྲགས་པ་རིན་ཆེན）、仁钦嘉（རིན་ཆེན་སྐྱབས）等四子。长子拜在八思巴座前学法。弟扎巴仁钦担任丹萨替寺住持时，帝师扎沃（གྲགས་འོད）[28]和王铁木尔博克多（ཐེ་མུར་བོག་ཏོ）[29]授其虎纽金印，不单独委任万户长而由其兼任，[30]称为喇本（བླ་དཔོན）。之前被其他势力所占据之内邬栋巴辖地，此时也（由扎巴仁钦）逐一用财物赎回，[31]对万户可谓功劳莫大。本仁钦嘉娶妻觉姆象坚（ཇོ་མོ་ཞང་ལྕམ）和赤蒙本吉（ཁྲི་སྨོན་འབུམ་སྐྱིད），其中第一位（妻子觉姆象坚）生坚赞贝桑（རྒྱལ་མཚན་དཔལ་བཟང）、扎巴坚赞（གྲགས་པ་རྒྱལ་མཚན）和扎巴桑布（གྲགས་པ་བཟང་པོ）等三子。（第二位妻子）赤蒙本吉生有大司徒绛曲坚赞（ཏའི་སི་ཏུ་བྱང་ཆུབ་རྒྱལ་མཚན）、扎巴喜绕（གྲགས་པ་ཤེས་རབ）、索朗桑布（བསོད་ནམས་བཟང་པོ）等三子。六兄弟中，扎巴坚赞长期致力于闻思修持，遂出任丹萨替寺住持，坚赞桑布和坚赞出任万户长，[32]政绩一般。之后由大司徒出任万户长，五世达赖喇嘛指出《遗教》所云“雅隆腹地造化所生王”即指此大司徒也。[33]

大司徒[34]出生于水虎年（1302 年），三岁时通读写，六岁时受慈乌面勇护法（བྱ་རོག་ཅན）灌顶并多有所悟。七岁时在京俄策细

（སྤྱན་སྔ་ཆོས་བཞི）[35]座前受居士戒，得名绛曲坚赞。九岁时在堪钦楚塔（མཁན་ཆེན་ཚུལ་དར）[36]座前出家。十二岁时赴萨迦，[37]在本钦沃塞森格（འོད་ཟེར་སེང་གེ）[38]的举荐下任达钦桑贝（བདག་ཆེན་བཟང་དཔལ）[39]之随侍，期间学习宝帐和喜金刚续部第二品等萨迦派法门。之后准备返回卫地之前，到达尼钦布座前致礼辞行，时喇嘛克尊巴（བླ་མ་མཁས་བཙུན）[40]与司徒两人握手立誓、互致敬意。[41]之后回到卫地，奉皇帝封授之旨，出任万户长。[42]任命琼结巴霍尔宣努桑布（འཕྱོངས་རྒྱས་པ་ཧོར་གཞོན་ནུ་བཟང་པོ）[43]为管家。不久与雅桑巴（གཡའ་བཟང་པ）[44]产生矛盾，该雅桑巴在教法上属帕竹法系[45]，世俗领域亦归旭烈兀封地，因此本为帕竹万户属下，不料竟对帕竹举兵。因为（雅桑）背后有蔡巴支持，（萨迦）本钦等人也偏向雅桑巴，所以争讼时雅桑多有获胜。此后雅帕之间发生了大规模的战争，（雅桑）以萨迦本钦甲桑（རྒྱལ་བཟང）、旺尊（དབང་བཙོན）为靠山，引萨迦大军攻打司徒。帕竹（万户）以宣努沃（གཞོན་ནུ་འོད）为统帅进行反击，结果司徒获得最后之胜利。[46]《授记》所云“散入土中猪掘土”[47]等语，在此时成为现实。（司徒）用强力将萨迦本钦等赶下权座，一步步成为四茹政教之大主宰[48]。随后萨迦、雅桑、蔡巴等（联合起来）向皇帝告御状，奏诸多不实之言，如司徒带兵劫掠萨迦，驱逐其他各万户长等。为消除皇帝之疑虑，司徒遣仲钦喜绕扎西（དྲུང་ཆེན་ཤེས་རབ་བཀྲ་ཤིས）进京面圣，献上四爪俱全之完整白色狮子皮为主的大量珍宝，得到利益世世代代之印册和封诰，[49]此时的皇帝当为扎牙笃（ཇ་ཡ་ཐུ）[50]。

（大司徒掌握地方政权后）在卫藏大地各紧要关隘之处建立贡嘎（གོང་དཀར）、察嘎（བྲག་དཀར）、内邬（སྣེའུ）、沃卡（འོལ་ཁ）、达孜（སྟག་རྩེ）、伦布孜（ལྷུན་པོ་རྩེ）、桑珠孜（བསམ་གྲུབ་རྩེ）、伦珠孜（ལྷུན་གྲུབ་རྩེ）、仁蚌（རིན་སྤུངས）等十三个大宗。[51]在内邬栋孜（སྣེའུ་གདོང་རྩེ）设内外三道门，最内层严禁妇人进入、饮酒酗酒。司徒本人更是滴酒不沾，过午不食，严守出家人之戒律，受到众人拥戴。虽然萨迦派在世俗权力方面失势，但（大司徒）在宗教方面仍然拜众生怙主索南坚赞（འགྲོ་མགོན་བསོད་ནམས་རྒྱལ་མཚན）[52]为上师，对萨迦派诸头面人物也是礼遇有加。此前所行之法律，恰如通行于汉地和蒙古之法度，杀人偿命，用法严酷。（大司徒）觉得如此执法罪孽深重，遂以之前吐蕃诸法王所行之优良传统十善法（དགེ་བཅུའི་ཁྲིམས）为依据，制定《十五法典》（ཞལ་ལྕེ་བཅོ་ལྔ）[53]并公之于众，此即所谓的《旧法典》（ཁྲིམས་ཡིག་རྙིང་པ）也。之后在第巴索朗绕旦（སྡེ་སྲིད་བསོད་ནམས་རབ་བརྟན）[54]时期，对此法典略作增删形成《十二法典》（བཅུ་གཉིས）[55]，即为《新法典》（གསར་པ）也。由于塔布噶举未形成经学院，遂建立大学院泽当寺（རྩེ་ཐང）[56]，开四部大论辩经院。时常对泽当辩经院和丹萨替寺静修院礼敬不断，塑诸多塑像，献金汁书写《甘珠尔》，向大昭寺和桑耶寺等奉献盛大供奉，如此广行善业，在成为众人之主掌政二十五年后，于六十三岁时圆寂。

此后（继任者）为章阳大国师（འཇམ་དབྱངས་གུ་ཤྲི་ཆེན་པོ）[57]，为本索朗桑布（དཔོན་བསོད་ནམས་བཟང་པོ）[58]之子，在阿阇黎宣尊（སློབ་དཔོན་གཞོན་བརྩོན）座前出家，赐法名释迦坚赞（ཤཱཀྱ་རྒྱལ་མཚན）。曾拜在布顿仁波切（བུ་སྟོན་རིན་པོ་ཆེ）座前精习显密教法。不久继大殿之法座[59]，皇帝授其大司徒、靖国公封号，赐灌顶国师金印，另授其掌管全藏三区[60]之印。

此后（的继任者是）京俄扎巴绛曲（སྤྱན་སྔ་གྲགས་པ་བྱང་ཆུབ）[61]，为本仁钦多杰（རིན་ཆེན་རྡོ་རྗེ）和斯纳扎西吉（ཟི་ན་བཀྲ་ཤིས་སྐྱིད）之子，受居士戒，赐法名扎巴绛曲。在具德法王喇嘛丹巴座前受近圆戒。出任丹萨替寺京俄，转甚深法轮。他也是第二佛陀[62]之恩重上师也，诚如《祈祷文》所云："前去卫地拜会止贡巴，京俄曲吉杰布等尊师，发心听授深法宗喀巴"，（宗喀巴于此）听受大乘发心深道那若六法与大手印和合俱生之教法。后继内邬栋孜之宝座，以喇本之身份依教执政，同掌政教大权。

之后由其（扎巴绛曲）弟法王索朗扎巴（བསོད་ནམས་གྲགས་པ）[63]继位执掌政权之政教事务。以上各第悉的具体在位时间，在诸多史籍中并不清楚。

王释迦仁钦（ཤཱཀྱ་རིན་ཆེན）[64]之子，有空行种姓之森仁钦宗（ཟིང་

རིན་ཆེན་འཛོམ）所生大王扎巴坚赞（གྲགས་པ་རྒྱལ་མཚན）等僧俗六兄弟，[65]其中之扎巴坚赞[66]，能够清楚记得为章阳大师之转世。在阿阇黎宣旺（མཁན་པོ་གཞོན་དབང）座前剃度，从京俄扎巴绛曲听受所有教法，得法名扎巴坚赞。登上大殿之宝座，立金书《甘珠尔》两套，金银混合书写一套，上品好纸书写三套，所有经版校勘严格，书写规范，皆属上乘也。每年制九十万金粉绘制顶髻无垢陀罗尼（གཙུག་ཏོར་དྲི་མེད་གཟུངས）擦擦。法王宗喀巴大师举办拉萨祈愿大法会时担任施主。

此间需要论及者，在元朝末代皇帝顺帝（ཤུན་དི）继位三十六年后，中原王政失于大明。关于此事，虽然《西藏王臣记》有另外一说[67]，然鉴于汉文文献本身所具之权威性，按其说：（元）顺帝虽精于佛法，但不善于统治之道，结果导致天下大乱，形成二十三家大寇酋（ཇག་དཔོན）和无数家小寇酋。（大明）开朝太祖皇帝初为汉地皇觉寺（ཧྭང་སྐྱོའུ་ཟའི་ལྷ་ཁང）僧人，群寇兴起之时，有一大寇率诸喽啰前去（皇觉寺）打劫，其他僧人听到消息后纷纷遁去。然其（明太祖）忖如若逃遁，则不能再入寺为僧；但如若不逃，除投降外毫无可堪匹敌之能，遂于佛像前求签占卜，以询逃与不逃何者为吉。签示为后者（即不逃为吉），再卜一次，结果依然。顿觉神奇，遂投入大寇麾下，略经会谈，（寇酋）觉其异于常人，遂被委以重任。[68]大寇死后，成为此队伍之首领。[69]日后势力逐渐壮大，一一兼并其他势力，最终得到蒙古天下，国号大明。[70]（明朝）未能占据西部斯央和北方草原之地，（疆域）虽比元朝为小，但在其他方面颇有建树。（明太祖）与法王噶玛巴（རྒྱལ་དབང་ཀརྨ་པ）结为供施，[71]对（发扬）佛苯教法和管理地方政务恩德莫大。其子永乐时期先后迎请宗喀巴大师，但大师致力于噶当纯净之事业，认为世间应承之事非长远之本，遂婉言谢绝，委派大慈法王[72]代师觐见。此朝国祚延续二百七十五年，历十六帝。[73]

内邬栋扎巴坚赞即将荣登（帕木竹巴地方政府第悉）宝座或继位之初，恰值其（永乐皇帝）占据中原之际，赐扎巴坚赞“灌顶阐化王”（ཀན་དིང་ཆེ་ཧྭ་དབང）封诰和水晶大印等，[74]之后享誉全藏中心和边远之地的“王扎巴坚赞”之名即由此而来。这个时期恩赐各大宗宗室后裔以封号，并规定世袭罔替。时有诸多出身不同贵胄豪门、身具经纬之才之重臣近侍，相关品级之装束亦渐成定制，不能随心所欲。且说之前各法王时期，似印度、泥婆罗之俗，王者头缠名为“拉推”（ལ་ཐོད）之头巾；所谓王之五标志，《律经》言为缠花式头巾、花靴、华盖、拂尘及护卫宝剑也。度量衡制定亦如印度之法。后，王朝法度松弛日久，诸多习俗亦逐渐消亡。萨迦和蒙古法度建立之时，因与蒙古和汉地交流日深，贵人所戴宝冠、官袍和蒙古靴等流传至今。此王[75]之时，各仲科（དྲུང་འཁོར）[76]穿戴“巴珏”（སྤ་ཅོག）发饰、珍宝耳饰（རིན་ཆེན་ཟ་རྒྱན）和阿贡帽（ཨར་ཀོང）等仲科服饰，规定了藏历新年等庆典时需用的所谓“仁钦坚缀”（རིན་ཆེན་རྒྱན་སྤྲོས）藏装之规格，对日常之帽、衣、靴和仪态亦做了相应的规定，力求符合上流标准，体现庄重严谨。当时亦无内战、灾荒等，是为太平年月。（王扎巴坚赞）执政三十五年后圆寂。

（王扎巴坚赞之）弟桑杰坚赞（སངས་རྒྱས་རྒྱལ་མཚན）[77]有二子扎巴迥乃（གྲགས་པ་འབྱུང་གནས）[78]和贡噶列巴（ཀུན་དགའ་ལེགས་པ）[79]，长子（扎巴迥乃）勤修显密理论，认为丹萨替寺住持之位极为威严，遂婉言拒绝出任。此后大皇帝赐其王之封诰，[80]登上大殿宝座，有仁蚌诺布桑布（རིན་སྤུངས་ནོར་བུ་བཟང་པོ）、琼结巴霍尔阿旺仁钦（འཕྱོངས་རྒྱས་པ་ཧོར་ངག་དབང་རིན་ཆེན）等担任大臣。弟贡噶列巴亦熟读经典，娶仁蚌巴之女为妻，生子仁钦多杰旺格杰布（རིན་ཆེན་རྡོ་རྗེ་དབང་གི་རྒྱལ་པོ）[81]。文殊皇帝成化皇帝赐其王之封诰，登上（帕木竹巴第悉）宝座。据说此人为一证获圆满功德之成道自在也。

之后仁蚌巴、琼结巴等重臣将京俄阿格旺布（སྤྱན་སྔ་ངག་གི་དབང་པོ）[82]——其父即为《西藏王臣记》所记策阿仁钦扎迥[83]（ཚེས་ལྔ་རིན་ཆེན་གྲགས་འབྱུང）——扶上统治宝座。不久由于家族嫡传诸子皆卒，天神种姓朗氏家族只剩京俄一人。诚如“城郭僧俗所积不净肥，有益甘蔗树木所生田”之言，鉴于雪域佛法之昌盛和黎民百姓之安乐系于天授帕木竹巴第悉，据说在众臣的恳请下，（阿格旺布）娶宗卡瓦

（རྫོང་ཁ་བ）之女为妻。然当时卫藏之地并无所谓“宗卡瓦”之人，也许是指阿里贡塘王朝之王（མངའ་རིས་གུང་ཐང་རྒྱལ་པོ）[84]，该系源自吐蕃赞普后裔，为上部三衮（སྟོད་ཀྱི་མགོན་གསུམ）[85]之长系贝德柔巴衮（དཔལ་ལྡེ་རིག་པ་མགོན）之后。（阿格旺布娶妻后）生子阿旺扎西扎巴（ངག་དབང་བཀྲ་ཤིས་གྲགས་པ），将祖辈之政教事业发扬光大。不久京俄圆寂，幼子尚未成人，遂迎请四世红帽系噶玛巴活佛（ཞྭ་དམར་བཞི་པ）[86]住持政教事业，辅政大臣由仁蚌措杰（རིན་སྤུངས་མཚོ་རྒྱལ）担任。

阿旺扎西扎巴坚赞（ངག་དབང་བཀྲ་ཤིས་གྲགས་པ་རྒྱལ་མཚན）[87]成年后出任（内邬栋）孜第悉，文殊大皇帝[88]赐其王之名号和封诰，之后“夏仲大王吉祥阿格旺久扎西扎巴坚赞灌顶国师阐化王”之封诰亦现于三界之明镜也。他在位时立金粉书写之《甘珠尔》和巨幅佛像等，虽然仁蚌巴先后引发多起暴乱，[89]时局稍有动荡，但不久亦归于平静。（阿旺扎西扎巴）拜吉祥主巴教派之白玛噶布（པད་མ་དཀར་པོ）[90]、达赖喇嘛索南嘉措（རྒྱལ་བ་བསོད་ནམས་རྒྱ་མཚོ）为上师，对不统辖的教派也一视同仁，毫无偏袒。此时政权内部与仁蚌巴多有不睦，但外部仍有仁蚌阿旺朗杰（རིན་སྤུངས་ངག་དབང་རྣམ་རྒྱལ）之顿珠（དོན་གྲུབ）、次旦多杰（ཚེ་བརྟན་རྡོ་རྗེ）二子。琼结巴·霍尔仁钦坚却（འཕྱོངས་རྒྱས་པ་ཧོར་རིན་ཆེན་རྒྱལ་མཆོག）之子霍尔索朗达杰（ཧོར་བསོད་ནམས་དར་རྒྱས）。另有查嘎瓦·绛白次仁杰布（བྲག་དཀར་བ་འཇམ་དཔལ་ཚེ་རིང་རྒྱལ་པོ）、雅杰·仁钦扎西（ཡར་རྒྱབ་རིན་ཆེན་བཀྲ་ཤིས）、吉雪甘丹巴·索朗杰布（སྐྱིད་ཤོད་དགའ་ལྡན་པ་བསོད་ནམས་རྒྱལ་པོ）、恰·罗布扎西（བྱ་ནོར་བུ་བཀྲ་ཤིས）等得力家臣。

此王娶一位仁蚌家的女儿，生子王卓威贡布（འགྲོ་བའི་མགོན་པོ）[91]和京俄扎迥（སྤྱན་སྔ་གྲགས་འབྱུང）兄弟。王卓威贡布[92]夏仲扎迥瓦出任丹萨替寺京俄，夏仲阿旺扎巴（ཞབས་དྲུང་ངག་དབང་གྲགས་པ）[93]有子噶举南巴杰瓦（བཀའ་བརྒྱུད་རྣམ་པར་རྒྱལ་བ）和南杰扎（རྣམ་རྒྱལ་གྲགས）兄弟，长子（南巴杰瓦）精通政教事务，通悟大手印等了义之法。其（南巴杰瓦）子米旁索朗旺久扎巴朗杰（མི་ཕམ་བསོད་ནམས་དབང་ཕྱུག་གྲགས་པ་རྣམ་རྒྱལ）是五世达赖喇嘛时期之人。从王扎西扎巴坚赞（གོང་མ་བཀྲ་ཤིས་

གྲགས་པ་རྒྱལ་མཚན）圆寂以来[94]，帕竹（地方政权）已经名不符实，上述其后发生之历史，主要是在藏巴汗政权（གཙང་པ）[95]统治全藏时期。

帕竹政教昌盛之际，各大宗管理者大多允许世袭。当下之三四个宗豀，当时属一大宗下辖。（帕竹）第悉王统治下之诸势力中，仁蚌巴为往昔恰赤赞普（ཐ་ཁྲི་བཙན་པོ）[96]时期一神奇孩童格贝仁沃（དགེར་དཔལ་རིན་འོད）之后裔，二十五代后有热巴坚（རལ་པ་ཅན）者，曾出任赞普松赞干布之大臣，在建昌珠寺（ཁྲ་འབྲུག）时曾降服五首怪龙（ཀླུ་སྦྲུལ་མགོ་ལྔ）[97]。之后再历几代，有达瓦坚赞（ཟླ་བ་རྒྱལ་མཚན）者，出任赞普赤松德赞之大臣。之后再传二十一代，有南喀坚赞（ནམ་མཁའ་རྒྱལ་མཚན）[98]者追随（帕竹第悉）王扎巴坚赞，被封为仁蚌宗宗本和后藏曲弥万户长。其子南喀杰布（ནམ་མཁའ་རྒྱལ་པོ）。南喀杰布之子诺布桑布（ནོར་བུ་བཟང་པོ）[99]时期建绒绛钦曲德寺（རོང་བྱམས་ཆེན་ཆོས་སྡེ）。诺布桑布之子为欧巴斯噶（ཨུ་པ་སི་ཀ）。欧巴斯噶生有几个儿子，[100]其中贡桑巴（ཀུན་བཟང་པ）[101]继承祖辈之业，曾是郭然索朗森格（གོ་རམ་བསོད་ནམས་སེང་གེ）[102]的大施主；措吉多杰（མཚོ་སྐྱེས་རྡོ་རྗེ）[103]占据雅隆卡托宗（མཁར་ཐོག），当时（帕竹地方政权）由于京俄圆寂，继承人年幼，为四世红帽（辅政）时期，此人（措吉多杰）出任摄政“替东”（མཐིལ་གཏོང）[104]。贡桑巴有子次旦多杰（ཚེ་བརྟན་རྡོ་རྗེ）和顿月（དོན་ཡོད）[105]两人，幼子（顿月）曾先后率兵攻入卫地，建乃巴庄园之地，与七世法王曲扎嘉措（རྒྱལ་དབང་བདུན་པ་ཆོས་གྲགས་རྒྱ་མཚོ）[106]建立供施关系。其在拉萨周边兴建寺院，但未能长久，据说噶举与格鲁之争由此始发酵。与四世红帽活佛协商后成为建立羊八井寺（ཡངས་པ་ཅན）[107]之大施主。措吉多杰之子阿旺朗杰（ངག་དབང་རྣམ་རྒྱལ）。阿旺朗杰有三子，分别为顿珠（དོན་གྲུབ）、次旦多杰（ཚེ་བརྟན་རྡོ་རྗེ）和幼弟阿旺晋扎（ངག་དབང་འཇིགས་གྲགས）[108]。（阿旺晋扎）对政教两法皆具广博之智慧，庄严装饰善种帐幔等皆制作于此时。（阿旺晋扎）与前述顿月多杰、绛巴朗杰扎桑三人，不但通晓显密诸语之经典，更是精通其中深广之原理，所以不同于其他普通地方官员，可以归为大德之列也。但是正如盛极而衰、有生必有死之规律，就像往昔佛陀之大施主波斯匿王（གསལ་རྒྱལ）[109]，也被逆子篡位放逐，[110]在阿阇世王（མ་སྐྱེས་དགྲ）[111]的花园里食干萝卜导致不消食，最终因疾而亡一样，也许是前生所积之余殃，总之到了晚年，其下臣辛夏巴（ཞིང་ཤག་པ）[112]起兵造反，最终占去辖地并将其兼并辖下。此辛夏巴随后崛起，即为首任藏巴汗也。

注释

〔1〕即帕木竹巴地方政权，该政权治在山南乃东，故又称为第巴内邬栋巴。所谓京俄叔侄，即指担任止贡仁钦贝近侍京俄的扎巴迥乃（གྲགས་པ་འབྱུང་གནས）一系，属朗氏（རླངས）家族。

〔2〕意为“本愿王”，据说是最初的天神。

〔3〕据说是天神世系在人间传承的第一代君王，按照敦煌古藏文历史文献《赞普世系》，吐蕃第一代赞普聂赤赞普即来自此系。

〔4〕指藏族历史上最初形成的六氏族。

〔5〕即《天神种姓朗氏世系》（ལྷ་རིགས་རླངས་ཀྱི་སྐྱེ་རྒྱུད）之“庶民起源及耶蒙杰布依次传至吐蕃最初六姓”（འབངས་ཀྱི་མི་རབས་འབྱུང་རྒྱུད་དང་།ཡེ་སྨོན་རྒྱལ་པོ་ནས་རིམ་པར་བརྒྱུད་དེ་བོད་མིའུ་གདོང་དྲུག་སོགས་ཀྱི་སྐོར།）部分。见大司徒·绛曲坚赞：《朗氏家族》，拉萨：西藏人民出版社，1986 年，第 4—7 页。

〔6〕从《朗氏家族史》来看，此处应为阿日杰祖松和芒董达赞父子两人，见大司徒·绛曲坚赞：《朗氏家族》，拉萨：西藏人民出版社，1986 年，第 9 页。《朗氏家族史》汉译者指出这里的“ཨ（ཡ）”是“དབ”之误，应将之译为“塞琼惹”（སེ་ཁྱུང་དབ），见大司徒·绛求坚赞著，赞拉·阿旺、佘万治译，陈庆英校：《朗氏家族史》，拉萨：西藏人民出版社，2002 年，第 5 页注 2，第 6 页注 1。

〔7〕“朗”字意为“蒸气”。据说其父见到此子顶现神奇蒸气，不禁连赞三声“朗索”（རླངས་སོ），天神种姓朗氏即由此而得名。见大司徒·绛曲坚赞：《朗氏家族》，拉萨：西藏人民出版社，1986 年，第 17 页。

〔8〕如上“阿杰祖芒董达赞”般，本书作者在记载朗氏家族先人姓名时将两代人作为一组，比如巴沃东图切为巴多（རྭ་ཏོ）和东托（སྟོང་ཐོ）父子，桂当东格为桂定（ཀོད་ཉིང）和东格（སྟོང་དགེ）父子，东赤帕措为东赤（སྟོང་ཁྲི）和帕措（ཕག་ཚངས）父子，当热祖聂为当热（ལྡང་ར）和祖聂宗空（གཙུག་གཉེན་རྫོང་ཁོང）父子，赞巴董聂为赞巴达雪（བཙན་པ་ཟླ་ཤོང）和囊聂空列（སྣང་གཉེན་ཁོང་སླེབ）父子，见大司徒·绛

曲坚赞：《朗氏家族》，拉萨：西藏人民出版社，1986 年，第 18、21—22 页。

〔9〕关于绛曲哲阔降妖伏魔的传奇经历，见大司徒·绛曲坚赞：《朗氏家族》，拉萨：西藏人民出版社，1986 年，第 43—45 页。

〔10〕《朗氏家族史》做贝吉森格（དཔལ་གྱི་སེང་གེ）。

〔11〕分别为云钦杰瓦嘉（ཡོན་ཆེན་རྒྱལ་བ་སྐྱབས）、松嘉（གཟུང་སྐྱབས）、喇嘛嘉（བླ་མ་སྐྱབས）、贡噶嘉（ཀུན་དགའ་སྐྱབས）、曲嘉（ཆོས་སྐྱབས）、旺久嘉（དབང་ཕྱུག་སྐྱབས）、贝嘉（དཔལ་སྐྱབས）、仁钦贝（རིན་ཆེན་དཔལ）、赞格（བཙན་དགེ）。见大司徒·绛曲坚赞：《朗氏家族》，拉萨：西藏人民出版社，1986 年，第 24 页。

〔12〕藏族传统地理概念中“下部多康六岗”之一，大致地望在今西藏昌都市八宿、左贡等地。

〔13〕大致在今四川甘孜州石渠等地。

〔14〕这些朗氏英雄的成就，详细内容见大司徒·绛曲坚赞：《朗氏家族》，拉萨：西藏人民出版社，1986 年，第 30—32 页。

〔15〕按照《朗氏家族》的记载，吐蕃“七试人”中排名第二位的白若杂纳即为朗氏族人，称为“朗康巴白若杂纳”（རླངས་ཁམས་པ་བཻ་རོ་ཙ་ན），他与朗康巴阔恰（རླངས་ཁམས་པ་གོ་ཆ）一同翻译了大量佛教经典，见大司徒·绛曲坚赞：《朗氏家族》，拉萨：西藏人民出版社，1986 年，第 37 页。

〔16〕这些成就者的功业，参大司徒·绛曲坚赞：《朗氏家族》，拉萨：西藏人民出版社，1986 年，第 37—43 页。

〔17〕此处作者所记有误：杰瓦仁钦、居尼巴大师和阿阇黎格隆三人为温桑杰嘉之子，也就是云钦杰瓦嘉的孙子，京俄仁波切和杰瓦大师是叔侄关系。见大司徒·绛曲坚赞：《朗氏家族》，拉萨：西藏人民出版社，1986 年，第 24—25 页。

〔18〕即京俄扎巴迥乃（1175—1255 年），朗氏家族高僧，止贡巴仁钦贝的弟子。曾任帕竹丹萨替寺住持。止贡巴圆寂后，任止贡替寺第三任住持。

〔19〕指当时驻守凉州的蒙古王子阔端。

〔20〕指京俄扎巴迥乃用幻化之术形成天降石雨景象，迫使蒙古大军撤退，从而保全止贡替寺之事。详见巴俄·祖拉陈瓦（དཔའ་བོ་གཙུག་ལག་ཕྲེང་བ།）：《贤者喜宴》（ཆོས་འབྱུང་མཁས་པའི་དགའ་སྟོན།），北京：民族出版社，1986 年，第 1416—1417 页。

〔21〕即止贡巴仁钦贝。

〔22〕杰瓦仁波切扎巴尊追（1203—1267 年），继扎巴迥乃后继任丹萨替寺住持。按《朗氏家族史》，杰瓦仁波切为扎巴迥乃的侄子。

〔23〕此人为止贡贡巴释迦仁钦的侍从官，成为帕竹万户长后建立了最初的组织体制。后有属下唐波且（ཐང་པོ་ཆེ）和琼结（འབྲོང་རྒྱས）反叛，遂向止贡贡巴借兵

平叛，作为代价将帕竹一些地方割给止贡。见班觉桑布（དཔལ་འབྱོར་བཟང་པོ།）：《汉藏史集》（རྒྱ་བོད་ཡིག་ཚང་ཆེན་མོ།），成都：四川民族出版社，1985 年，第 544—545 页；大司徒・绛曲坚赞：《朗氏家族》，拉萨：西藏人民出版社,1986 年,第 111—112 页。

〔24〕即帕木竹巴・多吉杰布。

〔25〕指宣努坚赞。

〔26〕在原文中，关于绛宣、宣努云丹等担任万户长“对万户事业作用甚微”这句话，出现在下一句即“本贡有四子”之后，从上下文来看，原文排版似乎出现串行错误，现按上下文语境如此译出。

〔27〕即上述云钦杰瓦嘉与妻德古玛之子贡布坚赞，是京俄扎巴迥乃同父异母的弟弟。

〔28〕即扎巴沃塞，八思巴弟子，元成宗时期被封为帝师。

〔29〕按照《朗氏家族史》的记载，授扎巴仁钦金印的是王铁木尔，从其名字列在帝师扎巴沃塞之后看即为王子铁木尔不花。

〔30〕当时的帕竹万户长宣努云丹是多杰贝的侄子，但无其叔之德行和才能，沉溺酒色，鲁莽无能，被丹萨替寺住持扎巴仁钦诉于王子铁木尔不花和萨迦本钦座前。结果宣努云丹的万户长之职被罢免。扎巴仁钦派人进京禀奏，皇帝颁发封诰，命其以丹萨替寺住持身份兼任万户长。见大司徒・绛曲坚赞：《朗氏家族》，拉萨：西藏人民出版社，1986 年，第 118—119 页。

〔31〕赎回领地之事详见大司徒・绛曲坚赞：《朗氏家族》，拉萨：西藏人民出版社，1986 年，第 119 页。

〔32〕按照《朗氏家族史》的记载，此时依次担任万户长的是坚赞贝桑（在任约 7 年，进京请得圣谕和金印）和扎巴桑布（在任 14 个月）。之后由宣努云丹之子坚赞嘉出任（རྒྱལ་མཚན་སྐྱབས།，在任 5 年），见大司徒・绛曲坚赞：《朗氏家族》，拉萨：西藏人民出版社，1986 年，第 119—120、134 页。

〔33〕见第五世达赖喇嘛：《西藏王臣记》，北京：民族出版社，1957 年，第 128 页。

〔34〕绛曲坚赞（1302—1364 年），西藏帕竹地方政权创建者。

〔35〕策细仁波切（ཚེས་བཞི་རིན་པོ་ཆེ），即绛曲坚赞之兄扎巴坚赞，1310—1360 年任丹萨替寺住持。

〔36〕为琼结霍尔达塔瓦之子，居尼巴大师（བཅུ་གཉིས་པ）弟子，曾任京俄扎巴喜绕和大司徒・绛曲坚赞的上师。

〔37〕按照《朗氏家族史》的记载，绛曲坚赞赴萨迦时为 14 岁。见大司徒・绛曲坚赞：《朗氏家族》，拉萨：西藏人民出版社，1986 年，第 120 页。

〔38〕此人为第十三任萨迦本钦，曾得到过宣政院颁发官印。

〔39〕即达尼钦布桑布贝。

〔40〕即南喀列贝坚赞（ནམ་མཁའ་ལེགས་པའི་རྒྱལ་མཚན），达尼钦布桑布贝之第三子，其父圆寂后继任萨迦寺第十一任住持，曾被元廷封为“灌顶国师”，执掌细脱拉章19年，由其传出萨迦派细脱拉章世系。

〔41〕据说当时达尼钦布让克尊巴和绛曲坚赞互相拉手，嘱咐南喀列巴要尽力扶持绛曲坚赞，绛曲坚赞兄弟也要全力承侍南喀列巴。见大司徒·绛曲坚赞：《朗氏家族》，拉萨：西藏人民出版社，1986年，第133—134页。

〔42〕按照《朗氏家族史》记载，是年为狗年（1322年），绛曲坚赞刚满20岁。

〔43〕此人即为绛曲坚赞上师楚塔瓦的侄子。按《朗氏家族史》载，在此之前绛曲坚赞任命的首任管家为敦巴宣努沃（སྟོན་པ་གཞོན་ནུ་འོད），是一位60岁的干练管家，见大司徒·绛曲坚赞：《朗氏家族》，拉萨：西藏人民出版社，1986年，第139页。

〔44〕雅桑之前为千户，为帕竹万户所属，之后随着势力发展被封为万户，见大司徒·绛曲坚赞：《朗氏家族》，拉萨：西藏人民出版社，1986年，第115—116页。

〔45〕雅桑噶举为帕竹噶举八小支派之一。

〔46〕通过多次谈判和战争，绛曲坚赞最终于1346年彻底击败雅桑万户。之后，帕竹先后击败止贡和萨迦，最终于1358年收缴萨迦本钦大印，取得了最后的胜利。

〔47〕“ས”为“土”，也是萨迦（ས་སྐྱ）的缩写，“ཕག”为“猪”，也是帕竹（ཕག་གྲུ）的缩写。“猪掘土”之语暗示萨迦被帕竹代替。

〔48〕按照藏族传统地理概念，四茹指前后藏地区，即除昌都和阿里之外现西藏自治区大部分地区，绛曲坚赞于1358年推翻萨迦地方政权在西藏的统治，正式建立了帕竹地方政权。

〔49〕之前的1350年，绛曲坚赞就派人到大都请奉，获赐万户长印。1360年，当绛曲坚赞在西藏取得最终的胜利时，又第一时间派遣喜绕扎西赴京觐见元顺帝。元顺帝封绛曲坚赞为大司徒，赐虎纽印章和封诰，正式承认了绛曲坚赞的帕竹政权对西藏地方的统治。之后，绛曲坚赞在丹萨替寺举行了隆重的启用虎纽大印的仪式。见大司徒·绛曲坚赞：《朗氏家族》，拉萨：西藏人民出版社，1986年，第213—216、343—344页。

〔50〕此说有误，1360年在位的大元皇帝是元顺帝妥懽帖睦尔，而扎牙笃则是指元文宗图帖睦尔。

〔51〕宗即帕竹地方政权的一级行政体制，是在萨迦十三万户的基础上发展起来的。绛曲坚赞建立十三宗后，规定宗本采用流官任期制，从而杜绝地方官世袭制带来的地方坐大风险。

〔52〕即喇嘛丹巴·索南坚赞（1312—1375 年），八思巴侄孙，萨迦派著名高僧，仁钦岗拉章堪布。索南坚赞学识渊博，著作等身，代表作品有《西藏王统记》（རྒྱལ་རབས་གསལ་བའི་མེ་ལོང）等。

〔53〕即《苍龙喧嚣法典十五条》（གཡུ་འབྲུག་སྒྲོག་པའི་ཞལ་ལྕེ་བཅོ་ལྔ།），共有 15 条，分别为：《杀人命价律》（བསད་པ་སྟོང་གི་ཞལ་ལྕེ།）、《伤人处刑律》（རྨས་པ་ཁྲག་གི་ཞལ་ལྕེ།）、《盗窃追赔律》（རྐུས་པ་འཇལ་གྱི་ཞལ་ལྕེ།）、《狡赖赌咒律》（བསྙོན་ཆེན་མནའ་བཀར་གྱི་ཞལ་ལྕེ།）、《奸淫罚锾律》（བྱི་བྱས་བྱི་རིན་གྱི་ཞལ་ལྕེ།）、《离异协议律》（བྱེ་བྲལ་མཐུན་སྡེབས་ཀྱི་ཞལ་ལྕེ།）、《听诉是非律》（འགྲོས་འདེད་ལེ་ལེན་གྱི་ཞལ་ལྕེ།）、《诽谤污蔑律》（དམའ་ཕབ་ཡུས་ཀྱི་ཞལ་ལྕེ།）、《买卖度量律》（སྒྱུས་འདོད་ཚོང་གི་ཞལ་ལྕེ།）、《余缺清算律》（ལྷག་ཆད་རྩིས་ཀྱི་ཞལ་ལྕེ།）、《损失平摊律》（ལ་ཕར་རྒྱབ་ཀྱི་ཞལ་ལྕེ།）、《半夜前后律》（ནམ་ཕར་ཚུར་གྱི་ཞལ་ལྕེ།）、《英雄猛虎律》（དཔའ་བོ་སྟག་གི་ཞལ་ལྕེ།）、《懦夫狐狸律》（སྡར་མ་ཝའི་ཞལ་ལྕེ།）、《诉讼费用律》（ཁྲིམས་འདེགས་བབས་སྐྱུག་གི་ཞལ་ལྕེ།）。见恰白·次旦平措（ཆབ་སྤྲེལ་ཚེ་བརྟན་ཕུན་ཚོགས།）主编：《西藏历代法规选编》（བོད་ཀྱི་སྔ་རབས་ཁྲིམས་སྲོལ་བདམས་བསྒྲིགས།），拉萨：西藏藏文古籍出版社，1989 年，第 66—67 页。

〔54〕五世达赖喇嘛执政初期担任甘丹颇章地方政权第巴，对甘丹颇章蒙藏联合地方政权的建立发挥了重要作用。

〔55〕此说有误，五世达赖喇嘛时期制定的是《十三法典》（ཞལ་ལྕེ་བཅུ་གསུམ།），包括 13 个法条，分别为《镜面国王律》（རྒྱལ་པོ་མེ་ལོང་གདོང་གི་ཞལ་ལྕེ།）、《诉讼是非律》（ཞུ་བཞེས་བདེན་རྫུན་གྱི་ཞལ་ལྕེ།）、《拘捕法庭律》（བཟུང་བཀྱིགས་ཁྲིམས་རའི་ཞལ་ལྕེ།）、《重罪肉刑律》（ནག་ཆེན་ཁྲག་སྒྱུར་གྱི་ཞལ་ལྕེ།）、《警告罚锾律》（བྱིན་འཛིན་ཆད་ལས་ཀྱི་ཞལ་ལྕེ།）、《使者薪给律》（ཧོར་འདྲ་ཟ་རྐང་གི་ཞལ་ལྕེ།）、《杀人命价律》（བསད་པ་སྟོང་གི་ཞལ་ལྕེ།）、《见血赔偿律》（རྨས་པ་ཁྲག་གི་ཞལ་ལྕེ།）、《狡诳洗心律》（བསྙོན་ཏམ་མནའ་དག་གི་ཞལ་ལྕེ།）、《盗窃追赔律》（བརྐུས་པ་འཇལ་གྱི་ཞལ་ལྕེ།）、《亲属离异律》（ཉེ་འབྲེལ་འབྲལ་སྡུམ་གྱི་ཞལ་ལྕེ།）、《奸污罚锾律》（བྱི་བྱས་བྱི་རིན་གྱི་ཞལ་ལྕེ།）、《半夜前后律》（ནམ་ཕར་ཚུར་གྱི་ཞལ་ལྕེ།），见恰白·次旦平措主编：《西藏历代法规选编》，拉萨：西藏藏文古籍出版社，1989 年，第 161—189 页。

〔56〕由大司徒建于 1352 年，重在加强帕竹噶举的显宗经论学习。另外，泽当寺在帕竹地方政权中也占有非常重要的地位，大司徒规定，之后凡出任帕木竹巴地方政权第悉者，都须在之前出任泽当寺住持。

〔57〕释迦坚赞（1340—1373 年），汉文史书作章阳沙加，大司徒·绛曲坚赞之侄，帕木竹巴地方政权第二任第悉。按《西藏王臣记》，其于 1352—1365 年任泽

当寺住持，1365—1373 年任帕竹第悉，见王森：《西藏佛教发展史略》，北京：中国藏学出版社，2002 年，第 284—285 页之间“帕木竹巴世系表”。章阳沙加元末获封灌顶国师，明初再次受封。“丁酉，河州卫言：乌思藏怕木竹巴故元灌顶国师章阳沙加，人所信服。今朵甘赏竺监藏与管兀儿相仇杀，朝廷若以章阳沙加招抚之，则朵甘必内附矣。中书省以闻，诏章阳沙加仍灌顶国师之号，遣使赐玉印及彩段表里，俾居报恩寺化导其民。”见《明实录·太祖实录》卷 73，洪武五年四月丁酉条。

〔58〕大司徒·绛曲坚赞之弟。

〔59〕即内邬栋第悉，帕竹地方政权首领。

〔60〕藏族传统地理观念，意为卫藏法区（དབུས་གཙང་ཆོས་ཀྱི་ཆོལ་ཁ）、朵堆人区（མདོ་སྟོད་མིའི་ཆོལ་ཁ）、朵麦马区（མདོ་སྨད་རྟའི་ཆོལ་ཁ），泛指藏地。授其灌顶国师封号并掌管卫藏地区的是元顺帝，见班钦·索南札巴（པཎ་ཆེན་བསོད་ནམས་གྲགས་པ）：《新红史》（དེབ་ཐེར་དམར་པོ་གསར་མ།），拉萨：西藏人民出版社，1989 年，第 74 页。

〔61〕扎巴绛曲（1356—1386 年），帕木竹巴地方政权第三任第悉。按《西藏王臣记》，其于 1371—1386 年任丹萨替寺住持，1374—1381 年任帕竹第悉，见王森：《西藏佛教发展史略》，北京：中国藏学出版社，2002 年，第 284—285 页之间“帕木竹巴世系表”。

〔62〕即宗喀巴大师。

〔63〕索朗扎巴（1359—1408 年），帕木竹巴地方政权第四任第悉。按《西藏王臣记》，其于 1368—1381 年任泽当寺住持，1381—1385 年任帕竹第悉，1386—1405 年任丹萨替寺京俄，见王森：《西藏佛教发展史略》，北京：中国藏学出版社，2002 年，第 284—285 页之间“帕木竹巴世系表”。

〔64〕为章阳沙加国师之弟。

〔65〕分别为王扎巴坚赞、仲绛曲多杰（དྲུང་བྱང་ཆུབ་རྡོ་རྗེ）、京俄索朗桑布（སྤྱན་སྔ་བསོད་ནམས་བཟང་པོ）、京俄班旦桑布（སྤྱན་སྔ་དཔལ་ལྡན་བཟང་པོ）、京俄索朗坚赞（སྤྱན་སྔ་བསོད་ནམས་རྒྱལ་མཚན）、仲桑杰坚赞（དྲུང་སངས་རྒྱས་རྒྱལ་མཚན），见第五世达赖喇嘛：《西藏王臣记》，北京：民族出版社，1957 年，第 144 页。

〔66〕扎巴坚赞（1374—1432 年），帕木竹巴地方政权第五任第悉。按《西藏王臣记》，其于 1381—1385 年任泽当寺住持，1385—1432 年任帕竹第悉，见王森：《西藏佛教发展史略》，北京：中国藏学出版社，2002 年，第 284—285 页之间“帕木竹巴世系表”。1406 年，永乐皇帝封扎巴坚赞为阐化王，“成祖嗣位，遣僧智光往赐。永乐元年遣使入贡。四年封为灌顶国师阐化王，赐螭纽玉印，白金五百两，绮衣三袭，锦帛五十匹，巴茶二百斤。明年命与护教、赞善二王，必力工瓦国师及

必里、朵甘、陇答诸卫，川藏诸族，复置驿站，通道往来。”见《明史》卷331，西域三。

〔67〕《西藏王臣记》载元顺帝派朱元璋去江南收税，朱元璋与一些汉官密谋造反，将武士藏于运送珠宝锦缎的大车内入宫，面对突如其来的攻击，元顺帝从后门逃亡，元灭明兴。见第五世达赖喇嘛：《西藏王臣记》，北京：民族出版社，1957年，第146页。

〔68〕《明史》载：十二年春二月，定远人郭子兴与其党孙德崖等起兵濠州。元将彻里不花惮不敢攻，而日俘良民以邀赏。太祖时年二十四，谋避兵，卜于神，去留皆不吉。乃曰：“得毋当举大事乎？”卜之吉，大喜，遂以闰三月甲戌朔入濠见子兴。子兴奇其状貌，留为亲兵。见《明史》卷1，太祖本纪。

〔69〕按《明史》：（十五年）三月，郭子兴卒。时刘福通迎立韩山童子林儿于亳，国号宋，建元龙凤。檄子兴子天叙为都元帅，张天祐、太祖为左右副元帅。太祖慨然曰：“大丈夫宁能受制于人耶？”遂不受。然念林儿势盛，可倚藉，乃用其年号以令军中。……秋九月，郭天叙、张天祐攻集庆，埜先叛，二人皆战死，于是子兴部将尽归太祖矣。见《明史》卷1，太祖本纪。

〔70〕1356年，朱元璋占领集庆（南京），改名应天，之后先后击败陈友谅、张士诚、方国珍等，于1368年在应天称帝，国号大明。后进行北伐和西征，同年攻占大都，元顺帝北逃，元朝灭亡。

〔71〕永乐五年（1407年）三月，明成祖封来京的藏传佛教噶玛噶举派黑帽系第五世噶玛巴活佛得银协巴（དེ་བཞིན་གཤེགས་པ）为“万行具足十方最胜圆觉妙智慧善普应佑国演教如来大宝法王西天大善自在佛”，简称“大宝法王”（རིན་ཆེན་ཆོས་རྒྱལ），赐印诰及金、银、钞、彩币、织金珠袈裟、金银器、鞍马。其弟子亦有三人被封为大国师。见《明史》卷331，西域三。

〔72〕即释迦也失（ཤཱཀྱ་ཡེ་ཤེས།，1354—1435年），宗喀巴大师弟子，色拉寺创建者。曾于永乐和宣德年间两次入朝面圣，永乐皇帝敕封其为“妙觉圆通慧慈普应辅国显教灌顶弘善西天佛子大国师”。宣德九年（1434年）六月，明宣宗遣成国公朱勇、礼部尚书胡濙持节封释迦也失为“万行妙明真如上胜清净般若弘照普应辅国显教至善大慈法王西天正觉如来自在大圆通佛”，简称“大慈法王”（བྱམས་ཆེན་ཆོས་རྒྱལ）。见《明实录·宣宗实录》卷111，宣德九年六月庚申条。

〔73〕从1368年朱元璋称帝到1644年李自成攻破北京，大明享国276年，历十六帝，分别为：太祖朱元璋，年号洪武（1368—1398年）。惠帝朱允炆，年号建文（1399—1402年）。成祖朱棣，年号永乐（1403—1424年）。仁宗朱高炽，年号洪熙（1424—1425年）。宣宗朱瞻基，年号宣德（1426—1435年）。英宗朱祁镇，

年号正统（1436—1449 年）。代宗朱祁钰，年号景泰（1450—1457 年）。宪宗朱见深，年号成化（1465—1487 年）。孝宗朱祐樘，年号弘治（1488—1505 年）。武宗朱厚照，年号正德（1506—1521 年）。世宗朱厚熜，年号嘉靖（1522—1566 年）。穆宗朱载垕，年号隆庆（1567—1572 年）。神宗朱翊钧，年号万历（1573—1620 年）。光宗朱常洛，年号泰昌（1620 年）。熹宗朱由校，年号天启（1621—1627 年）。思宗朱由检，年号崇祯（1628—1644 年）。

〔74〕永乐四年（1406 年），成祖封扎巴坚赞为灌顶国师阐化王，赐印并厚赏。

〔75〕即王扎巴坚赞。

〔76〕即扎巴坚赞麾下的近侍重臣。

〔77〕阐化王扎巴坚赞圆寂后，按照之前大司徒所规定的制度，理应由其弟桑杰坚赞之子继任第悉之职，但此时亦有人支持桑杰坚赞继其兄第悉之位，因此出现了桑杰坚赞及其子争位的权力之争。在当时朗氏家族头面人物，担任丹萨替寺京俄的索南坚赞（阐化王扎巴坚赞之弟、桑杰坚赞之兄）的出面调停下，最终决定由侄扎巴迥乃继位。据说京俄索南坚赞圆寂后，桑杰坚赞仍然觊觎其子之位，甚至导致双方政治集团的直接冲突，史称“虎年大乱”。到了 1443 年，在多人努力斡旋下，第悉扎巴迥乃最终和其父桑杰坚赞和解。扎巴迥乃圆寂后，桑杰坚赞曾经借袭阐化王一职直到其 1457 年去世。“故阐化王吉剌思把永耐监藏巴藏卜父桑儿结监藏巴藏卜借袭阐化王，命礼部遣官赍敕及彩币等物同来使绰思恭巴等，往给赐之。”见《明英宗实录》卷 142，正统十一年六月庚子条。王森先生认为其为帕木竹巴第七任第悉。

〔78〕扎巴迥乃（1414—1445 年），帕木竹巴地方政权第六任第悉。按《西藏王臣记》，其于 1428—1432 年任泽当寺住持，1432—1444 年任帕竹第悉，见王森：《西藏佛教发展史略》，北京：中国藏学出版社，2002 年，第 284—285 页之间“帕木竹巴世系表”。

〔79〕贡噶列巴（1433—1483 年），帕木竹巴地方政权第七任第悉。由于其兄扎巴迥乃圆寂后阐化王名号被父亲桑杰坚赞借袭，所以贡噶列巴受封阐化王是在成化年间。据《明实录》，成化五年，“命灌顶国师阐化王桑儿结坚参叭儿结坚参男公葛列思巴中奈领占坚参巴儿藏卜、阐教王领占叭儿结坚参男领占坚参叭儿藏卜、辅教王南葛坚参巴藏卜男南葛扎失坚参叭藏卜各袭其父王爵”，见《明宪宗实录》卷 62，成化五年正月辛巳条。王森先生认为其为帕木竹巴第八任第悉。

〔80〕自扎巴坚赞以来，阐化王由帕木竹巴历任第悉世袭。此时封授扎巴迥乃为阐化王的当为宣德皇帝。

〔81〕王仁钦多杰（？—1457 年），王森先生据《西藏王臣记》，认为其为帕

木竹巴地方政权第九任第悉，见王森：《西藏佛教发展史略》，北京：中国藏学出版社，2002 年，第 284—285 页之间“帕木竹巴世系表”。

〔82〕阿格旺布（1439—1490 年），任丹萨替寺京俄多年，受到其叔第七任第悉贡噶列巴的多年打压。贡噶列巴去世后，在仁蚌巴等家族的支持下出任帕木竹巴地方政权第八任第悉。

〔83〕按照大司徒规定，朗氏家族出任第悉者必须是严守戒律的僧人，因此之前的第悉传承是叔侄相承。扎巴迥乃以第悉身份生子阿格旺布，打破了之前的规定。其子阿格旺布之后也还俗延嗣，朗氏家族父子传承体制逐渐形成。

〔84〕贡塘王朝是吐蕃王朝崩溃后由赞普后裔建立的割据政权之一，由沃松（འོད་སྲུང）赞普后裔沃塞德（འོད་ཟེར་ལྡེ）传出，主要范围在阿里下部吉隆周围。见噶托仁增次旺诺布（ཀ་ཐོག་རིག་འཛིན་ཚེ་དབང་ནོར་བུ།）：《吐蕃赞普后裔建立阿里下部贡塘王朝史》（བོད་རྗེ་ལྷ་བཙན་པོའི་གདུང་རབས་མངའ་རིས་སྨད་གུང་ཐང་དུ་ཇི་ལྟར་བྱུང་བའི་ཚུལ་དེབ་ཐེར་དྭངས་ཤེལ་འཕྲུལ་གྱི་མེ་ལོང་ཞེས་བྱ་བ་བཞུགས་སོ།），载恰贝·次旦平措（ཆབ་སྤེལ་ཚེ་བརྟན་ཕུན་ཚོགས）主编：《西藏史籍五部》（བོད་ཀྱི་ལོ་རྒྱུས་དེབ་ཐེར་ཁག་ལྔ），拉萨：西藏藏文古籍出版社，1990 年，第 91 页。

〔85〕此说似有误。贡塘王朝由贝德之子沃塞德传出，贝德为赤扎西孜巴贝（ཁྲི་བཀྲ་ཤིས་བརྩེགས་པ་དཔལ）之子，属“下部三德”（སྨད་ཀྱི་ལྡེ་གསུམ）之一，并不是吉德尼玛衮（སྐྱིད་ལྡེ་ཉི་མ་མགོན）之后“上部三贡”之一。

〔86〕即四世红帽系噶玛巴曲扎意希（ཆོས་གྲགས་ཡེ་ཤེས།，1453—1524 年），在七世黑帽噶玛巴座前出家，从桂译师宣努贝受比丘戒。一生云游四方，参与当时诸多政治活动，与帕竹关系紧密。

〔87〕即阿旺扎西扎巴（1488—1563 年），帕木竹巴地方政权第九任第悉。

〔88〕当为嘉靖皇帝。

〔89〕当时仁蚌巴已经坐大，开始从后藏频繁东侵，帕竹所受压力日益剧增。

〔90〕白玛噶布（1527—1580 年），主巴噶举派高僧，热隆寺四世活佛。

〔91〕按王森先生所记，卓威贡布为帕木竹巴地方政权第十二任第悉，见王森：《西藏佛教发展史略》，北京：中国藏学出版社，2002 年，第 284—285 页之间“帕木竹巴世系表”。

〔92〕本文作者此处似有遗漏。按《西藏王臣记》，应为卓威贡布赴贡嘎，在此娶妻后生子夏仲阿旺扎巴。见第五世达赖喇嘛：《西藏王臣记》，北京：民族出版社，1957 年，第 155—156 页。

〔93〕阿旺扎巴，第悉卓威贡布之子，帕木竹巴地方政权第十三任第悉，见王森：《西藏佛教发展史略》，北京：中国藏学出版社，2002 年，第 284—285 页之间

"帕木竹巴世系表"。

〔94〕即阿旺扎西扎巴去世的1563年。

〔95〕亦称藏巴第悉政权。1565年，原仁蚌巴属下辛夏巴·次旦多杰从后藏举兵，次年基本控制乌思藏地区，建立藏巴第悉政权。1642年，蒙古和硕特部固始汗率领的蒙藏联军攻陷桑珠孜，藏巴第悉政权灭亡。

〔96〕即吐蕃止贡赞普之子，雅隆悉补野第九代赞普。

〔97〕关于昌珠寺的来历，西藏民间有一个流传很久的传说，大意是有一条五头怪龙在当地兴风作浪，松赞干布变成一只矫健的大雕与恶龙相斗，最终啄掉恶龙的5个脑袋，在此建立了昌珠寺，意为雕龙寺。《西藏王臣记》载仁蚌氏热巴增（རལ་པ་འཛིན）从突厥之地驮着宝玉进藏时遇到一只五头怪龙，战而降服之。见第五世达赖喇嘛：《西藏王臣记》，北京：民族出版社，1957年，第159页。本书将《西藏王臣记》的记载和昌珠寺的传说结合起来，将降龙的英雄认定为仁蚌巴的先人。

〔98〕仁蚌释迦奔（ཤཱཀྱ་འབུམ）之子，作为帕竹王扎巴坚赞的得力干将，受封仁蚌宗本，并出任曲弥万户长，萨迦大寺囊钦，被人称为仁蚌第巴。仁蚌家族崛起始于此人，此后仁蚌家族世袭宗本之职，并和帕竹第悉朗氏家族世代联姻，导致帕竹政权后期受其控制。

〔99〕出生于1403年，是将仁蚌家族势力进一步扩大的重要人物。经过其努力，仁蚌巴不仅扩大了在后藏的统治，而且通过参与帕竹地方政权内部斗争，逐渐加深了在帕竹政权内的影响力。

〔100〕按《西藏王臣记》，诺布桑布有五子，分别为欧巴斯噶、贡杜桑布（ཀུན་ཏུ་བཟང་པོ）、顿珠多吉（དོན་གྲུབ་རྡོ་རྗེ）、措吉多杰和释迦坚赞（ཤཱཀྱ་རྒྱལ་མཚན），见第五世达赖喇嘛：《西藏王臣记》，北京：民族出版社，1957年，第160页。此书将欧巴斯噶和贡杜桑布等记为父子关系。

〔101〕即贡杜桑布，《西藏王臣记》记其为诺布桑布之子。

〔102〕出生于1429年，萨迦派著名高僧，曾任艾旺寺住持，1496年圆寂。

〔103〕措吉多杰（1462—1510年），曾任雅隆卡托宗宗本，对异己势力多次用兵，参与废黜第悉贡噶列巴事件，后出任帕木竹巴政权摄政官。

〔104〕意为"丹萨替寺委任的摄政官"，在帕竹第悉阿格旺布圆寂，其子阿旺扎西扎巴年幼之时，经四世红帽活佛推荐，措吉多杰出任帕竹地方政府摄政，从1490—1499年掌管帕木竹巴实权。

〔105〕即仁蚌巴顿月多吉。

〔106〕七世黑帽系噶玛巴曲扎嘉措（1454—1506年），据说出生几天就有灵

性，能识前世之物，被认定为六世噶玛巴通哇东旦（མཐོང་བ་དོན་ལྡན）的转世。坐床后广拜名师，勤修佛学，获得极高成就。曾游历各地，建寺传法，调停纷争，在当时具有极高的声誉。

〔107〕藏传佛教噶玛噶举红帽系主寺，建于1490年。

〔108〕仁蚌阿旺晋扎（1482—?），仁蚌巴家族晚期领袖，也是著名大学者，著作等身，在文学方面成就颇高。

〔109〕波斯匿王，中印度憍萨罗国国王。据说其与佛陀同龄，之前对佛陀抱有怀疑态度，与佛陀辩论后视佛陀如师。

〔110〕指波斯匿王被其子琉璃王放逐之事。琉璃王，波斯匿王之子，憍萨罗国国王。因其为释迦族婢女茉利夫人所生，所以遭到释迦族嘲笑。成年后发动政变，将父波斯匿王流放，同时为了洗刷之前遭受的耻辱，领兵灭释迦族。

〔111〕阿阇世王，又译未生怨，摩竭陀国国王，频婆娑罗王之子。此人曾将其父幽闭在七重室内至死。

〔112〕即辛夏巴·次旦多杰（ཞིང་ཤག་པ་ཚེ་བརྟན་རྡོ་རྗེ），仁蚌第悉阿旺朗杰时期崭露头角，1548年出任桑珠孜宗本。仁蚌阿旺晋扎时期举兵造反，经过几年斗争，最终取代了仁蚌巴的统治权。

第八章　第巴琼结巴世系

第巴琼结巴（སྡེ་པ་འཕྱོངས་རྒྱས་པ）为萨霍尔王（ཟ་ཧོར་རྒྱལ་པོ）之后裔已为五世仁波切确认，[1]往昔师君三尊[2]将五髻龙王（ཀླུ་ཟུར་ཕུད་ལྔ་པ）封为桑耶寺护法时，（龙王答曰）“吾不能胜任，在萨霍尔之地有穆氏（དམུ）龙王之侄名杰布呼（ཀླུའི་ཚ་བོ་རྒྱལ་པོ་ཧུ），其能驾一针状宝物，一日可飞大鹏十八日程，可封其（为此寺护法）”，于是迎请萨霍尔王族达玛巴拉（ཧྣ་ཙ་པ་ལ）及玉质佛像、灵犀面具等，后随有白哈尔（དཔེ་དཀར）者，阿阇黎[3]使其归附，封为（桑耶寺）护法。[4]（萨霍尔王子）达玛巴拉做了法王的供依处，娶颇雍氏（མོ་ཡོངས་བཟའ）一女为妻，生贝吉多杰（དཔལ་གྱི་རྡོ་རྗེ）和仁钦多杰（རིན་ཆེན་རྡོ་རྗེ）等二子。此后承续旧密教法之持明法嗣而不断，一直到扎西本（བཀྲ་ཤིས་འབུམ）和堪楚塔（མཁན་ཚུལ་དར）。堪楚塔巴[5]入噶举派。扎西本有霍尔宣努桑布（ཧོར་གཞོན་ནུ་བཟང་པོ）[6]和扎西桑珠（བཀྲ་ཤིས་བསམ་གྲུབ）二子，两人皆骁勇威猛，成司徒[7]之家臣。扎西桑珠之子有宣努坚赞（གཞོན་ནུ་རྒྱལ་མཚན）等四人。[8]其（宣努坚赞）有班觉桑布（དཔལ་འབྱོར་བཟང་པོ）等四子，[9]（班觉桑布）作为根敦珠巴大师（རྗེ་དགེ་འདུན་གྲུབ）[10]之施主，资助修建扎什伦布寺（བཀྲ་ཤིས་ལྷུན་པོ）[11]，占据两宗之地。（班觉桑布之）子多杰才旦（རྡོ་རྗེ་ཚེ་བརྟན）建热沃德庆寺（རེ་བོ་བདེ་ཆེན་གྱི་དགོན）。其有次旺朗杰（ཚེ་དབང་རྣམ་རྒྱལ）、仁钦杰却（རིན་ཆེན་རྒྱལ་མཆོག）二子[12]。其子索朗达杰（བསོད་ནམས་དར་རྒྱས）、顿珠多杰

(དོན་འགྲུབ་རྡོ་རྗེ)[13]等成为达赖喇嘛索南坚赞（རྒྱལ་བ་བསོད་ནམས་རྒྱ་མཚོ）的施主。(索朗达杰）有索朗多布杰（བསོད་ནམས་སྟོབས་རྒྱལ）等三子[14]。(索朗多布杰）有阿旺索朗扎（ངག་དབང་བསོད་ནམས་གྲགས）和拉伊旺久(ལྷའི་དབང་ཕྱུག）二子，皆成宁玛派之成就者。其子杜堆饶丹（བདུད་འདུལ་རབ་བརྟན)。其（杜堆饶丹）子即五世达赖喇嘛（གོང་ས་ལྔ་པ་ཆེན་པོ་ཆེ）也。

藏杰喀孜巴（གཙང་རྒྱལ་མཁར་རྩེ་བ）乃往昔朵康上部（大英雄）扎郭东赞（དགྲ་རྒོད་སྟོང་བཙན）之后裔。（据说扎郭东赞）曾以百虎之皮为战袍，徒手擒拿猛熊，为冲木格萨尔王（ཁྲོམ་གེ་སར）之女婿。其后经历多代，传至帕巴贝桑（འཕགས་པ་དཔལ་བཟང)[15]时追随萨迦，后成为大司徒之属下大臣，获元朝封诰，建立四座堡寨。其（帕巴贝桑）子贡噶帕（ཀུན་དགའ་འཕགས)。其（贡嘎帕）子饶丹贡桑帕巴（རབ་བརྟན་ཀུན་བཟང་འཕགས་པ)[16]建立白居寺（དཔལ་འཁོར་ཆོས་སྡེ)，建大佛塔和巨幅佛像，组织书写十三套《甘珠尔》等，所兴善业大矣。其（饶丹贡桑帕巴）子饶丹扎西（རབ་བརྟན་བཀྲ་ཤིས)。其（饶丹扎西）子顿珠帕（དོན་གྲུབ་འཕགས）等子嗣不断。

司徒之大臣查嘎瓦仲钦扎巴桑布（ཟག་དཀར་བ་དྲུང་ཆེན་གྲགས་པ་བཟང་པོ)[17]，由娘・定增桑布（ཉང་ཏིང་འཛིན་བཟང་པོ)[18]传承而来。(后有）扎桑巴（གྲགས་བཟང་པ）追随司徒，任沃卡达孜宗（འོལ་ཁ་སྟག་རྩེ）宗本。其子喜饶扎西（ཤེས་རབ་བཀྲ་ཤིས)[19]在司徒被诸人诬告于大元皇帝座前时不惧生死，为陈述实情毅然赴京面圣，[20]由于能奏善辩获得可世袭之封诰。作为第悉属下臣僚之首，获（第悉）“查嘎庄园可由你喜饶扎西子孙世代沿袭”之文诰。其子仁钦贝（རིན་ཆེན་དཔལ）成为宗喀巴大师建立甘丹寺（དགའ་ལྡན）的施主。其（仁钦贝）子仁钦伦布（རིན་ཆེན་ལྷུན་པོ)[21]，(之后）依次有斯却杰布（སྲིད་ཆོད་རྒྱལ་པོ)、绛白次仁（འཇམ་དཔལ་ཚེ་རིང)、次旦多杰（ཚེ་བརྟན་རྡོ་རྗེ）等子孙。

谿卡乃巴（གཞིས་ཀ་སྣེལ་པ）者，钦布仁钦桑布（ཆེན་པོ་རིན་ཆེན་བཟང་པོ）追随司徒，(大司徒）用兵后藏时被任命为代理万户长，出奇谋生擒萨迦本钦等，居功至伟。[22]其子[23]仲钦本扎巴（དྲུང་ཆེན་དཔོན་

གྲགས་པ)[24]、南喀桑布（ནམ་མཁའ་བཟང་པོ）（先后）被封在内邬宗（སྣེའུ་རྫོང）任宗本，（南喀桑布）在绛央曲杰（འཇམ་དབྱངས་ཆོས་རྗེ)[25]建立哲蚌寺（འབྲས་སྤུངས)[26]、宗喀巴大师召开拉萨祈愿大法会时担任施主。其子仲钦南喀班觉（དྲུང་ཆེན་ནམ་མཁའ་དཔལ་འབྱོར)。其（仲钦南喀班觉）子扎巴贝桑（གྲགས་པ་དཔལ་བཟང)，因所立功勋被王封为北方扎塔坦策[27]之长官。之后从班觉杰布（དཔལ་འབྱོར་རྒྱལ་པོ)[28]依次传下阿旺索朗杰布（ངག་དབང་བསོད་ནམས་རྒྱལ་པོ)、阿旺索朗伦布（ངག་དབང་བསོད་ནམས་ལྷུན་པོ)、阿旺索朗朗杰（ངག་དབང་བསོད་ནམས་རྣམ་རྒྱལ)[29]等，后被仁蚌巴兼并。

第巴吉雪巴（སྡེ་པ་སྐྱིད་ཤོད་པ）抑或称为甘丹巴（དགའ་ལྡན་པ）者，（之前）在上部岭地有人称米琼顿杰（མི་ཆུང་དོན་རྒྱལ）者，最早追随蔡巴万户长（ཚལ་པ་ཁྲི་དཔོན)，后随时局变化转投帕竹，成为乃巴宗本之助手，因封在娘占甘丹（ཉང་བྲན་དགའ་ལྡན）为官而得此名[30]。其子有索朗杰布（བསོད་ནམས་རྒྱལ་པོ)[31]等三人。其（索朗杰布）子囊索南喀杰布（ནང་སོ་ནམ་མཁའ་རྒྱལ་པོ)。其（囊索南喀杰布）有次旦杰布（ཚེ་བརྟན་རྒྱལ་པོ）和索朗（བསོད་ནམས）两子[32]，此时甘丹巴与夏巴（ཤག་པ）产生矛盾，后在雅杰巴（ཡར་རྒྱབ་པ)[33]的调和下，由夏巴任吉雪约茹（སྐྱིད་ཤོད་གཡོན་རུ）之长官，（甘丹巴和夏巴）同时随侍第悉。索朗巴之子热努拉松（ར་ནུ་ལྷ་སྲུང）由于能征善战，得名索朗杰布（བསོད་ནམས་རྒྱལ་པོ)。时逢杰茹达孜（བྱེ་རུ་སྟག་རྩེ）家族绝嗣，遂两家合二为一。其（热努拉松）子顿珠杰布（དོན་འགྲུབ་རྒྱལ་པོ）和扎西饶丹（བཀྲ་ཤིས་རབ་བརྟན）两人，顿珠杰布建拉萨甘丹康萨（དགའ་ལྡན་ཁང་གསར)，后者（扎西饶丹）建热瓦上部经院（ར་བ་སྟོད་ཀྱི་ཆོས་གྲྭ)。其有仲玉杰诺布（དྲུང་གཡུལ་རྒྱལ་ནོར་བུ）等三子。其时由于格鲁派和藏巴之争，时局不稳，对（吉雪巴之）事业也多有影响。当甘丹颇章之政教事业享誉整个瞻部洲时，将达（སྟག）等宗堡和庄园作为供施联系赐于（吉雪巴），一直传至拉杰饶丹（ལྷ་རྒྱལ་རབ་བརྟན)。

第巴沃卡瓦（སྡེ་པ་འོལ་ཁ་བ）者，仲钦扎西嘉措（དྲུང་ཆེན་བཀྲ་ཤིས་རྒྱ་མཚོ）被王扎巴坚赞授予宗本之职，立金粉书写《甘珠尔》，晚年出家为比丘。其后有诺桑巴（ནོར་བཟང་པ་）和嘉措巴（རྒྱ་མཚོ་པ）等人掌政，立弥勒大佛像。其后有南觉多杰（ནམ་འབྱོར་རྡོ་རྗེ），供敬瑜伽金刚善巧自在诺桑嘉措（ནོར་བཟང་རྒྱ་མཚོ）[34]和达赖喇嘛根敦嘉措（རྒྱལ་བ་དགེ་འདུན་རྒྱ་མཚོ）[35]，担任建立隐秘之地甘摩迥（སྦས་ཡུལ་དཀར་མོ་ལྡོངས）即曲阔杰寺（ཆོས་འཁོར་རྒྱལ）之施主。后因子平措饶丹（ཕུན་ཚོགས་རབ་བརྟན）去世而绝嗣，最后并入王嘉哇里瓦（ས་སྐྱོང་རྒྱ་བ་རི་བ）家族。

雅杰巴（ཡར་རྒྱབ་པ）据说是法臣桑布扎（ཆོས་བློན་སམ་བྷོ་ཊ）[36]之后裔，经历多代子孙后[37]，有多杰扎西（རྡོ་རྗེ་བཀྲ་ཤིས）者在萨迦时期追随帝师贡洛（ཏི་ཤྲཱི་ཀུན་བློ），任元朝院使之职。其子本细宗（དཔོན་བཞི་འཛོམས）被王扎巴坚赞封为贡嘎宗（གོང་དཀར་རྫོང）宗本。其子杰瓦喜饶（རྒྱལ་བ་ཤེས་རབ）。其（杰瓦喜绕）子本扎阿（དཔོན་གྲ་ལྷ），晚年出家为僧，建康嘎多吉丹寺（གངས་དཀར་རྡོ་རྗེ་གདན）[38]。其侄朗杰瓦（ནམ་རྒྱལ་བ）兄弟时期，帕竹政教事业衰落。达赖喇嘛云丹嘉措（རྒྱལ་བ་ཡོན་ཏན་རྒྱ་མཚོ）[39]时期，发展成为雅、藏、古三家（ཡར་གཙང་སྐུ་གསུམ）[40]之一，大力弘扬族政，与藏巴汗家族联姻等，但仍因诸行与诤时本相显现之故，家族传承最终未能长久，不久绝嗣。

注释

〔1〕指五世达赖喇嘛《西藏王臣记》中的相关记载，五世达赖喇嘛在其中梳理了该王系从印度十车王（ཤིང་རྟ་བཅུ་པ）、阿育王（མྱ་ངན་མེད）以来的传承，并言吐蕃赞普拉托托日年谢（ལྷ་ཐོ་ཐོ་རི་སྙན་ཤལ）时期由天而降的“神秘玄物”（གཉན་པོ་གསང་བ）即由阿育王之子祈祷后降落吐蕃之地，师君三尊（མཁན་སློབ་ཆོས་གསུམ）之一的寂护大师（མཁན་ཆེན་ཞི་བ་འཚོ）即来源于此王系。见第五世达赖喇嘛：《西藏王臣记》，北京：民族出版社，1957 年，第 163 页。

〔2〕指堪布寂护、阿阇黎莲花生和法王赤松德赞三人，为佛教立足吐蕃的奠基者。

〔3〕即莲花生大师。

〔4〕关于护法神白哈尔的来源，多数文献认为其来源于北方霍尔（ཧོར）即回鹘之地，与此处之萨霍尔即孟加拉略有不同。据《贤者喜宴》载：第二佛陀莲花生说道：“对于王者，如果执事僧是魔之化身，则应废弃佛法而导致王法被毁。其时白天魔化身之霍尔将统治吐蕃，遂（使吐蕃）蒙受苦难，因此如若将霍尔之木雀

神像及菩提天神神像供作护法神，则将使（王法）不遭损坏，因此彼二神像应于迎请。”莲花生言罢，据谓既于（桑耶寺）之毕哈尔洲建造了王者之像。随后，达热路恭等人率领军队，摧毁霍尔之修道院，遂将该处神像等物携之而归。于是乃建大乌仗那金刚年（像）。见巴俄·祖拉陈瓦（དཔའ་བོ་གཙུག་ལག་ཕྲེང་བ།）：《贤者喜宴》（ཆོས་འབྱུང་མཁས་པའི་དགའ་སྟོན།），北京：民族出版社，1986 年，第 331 页。汉译文参黄颢：《〈贤者喜宴〉摘译（七）》，《西藏民族学院学报》1982 年第 2 期，第 38 页。

〔5〕即前文为大司徒·绛曲坚赞授沙弥戒之堪布楚塔，噶举派高僧，曾任贡桑纳珠寺堪布。

〔6〕宣努桑布，为大司徒·绛曲坚赞之左膀右臂，拥有杰出的军事才华，先后参与帕竹万户与雅桑万户、萨迦联军的战争，为帕竹地方政权的建立立下了汗马功劳，曾被大司徒誉为“宣努（桑布）犹如心脏，其他（大臣）好像四肢”。

〔7〕即大司徒·绛曲坚赞。

〔8〕分别为宣努坚赞、贡噶贝桑（ཀུན་དགའ་དཔལ་བཟང）、南喀仁钦（ནམ་མཁའ་རིན་ཆེན）、旺久仁钦（དབང་ཕྱུག་རིན་ཆེན），都为帕木竹巴第悉和京俄手下重要人物。见第五世达赖喇嘛：《西藏王臣记》，北京：民族出版社，1957 年，第 166 页。

〔9〕按《西藏王臣记》，二弟贡噶贝桑有四子，分别为班觉桑布、索朗班旦（བསོད་ནམས་དཔལ་ལྡན）、桑杰嘉（སངས་རྒྱས་སྐྱབས）、贡觉仁钦（དཀོན་ཅོག་རིན་ཆེན），见第五世达赖喇嘛：《西藏王臣记》，北京：民族出版社，1957 年，第 167 页。

〔10〕即第一世达赖喇嘛。

〔11〕藏传佛教格鲁派六大寺之一，由第一世达赖喇嘛根敦珠巴始建于 1447 年，后由四世班禅大师罗桑曲吉坚赞扩建，之后成为历辈班禅大师的驻锡寺。

〔12〕多杰才旦和仁钦杰却父子作为帕竹重臣，在斡旋帕竹和仁蚌关系，发展琼结家族影响力方面作出了突出贡献。

〔13〕此处传承记录似乎有误，按《西藏王臣记》，仁钦杰却有索朗贡布（བསོད་ནམས་མགོན་པོ）、次旺扎西（ཚེ་དབང་བཀྲ་ཤིས）、仁钦次旦（རིན་ཆེན་ཚེ་བརྟན）等三子，三子共娶一妻，生子索朗达杰和顿珠多杰。见第五世达赖喇嘛：《西藏王臣记》，北京：民族出版社，1957 年，第 169 页。

〔14〕分别为索朗多布杰、次旺索朗丹增（ཚེ་དབང་བསོད་ནམས་བསྟན་འཛིན）和噶玛阿旺扎巴（ཀརྨ་ངག་དབང་གྲགས་པ）。见第五世达赖喇嘛：《西藏王臣记》，北京：民族出版社，1957 年，第 169 页。

〔15〕原为萨迦重臣，任细脱拉章近侍。后归顺大司徒·绛曲坚赞，被元廷封为囊钦。

〔16〕即著名的江孜法王饶丹贡桑帕（1389—1442 年），与一世班禅克珠杰

(མཁས་གྲུབ་རྗེ) 共同兴建江孜白居寺。

〔17〕即著名的第巴达孜巴家族。

〔18〕即吐蕃赞普赤德松赞时期著名僧相娘定埃增，被封为“钵阐布”，为吐蕃时期僧人参政的代表。

〔19〕按《西藏王臣记》，扎巴桑布之子为赞塘贡扎（བཙན་ཐང་སྒོམ་གྲགས）和贡协(སྒོམ་ཤེ)，喜饶扎西为其之子，即扎巴桑布的孙子。见第五世达赖喇嘛：《西藏王臣记》，北京：民族出版社，1957 年，第 171 页。

〔20〕关于喜饶扎西进京面圣之事，参见大司徒·绛曲坚赞：《朗氏家族》，拉萨：西藏人民出版社，1986 年，第 343—344 页。

〔21〕按《西藏王臣记》，仁钦伦布是新兴格鲁派的根本施主之一。

〔22〕关于钦布仁钦桑布用兵后藏之事，参见大司徒·绛曲坚赞：《朗氏家族》，拉萨：西藏人民出版社，1986 年，第 316—344 页。

〔23〕按《西藏王臣记》，钦布仁钦桑布娶有三妻，大妻生杰瓦仁钦（རྒྱལ་བ་རིན་ཆེན)、仲南喀桑布（དྲུང་ནམ་མཁའ་བཟང་པོ）二子，二妻生本夏巴（དཔོན་ཤཱཀ་པ)，三妻生班旦曲迥（དཔལ་ལྡན་ཆོས་སྐྱོང)、索朗桑布（བསོད་ནམས་བཟང་པོ）二子。见第五世达赖喇嘛：《西藏王臣记》，北京：民族出版社，1957 年，第 173 页。

〔24〕即本夏巴。

〔25〕绛央曲杰扎西班丹（འཇམ་དབྱངས་ཆོས་རྗེ་བཀྲ་ཤིས་དཔལ་ལྡན།，1379—1449 年），宗喀巴大师弟子，为藏传佛教格鲁派三大寺之一哲蚌寺的创建者。

〔26〕建成于 1416 年。

〔27〕意为帐篷绳索能及之地，似为泛指地域广阔之意，存疑。

〔28〕按《西藏王臣记》，班觉杰布被王扎巴迥乃兄弟封为宗本，其励精图治，该家族所辖领地和权势也在此时达到极盛，见第五世达赖喇嘛：《西藏王臣记》，北京：民族出版社，1957 年，第 175 页。

〔29〕三人均为班觉杰布之子。

〔30〕即甘丹巴。

〔31〕据说此人深得乃巴班觉杰布的赏识，赐给大量封地。

〔32〕长子次旦杰布出家为僧，次子索朗在任时与上司乃巴兄弟不和，于是在仁蚌巴东侵时归附仁蚌，并领仁蚌大军劫掠卫地大量土地。

〔33〕即雅杰巴仁钦扎西（ཡར་རྒྱབ་རིན་ཆེན་བཀྲ་ཤིས)。

〔34〕克珠杰弟子，撰有《薄伽梵吉祥时轮金刚大疏·无垢光庄严》等著作。

〔35〕即第二世达赖喇嘛。

〔36〕即吞米·桑布扎，松赞干布时期大臣，被认为是藏文的创制者。

〔37〕《西藏王臣记》记有吞米·桑布扎家族后裔的传承世系：吞米——摩诃萨埵（མ་ཧཱ་ས་ཏྭ）——耶纳（ཡེ་ནག）——尼玛隆塞（ཉི་མ་སྐྱོང་གསལ）——威纳坚（ཝེར་ནག་ཅན）——蒙莫（མོན་མོ）——拉塞（ལྷ་སྲས），言以上诸人皆寿百余岁。此后之世系为拉塞——索朗杰布（བསོད་ནམས་རྒྱལ་པོ）——杰布嘎（རྒྱལ་པོ་དགའ）——旦正坚赞（རྟ་མགྲིན་རྒྱལ་མཚན）——多杰扎西（རྡོ་རྗེ་བཀྲ་ཤིས）。见第五世达赖喇嘛：《西藏王臣记》，北京：民族出版社，1957 年，第 175 页。

〔38〕《西藏王臣记》做贡嘎多吉丹寺（གོང་དཀར་རྡོ་རྗེ་གདན）。

〔39〕即第四世达赖喇嘛。

〔40〕当时卫藏地方势力中三足鼎立的三强，分别为雅杰巴、藏巴和古热巴（སྐྱུ་རབ་པ）。

第九章 恰巴万户长世系

恰巴万户长（བྱ་པ་ཁྲི་དཔོན）据说为雅隆下部恰地（བྱ）之王丹桑（འདབ་བཟང）和雪桑（གཤོག་བཟང）之后裔。往昔该氏出有几位善巧成就者。自阿米恰纳钦波仁钦沃（ཨ་མི་བྱ་ནག་ཆེན་པོ་རིན་ཆེན་འོད）〔1〕之后经历两代人〔2〕，有贡噶仁钦（ཀུན་དགའ་རིན་ཆེན）者追随萨迦本钦贡噶桑布（ཀུན་དགའ་བཟང་པོ）。另外有贝桑（དཔལ་བཟང）〔3〕追随八思巴，有子帕钦坚普瓦（འཕགས་ཆེན་སྤྱན་སྔ་བ）等〔4〕。其（坚普瓦）子楚臣桑布（ཚུལ་ཁྲིམས་བཟང་པོ）〔5〕。其（楚臣桑布）子贡却桑布（དཀོན་མཆོག་བཟང་པོ）。其（贡却桑布）子扎西贝桑（བཀྲ་ཤིས་དཔལ་བཟང）被王扎巴坚赞封为恰巴万户万户长（བྱ་པའི་ཁྲི་དཔོན）。其子杰瓦扎西（རྒྱལ་བ་བཀྲ་ཤིས）。其（杰瓦扎西）子扎西塔杰（བཀྲ་ཤིས་དར་རྒྱས），对噶玛巴曲扎嘉措（ཀརྨ་པ་ཆོས་གྲགས་རྒྱ་མཚོ）〔6〕极为崇敬，立金字《甘珠尔》。（扎西塔杰）有子诺布扎西（ནོར་བུ་བཀྲ་ཤིས）等两人。其（诺布扎西）子主巴活佛（འབྲུག་པ་སྤྲུལ་སྐུ）〔7〕，根据父母之命前半生执掌俗务，生子旦增诺布（བསྟན་འཛིན་ནོར་བུ）和措吉多杰（མཚོ་སྐྱེས་རྡོ་རྗེ）。（措吉多杰）有子米旁策义旺布（མི་཈ཕམ་ཚེ་ཡི་དབང་པོ）等二人。其（米旁策义旺布）子有噶玛次旺扎巴（ཀརྨ་ཚེ་དབང་གྲགས་པ）等二人。之后有岗嘎杰布（གངས་དཀར་རྒྱལ་པོ）等。如此在当时功绩卓著之地方官员，皆为（历代帕竹）第悉王正式所封也。

注释

〔1〕恰巴氏著名高僧，曾依止卡切班钦等高僧精习佛法，建有央孜寺（ཡང་རྗེའི་གཙུག་ལག་ཁང）。据说其有四大门徒，分别建有聂地曲扎仲卡（ཆོས་གྲྭ་གྲོང་མཁར）、埃地塞布（སེ་པོ）、塔布纳木雪（ནགས་མོ་ཤོད）、杰地嘉措鲁康（རྒྱ་མཚོ་ལྷུག་གང）。见第五世达赖喇嘛：《西藏王臣记》，北京：民族出版社，1957 年，第 175 页。

〔2〕按《西藏王臣记》，从仁钦沃到贡噶仁钦经历五代，分别为仁钦沃——恰觉塞（བྱ་ཇོ་སྲས）——阿达（མངའ་བདག）——格隆巴（དགེ་སློང་པ）——仁钦贝（རིན་ཆེན་དཔལ）——贡噶仁钦。见第五世达赖喇嘛：《西藏王臣记》，北京：民族出版社，1957 年，第 180—181 页。

〔3〕格隆巴之弟，仁钦贝之叔，贡噶仁钦之叔祖。见第五世达赖喇嘛：《西藏王臣记》，北京：民族出版社，1957 年，第 180—181 页。

〔4〕曲吉贝桑有四子，分别为贡噶坚赞（ཀུན་དགའ་རྒྱལ་མཚན）、堪钦坚普瓦（མཁན་ཆེན་སྐྱིལ་བུ་བ）、阿达曲森沃（མངའ་བདག་ཆོས་སེང་འོད）和恰·图巴贝（བྱ་ཐུབ་པ་དཔལ）。见第五世达赖喇嘛：《西藏王臣记》,北京:民族出版社，1957 年，第 181 页。

〔5〕此处有省略，按《西藏王臣记》，楚臣桑布为帕钦坚普瓦之弟阿达曲森沃之子。

〔6〕即七世噶玛巴黑帽系活佛。

〔7〕即主巴噶举热隆寺第三世活佛绛央曲扎巴（འཇམ་དབྱངས་ཆོས་གྲགས་པ），其转世即为著名的白玛嘎布。

第十章　嘉里瓦世系

王嘉里瓦（ས་སྐྱོང་རྒྱ་རི་བ）据说是未受朝廷封赐而自然成为边疆之王者，言此氏源自吐蕃法王后裔君王贝阔赞（དཔལ་འཁོར་བཙན）[1]长子赤扎西孜（ཁྲི་བཀྲ་ཤིས་བརྩེགས）一系之三子沃德（འོད་ལྡེ）[2]。经历若干代后，到具吉祥帕木竹巴时期，在丹萨替寺下部有（该家族之）赞布擦瓦绒巴（བཙད་པོ་ཚ་བ་རོང）者，（其后）囊索达麦巴（ནང་སོ་མདའ་སྨད་པ）于上部埃地曲灿喀[3]一处生有茂盛野草之山顶建造堡寨，由此得名（嘉里瓦）[4]。（此氏之后）依次出现了拉曲吉谢聂（ལྷ་ཆོས་ཀྱི་བཤེས་གཉེན）等人。拉扎列朗杰（ལྷ་དགྲ་ལས་རྣམ་རྒྱལ）时期与遍知根敦嘉措（ཐམས་ཅད་མཁྱེན་པ་དགེ་འདུན་རྒྱ་མཚོ）[5]结为供施关系。他来到埃钦日郭（ཨེ་ཆེན་རི་སྒོ）时出现诸多瑞相，当地人遂献一驮初熟青稞（为礼），成为（当地）喇本（བླ་དཔོན），在日郭扎西曲宗颇章（རི་སྒོས་བཀྲ་ཤིས་ཆོས་རྫོང་ཕོ་བྲང）担任第巴。之后依次有拉久旦旺久（ལྷ་འཇིག་རྟེན་དབང་ཕྱུག）、（拉久旦旺久之子）拉强巴饶丹（ལྷ་བྱམས་པ་རབ་བརྟན）。此（拉强巴饶丹）时将沃卡达孜（འོལ་ཁ་སྟག་རྩེ）宗领主等纳入辖下。之后有拉索朗绕旦（ལྷ་བསོད་ནམས་རབ་བརྟན）建立寺院。之后拉甘丹贝巴（ལྷ་དགའ་ལྡན་དཔལ་འབར）继位，对宗喀巴之教法恭敬无限。之后有洛桑图多曲杰（བློ་བཟང་མཐུ་སྟོབས་ཆོས་རྒྱལ）。之后有拉阿格旺久甘丹饶丹（ལྷ་ངག་གི་དབང་ཕྱུག་དགའ་ལྡན་རབ་བརྟན）、米旁朗杰瓦（མི་ཕམ་རྣམ་རྒྱལ་བ）等。尊者五世之时当为此人[6]。（由他）至今也已传三四代，但（具体情况）

笔者并不掌握。冈布巴（སྨལ་པོ）的转世活佛似乎也为该家族之子。如此零散解说第悉帕竹统治时期各地方长官世系毕，以上即之前之历史也。

注释

〔1〕吐蕃末代赞普达玛乌东赞之孙，沃松赞普之子。

〔2〕赤扎西孜巴贝之子。赤扎西孜巴贝有三子，因名中都带“德”字，遂称为“下部三德”。

〔3〕即“温泉处”，在今山南市曲松县境内。

〔4〕嘉里瓦（རྒྱ་རི་བ），藏文中“嘉”（རྒྱ）为浓须之意，“里”（རི）即山，“嘉里瓦”即“浓草山”之意。

〔5〕即第二世达赖喇嘛。

〔6〕即米旁朗杰瓦。

第十一章 甘丹颇章和藏巴汗之兴起

现在叙说后期甘丹颇章巴（དགའ་ལྡན་ཕོ་བྲང་པ），以及之前出现的藏巴汗（གཙང་རྒྱལ）政权等历史。如此在洁白清凉山峰围绕之雪域大地之上，当萨迦和蒙古供施双方之强权严法统治即将结束之际，不让任何敌手占得一丝先机之世间大梵天司徒·绛曲坚赞，智勇双全、福德无双，率部将广袤藏土置于统治之下。自此以来，依次有九任位高权重之后裔（担任第悉），约历二百三十年。（帕竹）秉持对贤良者给以褒奖，对作恶者施以刑法，以宗教上师和世俗长官合二为一之政教合一制度如大白伞般覆盖所有地方，自上部克什米尔之国度（ཀསྨི་རའི་རྒྱལ་ཁམས）至下部中原汉地，第悉内邬栋王爵大法王之英名享誉各处矣。

然自夏仲大王[1]往生之后，帕竹政权已经名不符实。此时按《授记》所言，会有“王者突降”，尽管时间无误，但因缘却现错乱，（该王者）本应是第巴昌果瓦（སྡེ་པ་འཕྲང་མགོ་བ）家之贵嗣或仁蚌巴之子白玛嘎布（པད་མ་དཀར་པོ），（未料却生为第悉藏巴）。在《西藏王臣记》中，关于第悉藏巴的内容不多，在仅有的几叶纸中，（作者）还引经据典将其论证为魔之后代。[2]尽管如此，（我们）依然很难完全接受这种观点，诚如（历史上）盛传赞普朗达玛是受到诅咒的恶魔之种，但《噶当经卷》等文献仍然认为，其出现自有因缘，即为促成怙主阿底峡来藏推广纯净噶当之法而生也。此王[3]亦将之前各方威猛豪酋逐一击败并实现统一，复又成为引出其后甘丹颇章政权建立的先行者，（而甘丹颇章政权的建立）岂不是达赖喇嘛本人的丰功伟绩之一也。从（第悉藏巴）对有恩于自己的仁蚌巴恩将仇报之举来看，（此人）确属恶类，然主人猜忌奴仆，属下有负君长乃整个浊世（སྙིགས་དུས）及王臣相处之态也。（藏巴）如仁蚌巴般对法王噶玛巴师徒（ཀརྨ་པ་ཡབ་སྲས）和吉祥觉囊派（དཔལ་ཇོ་ནང་པ）持永固不变之信仰，作为施主长期供奉并崇敬有加，由此看来尚不属于不齿之徒。对吾格鲁派而言，尚不至于因教派偏见而完全不予重视，但后来格鲁派一度以蒙古势力为依靠，又有人如恶仆挑动君长般使格鲁派与藏巴双方均处不利地位之情，此等亦可从《达赖喇嘛云丹嘉措传》和《云裳》上册[4]所记一窥全貌也，因此无论（此人）为魔鬼化身还是殊胜之人，总之是一福威齐俱之强大王者也。《遗教》所言“娘麦尼玛多地（ཉང་སྨད་ཉི་མ་མདོ）建一宗，掌管大王所立大佛殿，汇聚大将一百零八名”，似为此（藏巴第悉兴起之）预言也。娘麦桑珠（ཉང་སྨད་བསམ་གྲུབ）虽为帕竹之（十三）大宗之一，但却由该（藏巴第悉）家族精心维护，成为（后来藏巴第悉政权之）中心宫殿，似乎符合上述《遗教》所言也。此后（该宫殿）以颇章桑珠孜（ཕོ་བྲང་བསམ་གྲུབ་རྩེ）之名闻世。

关于该家族之起源及氏族之所属等，具体尚不得而知。[5]但在之前达赖喇嘛根敦嘉措（རྒྱལ་བ་དགེ་འདུན་རྒྱ་མཚོ）时期，有一成就者大瑜伽师名藏宁·黑如噶（གཙང་སྨྱོན་ཧེ་རུ་ཀ）[6]者，其于云游四方禅修瑜伽之时，在雅鲁藏布江边一处码头偶遇一人正与其下人一道下船，此人属于中等品级地方官员，名囊索霍夏巴（ནང་སོ་ཧོར་གཤག་པ）。他（见到藏宁·黑如噶后）让下人翻译问曰：“瑜伽师您是何方人士?”（藏宁·黑如噶）答曰：“吾二人语言亦不是不通，可直接与君言也。”遂于此处停留片刻，（囊索霍夏巴对藏宁·黑如噶）恭敬施礼，（两人）亲切交谈。（囊索霍夏巴）曰：“大师您乃殊胜之瑜伽师，求赐吾等因缘根本法和良善祈愿。”（藏宁·黑如噶）遂满足其请，并曰：“君之子孙，有为全藏之王之缘分也”，此即该（藏巴）

家族之人也。此人子孙中有一人出任仁蚌巴之得力近侍，后成为（仁蚌巴）家臣，被人称为辛夏巴（ཞིང་ཤག་པ），该名其实是地名，真名为次旦多杰（ཚེ་བརྟན་རྡོ་རྗེ）[7]。（辛夏巴·次旦多杰）在任桑珠孜宗本时，先后与南北[8]一些地方长官联兵造反，（最终）推翻第巴绒巴（སྡེ་པ་རོང་པ）[9]并占领其所有地盘。之后势力渐盛，曾发兵拉堆地区，将江孜（རྒྱལ་རྩེ）等所有后藏地区纳入辖下。其后裔彭措南杰（ཕུན་ཚོགས་རྣམ་རྒྱལ）和彭措仁增（ཕུན་ཚོགས་རིག་འཛིན），通过娶雅杰巴之女为妻，实现了（与雅杰巴的）政治联合。

彼时帕竹政权衰落，所辖仅余雅隆内邬栋宫等部分地区，卫地山南地区上部属雅杰巴权势最盛，下部塔切（དྭགས་ཕྱར）、聂（གཉལ）、罗果嘎纳（ལོ་སྐོར་དཀར་ནག）等地以古热王（སྐུ་རབ་རྒྱལ་པོ）最为有名，埃嘉里瓦（ཨེ་རྒྱ་རི་པ）和琼结巴（འཕྱོངས་རྒྱས་པ）等所占宗堡和地盘虽好，但声势较小。在拉萨吉澎（སྐྱིད་འཕན）等地，以吉雪巴（སྐྱིད་ཤོད་པ）为盛。虽然（吉雪巴）与甘丹颇章巴（དགའ་ལྡན་ཕོ་བྲང་པ）和色拉（སེ）、哲蚌（འབྲས）等是福田施主的关系，但在世俗政权方面，甘丹颇章等仍为吉雪巴属下。卫藏两地被称为“雅古藏三”（ཡར་སྐུ་གཙང）者，尽出于达赖喇嘛云丹嘉措（རྒྱལ་བ་ཡོན་ཏན་རྒྱ་མཚོ）时期，（其中）古热巴为噶举派之唯一供奉者，雅杰巴为萨迦、噶举两派之施主，藏巴虽然恭敬各派，但其中仍以噶玛巴和觉囊巴为重。首任藏巴汗可能有塑造佛像、维修旧庙、新建寺宇之举，但因未亲见，所以不敢妄写。此后噶玛彭措南杰（ཀརྨ་ཕུན་ཚོགས་རྣམ་རྒྱལ།）[10]继位，此人在佛法方面具深广之智慧，在处理俗务方面亦智勇双全，可谓诸能俱全也。（噶玛彭措南杰）拜杰尊多罗那他（རྗེ་བཙུན་ཏཱ་ར་ན་ཐ）[11]为师，常闻思显密教法，为杰尊多罗那他建立达旦彭措林（རྟག་བརྟན་ཕུན་ཚོགས་གླིང）[12]等寺时行无量之方便，为杰尊大师之寺庙庄园献百余户庶民[13]，为制巨幅佛像献上等绸布百余匹。（第悉）本人在地方政府当中亦立大量佛像，根据多罗那他指示，绘制佛本生唐卡全套50余幅等。也曾多次迎请噶玛巴，恭敬、奉献良多。由伦珠岗钦巴（ལྷུན་གྲུབ་སྒང་ཆེན་པ）和苏布鼐（ཟུག་པོ་ནས）两人担任大臣，吞并法王后裔阿里宗巴（མངའ་རིས་རྫོང་པ）之属地，辖区远至吉隆宗喀（སྐྱིད་གྲོང་རྫོང་ཁ）和卓雪谷上下（གྲོ་ཤོད་སྟུ་མདའ）等上部冈底斯山（སྟོད་གངས་རི）附近。此人之后统治下部卫地之过程将在下文叙述。

诗曰：

大智法子千万星宿中，
善巧持律贤达皓月明，
广兴正法显密学修园，
此即怙主大慈运力生，
朵麦宗喀东山顶峰上，
普照雪域大地最胜尊。

此即为间隙之诗歌也。

注释

〔1〕即阿旺扎西扎巴。

〔2〕相关内容参第五世达赖喇嘛：《西藏王臣记》，北京：民族出版社，1957年，第189—190页。

〔3〕即藏巴汗。

〔4〕即《五世达赖喇嘛自传·云裳》，藏文全名为《ཟ་ཧོར་གྱི་བན་དེ་ངག་དབང་རྒྱ་མཚོའི་འདི་སྣང་འཁྲུལ་བའི་རོལ་རྩེད་རྟོགས་བརྗོད་ཀྱི་ཚུལ་དུ་བཀོད་པ་དུ་ཀུ་ལའི་གོས་བཟང་།》，西藏人民出版社于1991年出版。

〔5〕按《西藏通史·松石宝串》，吐蕃赞普赤松德赞时期的大成就者聂·杂纳鸠摩罗（གཉགས་ཛྙ་ན་ཀུ་མ་ར）即为此家族之人。见恰白·次旦平措（ཆབ་སྤེལ་ཚེ་བརྟན་ཕུན་ཚོགས།）、诺昌·吴坚（ནོར་བྲང་ཨོ་རྒྱན།）：《西藏简明通史（中）》（བོད་ཀྱི་ལོ་རྒྱུས་རགས་རིམ་གཡུ་ཡི་ཕྲེང་བ།），拉萨：西藏藏文古籍出版社，1990年，第543页。

〔6〕即桑杰坚赞（སངས་རྒྱས་རྒྱལ་མཚན།，1452—1507年），藏传佛教著名瑜伽师，极为推崇米拉日巴大师，撰有《米拉日巴传》等。

〔7〕辛夏巴·次旦多杰，生卒年不详，第悉藏巴政权的奠基者。

〔8〕似指拉堆洛和拉堆绛，其地望在后藏地区。

〔9〕即仁蚌巴。

〔10〕噶玛彭措南杰（ཀརྨ་ཕུན་ཚོགས་རྣམ་རྒྱལ།，1586—1620 年），辛夏巴·次旦多杰之孙，噶玛丹松旺波（ཀརྨ་བསྟན་སྐྱོང་དབང་པོ）之子。1611 年继位，为第悉藏巴政权兴起和发展作出了重要贡献。

〔11〕多罗那他（1557—1634 年），藏传佛教觉囊派著名高僧，本名贡噶宁布（ཀུན་དགའ་སྙིང་པོ），建达旦彭措林寺，著有《印度佛教史》（རྒྱ་གར་ཆོས་འབྱུང་།）、《后藏志》（མྱང་ཆོས་འབྱུང་།）等传世著作。1614 年离开西藏前往蒙古传教，在库伦一代生活近 20 年，后圆寂于此。蒙古地区最重要的藏传佛教活佛哲布尊丹巴（རྗེ་བཙུན་དམ་པ），即由其转世而来。

〔12〕由多罗那他主持修建于 1614 年，后在五世达赖喇嘛时期改宗为格鲁派，更名为甘丹彭措林（དགའ་ལྡན་ཕུན་ཚོགས་གླིང）。

〔13〕即专为寺院支差的差户。

第十二章　宗喀巴传略

且说吉祥无双大山甘丹巴[1]之美誉响彻三域（ས་གསུམ）[2]，继承其法统并将之发扬光大、（功绩）无可匹敌者，有浊世七法主（སྙིགས་དུས་རྒྱལ་བ་བདུན）[3]，尤其五世大师（རྒྱལ་མཆོག་ལྔ་པ）威慑之笑催生四大弘业之一，即为将（格鲁派）政教事业传遍于广袤瞻部洲各地也。在依次略述（弘扬格鲁派教法之）历世法统如何产生之前，先由叙述宗派根本之教主、三界有情之上师宗喀巴大师（བཙོང་ཁ་པ་ཆེན་མོ）[4]如何出生开始。诚如克珠大师格列贝桑（མཁས་གྲུབ་ཆེན་པོ་དགེ་ལེགས་དཔལ་བཟང་པོ）[5]所赞："讲修总语归为表相僧，佛陀之教只余空名时，三学教证佛门所有经，一日即造上师向您祷。"诚如此赞，且说（藏传佛教）后弘期之时产生了诸如拉钦贡巴饶赛（བླ་ཆེན་དགོངས་པ་རབ་གསལ）[6]、大译师仁钦桑布（ལོ་ཆེན་རིན་ཆེན་བཟང་པོ）[7]、玛尔俄氏法统（མར་རྔོག་རྒྱུད་པ）[8]、吉祥燃灯师徒（དཔལ་མར་མེ་མཛད་ཡབ་སྲས）[9]、无双冈布巴师徒（མཉམ་མེད་སྒམ་པོ་པ་ཡབ་སྲས）[10]、杰尊萨钦叔侄（རྗེ་བཙུན་ས་ཆེན་ཡབ་སྲས）[11]等诸多显密教法之法主。然这些法主圆寂之后，由于时运之故，教法讲修在较长时间呈颓微之势，尤其是受持净律者日益凋零。如此时期，一名凡人之子能毫无障碍领受从律经开篇偈颂至吉祥摄之所有传承者，即为我佛门之幸事。如持莲遍智（ཀུན་མཁྱེན་པདྨ་དཀར་པོ）"拥有最胜解脱纯净戒，具备广行佛子强大勇，修持空乐次第瑜伽行，洛桑法王之教[12]”之赞颂，以外守别解脱（戒）、中藏菩提心、内具二次第甚深瑜伽之（德行），创立符合纯净戒律规定之甘丹噶举派，以引他者入吾等所行之道为重。然外部亦会有人生出“（彼格鲁派仅仅是）表面徒具美妙僧相和贤德之虚名尔”等邪见，但此并不符实，诚如《大方广菩萨藏文殊师利根本仪轨经》（འཇམ་དཔལ་རྩ་རྒྱུད）所云：“世间我灭，地上为空，汝以童相，成就为佛，有寺具喜，在那雪域”，如此将时空等皆一一明示。另有《经庄严论》（མདོ་སྡེ་རྒྱན）等，其中亦明示出法名等信息。《莲花遗教》（པདྨ་བཀའ་ཐང）中亦有“教化众生文殊化现主，兼持显密洛桑扎巴尊”之语。《国王遗教》（རྒྱལ་པོ་བཀའ་ཐང）有云：“如此再经二十五次会，在那释迦净土幻化殿，净愿菩提之心利他行，所集殊胜圣者此处现。”在古如曲旺（གུ་རུ་ཆོས་དབང）、热达纳林巴（རཏྣ་གླིང་པ）、多杰林巴（རྡོ་རྗེ་གླིང་པ）等伏藏大师，以及大成就者尼达桑杰（གྲུབ་ཆེན་ཉི་ཟླ་སངས་རྒྱས）所转藏之《虹状净相史》等中亦有盛赞。另外，松赞干布、玛久（མ་གཅིག）[13]等亦有明显授记。《噶当经卷珍宝》也有“最终佛法之星火，由一扎巴名者燃”之记载。仲[14]在献大供养时也有授记，从“我之化身一圣者”到“‘扎巴’名之一比丘”，再到“东部月亮轮廓美，分出精华幻化子”，即指宗喀巴大师和班钦根敦珠巴师徒也。另外，《噶当经卷子法之王子宝民本生》（བུ་ཆོས་དཀོན་མཆོག་འབངས་ཀྱི་སྐྱེས་རབས）中亦有“吾亦赴此调伏神鬼众”之语，其中“一身出生天竺大寺旁”指阿底峡大师，“另一化身会去泥婆罗”即根敦珠的上一世班钦白玛巴杂（པདྨ་བཛྲ），“一身会去朵康下部地”，此句所说去朵麦之地者明示为宗喀巴大师。[15]阿弥陀佛（རྒྱལ་བ་འོད་སྣང་མཐའ་ཡས）、无垢上师海生金刚莲花生（པདྨ་འབྱུང་གནས）、怙主阿底峡、洛桑扎巴尊者与三大怙主（རིགས་གསུམ་མགོན་པོ）等，都是由一个根本之身化现出的不同化身，此已被值得信赖之多位先贤大德确证。如此尚不能取信者，从自他两者中固选一边而执，并以此为由对殊胜之教法和人物怀嫉妒怨恨之心，行诽谤造谣之事，皆属积恶趣之因也。（上述内容）即以期望利益此类人而简略述说之，详细内容可参其他（典籍和著作）。

三界[16]之法王宗喀巴大师出生于朵麦宗喀（མདོ་སྨད་བཙོང་ཁ）之地，父名鲁本格（ཀླུ་འབུམ་དགེ），母名辛萨阿曲（ཤིང་བཟའ་ཨ་ཆོས），于佛灭后两千零九十九年之第六饶迥火阴鸡年[17]伴着种种神奇瑞相而降生。三岁时在噶玛巴若贝多杰（ཀརྨ་རོལ་པའི་རྡོ་རྗེ）[18]座前受居士戒，赐法名贡噶宁布（ཀུན་དགའ་སྙིང་པོ）。十七岁赴卫地，依止以萨迦派为主之各教派贤哲上师四十余位，不分教派，博采众长，从别解脱始，依次闻思各显密教法，终成大贤者之佼佼者也。法主顿珠仁钦（ཆོས་རྗེ་དོན་གྲུབ་རིན་ཆེན）[19]、仁达瓦（རེད་མདའ་བ）[20]、喇嘛伍玛巴巴沃多杰（བླ་མ་དབུ་མ་པ་དཔའ་བོ་རྡོ་རྗེ）、洛扎恰多瓦（ལྷོ་བྲག་ཕྱག་རྡོ་བ）四人为尊者之经师。其间静心冥思修持，能观见诸多本尊之相而得殊胜之修证。其四大弘业，即维修沃卡大弥勒像[21]、维修聂地热隆寺[22]、土阴牛年五十三岁时将（大昭寺）释迦牟尼像改为具五决定报身佛并创立拉萨祈愿大法会、在朗孜顶寺（གནམ་རྩེ་ལྡིང）[23]清净戒律等宏大伟业[24]。依诸弟子等之请建甘丹尊胜林（དགེ་ལྡན་རྣམ་པར་རྒྱལ་བའི་གླིང）[25]，对甚深中观见及细持清净戒律贡献极大，显密注疏之著作有十八余卷。[26]有富有教证功德、严持戒律、勤修三藏之亲传大弟子一百四十七位。如《经卷珍宝》中“大兴僧部寺院于十方”之授记，从上部密布肉豆蔻之林到下部纺织金丝之地，由这些弟子兴建之寺院有上千座。诚如藏传佛教各教派无分别之主、遍智宣努贝（གཞོན་ནུ་དཔལ）[27]所赞颂的那样：“此时宗喀巴大师之宗派遍布于此大地矣。”在诸多弟子当中，唯一的心传弟子为克珠杰（མཁས་གྲུབ་རྗེ），贾曹（རྒྱལ་ཚབ）[28]、持律师（འདུལ་འཛིན）[29]、加上金刚手授记之绛噶瓦（འཇམ་ཀར་བ），为三大殊胜弟子也。绛央曲杰（འཇམ་དབྱངས་ཆོས་རྗེ）[30]、聪梅坚赞桑布（མཚུངས་མེད་རྒྱལ་མཚན་བཟང་པོ）、喜饶森格（ཤེས་རབ་སེང་གེ）[31]、杰根敦珠巴（རྗེ་དགེ་འདུན་གྲུབ་པ）[32]四人为“事业齐天者四”，（以上）为其中之重要弟子也。

若由上述诸多授记度之，此佛菩萨（化身之）圣人[33]，若有意愿无疑可控俗世之政，然大师本人严持噶当上师之禁行，未吐此类只言片语。如“一切祈愿皆为佛法盛”之言，所有心中所祷所愿，惟有佛法兴盛、有情安乐，从未为自身获得圆觉而祷告也。此为（大师）已证本愿之有力证明，智者对此一辨即知也。后至六十二岁之时，即在色拉大乘洲（སེ་ར་ཐེག་ཆེན་གླིང）建成之土猪年，在与普通所化之间的缘分已经圆满之际，现遍空具足二净之相，清净智慧之体在无数天神、仙女所献种种神奇供品之导引下，于弥勒佛前现金华菩萨和文殊藏菩萨之相。此后之甘丹法统，（依次为）贾曹杰第一〔34〕，克珠杰第二〔35〕，夏鲁列巴坚赞（ཞ་ལུ་ལེགས་པ་རྒྱལ་མཚན）第三〔36〕，雅德罗追曲迥（གཡག་སྡེ་བློ་གྲོས་ཆོས་སྐྱོང）第四〔37〕，帕索曲吉坚赞（པ་སོ་ཆོས་ཀྱི་རྒྱལ་མཚན）第五〔38〕，罗追丹巴（བློ་གྲོས་བརྟན་པ）第六〔39〕，默朗贝瓦（སྨོན་ལམ་དཔལ་བ）（第七）〔40〕，被称为“藏巴文殊七系”（འཇམ་དབྱངས་གཙང་པ་བདུན་བརྒྱུད）〔41〕。此后从洛桑尼玛（བློ་བཟང་ཉི་མ）〔42〕至今已传六十任〔43〕也。

注释

〔1〕即藏传佛教格鲁派。由于格鲁派祖寺甘丹寺（དགའ་ལྡན་དགོན）建于拉萨东部达孜县境内卓日沃山（འབྲོག་རི་བོ་ཆེ）上，故有此称。

〔2〕指天上、地上和地下。

〔3〕指一世至七世达赖喇嘛。

〔4〕宗喀巴洛桑扎巴（ཙོང་ཁ་པ་བློ་བཟང་གྲགས་པ།，1357—1419年），藏传佛教格鲁派祖师，著名的佛教理论家和改革家，被誉为“第二佛陀”。

〔5〕克珠·格列贝桑（1385—1438年），宗喀巴弟子，第一世班禅。对格鲁派的建立和发展起到重要作用，与宗喀巴、贾曹杰（རྒྱལ་ཚབ་རྗེ）合称“师徒三尊”（རྗེ་ཡབ་སྲས་གསུམ）。

〔6〕藏传佛教后弘期下路弘法之祖师。据说佛教在吐蕃末年惨遭灭法，有约·格韦迥乃（གཡོ་དགེ་བའི་འབྱུང་གནས）、藏·饶赛（གཙང་རབ་གསལ）和玛尔·释迦牟尼（དམར་ཤཱཀྱ་མུ་ནེ）三人从西藏辗转逃亡到青海地区，在此地收下一个弟子，即后来的拉钦·贡巴饶赛，佛教在藏土的律传得以延袭，法脉由此不断。之后有鲁梅（ཀླུ་མེས་ཤེས་རབ་ཚུལ་ཁྲིམས）等卫藏十人到拉钦处求法，佛教从下路开始复苏。

〔7〕公元10至11世纪藏传佛教高僧、大译师，对翻译和校订佛经贡献极大，藏文大藏经中收录的密乘经典，在仁钦桑布之后编译的称为“新密”，此前的则称

为“旧密”。

〔8〕指噶举派玛尔巴·却吉罗追（མར་པ་ཆོས་ཀྱི་བློ་གྲོས）及其四柱弟子之一俄·却古多杰（རྔོག་ཆོས་སྐུ་རྡོ་རྗེ）。

〔9〕即阿底峡尊者和库、俄、仲等噶当派系统。

〔10〕指由冈布巴传承的塔布噶举系统。

〔11〕指萨迦五祖为代表的萨迦派。

〔12〕此句原文有遗漏。

〔13〕公元 11 至 12 世纪藏传佛教杰出的出家女性，觉域派著名高僧。

〔14〕即噶举派祖师仲敦巴。

〔15〕参察哈尔·洛桑次成著，曲甘·完玛多杰译：《宗喀巴大师全传》，西宁：青海民族出版社，2013 年，第 9 页。宝民（དཀོན་མཆོག་འབངས）即松赞干布。

〔16〕即欲界、色界、无色界。

〔17〕即 1357 年。

〔18〕即第四世黑帽系噶玛巴活佛（1340—1383 年）。宗喀巴三岁当为 1360 年左右，四世噶玛巴于 1359 年受元廷召请赴京，当时恰好途经青海。

〔19〕宗喀巴大师的启蒙经师，14 世纪噶当派高僧。先后建夏卜浪、昂拉赛康和夏琼等寺。1363 年，于夏琼寺剃度宗喀巴出家。

〔20〕仁达瓦·宣努罗追（རེད་མདའ་བ་གཞོན་ནུ་བློ་གྲོས།，1349—1412 年），萨迦派著名高僧，据说为松赞干布时期著名大论噶尔东赞之后。18 岁出家，先后广拜名师，求经学法，之后勤于讲辩著，终成一代大德，为宗喀巴传授了中观应成派思想。

〔21〕即维修沃卡精其寺弥勒佛像，参第司桑结嘉措（སྡེ་སྲིད་སངས་རྒྱས་རྒྱ་མཚོ།）：《格鲁派教法史——黄琉璃宝鉴》（དགའ་ལྡན་ཆོས་འབྱུང་བཻཌཱུརྱ་སེར་པོ།），北京：中国藏学出版社，1989 年，第 66 页；汉译文参第悉·桑杰嘉措著，许德存译，陈庆英校：《格鲁派教法史·黄琉璃宝鉴》，拉萨：西藏人民出版社，2009 年，第 46—47 页。王森指出当时为弥勒菩萨像献比丘衣，体现了宗喀巴的严守戒律思想，见王森：《西藏佛教发展史略》，北京：中国藏学出版社，2002 年，第 288—289 页。

〔22〕即在塞齐本巴举行的供养大法会，参第司桑结嘉措：《格鲁派教法史——黄琉璃宝鉴》，北京：中国藏学出版社，1989 年，第 66 页；汉译文参第悉·桑杰嘉措著，许德存译，陈庆英校：《格鲁派教法史·黄琉璃宝鉴》，拉萨：西藏人民出版社，2009 年，第 47 页。

〔23〕噶当派寺院，宗喀巴曾与仁达瓦、嘉却贝桑（སྐྱབས་མཆོག་དཔལ་བཟང་།，时任朗孜顶寺住持）三人在此整顿戒律。

〔24〕按桑结嘉措的说法，第四大弘业是建甘丹寺。参第司桑结嘉措：《格鲁

派教法史——黄琉璃宝鉴》，北京：中国藏学出版社，1989 年，第 67 页。

〔25〕即甘丹寺，拉萨三大寺之一。

〔26〕详参第司桑结嘉措：《格鲁派教法史——黄琉璃宝鉴》，北京：中国藏学出版社，1989 年，第 63—66 页。

〔27〕即桂译师宣努贝（འགོས་ལོ་གཞོན་ནུ་དཔལ།，1392—1481 年），《青史》作者。

〔28〕贾曹·达玛仁钦（རྒྱལ་ཚབ་དར་མ་རིན་ཆེན།，1364—1432 年），宗喀巴弟子，“师徒三尊”之一。宗喀巴圆寂后继任甘丹赤巴，为格鲁派第二任教主。

〔29〕即止贡巴律师扎巴坚赞（གྲགས་པ་རྒྱལ་མཚན）。

〔30〕即扎西班旦（1379—1449 年），哲蚌寺创建者。

〔31〕喜饶森格（1383—1445 年），宗喀巴弟子，以精通密法著称，建拉萨下密院等诸多密宗学院。

〔32〕即第一世达赖喇嘛。

〔33〕指宗喀巴大师。

〔34〕1419 年宗喀巴圆寂后继任甘丹赤巴，时年 56 岁，在位 13 年。

〔35〕1431 年继任甘丹赤巴，时年 47 岁，在位 8 年。

〔36〕夏鲁瓦列巴坚赞（1375—1450 年），宗喀巴弟子，1438 年继任甘丹赤巴，时年 64 岁，在位 13 年。

〔37〕雅德罗追曲迥（1389—1463 年），宗喀巴弟子，1450 年继任甘丹赤巴，时年 62 岁，在位 13 年。

〔38〕帕索曲吉坚赞（1402—1473 年），克珠杰之弟，宗喀巴弟子，1463 年继任甘丹赤巴，时年 62 岁，在位 10 年。

〔39〕罗追丹巴（1402—1478 年），宗喀巴和贾曹杰弟子，1473 年继任甘丹赤巴，时年 72 岁，在位 6 年。

〔40〕默朗贝瓦（1414—1491 年），1480 年继任甘丹赤巴，时年 67 岁，在位 10 年。

〔41〕作为宗喀巴大师衣钵的继承者，从贾曹杰到默朗贝瓦的最初 7 任甘丹赤巴，皆来自后藏地区，故被称为“藏巴文殊七系”。

〔42〕洛桑尼玛（1439—1492 年），1490 年继任甘丹赤巴，时年 52 岁，在位 2 年。以上 8 位甘丹赤巴的生卒年及继任甘丹赤巴的年代和年龄，参第司桑结嘉措：《格鲁派教法史——黄琉璃宝鉴》，北京：中国藏学出版社，1989 年，第 73—79 页；汉译文参第悉·桑结嘉措著，许德存译，陈庆英校：《格鲁派教法史·黄琉璃宝鉴》，拉萨：西藏人民出版社，2009 年，第 55—60 页。

〔43〕此处应为“六十余任也”，因为第六十任甘丹赤巴洛桑旦巴饶杰在位 6

年，其后的第六十一任甘丹赤巴是阿旺楚臣（ངག་དབང་ཚུལ་ཁྲིམས）即一世策墨林（ཚེ་སྨོན་གླིང），其于1778—1784年在任。本书写成时间更在其后，书后亦有阿旺楚臣在任甘丹赤巴时期之事迹，详见下文。

第十三章　第一至九世达赖喇嘛时期及历任摄政

且说将师尊第二佛陀所创教派之政教两业最终发扬光大者，为（功德）无人能出其右之历辈达赖喇嘛也，故对（历辈达赖喇嘛）生平及之后历任摄政之历史稍作叙述。

（达赖喇嘛之）所化本体观世音（འཕགས་མཆོག་སྤྱན་རས་གཟིགས）之宏大功德，可从其他资料获知，其转生经历亦无穷尽也，简要论述如《希有劫》般所记矣。在雪域藏土，（观世音之化身）有往昔之吐蕃法王等大菩萨、仲杰威迥乃（འབྲོམ་རྒྱལ་བའི་འབྱུང་གནས）、历辈手持白莲（པད་དཀར་འཆང་བ）[1]等。与此相关之地域、时间和处所等授记，比如《子法宝民》授记曰："东方金刚座之北，在那悉补野之地，具有高峰擎天柱，低湖玉质曼荼罗，白土水晶大宝塔。"以及，"雪山怙主观世音，该地有您之净土，该土有您之度众。"以及，"为众生共同之怙主，在雪域之地掌国政"，此为总说也。而特别指出之四尊三藏（ལྷ་ཆོས་བདུན་ལྡན）[2]教派宗主仲师[3]，亦在《大悲妙法白莲经》（སྙིང་རྗེ་པད་དཀར）中有授记。《经卷珍宝》也记有："尤其伍茹（དབུ་རུ）之北地域中，隆雪纳布（ཀླུང་ཤོད་ནག་པོ）托系（ཐོག）仲氏（འབྲོམ）地，佛法财富皆得大发展。"关于班钦根敦珠巴，《经卷珍宝》亦记："法以十善之殊胜，地是圆满瞻部州，尤以娘协（ཉང་ཤབས）腹心地，其中最为殊胜处，上部扎什伦布旁"，如此将地域和寺院都一一明示。

之后对历代（达赖喇嘛）转世都依次有所预言，鉴于内容较多，暂不赘述，在此仅简述历辈之传略如下：

王桑结嘉措（མི་དབང་སངས་རྒྱས་རྒྱ་མཚོ）[4]曾将五世达赖喇嘛之前（之转生）概括为："如此天竺三十六导师，雪域十位法王贤哲七，四位绛红上师吾顶礼。"不包括在其中的还有萨钦贡噶宁布（ས་ཆེན་ཀུན་སྙིང）、尚卓威贡布（ཞང་འགྲོ་བའི་མགོན་པོ）、拉杰格瓦本（ལྷ་རྗེ་དགེ་བ་འབུམ）、雅桑巴（གཡའ་བཟང་པ）、曲吉默朗（ཆོས་ཀྱི་སྨོན་ལམ）等。噶举派祖师仲仁波切，出生地为北部杂杰木（ཙ་སྤྲི་མོ）之地仲氏（འབྲོམ）家族，父名达松秀贤（སྟག་གསུམ་ཞུ་གཞན），母名库多萨（ཁུ་རྡོག་བཟའ），于木龙年（1004 年）出生。在那囊旺久（སྣ་ནམ་དབང་ཕྱུག）[5]座前受居士戒，赐名杰威迥乃（རྒྱལ་བའི་འབྱུང་གནས）。后赴康区，在色尊（སེ་བཙུན）座下听受诸多佛法。后听闻阿里迎来一位大贤者班智达[6]，遂从康区远赴阿里拜见。时阿底峡尊者收到度母"藏土欧巴苏噶（ཨུ་པ་སི་ཀ）[7]将至，请加持于他"之谕，（于是）师徒相见并共同来到卫藏地区。尊者师徒在叶尔巴神山（ཡེར་པ་ལྷ་རི）转《经卷珍宝》等诸多无量法轮，创三藏（སྡེ་སྣོད་གསུམ）之精髓三士道次第（སྐྱེས་བུ་གསུམ་གྱི་ལམ་གྱི་རིམ་པ），以及能仁佛（ཐུབ་དབང）、大悲观世音（ཐུགས་རྗེ་ཆེན་པོ）、度母（སྒྲོལ་མ）、不动佛（མི་གཡོ་བ）等四尊三藏（ལྷ་ཆོས་བདུན་ལྡན）之纯净噶当教派。另于聂塘（སྙེ་ཐང）等地随侍（阿底峡）尊者并听法十二年。尊者转生兜率天后，按照《大方广菩萨藏文殊师利根本仪轨经》和《经卷珍宝》所授记，于五十四岁之火鸡年（1057 年）建热振寺（ར་སྒྲེང་རྒྱལ་བའི་དབེན་གནས་ཆེན་པོ）[8]，广行利益有情之事，木龙年（1064 年）六十一岁时圆寂。有三昆仲（སྐུ་མཆེད་གསུམ）[9]等诸多弟子。

如北方热振松柏之皮层，（此后）依次出现七位度化未来诸有情之比丘，[10]其中第一位即班钦根敦珠巴（དགེ་འདུན་གྲུབ་པ）[11]。如上文授记一般，（根敦珠巴）出生于具吉祥萨迦四角与盘宁（བན་རྙིང）[12]之间之贡杜茹瓦（ཤུང་དུ་རུ་བ）地方[13]，其父为塔措氏（དར་ཚོ）[14]之贡布多杰（མགོན་པོ་རྡོ་རྗེ），母觉姆朗吉（ཇོ་མོ་ནམ་སྐྱིད），生于铁羊年（1391 年）。七岁时于纳塘堪钦（སྣར་ཐང་མཁན་ཆེན）[15]座前受居士戒。

十五岁[16]在上述堪钦座前受沙弥戒，赐名根敦珠巴，闻思诸多教法。二十岁[17]受比丘戒，[18]之后赴卫地[19]，拜见宗喀巴大师，听受诸法，在卫地生活十二年。之后返回后藏[20]，在柏东班钦（པོ་དོང་པཎ་ཆེན）[21]座下听受多种教法。在纳塘寺受吉祥退敌天母授记，依此建立扎什伦布寺（བཀྲ་ཤིས་ལྷུན་པོ）[22]。所撰作品有《戒律论疏》（འདུལ་བའི་གླེགས་འབུམ）等，弟子有克珠诺桑（མཁས་གྲུབ་ནོར་བཟང）等善巧成就者多人。如此事业圆满后于八十五岁时逝往净土。

第二世根敦嘉措（དགེ་འདུན་རྒྱ་མཚོ）[23]，按未来出生之地与度化众之授记，于木羊年（1475 年）出生于后藏达纳（རྟ་ནག）之地，父为自在瑜伽师贡噶坚赞（ཀུན་དགའ་རྒྱལ་མཚན），母名贡噶贝（ཀུན་དགའ་དཔལ）。出家后之法名，按其母亲梦中所闻取为桑杰培（སངས་རྒྱས་འཕེལ）[24]，从父亲接受各种灌顶。十岁时在乃宁贡噶德勒（ཀུན་དགའ་བདེ་ལེགས）座前受沙弥戒，取法名为根敦嘉措贝（དགེ་འདུན་རྒྱ་མཚོ་དཔལ），[25]在扎什伦布寺勤习显宗经论。之后到哲蚌寺[26]，于之前堪布座前受近圆戒。[27]拜见克珠诺桑嘉措（མཁས་གྲུབ་ནོར་བཟང་རྒྱ་མཚོ）大师，听闻诸多甚深教法。之后于白域噶莫迥（སྣས་ཡུལ་དཀར་མོ་སྟོངས）建曲阔杰寺（ཆོས་འཁོར་རྒྱལ）[28]，任扎什伦布寺住持[29]、色拉大乘洲堪布[30]。四十三岁出任具吉祥哲蚌寺堪布[31]。如此通过讲辩著等广兴佛法宏大事业，六十八岁水虎年（1542 年）逝往法界虚空。

第三世一切智索南嘉措（བསོད་ནམས་རྒྱ་མཚོ）[32]，于水兔年（1543 年）[33]出生在堆隆康萨贡（སྟོད་ལུང་ཁང་གསར་གོང），父为第巴朗杰扎巴（སྡེ་པ་རྣམ་རྒྱལ་གྲགས་པ），母名贝尊普赤（དཔལ་འཛོམ་བུ་ཁྲིད）。按照拉喇嘛（ལྷ་བླ་མ）之授记，四岁火马年（1546 年）伴着种种瑞相登上哲蚌寺金座，在堪钦索南扎巴（མཁན་ཆེན་བསོད་ནམས་གྲགས་པ）[34]座前先后受居士戒和沙弥戒，取法名为索南嘉措贝桑布（བསོད་ནམས་རྒྱ་མཚོ་དཔལ་བཟང་པོ），[35]听受各种教法和灌顶。土羊年（1559 年）[36]成为内邬栋巴（སྣེ་གདོང་པ）[37]之上师。同年于卸任甘丹赤巴格列贝桑（དགེ་ལེགས་དཔལ་བཟང）[38]座前受近圆戒，随根敦扎西（རྗེ་དགེ་འདུན་བཀྲ་ཤིས）为首之诸多经师，无分别听受各种显密教法。与前世一般，担任色（拉）、哲

(蚌)、杰寺（སེ་འབྲས་རྒྱལ）住持。受北方之地上大梵天俺答汗（ཨལ་ཐེན）之迎请，远赴蒙古之地，将诸多有情引入胜生永久安乐之善道，开启政教事业兴盛之大门。（俺答汗赐其）刻有“金刚持达赖喇嘛”（རྡོ་རྗེ་འཆང་ཏཱ་ལའི་བླ་མ）[39]之金印及供献无量，（索南嘉措）也回赐汗王“天神大梵天法王”（ཆོས་རྒྱལ་ལྷའི་ཚངས་པ་ཆེན་པོ）之号[40]，建大乘曲阔林寺（ཐེག་ཆེན་ཆོས་འཁོར་གླིང）。[41]之后依次来到朵康之地，曾于察木多（ཆབ་མདོ）停留多日[42]，建理塘吐钦林寺（ལི་ཐང་ཐུབ་ཆེན་གླིང）[43]。俺答汗去世后返回蒙古之地并主持俺答汗之葬礼。[44]明万历皇帝也下诏（册封并）赐上善珍宝。[45]四十六岁土鼠年（1588年），在蒙古喀喇沁弘传佛法时现逝入法界相，舍利等入藏灵塔并供奉于哲蚌寺银质灵塔殿。

第四世云丹嘉措（ཡོན་ཏན་རྒྱ་མཚོ）或德钦曲吉杰布（བདེ་ཆེན་ཆོས་ཀྱི་རྒྱལ་པོ），[46]诸护法皆预言“将出生在蒙古之地”。父为蒙古之地成吉思汗之后彻辰曲库（སེ་ཆེན་ཆོས་ཁུར）[47]，母瓦堪居拉（བ་ཀན་རྒྱུ་ལ），于前世圆寂之年即土牛年（1589年）[48]降生，由于有种种神奇预兆和瑞相，传为一切智[49]之转世，在蒙古本土弘扬佛教事业多时。[50]此后准备返藏之旅，以大强佐[51]为首之卫地各僧俗头人虔诚迎请，[52]于十四岁时启程，依次经湖畔（མཚོ་ཁ）[53]、帕康（བར་ཁམས）、热振（ར་སྒྲེང）、达隆（སྟག་ལུང）等地，在各方显贵多种仪式之迎请下，到具吉祥哲蚌寺甘丹普陀殿（དགའ་ལྡན་གྲུ་འཛིན་ཕོ་བྲང）登上狮子大法座[54]。且说此前强佐等赴蒙古之地时，已由卸任甘丹赤巴班觉嘉措（དཔལ་འབྱོར་རྒྱ་མཚོ）[55]赐法名为云丹嘉措（ཡོན་ཏན་རྒྱ་མཚོ），所以此时由甘丹赤巴桑杰仁钦（སངས་རྒྱས་རིན་ཆེན）[56]为其剃度保留原法名。出于广受显密教法之需，从康区迎请济咙拉旺曲吉坚赞（རྗེ་དྲུང་ལྷ་དབང་ཆོས་ཀྱི་རྒྱལ་མཚན）[57]为首席经师，但（济咙大师）不久圆寂，时缘不顺。于是从后藏迎请班禅一切智洛桑曲吉坚赞（པཎ་ཆེན་ཐམས་ཅད་མཁྱེན་པ་བློ་བཟང་ཆོས་ཀྱི་རྒྱལ་མཚན）[58]为上师，广受灌顶和听闻甚深教法，师徒二人如此相伴几年。后赴杰（རྒྱལ）和山南（ལྷོ་ཁ）等地。之后受迎请到扎什伦布寺，与班禅仁波切聚首并互献大量供奉。此时正值后藏势力鼎盛之际，据说藏巴第悉彭措南杰（སྡེ་སྲིད་གཙང་པ་ཕུན་ཚོགས་རྣམ་རྒྱལ）亦有施以粮草柴薪之举动也。[59]此后返回卫地。

之前噶玛巴曲扎嘉措（ཀརྨ་པ་ཆོས་གྲགས་རྒྱ་མཚོ）时期，仁蚌巴在乃巴（སྙེལ་པ）上部萨纳玛（ས་ནག་མ）地方建立寺院，具有噶、格两派共同之等起。[60]所以当此尊者（四世达赖喇嘛）自蒙古之地来到藏土时，六世红帽活佛[61]曾第一时间敬献用诗歌体撰写之迎请赞颂文，不料由郭莽阿阇黎雄康巴（སྒོ་མང་སློབ་དཔོན་གཞུང་ཁང་པ）和仲译（དྲུང་ཡིག）等撰写的复信，却误解了（六世红帽活佛）赞颂文的本意，从而导致噶举派（的歧视，）在献给大昭寺释迦牟尼佛的哈达上撰文讽刺格鲁派（没有学识），[62]于是才有蒙古人（替格鲁派出头）清除噶巴马骡之事。雅杰巴和藏巴舅甥为了报复（格鲁派和蒙古势力），联合大军进入吉雪，攻城掠地、威压各方。[63]（格鲁派）无奈进行反击，（四世达赖喇嘛）施以六十食子（དྲུག་ཅུ་པ）威猛法[64]，结果见效甚快，不久雅、藏舅甥之间便发生内讧，雅杰巴属民皆被藏巴兼并。（由于四世达赖喇嘛）对他部显忿怒相，得名“图道云丹嘉措”（མཐུ་སྟོབས་ཡོན་ཏན་རྒྱ་མཚོ）。木虎年（1614 年）[65]由班禅洛桑曲吉坚赞任堪布，森康贡珠活佛索朗格列（གཟིམས་ཁང་གོང་སྤྲུལ་སྐུ་བསོད་ནམས་དགེ་ལེགས）为轨范师，在足数僧众当中受近圆戒，成为众僧伽之贤德顶饰。在甘丹赤仁波切桑杰仁钦（སངས་རྒྱས་རིན་ཆེན）、班禅一切智、森康贡珠活佛等五六位上师座前闻思大量显密教法。二十八岁（1616 年）火龙年十二月，色身逝入法界大乐空，法体火化后建造灵塔，供于哲蚌银质灵塔殿。

且说前文已有略述，即在当时藏土卫、藏两地，以雅、古、藏三家势力最盛，其中尤以藏巴更无匹敌。（四世达赖喇嘛）云丹嘉措在世时期，拉萨吉麦（སྐྱིད་སྨད）地区、雅杰巴所属地区皆入藏巴统治之下。火蛇年（1617 年）年底，喀尔喀却图汗派使团和军队入藏，[66]格鲁派和蒙古之属民发动复兴之战的意图亦完全公开。尽管甘丹颇章强佐索朗饶旦（ཕྱག་མཛོད་བསོད་ནམས་རབ་བརྟན）[67]、色拉寺杰扎仓（སེ་ར་བྱེས）阿阇黎帕邦喀（པ་བོང་ཁ）等人尽力拖延，然所集教法和有情之诤灾祸太盛，既不顾当前，亦不虑长远，（加上）一些积了恶趣之因的僧俗尽力鼓动，民众也随之盲目乱动，导致蒙古军队和色拉、哲蚌寺的僧兵对生活在拉萨的后藏贵族、军官以及在卫地驻守的军队发动进攻，使得灾难进一步加深。藏巴亦将卫藏之军队汇聚一处，准备进攻，结果蒙古人未敢抵挡，从而北返故土。强佐大人索朗饶旦和吉雪第巴玉杰（གཡུལ་རྒྱལ）等人，亦无奈放弃德庆查嘎（བདེ་ཆེན་བྲག་དཀར）、喀达（མཁར་སྟག）等吉曲河上游南北两岸之诸多堡寨和庄园，与蒙古人一道远迁。（色拉、哲蚌）两寺亦因此变所累，（僧人）只能暂住达隆寺四五个月。色拉、哲蚌遭到战火，经达隆巴恳求暂归其下，（两座寺院）殿堂门窗多遭损坏，连野狗、窃贼俱不能阻挡之灾难由此形成，此约为羊年（1619 年）七月之事也。其后之猴、鸡年（1620、1621 年），（第悉藏巴）继续出兵雅塔（ཡར་དྭགས）之地，兼并古热巴（སྐུ་རབ）等，将上部冈底斯至（下部）工布阿拉（ཀོང་ཛ་ར）之卫藏大地皆统于辖下。（时藏巴第悉）下有羌卓（བྱང་འབྲོག）诸部、止贡（འབྲི་གུང）、达隆（སྟག་ལུང）、拉恰（ལྷ་བྱ）、浪卡子（སྣ་དཀར་རྩེ）等所封授大小不等之喇本，成为（诸部）共同之霸主，疆域齐天，藏堆杰布（གཙང་སྟོད་རྒྱལ་པོ）之美誉响彻康藏大地矣。

第悉彭措南杰奔赴卫地指挥军队时，约在猴年（1620 年）十月左右于桑域门冬噶尔（ཟངས་ཡུལ་མོན་གདོང་སྐར་ཐོག）地方染疾而终。由于正值用兵之际，臣下等暂时匿丧并佯装撤回后藏。之后的鸡年（1621 年）重新发丧，由其子第悉噶玛丹迥旺布（ཀརྨ་བསྟན་སྐྱོང་དབང་པོ）[68]继位。此王当时虽然年方十七，但却有勇敢贤明、足智多谋的岗（སྐར）、苏（ཟུག）二大臣，以及仲聂彭贡瓦（ཕོང་གོང་བ）等诸多家臣（辅佐），政运昌盛，统治集团内部智慧皆齐，能力全面，政权稳步发展。该第悉在卫藏全境称王二十年后，最终于水马年（1642 年）被蒙古厄鲁特固始汗（ཨོ་རོད་གུ་ཤྲི）歼灭，（固始汗将政权）呈献于达赖喇嘛之手，此事下文再叙。

且说作为土马年（1618 年）之乱[69]的延续，到了铁鸡年（1621 年），土默特拉尊（ཐུ་མེད་ཀྱི་ལྷ་བཙུན）和古如洪台吉（གུ་རུ་ཧུང་ཐའི་ཇི）所率两千蒙古官兵，与第悉藏巴属下万余将士对战于拉萨姜塘岗（རྐྱང་ཐང་སྒང），后藏兵伤亡极大，被围在红、铁两山（དམར་ལྕགས）[70]，并遭断水。此时班禅仁波切向拉尊等献大量礼物（求情），解了他们的饥渴之难。（此即）邬坚仁波切（ཨོ་རྒྱན་རིན་པོ་ཆེ）[71]关于“铁山之上欲食身，无量光恩救众生”之授记，可见于班禅秘传之中也。其后有本师仁波切（དཔོན་སློབ་རིན་པོ་ཆེ）[72]、甘丹赤巴[73]、达隆巴等在藏巴和蒙古之间斡旋后，双方达成协定，甘丹颇章得以占据热（རག）以下以拉萨为主的地区，色拉和哲蚌两寺的庄园也重归原主，（之前被迫）改宗的卫藏格鲁派寺院和被占土地也被奉还，第巴吉雪巴重新接管澎域喀孜。强佐大人索朗饶旦也得以重归甘丹颇章，虽然急于一切智[74]转世灵童之认定，然亦未对外透露任何消息。[75]

如此圣尊持白莲乘愿降临人世持比丘王态之遍视佛王五世达赖喇嘛[76]，在《大方广菩萨藏文殊师利根本仪轨经》中就有明示：“劫后世间衰亡时，必以比丘之王姿，降临人间无疑矣。诚如所谓‘玛奎’（མ་ཁོལ）者，亦被称为‘梅朵’（མེ་ཏོག）也。”除此之外，如《经卷珍宝》将历辈传承完全明示般，往昔经、论及旧派伏藏、秘传等等之中亦多有授记，在此不做赘述。简而言之，《热达纳授记总录》曰：“如此往昔发心佛主者，观音化身来自卫之地，智慧具力贤德耀光者，佛法之王依次转生现。”如此这般将法名等都已明示。[77]多杰林巴（རྡོ་རྗེ་གླིང་པ）所掘伏藏书中所记与此类似。《岱赛唐拉之授记清除意苦》亦记：“殊胜人杰有情怙，统治印藏两地政，萨霍王嗣莲师化，众生怙主法之王。”噶玛巴弥觉多杰（ཀརྨ་མི་བསྐྱོད་རྡོ་རྗེ）[78]亦预测（其）为莲花生大师之转世也。有时亦说为文殊（菩萨）和赤松（德赞之转世），有人言其是观音，亦有人言为莲花生大师之转世等，因诸佛心传为一，故（上述各说）皆不矛盾也。（五世达赖喇嘛之）出生地为雅隆琼结（ཡར་ལུང་འཕྱོངས་རྒྱས），关于其家族世系皆如上文帕竹时期介绍各地方势力时所阐述，父为第巴杜堆饶丹（བདུད་འདུལ་རབ་བརྟན）[79]，母为羊卓万户长之女贡噶拉孜（ཀུན་དགའ་ལྷ་མཛེས），出生于第十饶迥火蛇年（1617 年）藏历九月二十三日。

（五世达赖喇嘛出生时）出现诸多奇异瑞相，如前所未有之鲜花于鲁神庙中盛开、堡寨被彩虹笼罩、山下不循传统之民众开始转山等，舅舅向觉囊多罗那他（ཇོ་ནང་ཏཱ་ར་ནཱ་ཐ）求赐名，取名为贡噶弥觉多布杰旺波杰布（ཀུན་དགའ་མི་འགྱུར་སྟོབས་རྒྱས་དབང་པོའི་རྒྱལ་པོ）。藏巴第悉亦派专人前来参加诞生宴并献上祝福。绛达仁增阿格旺布（བྱང་བདག་རིག་འཛིན་ངག་གི་དབང་པོ）于前后两年多次举行禳灾驱邪之仪式。

且说土羊年（1619 年），（达赖喇嘛）家族出现动乱，其原由在于之前藏巴彭措南杰以父亲（琼结巴杜堆饶丹）之名，意图将浪卡子之女嫁给他并答应置办嫁妆，其本意是将此卫地豪强势力拉拢到自己一边，未料父亲（杜堆饶丹）竟然“交友于东方之王”，反而与古热巴打得火热，令藏巴第悉大为光火。时第巴本人（杜堆饶丹）之属下，亦受内外魔鬼蛊惑，在其前赴雅拉香波山之际，将堡寨献于苏布鼐。[80]消息传来，（杜堆饶丹）拟逃往康区，时又发觉有人暗中跟踪，所以为了避免被俘，决定前往后藏。藏巴第悉暂将（达赖喇嘛）母子等人安顿于曲秀拉雄多盖（ཆུ་ཤུལ་ལྷ་གཞོང་སྟོ་སྐལ）地方。在此暂居期间，有人疑其（五世达赖喇嘛）可能为楚布杰曹仲巴（མཚུར་ཕུ་རྒྱལ་ཚབ་དྲུང་པ）或主巴拉孜巴活佛（འབྲུག་པ་ལྷ་རྗེ་བའི་སྤྲུལ་སྐུ）之转世。哲蚌寺总管（就此）请问于桑耶护法神，得到“注意雅隆金色府”之回答。蔡赛仓巴童忒（护法神）（ཚེར་གསེབ་ཚངས་པ་དུང་ཐོད）指示：“琼结金质金刚杵，镶饰精致红宝石，配上彩绸极精美，光泽赛金无匹敌。”依此认为其可能为哲蚌寺之转世活佛，此说由此亦广为流传。时有蒙古兵即将到来之谣言四处传播，所以喜卡孜（གཞིས་ཁ་རྗེ）[81]突然派人前来要接其至后藏。父母不放心（孩子）到后藏，遂请之于浪卡子。（浪卡子）派使者到后藏，承诺为其父母孩子一家三口提供担保，希望允准不到后藏。（藏巴第悉）答应（浪卡子）所请，遂于铁蛇年[82]年底移居羊卓。舅舅待其与俩亲生儿子并无二致，所以（年幼的五世达赖喇嘛）心情愉悦，常将剩饭糌粑等捏成朵玛（གཏོར་མ）形状，模仿祭祀禳解之模样，对显宗论师和密宗咒师等颇感兴趣。

因为上述诸护法之预言，加上另有岗嘎孜巴阿杰（གང་ཁ་རྩེ་པ་ཨ་རྒྱལ）之子、娘布（ཉང་པོ）地方一户人家之子等多位疑似（四世达赖喇嘛的）转世灵童，所以此时有吾教派各上师中最德高望重者班禅仁波切[83]和桑浦林麦法王（གསང་ཕུ་གླིང་སྨད་ཆོས་རྗེ）[84]二人，到热振寺文殊金刚佛像前摇丸抽选，结果此尊者[85]被摇出并最终确认（为五世达赖喇嘛）。为了认定和迎请为教主，甘丹颇章方面有擦瓦噶居（ཚ་བ་དཀའ་བཅུ）和两个蒙古人[86]赴浪卡子禀告最终认定之事，然其（五世达赖喇嘛）舅父与母亲未得藏巴之允许，故无法决定，遂到后藏请示。虽然第悉年幼，但诸大臣们认为，扎什伦布寺本身就是几位前世达赖喇嘛驻锡之寺院，（历辈达赖喇嘛）亦由班禅主持剃度，因此（将转世灵童）请到后藏为佳。并承诺以迎请噶巴师徒一般无二之仪仗，用镶饰珍宝之马队隆重迎接，所有饮食用度可由后藏承担，不劳卫地劳顿等。其实一切诡诈和算计，只为设置障碍以阻止（灵童被）迎往哲蚌寺也。但（卫地所派）使者亦是精明聪慧之人，通过晓之以理、警之以兵，以软硬两策多次交涉，终得（藏巴）同意。[87]自此决定赴哲蚌寺之际，（五世达赖喇嘛）在浪卡子与班禅大师首次相见，前来迎请之甘丹颇章擦瓦噶居等人、蒙古人、达隆、林麦曲杰等人也依次到来。到吉麦聂塘（སྐྱིད་སྨད་སྙེ་ཐང）时，以强佐索朗绕旦为首之色拉、哲蚌（两寺）阿阇黎和学僧、施主等组马队前来迎接并敬献哈达。水狗年（1622 年）藏历二月二十五日，抵达雪域大地唯一庄严具吉祥哲蚌寺，在众僧齐聚之地，手捧供品之僧人列队迎接，跳神护法在前开路，正式进入甘丹颇章。

此处赞曰：

啊我雪域众生有福德，
迎来世间之王圣者尊，
展现奇异相好曼荼罗，
普陀移至达纳阔扎洲。
尽遂人愿弘意如意宝，

供于诸贤齐聚胜幢顶，
清凉大地吉祥家园中，
安乐法财如意甘霖降。

此为间歇之诗歌也。

藏历三月，于班禅洛桑曲吉坚赞座前剃度，取法名为洛桑嘉措（བློ་བཟང་རྒྱ་མཚོ）。且说由于种种原因，曲本蒙古拉尊兄弟郑重邀请（达赖喇嘛）赴青海，[88]（五世）鉴于自己年纪尚幼，加上顾忌藏巴（第悉）不悦，因此未受其请，结果陷入可能会被（蒙古人）劫持北上之险境。于是向藏巴道明原因，暗中乘皮筏移至艾日果（ཨེ་རི་སྐོ），（其间）诸人谨慎侍奉，保障安全。（在艾日果时）暂时致力于诵读。后返回哲蚌寺，从林麦法王贡却群培处受部分教法灌顶。木鼠年（1624 年）到曲阔林寺，在此驻锡一段时间。回程中到色拉大乘洲，受到各扎仓供奉，后返回驻锡地。木牛年（1625 年）九岁时在班禅座前受沙弥戒。十岁时学习领颂和祭祀仪轨。火兔年（1627 年）十一岁起开始学习经论，以林麦贡却群培为经师，学习因明、中观、律论等，至水猴年（1632 年）已满五年。由于勤奋刻苦、聪慧敏锐，基本通达五部大论，成为显宗经学学僧之佼佼者也。其间亦从贡却群培和洛桑曲坚[89]处听受本派各种灌顶，简单修炼马头明王修证法。铁马年（1630 年）首次到甘丹大寺，（为僧众）讲授《噶当经卷》，出现普降花雨等瑞相。不久意欲参加祈愿法会辩经，结果未合强佐大人之意，（强佐）曰："若要辩经，只参加本派之祈愿法会有所不妥。若辩就参加昂仁（ངམ་རིང）辩经，届时藏巴亦会前来参加。藏巴（辩经师）之首为敏珠鼐（སྨིན་གྲོ་ནས），因此对密宗咒语、十明文化和历史等都要融会贯通。"遂于余下来几年加强书法、历算、声明、诗歌、辞藻学的学习。期间有鄂尔多斯（ཨུར་དུ་སུ）和土默特（ཐུ་མེད）的多个使团到来。[90]

由于之前有相互学习，请教金刚鬘（རྡོ་རྗེ་འཕྲེང་བ）和宁玛八教（བཀའ་བརྒྱད）之传统，林麦巴与强佐协商后，认为（五世达赖喇嘛）

向帕邦喀（པ་བོང་ཁ）请教八教最佳，于是决定（将帕邦喀）迎请至哲蚌寺建立法缘关系，向其（帕邦喀）授长寿灌顶，得以回授（宁玛）八教等。虽然（五世达赖喇嘛）之前（和帕邦喀）已经谋面，但因不甚熟悉，遂不太重视。（五世达赖喇嘛）此前学习经论，对萨迦、宁玛和噶举之教法虽然兴趣不大，但此尊者[91]除了对本派（上师），对大手印、大圆满、中观[92]等任何一派无可比拟之教主、贤者和成就者，都会转变（此前之）看法，生出与之前截然不同之态度。比如尊者曾亲口说过："此上师[93]昼夜勤修佛法成就宏大，听其讲授（佛法）便不由自主产生无限之信仰，所有言教和身教皆以佛法为唯一之中心。而此前之闻思教法者，皆属对经典一知半解，沽名钓誉，本质犹如荒漠也。（所以）生起'从此时起理应修习些许求证解脱法门之功课'的想法，并开始逐渐收心，（如此转变）完全赖此持金刚上师之恩德也。"[94]（五世达赖喇嘛）如此大圣贤德，岂会真有如此（对教法经典一知半解、沽名钓誉）之举，显然是为鞭策他人而说也。如此将此尊者（帕邦喀）视如金洲尊者（ཇོ་བོ་གསེར་གླིང་པ）[95]、伍玛巴（རྗེ་དབུ་མ་པ）等无教派分别之教主，奉为诸经师之首。五世一切智对密乘顶峰之宁玛教法和伏藏进行闻思修，是为往昔之前世赤松王的习气使然也，当前机缘更是此贤德（帕邦喀）之功劳也。当时宁玛教法已显颓势，依靠一切智以胜慑之术抛除所有杂质与舛谬，修持和弘扬纯正宁玛教法之力，使宁玛教法传承得以延续，故后世信众对师徒二人[96]之恩德铭记于心。

如此不到四十岁，（五世达赖喇嘛）就对新旧显密教法和经论伏藏、声明之学等全面闻思、兼容并蓄，成为名副其实之一切智也。所拜经师有：授新旧噶当等格鲁派教法之班禅仁波切、贡却群培、赤达隆扎巴（ཁྲི་སྟག་ལུང་གྲགས་པ）等，授格鲁、宁玛、大手印之法之杰帕邦喀巴，授宁玛伏藏教法之苏钦曲阳仁卓（ཟུར་ཆེན་ཆོས་དབྱིངས་རང་གྲོལ）、曼伦洛却多杰（སྨན་ལུང་བློ་མཆོག་རྡོ་རྗེ）、岱达林巴（གཏེར་བདག་གླིང་པ）等，（授萨迦道果教法和夏鲁教法之）萨迦派旺久饶丹（དབང་ཕྱུག་རབ་བརྟན）和夏鲁堪钦索朗却珠（མཁན་ཆེན་བསོད་ནམས་མཆོག་གྲུབ）等诸多具有不共成就之大德。凡译传于藏地之所有经论、密法和要门，没有（五世达赖喇嘛）未听闻者。诚如有诗所云：“不分派别百家之学说，兼容并蓄如做蜜奶般，融成一体是为阿旺尊（ངག་གི་དབང）。”

土虎年（1638 年）二十二岁时，以所有教派之共主班禅仁波切为堪布，绛央贡却群培为轨范师，在大昭寺释迦牟尼佛前受比丘戒，成三学僧众之最圣大德，（赐法名时）在原法名[97]之前加“阿旺”两字。如此从其成各教派之共主，其间事业兴遍于天下开始述说（甘丹颇章政权之）主要统治世系。

在此续引前述之授记，从“牦牛[98]顶上尖角猪[99]之尾，嚼豹[100]之窝再吃土[101]之食”起至“卫藏全境纳入其辖下”，再到《神鬼遗教》（ལྷ་འདྲེའི་བཀའ་ཐང）授记之“列当梅朵固哲（ལེགས་བདང་མེ་ཏོག་ཀུ་འདུ）一女子，诞下统治北民（བྱང་མི）天地主，律法贤哲政教太阳升”等，皆指此时也。此时止贡、帕竹之运已近殆尽，惟余一角一尾矣，“嚼豹之窝”即指此前萨迦和蒙古时期拉萨地区以贡塘（ཀུང་ཐང）为首，现于此地建立宫殿之意也。“吃土之食”是说之前（安）多、卫（藏）、康（巴）三地皆由大元皇帝赐给八思巴和萨迦派，此时将这些（属于萨迦之）地区纳入辖下，即吃了萨迦之食之意也。所谓“梅朵固哲”乃松赤赞（སྲུམ་ཁྲི་ཙམ）[102]之名的异译，而“北民”所指为蒙古人。其他则容易理解矣。

有道是：

普陀净土怙主发心恩，
四部圆满极盛甘丹巴，
尊胜各方颇章政教强。
创建此土罗摩衍那王，
具力哈努曼塔兄弟等，
依福靠勇统治广袤土，
形成供施二种王之法，
开创此土全新圆满时。

此即间歇之诗歌也。

此怙主如此将其政治事业弘扬于广袤大地，多依赖金刚手（གསང་བདག）之化身丹增曲吉杰布（བསྟན་འཛིན་ཆོས་ཀྱི་རྒྱལ་པོ）[103]、强佐第巴索朗饶旦两人智勇双全之全力推广也。关于强佐之家族世系虽不能完全明了，但简要论之则属位列重臣之首的囊索杰布（ནང་སོ་རྒྱལ་པོ）之类也。（索朗饶旦）在尊者云丹嘉措圆寂之前即任甘丹颇章强佐之职，其后经历移居康区等些许磨难。卫拉特固始汗（ཨོ་རོད་གུ་ཤྲི་ཆེན་པོ）大王，乃北方蒙古各部中卫拉特四部[104]之一的和硕特部首领哈尼（ཧ་ནེའི）[105]之子，在（哈尼）五子中排行第三，出生于第十饶迥水马年（1582 年），十三岁时因率部击败果噶（མགོས་དཀར）万人军队而名声大振。当时该地还不传佛教，属化外边地也。（固始汗）听闻其他蒙古地方因俺答汗供施双方之功有佛教传播，遂向该方向顶礼膜拜，以致额头肿起。二十五岁时母亲去世，（固始汗）发大量布施。此时喀尔喀和卫拉特发生大规模战争，在双方断绝沟通、各不相让之际，（固始汗）于心不忍，抱视死如归之心毅然远赴喀尔喀之地极力斡旋，被喀尔喀大汗和王公赐“大国师”之封号。[106]之后返回故土，如尊者索南嘉措预言般，组织翻译《金光明经》（མདོ་སྡེ་གསེར་འོད）等佛经并担任施主。

再述其（固始汗）发兵青海和中部康区（བར་ཁམས）之原由。且说帕竹（地方政权）等只是卫藏地方之统治世系，而要知中部康区之统治者如何出现，（则要从之前说起：）具吉祥萨迦派（统治）时期，有东金巴贝（གདོང་སྤྱིན་པ་དཔལ）者，曾作为八思巴之侍从，受封为朵康之总管，获大元朝廷郡王之封诰，被人称为俄杰赤玛巴（ངོམ་རྗེ་ཁྲི་དམར་བ）。按阿努史籍（ཨ་ནུའི་ལོ་རྒྱུས）所记，（此人传下的）可能为当今萨岗第巴家族（ས་སྐྱང་སྡེ་པ་ཚང）也。萨迦和蒙古之教法未能长久，此后（该家族的）兴衰变化尚不可知，总之未能太过强盛。

波沃噶南巴（སྤོ་བོ་ཀ་གནམ་པ）据说传自吐蕃赞普止贡赞普之子恰赤（ཇ་ཁྲི），不论此说可不可信，确为一具有悠久历史之家族。该家族此前为波沃（སྤོ་བོ）[107]地方之首领，但原属于官府之六部落和河流上游（等地），在第巴索朗饶旦时期被武力兼并。工布等地虽然之前也属于卫地统治，但帕竹时期有托噶囊索（ཐོག་ཀ་ནང་སོ）者，曾为止贡巴之近侍，似一不甘人下之强人也。藏巴时期（当地）有孜拉岗巴（རྩེ་ལ་སྒང་པ）、雪卡囊索（ཞོ་ཁ་ནང་སོ）等噶玛巴属下掌管之噶斯巴（ཀར་སྲིད་པ）[108]，实力强劲，实为噶玛巴之部也。

（此时）中部康区之南有八邦囊索（དཔལ་འབར་ནང་སོ）、嘉顿仲噶玛丹迥（རྒྱ་སྟོན་འབྲུང་ཀརྨ་བསྟན་སྐྱོང）等洛堆巴人（ལྷོ་སྟོད་པ）。协阔（གཞིས་ཁོགས）地方有第巴朗杰扎西（སྡེ་པ་རྣམ་རྒྱལ་བཀྲ་ཤིས），洛隆宗（ལྷོ་རོང་རྫོང）由杰美噶萨玛（རྗེ་མི་དཀར་བཟའ་མ）占据。八宿（དཔའ་ཤོད）、洛纳觉（ལྷོ་ནག་ལྕོགས）、古达甸三地（འགུ་བསྟར་ལྡེམ་གསུམ）有第穆乔烈朗杰（དེ་མོ་ཕྱོགས་ལས་རྣམ་རྒྱལ）[109]、拉旺丹贝坚赞（ལྷ་དབང་བསྟན་པའི་རྒྱལ་མཚན）[110]等。昌都也有自协俄通瓦顿丹（ཤེལ་སྒོ་མཐོང་བ་དོན་ལྡན）[111]任住持以来，到此时为四世（帕巴拉）却吉杰布（ཆོས་ཀྱི་རྒྱལ་པོ）在任时期。类乌齐（རི་ཆེ）之前只有央贡寺院（ཡང་དགོན་པ），后来家族传嗣者娶白萨拉措（བེར་བཟའ་ལྷ་མཚོ），结果亲家反目，寺院也被白军（བེར་དམག）占领，亦在此时。[112]察雅扎巴嘉措（བྲག་གཡབ་གྲགས་པ་རྒྱ་མཚོ）[113]此时也值事业鼎盛之际。

在藏巴汗兴起之时，康区有白利土司（བེ་རི）[114]崛起，在顿月杰（དོན་ཡོད་རྒྱལ）（任土司）时已占据上至格杰杂噶纳（དགེ་རྒྱས་རྫ་དཀར་ནག）、下到木雅地区（མི་ཉག）的朵康三分之二境，其功多归此土司之强势严治也。其父土司[115]时期，曾在擦岗（ཚ་སྒང）佛像前为帕巴拉协俄通瓦顿丹供奉大量财物，此记载见于《协俄教法史》（ཤེལ་སྒོ་ཆོས་འབྱུང），可见也是往昔之故旧施主也。顿杰继任（土司）后虽然势力大增，但却以郎依（སྣང་ཞིག）[116]等苯教为宗教上师，佛教各派诸多上师被摧残打击、投入监牢，成为整个佛教之公敌，也成为动摇其世代统治基础之根源。

中部康区北边之玉树上下两部（ཡུག་ཤུལ་སྟོད་སྨད）、嘎巴（ཀ་པ）、聂措（ཉག་མཚོ）、郭孜（སྒོར་རྩེ）、霍尔查沃（ཧོར་བྲག་འོག）等地，之前属于噶举、格鲁两派之共同施主——青海土默特部汗王。五世达赖喇嘛大约八岁时，蒙古六部发生内乱，其中有多人逃往喀尔喀，导致（喀尔喀）各部相争，结果却图汗（ཆོག་ཐུ）[117]被逐。却图汗来到青海，因为（当地的）土默特汗王和王公贵族等气数已尽，所以就像小鸟遇到飞石一般被其（却图汗）击败，徒留虚名，青海民众皆归入信奉噶举之花马蒙古（སོག་རྟ་ཁྲ་ཅན）统治之下矣。

（却图汗）不久（却图汗的）疆域扩大，木猪年（1635 年）曾进军西藏。在格鲁派面临危机之时，五世达赖喇嘛举行多种慑敌仪式将其击退，未形成太大破坏。（却图汗）随后转而挥师下部康区，一路劫掠而行，“花马之师”（རྟ་ཁྲ་ཅན་པོ）之说法即来自此时。当时白利（土司）因为兵力较强，所以未能征服。时任蒙古军队统帅者——却图汗之子阿尔斯兰（ཨར་ས་ལང），也因内部出现纷争导致被杀。[118]却图汗早先假装信奉噶举派，之后以汉地国师之名成为苯教徒，对整个佛教和宗喀巴大师之教派怀不服、摧坏之心。鉴于如此形势，卫拉特汗王洪台吉（ཧུང་ཐའི་ཇི）[119]整合万人军队，于火牛年（1637 年）正月进击青海，歼灭却图汗四万军后占据青海。

当年秋末，（固始汗等）蒙古贵人率随从至拉萨，拜释迦牟尼佛和达赖喇嘛，奉千供。达赖喇嘛向其授除障等多种灌顶，并据岱敦智美伦布（གཏེར་སྟོན་དྲི་མེད་ལྷུན་པོ）“边军七次入藏之最后，有那手持金刚转世王，入藏完成政兴民安事”之预言，将固始汗认定为金刚手之化身，在释迦牟尼佛像前设高座请其入座，献“丹增曲吉杰布”（བསྟན་འཛིན་ཆོས་ཀྱི་རྒྱལ་པོ）之尊号。汗王亦赐强佐索朗绕旦“达赖强佐”（ཏཱ་ལའི་ཕྱག་མཛོད）之号，其他显贵亦赐相关蒙古语封号。[120]之后不久，（固始汗）在举行盛大庆典后返回故土，返程中朝拜甘丹寺，不久出现金桥连接汉藏、佛法普遍弘传之祥瑞预兆。

（固始汗）返回青海后，根据此前在藏时所提迎请达赖喇嘛至青海事，于土虎年（1638 年）派梅尔甘噶居喜饶嘉措（མེར་གན་དཀའ་བཅུ་ཤེས་རབ་རྒྱ་མཚོ）等僧俗宰桑六人[121]率领三百多人使团到藏迎请（达赖喇嘛），强佐索朗饶旦带几人（就此事）赴日喀则向第悉请示。此时（以）两位老臣等（藏巴）大臣，有的任期已满，而岗钦巴

(སྣང་ཆེན་པ) 等人则因罪（下狱）而不得见，（执事的）新大臣有康扎列丹多杰（ཁང་དཀར་ལེགས་ལྡན་རྡོ་རྗེ)、图道列丹多杰（མཐུ་སྟོབས་ལེགས་ལྡན་རྡོ་རྗེ）等四大列丹噶钦（བཀའ་ཆེན་ལེགས་ལྡན་བཞི）等。所以（强佐索朗绕旦）通过康扎鼐（ཁང་དཀར་ནས)[122]向第悉请示达赖喇嘛受邀之事，不料（第悉）敌我不分，含糊回复“汝格鲁派自行决定”。（第巴等）于是（向蒙古人）回复：“无论从学经需要还是自身愿望出发，（达赖喇嘛）都无法前往（青海）。”此时正值藏巴第悉新建后藏大寺，时人皆云其“心怀不良动机建寺院”。派出劳役之人等（为了建造寺院）竟从扎什伦布寺后山采石，其间发生巨石滚下山来击塌（扎什伦布寺）僧舍之事，使班禅仁波切亦产生顾虑。（班禅）拉章（བླ་བྲང）的管家与（扎什伦布寺）闻思学院（ཐོས་བསམ་གླིང）的阿阇黎等将相关情况如实告知，使者们返回青海后将在藏所见所闻如实向大汗禀告，（固始汗）闻后震怒，当即准备率军突袭西藏。又据昌都来人所告白利土司之恶行[123]，遂于土兔年（1639 年）五月率大军讨伐白利，用兵不到一两个月，就攻占位于贡觉桑竹雄（གོ་འཇོ་བསམ་གྲུབ་གཞུང）之白利土司官寨。白利土司带领少数亲随逃到门察隅（མོན་ཇ་ཡུལ）地方，虽然（临时）得以逃脱，然天命难违，最终于铁龙年(1640 年)被俘。

在歼灭白利的同时，（固始汗）遣贝图克雅（དཔལ་ཐུལ་ཁའི་ཡ）等多人先赴卫地，告知强佐第巴来年将进军卫藏之事。由于（蒙古使者）带有书信，所以协俄[124]不敢隐瞒，便（将书信）呈给达赖喇嘛并禀告大汗即将来藏之计划。（达赖喇嘛当时）严厉吩咐：“可请（大汗等）先返回。噶玛巴、萨（迦）、觉（囊）等皆为根本上师，岂能匹敌也！除此之外，藏巴也乐于见到寻求格鲁派寺院为供养者，（至于）色（拉）哲（蚌）遭受刀兵，实为（之前）拉萨日果（ལྷ་ས་རི་མགོ）主动攻击对方之结果。（如果固始汗带兵前来，）不仅不能造福于民，反而会贻害无穷。”（强佐）对如此严令不敢提出异议，在欢送（使者）仪式上，当（着达赖喇嘛的）面将“务必彻底清除白利（土司)，之后汗王请返青海，可派以两位王妃为主的善缘使者前来卫藏，不可动之干戈”的建议提了出来。次日，强佐前去甘丹康萨（དགའ་ལྡན་ཁང་གསར）为使者送物品时，却就藏巴（对格鲁派的）前打后压之事做了详细的密谋，提出必须要出兵之请求，（可谓）将箭声变成笛声矣。

其后于铁蛇年（1641 年），为了歼灭占据后藏娘地下部（ཉང་སྨད）桑珠孜（བསམ་འགྲུབ་རྩེ）之具力大自在、高高在上傲视雪域众生之噶玛丹迥旺布[125]，金刚手菩萨之智慧化身固始大汗率马蹄扬尘可遮天蔽日之大军自北路而来。其时还有某些藏人言汗王是在返回青海，另有人云（汗王）似乎是带兵前来了，（如此）一片议论中，（固始汗率兵前来的）消息已经传到甘丹颇章。考虑到班禅仁波切继续留在后藏可能会有闪失，遂以（固始汗）大王妃抱恙不能前去后藏（拜见班禅）为由，希望能将班禅迎请至拉萨。（此时，）强佐对五世（达赖喇嘛）禀告此番若不借汗王之恩德摆脱藏巴之统治，之后就很难有再次摆脱之机会，因此之前才恳请（固始汗）出兵之事。（达赖喇嘛）曰：“一来此策差矣！（二来）若能从达木将蒙古人劝回，亦善。若汝因此前之约定不便[126]（前去）劝阻，吾可前往。只有判析教法与誓言，才会利于陈述与行动也。”（强佐）禀曰：“如此就此事之始终，请占一卜。”（达赖喇嘛）算了一卦，得“始吉终凶”之卦象。（强佐听到结果后）曰：“开始为吉就足矣，（毕竟）最终凡人都难逃一死。”所以未能阻止（固始汗部进藏）。

当时达隆方面已将（固始汗进军之）消息传给后藏，藏巴亦开始召集军队，并下令要求噶（སྣར）、达（སྟག）和甘丹颇章各强佐居间调停，班禅亦因此滞留于绒喀茹顶（རོང་མཁར་ཏུ་སྟེང）之地。强佐第巴于是迅速至蒙古军营，不久达董鼐（ལྷར་གདོང་གནས）作为汗王侍从奔赴后藏，王妃和强佐一起来到（拉萨）。王妃献财物供奉一万。卫地虽有一些来自后藏之守土官员和宗本等，但派去几个僧俗侍从（晓以利害）后，多数表示可背弃藏巴汗而效忠甘丹颇章。有些对藏巴尚存一丝情感，但仍禁不住得到蒙古如此坚强靠山之诱惑而保持本色。班禅仁波切（同时）亦和蒙古军一道被迎至卫地。虽然后藏征战激烈，但后藏之人对第悉忠心耿耿，顽强据守坚固大堡寨等，五六个月竟不能破。于是五世（达赖喇嘛）施阎罗镇压等多种忿怒之法，色拉寺和哲蚌寺（僧众）也施多种法术（，结果取得胜利）。水马年（1642 年）三月，成为丹增曲吉杰布[127]盛名传遍全藏之时，其在诸正教护法们的恩德下成为藏土三区之主宰也。

之后（固始汗）派人将达赖喇嘛迎请至后藏。在汗王福田施主双方住持之盛大欢迎仪式及扎什伦布寺僧众的列队迎接中，（五世达赖喇嘛）至胜幢高耸之佛宫内，师徒[128]得以相聚。在此（后藏）驻锡期间，昼夜为蒙古和无数后藏僧俗群众摸顶祝福。在一良辰吉日，被迎请至（桑珠）孜（宫），在大殿内摆盛大宴席。（固始汗）于蒙藏无数达官显贵之前宣布：以忽必烈赐予八思巴的阿阇世王（རྒྱལ་པོ་མ་སྐྱེས་དགྲ）所依之佛舍利为首，[129]将诸多内藏、相关供品和善种帐幔（རིགས་ལྡན་ཡོལ་བ）等稀释珍宝，总之以赛过杨柳宫（ལྕང་ལོ་ཅན）[130]大国度之所有如意无损之财富；以大宫殿桑珠孜为首之西藏十三万户为基础，将卫、藏、康三区，以及（汗王）自己属下之百姓和子嗣等，将上述所有皆作为圣者有寂顶庄严[131]之属民和佛法庄园而永远供奉出来。（固始汗）将自己视为大圣贤哲所奉佛法事业之创造者并以此掌握政权，开启世间凡人无法想象之无量供奉之门，可谓赛过法王阿育王之功业矣。

从（藏巴汗）支持后藏新寺建立显密经学扎仓等善举度之，会生出其应是一位法王之念。如若之前不行相关威猛诛法，（卫地）就不会有种种（与蒙古）私下之会面。（其）甚至想赐予（达赖喇嘛）卫地一处上等之庄园，但事与愿违。不过福田施主也是法王，饶恕（藏巴属下）多数人的性命并赐予基本之生活用度，将原（藏巴）第悉主仆一行安置于内邬庄园。宗教方面，（达赖喇嘛）教导福田施主除非受到无法控制之攻击，否则就让各教派如河水任流般自行发展，如此对己对彼皆为有利。

之后不久，（达赖喇嘛）离开后藏返程，途中依次朝拜夏鲁（ཞ་ལུ）、江孜等地胜迹，在羊卓和第巴舅舅相聚并赠送礼物。在桑浦寺拜见经师绛央贡却群培，留宿一宿。之后在寺院众僧列队迎接中回到哲蚌寺。藏历六月，在色拉大乘洲、上密院（རྒྱུད་སྟོད་པ）、木如寺（སྨེ་རུ་བ）[132]等僧众载歌载舞、炫技表演之引导下，于鲁普林卡（ཀླུ་སྦུག་གླིང་ཁ）扎营十五天，后返回哲蚌。

由于此时正值大战乱之尾声，就像“卫藏伍茹之地聚九年”之预言，己方只求增加新的权益，彼方担心原有利益受损，因此种种说法如风中之雪花卫藏大地四处飘散，而噶玛噶举因已完成作乱之准备，反倒动静较小。此后不久，其实圣者[133]何来偏袒之心和不公之举，但由于属下等人之所作所为，使得工布和后藏重新作乱之迹象已经非常明显，结果工布噶斯雪卡瓦（ཞོ་ཁ་བ）率大军进攻杰（རྒྱལ）和沃卡（འོལ་ཁ）等地，通过围攻后藏地区，南木林（རྣམ་གླིང）、仁蚌和江孜等地纷纷失陷，白朗（པ་སྣམ）、日喀则等地也是岌岌可危。（于是）汗王率青海施主大军出征，像烈火燎原般将雪卡瓦五千兵马消灭干净，保住了（格鲁派）的基业。此后经塔布（དྭགས་པོ）将迥巴普孜苏（གཙང་པ་ཕུར་ཚེ་ཟུར）之八千多兵马一举歼灭，长驱直入到工布腹心地带，占领噶斯所属地盘。当时强佐第悉将工布地区所有管理权委托于昌都喜桑巴（ཞི་བཟང་པ）[134]之弟盘德活佛（པན་བདེ་སྤྲུལ་སྐུ）[135]，但索朗饶旦去世后由于本仲（དཔོན་དྲུང）兄弟不睦，甘丹颇章意田生出光芒，遂由智慧金刚手牟观相尊将该地置于地方政府管辖也。（荡平工布后，）随即增援后藏，最终获胜。若不发生此次叛乱，（甘丹颇章）之前已经传下命令，除了之前噶玛噶举派全盛时被夺去之一些土地（需要归还格鲁派外），（噶玛噶举派的）其他一切权益皆可照旧，经此（变乱），实则成为噶玛噶举派之大损失也。之后不久，十世噶玛巴曲英多杰（ཆོས་དབྱིངས་རྡོ་རྗེ）[136]也只能暗中东去丽江。

（平息后藏之乱后）将后藏新建大寺之木料运来（拉萨）建成构造精美之大昭寺回廊，将桑珠孜宫中供品、珍宝、财物等装成上千驮运至卫地。根据旧时授记以及以经师贡却群培为主本派各贤哲集体之提议，[137]于木鸡年（1645 年）始建布达拉宫。举行净地仪式

（ས་འདུལ）时发现，圣怙洛格夏热佛像（འཕགས་པ་ལོ་ཀི་ཤྭར）[138]之前已被第巴吉雪巴送给土默特作为请兵之礼，此时不知所踪。经过汗王妃组织上千人之搜寻队，于边地各处努力搜寻近二十年，最终由于机缘凑巧请得（洛格夏热佛），重新成为本宫[139]之主供佛。[140]

此前一年（1644 年），中原大明王朝末代皇帝崇祯（ཁྲུང་ཅིན）失于将军李自成（ལི་ཙུར་ཙེ）[141]之手的江山，这一年最终为吉尔奇博格达汗（ཧུར་ཆེད་འབོག་ཏོ་རྒྱལ་པོ）[142]所得。如此请丹增曲吉杰布为吾等政教事业和声望长驻西藏，（从此）形成三千五百蒙古军和相关臣僚夏驻当雄（འདམ་གཞུང）、冬居拉萨甘丹康萨之传统。以武力外击政教之敌有汗王本人，用善柔之策内治政务有第巴索朗饶旦本人，如此福田施主双方日月相合，像“大地之上绸为路，背金老妪徐徐行”这种福缘善时，之前藏土未有，日后也不会出现矣。如此卫藏各区所属农牧各地、康区所属居民木门人家，皆受（甘丹颇章）政府治理，而以帐为家者之牧民，以及北方青海多个蒙古万户则归汗王亲自统辖。向青海和康区中部委派代理官员，在康区中部设置总理个人、官府和寺院三方事务之总管，由杰布康卓（རྒྱལ་པོ་མཁའ་འགྲོ）担任，（其）受到达赖喇嘛和福田施主之册封，居于芒康贡觉（སྨར་ཁམས་སྒོ་འཛོ）等地。当时青海不知是否为（汗王）王子（管理），后来委派达赖洪台吉（ད་ལའི་ཧུང་ཐའི་ཇི）、大臣默尔根诺颜（སྣོན་པོ་མེར་གན་ནོ་ཡོན）和藏人协俄嘉普巴（ཞལ་ངོ་སྐྱར་པོ་བ）管理多年。其后青海所部又分裂为三到四部。

（其后）和中原清朝皇帝建立密切联系。在清朝入主中原之第七年即水龙年（1652 年），（五世达赖喇嘛）根据（清朝皇帝）希望到大皇宫之邀请，藏历三月率僧俗随从上千人，沿北路缓缓前行（赶往京师），途中为所有见闻念触之有情广撒殊胜解脱之种。经过（清朝）中途多次迎接仪式，于十一月到达大皇宫。[143]众生之主大转轮王[144]亦赐（五世达赖喇嘛）大量供奉，皇恩无边。按照圣者上师本人之记载，此时博格达汗之子顺治皇帝（ཤུན་ཏི་ཁང）[145]虽然年不过十七[146]，但在持各种语言的众臣簇拥之下，毫无畏惧之相，现脱辔雄狮雄起之姿也。[147]（如此）三个多月留在京师，相关会见、宴席不断，事前事后往往有大量供奉和赏赐，[148]（其中大皇帝）有统领西部全境之金册[149]、如意金质大印[150]等帝师规格之赏赐无量，[151]之后于（次年）二月启程返回西藏。依次在四茹各地隆重的迎接仪式和福田施主二者的亲身引导下，于水蛇年（1653 年）燃灯节（ལྔ་མཆོད）前夕到达大昭寺。木马年（1654 年），天地之大自在王丹增曲吉杰布于七十三岁时寂灭，（为其）举办多种宏大超度仪轨。其（固始汗）子丹增达延汗（བསྟན་འཛིན་དྭ་ཡན་རྒྱལ་པོ）继汗王位。[152]

第巴索朗饶旦自水马年（1642 年）至火鸡年（1657 年）[153]共任（第巴一职）十六年，（其后）五世（达赖喇嘛）亲自主持（第巴工作）两年。铁鼠年（1660 年）任命第巴赤列嘉措（སྡེ་པ་འཕྲིན་ལས་རྒྱ་མཚོ）登上执法之主大位，[154]到土猴年（1668 年）[155]共为九年。土鸡年（1669 年）比丘仪轨师洛桑图道（དགེ་སློང་མཆོད་དཔོན་བློ་བཟང་མཐུ་སྟོབས）被任命为藏土三区之主。[156]水牛年（1673 年）从康区将黑帽和红帽两系噶玛巴活佛迎回，[157]木虎年（1674 年）噶玛巴曲英多杰（ཀརྨ་ཆོས་དབྱིངས་རྡོ་རྗེ）圆寂。洛桑图道执政七年，到木兔年（1675 年）卸任后居于桑日（ཟངས་རི）。火龙年（1676 年）任命第巴热玛孜巴赤列嘉措（སྡེ་སྲིད་ར་མ་སྐྱེ་པ་འཕྲིན་ལས་རྒྱ་མཚོ）之侄桑结嘉措（སངས་རྒྱས་རྒྱ་མཚོ）[158]为第巴，结果（桑结嘉措）恳请告假三年，于是任命扎仓管家洛金（བློ་སྦྱིན）[159]（为第巴）。[160]此时内外各仲科（དྲུང་འཁོར）可供候选（第巴）者有桑结嘉措（སངས་རྒྱམ་པ）、达擦阿旺贡却尼玛（རྟ་ཚག་ངག་དབང་དཀོན་མཆོག་ཉི་མ）、达隆伍玛强佐（སྟག་ལུང་དབུ་མ་ཕྱག་མཛོད）、达孜老第巴（སྟག་རྩེ་སྡེ་པ་ཀན་པ）等。要说历任第巴之功绩，第巴索朗饶旦建拉萨大昭寺大回廊，洛桑图道[161]维修小昭寺，向热振寺佛殿、甘丹寺、羊八井寺、布达拉白宫等献佛像和供品，在色拉、哲蚌和沃卡增吉等新建佛殿，成为甘丹颇章教法建立之根本，对格鲁派恩德极大。洛桑图道维修小昭寺，组织书写金书殊胜《甘珠尔》。第巴洛桑金巴在任三年后未能延续，之后的土羊年（1679 年），第巴桑结嘉措正式登上天授大政之宝座。[162]此时的蒙古汗王，因之前的土猴年（1668 年），汗王丹增达延汗和第巴赤列嘉措于同一年去世，之后两年汗位空缺，铁猪年（1671 年）丹增达赖汗（བསྟན་འཛིན་དྷ་ལའི་ཁང）继任汗位。[163]

（第巴）桑结嘉措为往昔（吐蕃赞普）赤松（德赞）之子牟尼（赞普）转世之预言，见诸于新旧各种伏藏，尊者上师[164]本人在《心境之网》中亦记曰：“牟尼化身贡却者，出生伍茹下部地，若非妖魔来作祟，如日云中安蕃民。”《五部遗教》中从“王子身体分为一十二，未来在这九峰围绕地”，一直到“末世劫时降临雪域土”，所说即为此（第悉）也。（据说第悉）和佛子俄列喜（ཇོ་ལེགས་ཤེས）[165]为同一化身系统，自幼被五世达赖喇嘛从政教两途培养，二十八岁时出任第巴。此大领袖在政教两途皆具无限大智慧，因此达赖喇嘛本人不久后即专注于其他事务，而让其作为所有政教事业大门之开启者，事实证明此完全正确也。（第悉）本人亦非仅逞口舌之能者，时刻秉持身语意三门合一，全身心投入精进事业，当为后世吾辈之楷模也。

自格鲁派政教事业建立至此第悉[166]执政前三年，[167]按照《热达纳授记总集》所说：“卫藏之地建寺十三座。”木鼠年（1624 年）[168]在叶茹藏地（གཡས་རུ་གཙང）建甘丹曲阔林（དགའ་ལྡན་ཆོས་འཁོར་གླིང），在曲水伦孜宗沃宁拉（ཆུ་ཤུལ་ལྷུན་རྩེའི་རྫོང་འོག་སྨྱུག་ལ）建甘丹曲阔央孜（དགའ་ལྡན་ཆོས་འཁོར་ཡང་རྩེ），在约茹俄蔡（གཡོན་རུ་ངོ་ཚལ）建甘丹松绕林（དགའ་ལྡན་གསུང་རབ་གླིང）。土牛年（1649 年）在茹拉北部朗杰拉孜（རུ་ལག་བྱང་རྣམ་རྒྱལ་ལྷ་རྩེ）建甘丹沃门林（དགའ་ལྡན་འོག་མིན་གླིང），在洛扎多宗地区（ལྷོ་བྲག་དོ་རྫོང）建甘丹东尼林（དགའ་ལྡན་དོན་གཉིས་གླིང）。木马年（1654 年）在雪山白宫附近（ཕོ་བྲང་གངས་རི་དཀར་པོ）建甘丹协珠林（དགའ་ལྡན་བཤད་སྒྲུབ་གླིང）。铁兔年（1651 年）在约茹雅隆上部香波雪山（གཡོན་རུ་ཡར་ལུང་སྟོད་ཤམ་པོ་གངས）附近建甘丹推桑塔杰林（དགའ་ལྡན་ཐོས་བསམ་དར་རྒྱས་གླིང）。土鸡年（1669 年）在叶茹藏地（གཡས་རུ་གཙང）建甘丹曲阔林（དགའ་ལྡན་ཆོས་འཁོར་གླིང）等。以上为八大显宗经学院也。火猪年（1647 年）在叶尔巴岩石山中（ཡེར་པ་བྲག་གསེབ）建甘丹桑阿央

孜（དགའ་ལྡན་གསང་སྔགས་ཡང་རྩེ）。又于铁兔年（1651 年）建甘丹派杰林（དགའ་ལྡན་འཕེལ་རྒྱས་གླིང），铁兔年（1651 年）在曲水地区（ཆུ་ཤུལ）为求藏民安康而建桑阿绛曲林（གསང་སྔགས་བྱང་ཆུབ་གླིང）。土羊年（1679 年）在旁波日沃切（ཕུང་པོ་རི་བོ་ཆེ）建杜奔斯弄林（བདུད་དཔུང་ཟིལ་གནོན་གླིང）。水狗年（1682 年）在洛扎（ལྷོ་བྲག）建甘丹杜迥林（དགའ་ལྡན་བདུད་འཇོམས་གླིང）。（以上）为甘丹三处新密修院与两处旧密修院也。由此形成十一座寺院，加上两孜（རྩེ་གཉིས）[169]，建立（寺院）之数符合授记所说矣。又将五世达赖喇嘛著述之文集，包括显宗十六函，密宗中旧密修法为主六函加修习记录四函共为十函，加上密部三根本及净相密等两函，共计整理出二十八函。

如此像经商可积利润般，（五世达赖喇嘛）将佛教众生之所有宏大意愿，中心和边地所有度化众之求法解脱等愿望，一一满足；三转内外秘密深广法轮，使诸多有缘人成熟解脱。最终像"虽无老、病、死，逝期却了知"一般，在六十六岁，即桑结嘉措担任第巴四年之后的水狗年（1682 年），色身留置宝箧以为起信之供，自性智慧之身融入兜率宫莲花光芒齐聚之地而寂灭，如若慈悲之手不弃雪域，必将再次不间断展现幻化网之转生也。

按照（达赖喇嘛）逝往净土之前"暂时匿丧"之指示，近侍内臣等于预言天母神像前立下重誓，于是严格匿丧不发，[170]对外宣称（五世达赖喇嘛）受各路护法预警，为避损害而需闭关修行。不久为协旦拉康（ཞབས་བརྟན་ལྷ་ཁང）即红宫奠基。（桑结嘉措）私下秘密寻访达赖喇嘛之转世灵童，询问各路护法后亦得明确之信息。在（匿丧）三年之际等相关时期，曾前后多次卜卦是否公开（达赖喇嘛圆寂之事），皆为"不宜"。于是不得不一直匿丧十二年。[171]开建新宫约九年时，金银工程已经完毕，虽然没人敢明言，但（达赖喇嘛圆寂之事）多数人已经知晓矣。

按照密封之秘密授记，以及拉莫、乃琼等（护法神）的预言，认定六世达赖喇嘛出身尼氏（སྙོས་རིགས）大娑罗林[172]般之掘藏师白玛林巴（པད་མ་གླིང་པ）[173]家族，父为扎西丹增（བཀྲ་ཤིས་བསྟན་འཛིན），母名次旺拉姆（ཚེ་དབང་ལྷ་མོ），于火猪年〔174〕出生于门隅错那拉沃域松（མོན་མཚོ་སྣ་ལ་འོག་ཡུལ་གསུམ）之地。于火牛年（1697 年）正式公布（五世达赖喇嘛之前已经）圆寂，将（六世达赖喇嘛）迎请至羊卓，从后藏迎请班禅仁波切洛桑意希（པཎ་ཆེན་རིན་པོ་ཆེ་བློ་བཟང་ཡེ་ཤེས）〔175〕为其剃度，赐法名为洛桑仁钦仓央嘉措（བློ་བཟང་ རིན་ ཆེན་ ཚངས་ དབྱངས་ རྒྱ་མཚོ）〔176〕。此时正值甘丹颇章政权鼎盛之际，因此以世间享用无所不有之隆重仪式，堪比普见佛地之华贵、能令大地变色之繁华，迎请（六世达赖喇嘛）至布达拉宫坐床，登上中心和边地各方贤贵顶髻所托、政教双法合二为一之五面金龙宝座也。班禅也来道贺，师徒相见授受若干灌顶和供赐。

（第巴）桑结嘉措之善业功绩有：建造三十七层之（布达拉宫）红宫、宫前殊胜围墙与石碑。建纯金打造五层楼高、装饰以世间罕见珍宝之（五世达赖喇嘛）灵塔“瞻部洲唯一庄严”（གསེར་གདུང་འཛམ་གླིང་རྒྱན་གཅིག）。主持造大日如来巨幅唐卡。为纪念五世达赖喇嘛圆寂举办规模宏大的会供法会，首次法会时聚齐卫地所有格鲁派和萨迦派寺院，僧侣超过六万人，向每位僧侣布施一雪金子等，如此成为定礼。在第巴在世期间之其他年份，参加法会人数未有不超三万者也。〔177〕建立甘丹七座银质灵塔每日百供仪式。

第巴自己（主掌政权）之时所建寺庙有：汉藏边界建塘（རྒྱལ་ཏམ）之地的甘丹松赞林（དགའ་ལྡན་སུམ་རྩེན་གླིང）、康区中部苏芒俄列林（ཟུར་མང་ངེས་ལེགས་གླིང）、门藏边界甘丹朗杰拉孜（དགའ་ལྡན་རྣམ་རྒྱལ་ལྷ་རྩེ）。密修院有囊谦（ནང་ཆེན）地区嘎达甘丹特却林母子三寺（ཀ་མདའ་དགའ་ལྡན་ཐེག་མཆོག་གླིང་མ་ལག་གསུམ）、贡觉甘丹桑阿卓占林（དགའ་ལྡན་གསང་སྔགས་འགྲོ་འདྲེན་གླིང）、琼布赛擦阔苯寺（ཕྱུང་པོ་གསེར་ཚ་ཁོག་པོན་དགོན）、赛钦巴改宗格鲁派之仲宗甘丹扎西林母子四寺（འབྲོང་རྫོང་དགའ་ལྡན་བཀྲ་ཤིས་གླིང་མ་ལག་བཞི）。新扩建乃琼阁楼佛堂，在旧址新建扎央林寺（སྨྲ་དབྱངས་གླིང），在加·卡日或加布日（ལྕགས་པོ་རི）即铁山上建曼扎沃蔡达纳柔协林（སྨན་གྲྭ་ཇོ་མཚར་ལྷ་ན་རིག་བྱེད་གླིང）等。（其间）由于拉达克（ལ་དྭགས）德丹朗杰王（བདེ་ལྡན་རྣམ་རྒྱལ）信奉主巴（噶举），使得阿里地区格鲁派教法和吐蕃赞普后裔处于艰难险境,[178]时有蒙古噶丹次旺（དགའ་ལྡན་ཚེ་དབང）[179]主动领命，率大军征讨，将阿里芒域（མང་ཡུལ）王臣之政权纳入统治，扶立吐蕃赞普纯正后裔古格国王（གུ་གེ་རྒྱལ་པོ）为王。在托林寺（མཐོ་ལྡིངས）新增僧人一百六十名。此类并非仅建寺院等虚名，还需保持驻寺僧人饮食用度、（寺院）香火花费等日常生活资料之丰富供应。除此之外，之前历任第巴和此任（第巴）献给色拉、哲蚌、甘丹三寺，以及扎什伦布寺、上下密院的寺院庄园更是数不胜数，难以尽书也。在（地方）政府内部设立噶代（བཀའ་མདའ）[180]等职官制度，规定相应之品级，明确领用之俸禄，建册清目。（第巴桑结嘉措本人）撰有医药、历算、教法史等著作约十五函。

第巴对（六世）达赖喇嘛亦悉心照护和督导，不久（向达赖喇嘛）请示迎请班禅前来（拉萨）传法授戒之事，（不料六世达赖喇嘛）竟答曰："吾不愿重复前一世[181]（之经历）也。"并沉湎于射箭、饮酒等（娱技也）。第巴遂请佛母、拉藏王子和达孜第巴等进行规劝，皆无功而返。（六世达赖喇嘛）于水马年（1702 年）赴后藏，恭请班禅收回之前为其所授之戒。班禅严厉规劝并指出（还戒）此类思想和行为之不当，（结果六世达赖喇嘛）一怒而起，至（班禅）寝殿门外，转身三叩首后曰："（吾此番）有违师命，敬请海涵"，并将系于腰间之恰如纽珠[182]（解下后）使劲掷于身前，此后便(脱下袈裟,）身穿长袍便装矣。

水羊年（1703 年）[183]第巴（桑结嘉措）卸任，达赖汗也已去世,[184]所以分别由拉藏汗（ལྷ་བཟང་ཁང）[185]和第巴之子玛索次旺(དམག་ཟོར་ཚེ་དབང）继（汗王和第巴）位。桑结嘉措于五世达赖喇嘛在世时执政三年，之后执政二十一年，合计二十四年。此前属甘丹颇章之声誉和事业日益盛隆，政权鼎盛之时，此后之状况如授记所云"如此教法延续六十年"般，明示为六十（年）矣。因集合之前王臣时期业力所遗等原由，两位大人[186]心生隔阂，究其原因，盖拉藏汗之饮食被人下毒，结果怀疑为第巴所为，遂集合驻牧那曲之蒙古军南下，导致蒙藏相斗，诸多藏兵被杀。桑结嘉措当时身在贡嘎（གོང་དཀར），为了讲和前往堆龙（སྟོད་ལུང）方向，（结果在）木鸡年（1705 年）藏历七月于囊孜达（སྣང་རྩེ་མདའ）被拉藏汗王妃所杀。（桑结嘉措之）子亦被免职，（从此西藏政权由拉藏汗）一人掌握。

自此从木鸡年（1705 年）起，拉藏汗唯我独尊。此时六世达赖喇嘛之行为，如《噶当经卷珍宝》所授记般无法为凡人所接受，故相关谣言颇多，加上第巴（桑结嘉措）老谋深算之名声在外，因此汗王（拉藏汗）也听信一些捕风捉影者之说法，认为仓央嘉措不是达赖喇嘛转世。于是，现前有色胜无色，通过假借拉莫护法等语，将持白莲阿旺意希嘉措（ངག་དབང་ཡེ་ཤེས་རྒྱ་མཚོ）[187]认定（为六世达赖喇嘛）坐床，据说其（阿旺意希嘉措）为（暂居）拉萨的一对擦瓦绒巴（ཚ་བ་རོང་པ）游民之子。因拉藏汗之算计，仓央嘉措不得不于火猪年（1707 年）前往内地，（途中）于二十五岁时圆寂于蒙古贡嘎诺尔（ཀུན་དགའ་ནོར）地方。此汗王[188]亦新建色拉大经堂、殊胜弥勒尊、伍库扎仓（དབུ་ཀུར་གྲྭ་ཚང）或色拉阿巴（སེ་ར་སྔགས་པ）等，为色拉、哲蚌和扎什伦布寺等赐予大量寺庙庄园。（六世）达赖喇嘛仓央嘉措将此前拉萨陶心玉面质经幡改成金铜质，组织二十余函《甘珠尔》之书写与刻印。

七世达赖喇嘛[189]，关于其诞生，恰如拉莫护法于授记总集中预言那般："东方绛红之地赛红玉，百瓣之洲金刚汇集地，法力无边雄狮盘踞处，金色温暖阳光皆聚此。向往雪山雄狮吐白雾，东方大海之滨众客聚。"（此偈）将两世（达赖喇嘛）合在一起共同预言。又如上一辈（达赖喇嘛）于诗歌中明言"不去遥远之地，飞到理塘就回"那般，（七世达赖喇嘛）出生在理塘大寺（ལི་ཐང་ཆོས་སྡེ་ཆེན་པོ）脚下，父为琼结巴索朗塔杰（འཕྱོང་རྒྱས་པ་བསོད་ནམས་དར་རྒྱས）[190]，母为洛桑曲措（བློ་བཟང་ཆོས་མཚོ），于仓央嘉措圆寂之次年即土鼠年（1708 年）藏历七月降生。（诞生时）父母等人皆见到祥瑞，理塘乃琼护法也宣布其为仓央嘉措之转世。前世（达赖喇嘛）的亲近之人和其他相关人等，亦向全藏各护法暗中询问，皆预言转世灵童出生在东方。（父母请著名）命名师拉钦绕绛巴（བླ་མཁྱེན་རབ་འབྱམས་པ）为之取名，（命名师）曰：“若（此童）能颂《贤劫经》（མདོ་སྡེ་བསྐལ་བཟང）就取名为格桑嘉措（བསྐལ་བཟང་རྒྱ་མཚོ），不能颂则叫萨达旺久（ས་བདག་དབང་ཕྱུག）”，结果（能颂《贤劫经》而）取名（为格桑嘉措）。

因此时卫地和边地各处皆传其（格桑嘉措）为达赖喇嘛之转世，所以先后有卫地拉藏汗等派人前来寻访查验。[191] 父母出于安全起见，遂于其七岁时迁居德格土司（ས་སྐྱོང་སྡེ་དགེ）之处。丹巴泽仁（བསྟན་པ་ཚེ་རིང）[192] 和德格喇嘛（སྡེ་དགེ་བླ་མ）等对其极为恭敬。当达赖喇嘛转世灵童移居康区之消息传至格鲁派施主固始汗一系在青海的各部王公耳中时，各部皆遣人前来迎请，于是在各部贵人和侍从的迎接送往中来到青海。[193]

此时（各部）将（达赖喇嘛转世灵童已至青海的）消息上奏文殊皇帝康熙，（皇帝）先后派使者赐予金册。[194] 九岁时，在上述各部王公和使者迎请下，赴西宁城不远处之第二佛陀宗喀巴大师诞生地——塔尔寺，此时先后在却藏活佛（ཆུ་བཟང་རིན་པོ་ཆེ）[195] 和察汗诺门罕（ཚ་གན་ནོ་མིན་ཧན）[196] 座下听法、接受灌顶，在塔尔寺与一些显宗伴学僧侣学习辩经。在此（塔尔寺）驻锡期间，向大皇帝致敬供献。青海各部贵人就（将格桑嘉措）迎往圣者世间自在驻锡之地[197] 之事禀奏于皇帝之金耳，结果得到允准，最终决定汉蒙共同进军，筹划驱逐占据藏地之准噶尔。[198] 因西藏奏报尚未到来，（各部）请求暂缓进军，于是改变计划，决定来年进军西藏。（朝廷）先后派使者带来白银万两，赐为入藏用度。大皇帝康熙对此尊者（格桑嘉措）爱护有加，恩泽无边，在其驻锡塔尔寺四年期间，对全部一百三十四名侍从人等赐予俸银。[199]

铁鼠年（1720 年）十三岁时，（皇帝）下旨入藏，派皇十四子阿格王（ཨ་ཀི་དབང）[200] 等显赫庄严之王臣贵族，（加上）大军共三千余人马作为入藏护卫，亲自护卫入藏者有将军（གཙང་ཇུན）[201]、大喇嘛土观呼图克图（ཐུ་བླ་མ་ཐེའུ་ཀན་ཧུ་ཐོག་ཐུ）[202]、两位钦差大臣（ཨམ་བན）[203]、公策旺诺尔布（ཀུང་ཚེ་དབང་ནོར་བུ）、喀尔喀顿珠王（ཧལ་ཧ་

རོན་གྲུབ་དབང)[204]等部分官员。鉴于彼时准噶尔据藏带来之威胁，有千余将士同行。(格桑嘉措）为皇子设多种隆重的欢迎仪式，皇子到来时出门迎接、叩请皇上安。见到尊者，皇子亦下马步行而至。如此福田施主入内后，首先以恭敬礼节接大皇帝圣旨，传皇帝口谕。之后与王互献哈达，后相对而坐并互致问候。[205]此次所颁赐，有封为西天所领天下释教之主的金册 13 册，[206]百两纯金打造之金印，上刻汉、藏、蒙古三种文字“弘法觉众第六辈达赖喇嘛之印”（བསྟན་པ་རྒྱས་ཞིང་འགྲོ་བ་འདྲེན་པ་དྲུ་ལའི་བླ་མ་དྲུག་པ）。[207]（格桑嘉措）驻锡青海期间，对听闻接触之无数汉、藏、蒙古男女信众皆以祈愿祝福。

之后前往卫地圣教之土，两位经师[208]骑马相送。大皇子等朝廷大员，加上青海丹津亲王（བསྟན་འཛིན་ཆིང་དབང)[209]、噶丹额尔德尼郡王（ཛུན་དབང་དགའ་ལྡན་ཨེར་ཏི་ནི)[210]、额附贝勒（ཨེ་ཧུའི་པའི་ལི)[211]等十余要员率全副武装之军队和侍从，依次进发。至噶玛塘（སྐར་མ་ཐང)，途遇从西藏背叛准噶尔而来之第巴阿尔布巴（སྡེ་པ་ང་ཕོད་པ)[212]主仆。在通天河畔向皇子大王一行敬献礼物后请回。[213]到措姆热瓦（མཚོ་མོ་ར་བ）有扎什伦布寺译师拉尊（ལོ་ཙཱ་ལྷ་བཙུན）骑马来迎。到央日山（གཡང་རི）有西藏地方政府噶伦隆布鼐（ལུམ་པ་བ)[214]、恰当格西卡多阿阇黎（ཕྱ་བཏང་དགེ་བའི་བཤེས་གཉེན་མཁར་རྡོ་སློབ་དཔོན)、地方政府内务官员若干人等前来迎接。[215]之后依次有热振、达隆等寺之上师、执事僧等前来拜见。[216]到达隆寺后，西藏地方各政教首领所献之华盖、宝马、金铃等崭新用具，以及乐师、舞师、大规模骑士仪仗队、全体仲科之代表尚喀瓦（ཞང་མཁར་བ）等至。到澎域林周宗（འཕན་ཡུལ་ལྷུན་གྲུབ་རྫོང）时，有甘丹寺赤仁波切、卸任甘丹寺赤巴[217]、三大寺上师及执事僧等前来迎接，献上哈达。至欧珠林卡（དངོས་གྲུབ་གླིང་ཁ）时有西藏三大活佛（བོད་ཀྱི་སྤྲུལ་སྐུ་རྣམ་གསུམ)[218]、达隆孜佛子（སྟག་ལུང་རྩེའི་རྒྱལ་སྲ)、拉恰（ལྷ་ཕྱ）等地首领前来迎接。到博堆（འབོལ་སྟོད）之日，为西藏地方政府第巴达孜巴拉杰饶丹（སྡེ་སྲིད་སྟག་རྩེ་བ་ལྷ་རྒྱལ་རབ་བརྟན)、前辈达赖喇嘛司膳官罗追旺久（བློ་གྲོས་དབང་ཕྱུག)、扎仓之僧侣若干等大量僧俗群众摸顶祝福，居于甘丹曲果（དགའ་ལྡན་ཆུ་འགོ)。次日渐近布达拉宫时，无论是抱有虔诚信仰而前来拜见久违上师尊者之人，亦或纷纭而来一睹热闹之众，如此这般外部表情举止、内心所怀目的各不相同之人潮，几乎布满所有角落也。（达赖喇嘛）自人群当中缓缓前进，三大寺仪仗僧列队迎接，拉萨四茹各色歌舞和表演相伴，以珍宝装饰堪比转轮王之马队为前导，桑烟布满上空，乐声震天动地。至桑珠康萨（བསམ་འགྲུབ་ཁང་གསར），由幻化大护法跳欢喜法舞并献上五色彩缎，最后在政教百制中心之布达拉宫登上崇高之无畏金座也。

诗曰：

遍智安乐光照日轮王，
于此恶时来到西方土，
五浊恶世阴霾遍布日，
万物之母灼烧哀嚎时，
贤劫千佛慈悲之海生，[219]
事业弘遍大地之怙主，
福德具力地域之主宰，
复兴教众大业可赞叹。

此为间歇之诗歌也。

且说诚如之前拉莫大护法所预言，此怙主[220]再次开启了全新圆满事业之门。如此几个月内，属下之卫藏十三万户各宗庄园、噶伦代本等各级官员、三大活佛、大喇嘛、各贵族、止贡、噶主（དཀར་འབྲུག）[221]、萨迦、觉敏（ཇོ་སྨིན）[222]等，总之所有属下皆量力奉献贺礼，朝廷也赏赐白银万余两。此时，之前作为赤本（ཁྲི་དཔོན）和近侍而来之上师土观仁波切、将军、安班等官员和将士已经返回，公策旺诺尔布与几位安班所统军士，以及青海蒙古各部几个王公所统之军，为将上部准噶尔进一步驱逐干净而暂时留藏几年。达赖喇嘛本人也在此五六年中精习中观、般若、戒律等经论，一直到土猴年

（1728 年）赴噶达（མགར་ཐང）[223]之前，每年都到三大寺、（曲阔）杰、桑（耶）等寺朝拜。水兔年（1723 年）康熙皇帝和佛母归天时，主持举办多次大规模超度祈愿法会。

这一时期，班禅仁波切洛桑意希（བློ་བཟང་ཡེ་ཤེས）[224]三次来到卫地。（七世达赖喇嘛）从噶达返回西藏后，专程到后藏（与班禅）相会。在卫地之后期，因卫藏两地关系紧张，未能（师从班禅）再接受更多教法，遂从其他经师学习，亦从赤仁波切洛桑塔杰（ཁྲི་རིན་པོ་ཆེ་བློ་བཟང་དར་རྒྱས）[225]接受部分灌顶。班禅第二次来卫地之火马年（1726 年），（格桑嘉措）时十九岁，于氐宿月（ས་ག་ཟླ་བ）[226]三节齐会之时，以所有教派之主班禅仁波切为亲教师，甘丹赤仁波切班旦扎巴（དཔལ་ལྡན་གྲགས་པ）为轨范师、金刚持阿旺却丹巴（རྡོ་རྗེ་འཆང་ངག་དབང་མཆོག་ལྡན་པ）为屏教师，于杰赛仁波切[227]、（上下密院）法王及察雅活佛洛桑朗杰（ཟག་སྤྲུལ་བློ་བཟང་རྣམ་རྒྱལ）等三十比丘之中受比丘戒，[228]其后以善巧成就贤哲阿旺却丹（ངག་དབང་མཆོག་ལྡན）[229]为根本上师。驻锡康区噶达时，与佛父一道持续听受和修习显密教法，逐渐成为能够傲视群贤之大贤哲也。

其间再续前述之政统。丹增达赖汗之子拉藏汗与达赖喇嘛意希嘉措结成福田施主，将卫地与边地统于同一宝伞之下，其统治时期自木鸡年（1705 年）至火鸡年（1717 年）十月，即包括仓央嘉措圆寂之前两年，至怙主格桑嘉措年至十岁之间的时间也。其时卫拉特左翼准噶尔部汗王策妄阿拉布坦（ཚེ་དབང་རབ་བརྟན）[230]，或称为准族图洪台吉（ཇུ་རིགས་ཐུ་ཧོང་ཐའི་ཇི）者，约在三年之前即与拉藏汗结为亲家，时准噶尔提出让（拉藏汗之）王子先往准噶尔暂住，其间（准方）会精心照顾，三年后会遣其与妻子一道返回（西藏）。虽然（拉藏汗）怀疑此提议可能其中有诈，但其子却乐意前往，于是苏擦王子（སུར་ཚ）等一行三百人众前往（准噶尔）完婚。[231]火鸡年（1717 年）七月，（准噶尔）暗中遣大军南下，直到（准噶尔军队）抵达纳木错湖畔，（拉藏汗）方才得到消息，遂匆匆下令于那曲和卫藏集结军队。当准噶尔军抵达拉藏汗设在那曲之营帐时，就近之军队也已集结完成。其后双方你来我往、增加兵力，相互血战几月有余。[232]班禅仁波切亲自前往调解，却因双方各为己利、业力使然，未能遂（班禅平息干戈之）愿。

由于藏军兵力较盛，准军一时难以取胜，于是对疆场俘获之几名藏兵言道：“吾等此次出兵，仅为联络（如何）迎请与青海各部同心同德之达赖喇嘛转世灵童入藏之事而来，不抱任何其他企图。”结果一传十、十传百，造成人尽皆知。由于（西藏）民众对前辈达赖喇嘛[233]抱有虔诚之信仰，所以（参战藏兵）且战且退，无法同仇敌忾（退敌），导致汗王阵前寡助，逐渐退回拉萨。准军一路追击，尽破（拉藏汗那曲）大营及三茹之地，不久拉萨亦失陷。汗王与少数侍从逃至布达拉宫准备踞险抵抗，但扎仓内部对其此前残杀第巴（桑结嘉措）之事心怀怨恨，结果内外联合攻入布达拉宫。（拉藏汗）突围至宫外，与几个（准噶尔）军士搏斗，因对方不识其为汗王，结果死于刀剑之下。[234]

火鸡年（1717 年）十月，准噶尔（在拉萨）改制，因达赖喇嘛意希嘉措与拉藏汗为福田施主（关系），所以将其赶下达赖喇嘛之宝座，将主仆七人软禁在加布日（ལྕགས་པོ་རི），仅提供基本口粮。第巴吉雪巴（སྡེ་པ་སྐྱིད་ཤོད་པ）为甘丹巴（དགའ་ལྡན་པ）之传统施主，所以任命年迈的达孜巴拉杰饶丹（སྟག་རྩེ་སྡེ་པ་ལྷ་རྒྱལ་རབས་བརྟན）[235]为第巴，（进军西藏之准噶尔部统领）策凌敦多布（ཚེ་རིང་དོན་གྲུབ）[236]亲自挂帅，统领四位宰桑及四五千兵马常驻西藏。（占据西藏期间，准噶尔人）将拉藏汗时期一些噶伦和仲科擒拿、下狱，拆毁第巴（桑结嘉措）时期多施法术的多敏（རྡོར་སྨིན）[237]两寺，将多扎白玛赤列（རྡོར་བྲག་པད་མ་འཕྲིན་ལས）斩首，向卫藏康区全境发布禁止宁玛派传播之禁令，导致宁玛派受损极大。格鲁派也受以清净戒律为由之侵扰而不胜其烦。如此所有僧俗群众遭受欺压和战火达三年半之久。

大皇帝亦对洪台吉（ཧུང་ཐའི་ཇི）[238]及其臣僚指出其侵藏之举极为不当，严厉警告若不撤回，将派大军驱逐之。然彼时准噶尔部尚未完全受汉地[239]统治，故不像其他蒙古各部能听从皇帝旨令也。[240]

（此后）汉地依靠强大军事力量与后勤补给，于铁鼠年（1720年）护送格桑嘉措入藏的同时，分南北两路派大军入藏。[241]准噶尔官听闻（清军入藏之）消息，自忖抵挡不住，遂于六七月间撤回（北方准噶尔）本部。

是年（1720年）九月，汉蒙联军护送达赖喇嘛格桑嘉措至卫地。不久，开始查处准噶尔委任之第巴达孜巴，达赖喇嘛出面求情，认为其出身藏地纯正地方官家族，准噶尔仅以税收等琐务委托于他，未做大奸大恶之事，因此罪不致死。[242]未知是因汉地官员有失公允，亦或汉地律法过于严厉之故，总之以“圣命难违”为由，将第巴拉杰饶丹此年逾七十之老翁，及噶伦阿曲啦（བཀའ་བློན་ཨ་ཆོས་ལགས）等明正典刑，[243]诚如经云“前世果报不可思议也”。

（驱逐准噶尔后，）后藏康济鼐（ཁང་ཆེན་ནས）[244]被（朝廷）赐“岱青巴图鲁”（དའི་ཆིང་བ་འཐུར）称号，因抗击准噶尔入侵有功，被委任噶伦一职。工布阿尔布巴·多吉杰布（ང་ཕོད་རྡོ་རྗེ་རྒྱལ་པོ）[245]、藏巴隆布鼐康萨巴·扎西杰布（ལུམ་པ་ཁང་གསར་པ་བཀྲ་ཤིས་རྒྱལ་པོ）[246]、卫地扎萨克札尔鼐（སྦྱར་ར་ནོ་སག）[247]等（亦因有功受封），前两位获得贝子（པའི་སའི）爵位，后者获公（གུང）之爵位，四人被朝廷封为噶伦。约五年后，（皇帝）下旨准康济鼐正式总理西藏政务，余下三个噶伦之外，再封颇罗鼐（ཕོ་ལྷ་བ）[248]为噶伦和扎萨克。[249]（在诸噶伦）尚未册封、上任之前，达赖喇嘛时常教诲彼等要尽心尽责。其后不同时期，（诸人）请教于（达赖喇嘛）座前之事亦不计其数也。然或为藏人（难逃）之劫，（不久）统治集团内部便发生内讧，究其原因，盖康济鼐极度仇视宁玛一派，然其他（三）人[250]崇信宁玛，加上（其等）不甘居于（康济鼐之）下，遂密谋加害。颇罗鼐发现端倪，因与岱青（巴图鲁康济鼐）亲近，便就所疑之事加以提醒，[251]不料（康济鼐）其人略微痴顽，竟然不信。火羊年（1727年）八月，其他（三）人暗杀岱青（巴图鲁康济鼐），[252]并准备杀害颇罗鼐。颇罗鼐反应极快，匆匆告别家乡诸人逃往上部（阿里），[253]（阿尔布巴等人）派遣追兵追赶，结果无功而返。

（颇罗鼐）最终赶到阿里，与担任上部长官之康济鼐亲人[254]相聚，并与之齐心协力，集合阿里和后藏之军队，准备武装反击。卫地三噶伦亦召集卫地和工布军队反攻。达赖喇嘛和班禅皆严令停止战争，却因种种原因未能产生效力。其间曾有达赖喇嘛之卓尼（མགྲོན་གཉེར）、扎什伦布寺和萨迦寺代表居间调停，实现短暂停战，未料有一那仓阿觉（ནག་ཚང་ཨ་ཇོ）者不知双方已达成协议，因突袭颇罗鼐部数人，导致土猴年（1728 年）战火再起。趁卫地军队赶往后藏（，后防空虚）之际，（颇罗鼐）大人本人率三千骑兵突袭澎域。由于事发突然，（当地守军）一时措手不及，（后藏军队）取得大胜。三噶伦虽然遁往布达拉宫，但后藏军队将布达拉宫团团包围（，令其三人插翅难逃）。（时有）沃卡杰仲仁波切（འོལ་ཁ་རྗེ་དྲུང་རིན་པོ་ཆེ）和色拉、哲蚌高僧出面调停各方，议定朝廷尚未最终裁决之前，颇罗鼐对三位噶伦不得加害，双方起誓后各自退去。[255]此次战乱时间为羊猴两年[256]。

（此前阿尔巴布等）三人杀害康济鼐后，随即向朝廷上折，其中言康济鼐处事不公，尤其以与巴恰（ཕྲ་ཆ）[257]有书信往来为据，诬告其（康济鼐）投靠克什米尔巴恰，背叛大清皇帝。雍正大皇帝知悉（卫藏）发生战乱等事后，派将军、安班等大小官员[258]率万余兵马到达拉萨，裁定卫藏（动乱）之事。为避战乱，将达赖喇嘛迎往康区噶达的使者阿萨安班（ཨ་ས་ཨམ་བན）[259]，亦于随后到来。其后在大将军之前，三噶伦与颇罗鼐当面对质，三天之后，是非真伪已基本清楚，但兹事体大，（大将军）令（双方）相互辩论七天，最终颇罗鼐获胜，三人被下狱。后（将实情）呈报皇帝，赐颇罗鼐多罗贝勒（ཐོ་རོན་པས་ལི）名号，[260]赐顶戴花翎并委托藏政。贝子阿尔布巴、公隆布鼐、扎萨克札尔鼐为首之十六位贵人，皆于同一日伏法。[261]

此后王颇罗鼐之盛名传遍各地矣。关于颇罗鼐，有人认为《莲花授记》中所载“斯玛（སིལ་མ）山上生茅草小人，莫拉（ཚོ་ལ）山上散水晶蝙蝠”即指（颇罗鼐）其人也。在五世达赖喇嘛《净密》中亦有“雅协纳布（ཡབ་ཤེར་ནག་པོ）雅秀（ཡམ་ཤུད）化身者，赤面威严怒猛两位尊，安乐痛苦犹如夏日现”之语，其中雅协化身为康济鼐，雅秀化身指（颇罗鼐）此人也。（关于颇罗鼐之）详细历史，可参达隆热卡夏巴次仁旺杰（སྟག་ལུང་ར་ཁ་ཤག་པ་ཚེ་རིང་དབང་རྒྱལ）[262]所撰《颇罗鼐传》（མི་དབང་རྟོགས་བརྗོད），（该传记）修辞丰富精美，篇幅近三百叶也。（颇罗鼐）本人曾言：“（吾之）家族属于努氏（སྣུབ），（祖上）有囊索措麦巴（ནང་སོ་མཚོ་སྨད་པ）。五世达赖喇嘛时期，卫地聂塘有一甘丹颇章政权之仲科，具坚定之信仰，（其）为清除后藏各仲科所贻之害，入赘至仲地颇罗家族为婿，（吾）即为其后裔也。”

有说颇罗鼐为此前长官噶丹次旺（དགའ་ལྡན་ཚེ་དབང）[263]之转世。（噶丹次旺）其人为青海一蒙古首领之子，之前出家为僧居于寺院，此后为与达赖洪台吉同甘共苦[264]，遂决定还戒，五世达赖喇嘛为其赐名噶丹次旺贝桑（དགའ་ལྡན་ཚེ་དབང་དཔལ་བཟང）。此时阿里芒域（མངའ་རིས་མང་ཡུལ）等地，有王德丹朗杰（བདེ་ལྡན་རྣམ་རྒྱལ）者[265]，以具福德之大军力，大致占尽（上部阿里）三围之地，（更是）唯不丹主巴（噶举）马首是瞻，导致（阿里）格鲁派与赞普后裔[266]之政教事业日益衰微，（甘丹颇章）政权部分辖土亦遭蚕食。基于此，噶丹次旺自愿领命，率领以康区蒙古北部兵为主体之五千骑兵前往征伐，拉达克人亦派三名大臣率大军于交界处应战。经过激战，就如雄鹰捕食小鸟般，拉达克军队惨遭歼灭。几个月内，（噶丹次旺所率军队）夺回被占山川辖土，并逐渐逼近（拉达克）王宫所在地列城（སླེལ་མཁར），其（拉达克）王臣逃往克什米尔投靠克什米尔王。（噶丹次旺随即）准备进攻克什米尔时，主巴一切智（འབྲུག་པ་ཐམས་ཅད་མཁྱེན་པ）[267]奔赴上部进行调解，（最终决定）将拉达克部分辖土划于甘丹颇章，芒玛本人亦按惯例每年向甘丹颇章礼敬，不得限制格鲁派寺院所属范围和扩大僧源等。如此（噶丹次旺）本人亦未能返回蒙古之地，从此统领阿里之地新旧各部，被称为“王噶丹次旺”（རྒྱལ་པོ་དགའ་ལྡན་ཚེ་དབང）也。（噶丹次旺）十年后去世，之后转生为此人间之王[268]也。

所谓“颇罗瓦”，本是其父庄园之名。作为地方政府仲科，按照之前所有仲科需在敏珠林寺学习书法、算数和诗歌的传统，（颇罗鼐）十四五岁时至卫地学习，从大译师曲贝（ལོ་ཆེན་ཆོས་དཔལ）等学习相关宁玛教法。虽想系统接受（十明文化）知识教育，但当时有一贵人，为此前噶丹次旺时期一位至交王者，劝其“不宜在宁玛门下长久居留”。[269]当时正值拉藏汗之盛名远播、权势倾天之际，遂（投入门下）成为汗王属下。[270]由于（颇罗鼐）能书善写，担任秘书（དྲུང་ཡིག）一职。后担任孜本（རྩིས་དཔོན）三年，又任江孜宗本等职。（准噶尔）策凌敦多布率兵至约茹时，（颇罗鼐）多日与其奋战，当时（其他）将军及蒙古拉藏汗等相关要员皆赴青海（而不能支援），但由于（颇罗鼐）能征善战、智勇双全，故无大碍。准噶尔侵藏时，（颇罗鼐）正在聂囊（གཉའ་ནང）宗本任上。达赖喇嘛格桑嘉措首次到达布达拉宫不久，（颇罗鼐）出任代本（མདའ་དཔོན）之职，（之后）依次晋升为噶伦扎萨克（བཀའ་བློན་ཇ་སག）等。[271]土猴年（1728 年）十月荣登天授之大宝座也[272]。

（颇罗鼐之）善业极大，建立甘丹康萨夏（དགའ་ལྡན་ཁང་གསར་ཤར）。主持刻印大藏经[273]和色拉、哲蚌寺藏经，绘制如意藤佛像唐卡三十三幅、宗喀巴八十图十五幅。（建造或修复）哲蚌寺大经堂、宗喀巴大师像及供品、扎西郭莽扎仓僧舍、阿巴扎仓僧舍、哈尔冬密续院、色拉大乘洲杰扎仓、哈尔冬总库、桑罗曲宗林、甘丹大经堂之金顶、聂荣扎仓僧舍、甘丹金铜像、安多塔尔寺之金顶、理塘第巴所请大昭寺门房之金顶、拉萨祈愿大法会殿之金顶、能仁戒律母佛殿等。扩大燃灯节规模，新设膳茶标准，提高三大寺及大昭寺熬茶质量。维修下密院僧舍、上密院曲达僧舍。每月藏历初八、十五、三十日于大昭寺供千供，日常向色拉、甘丹寺僧人熬茶布施极丰。维修准噶尔侵藏后毁坏之多杰扎和敏珠林寺。立金书《甘珠尔》、五珍宝书写殊胜《甘珠尔》。在大昭寺曼荼罗上献金铜弥勒大佛像等。

（颇罗鼐）先后拜雪·顿月克珠（ཞོགས་དོན་ཡོད་མཁས་གྲུབ）、普布觉巴（ཕུར་བུ་ལྕོག་པ）、绛央德贝多杰（འཇམ་དབྱངས་བདེ་བའི་རྡོ་རྗེ）等显密乘上

师，杰仲桑达仁波切（རྗེ་དྲུང་གསང་བདག་རིན་པོ་ཆེ）等果密乘上师为师。对班禅仁波切洛桑意希[274]极为尊崇，曾多次献上大量供奉。对达赖喇嘛格桑嘉措，表面上保持福田施主之良好形象，然内心并无多少敬仰之情。[275]总之不分彼此，对不同教派至善上师皆是礼遇、支持有加。在不同地区间设立驿站。[276]之前卫藏之乱时，大量清军入藏平乱并长期驻藏，导致供应困难，遂呈请皇帝留两位大臣和五百余军士在藏，得到恩准，此状况延续至今矣。[277]

（七世达赖喇嘛）格桑嘉措从噶达返回拉萨的次年即火龙年（1736 年）[278]，雍正帝驾崩。在天佑大皇帝（乾隆）继位人主后之第四年，赐（颇罗鼐）郡王（ཇུན་དབང）衔。[279]（此后）就认定班禅洛桑意希转世灵童班丹意希（དཔལ་ལྡན་ཡེ་ཤེས）之事，（颇罗鼐）将拉莫护法迎至甘丹康萨求示，并亲自出席转世灵童认定及坐床典礼，尽心尽责。[280]由于其前世积德甚巨，故此生大智大勇之名盛传，中心及边地各色人等（对颇罗鼐）皆怀敬畏之心，（加上）雷厉风行，执法严明，成为此前后统治世系之中最英明贤达者也。如此（颇罗鼐）从土猴年至火虎年（1746 年）[281]二月，共执政十九年，后于近七十岁时去世[282]。

颇罗鼐之长子珠尔默特策布登（འགྱུར་མེད་ཚེ་བརྟན）[283]，曾于（五世班禅）洛桑意希座前受居士戒，得名意希策布登（ཡེ་ཤེས་ཚེ་བརྟན），赐袈裟。（后）父王（颇罗鼐）委任其为阿里长官，被称为“阿里公”（མངའ་རིས་གུང）。（颇罗鼐）幼子扎萨克达喇巴图鲁（ཇ་སག་ཏཱ་ལའི་བཱ་ཐུར）[284]，封给第巴吉雪巴所属卡达宗（མཁར་སྟག་རྫོང）庄园，以及当雄（འདམ）等那曲等地。（兄弟俩）各管其地。（颇罗鼐去世后，）若由公（珠尔默特策布登继位）为王，因其本性稍显稳重，事业多会平稳。然弟珠尔默特那木札勒（འགྱུར་མེད་རྣམ་རྒྱལ）[285]善言、强势，遂于不久之火虎年（1746 年）[286]获得（郡）王衔和执政之位。龙年（1748 年）夏季，济咙洛桑班丹坚赞（རྗེ་དྲུང་བློ་བཟང་དཔལ་ལྡན་རྒྱལ་མཚན）[287]亦赴汉地。此王（珠尔默特那木札勒）新建甘丹大佛殿，为桑浦乃托寺（གསང་ཕུ་ནེའུ་ཐོག）和拉莫绛曲觉（ལ་མོ་བྱང་ཆུབ་ཆོག）新立金顶，夏季在当雄模仿皇帝出征，率部下群臣和上千兵马进行征战演习。

由于父王（颇罗鼐）之恩，（珠尔默特那木札勒）年纪轻轻就得袭高位，但却未能如父王那般经历兴衰成败与人间冷暖，所以不知收敛，行事霸道，虽是小罪却常降重责，多有属下被处极刑者。（珠尔默特那木札勒）对达赖喇嘛等上师不甚恭敬，（甚至）欲以暗害。由于小人进谗离间，怀疑兄长诺颜公（ནོ་ཡོན་གུང）[288]心怀二志，结果加害之。（珠尔默特那木札勒）如此前后不一、倒行逆施之行，（最终）传入大皇帝金耳后，决定予以惩处。当时料想此人[289]骄横异常，对当今天子亦不以为然，若不智取，恐引起藏汉战乱。于是暗中向驻藏大臣等人下诏，命他们以有金册和大量赏赐，以及康区部分汉人地区划归西藏的圣旨为借口，诓（珠尔默特那木札勒）前来接旨（，以便除之）。[290]于是两位大臣[291]于铁马年（1750 年）十月十三日将其从达孜（སྟག་རྩེ）传来，在冲赛康（ཁྲོམ་གཟིགས་ཁང）处决。之后王（珠尔默特那木札勒）之侍从洛桑扎西（བློ་བཟང་བཀྲ་ཤིས）[292]等人和扎纳雪（བྲ་ནག་ཞོག）之拉萨兵马齐聚，包围冲赛康并举火焚楼，将以两位驻藏大臣为首之几百官兵悉数杀害。当时驻藏大臣等人曾求助于多仁（རྡོ་རིང）[293]，但收效甚微。洛桑扎西主仆等人随后将王（珠尔默特那木札勒）火葬，并举办多日的超度法会后，部分要人带侍从经上部阿里逃往准噶尔，多仁鼐（རྡོ་རིང་ནས）派兵追击，结果（追兵）中计掉入陷阱，犹如飞蛾扑火（一去不复返）也。

此后不久，为查明真相，班安班（བན་ཨམ་བན）[294]和策功义（ཚེ་ཀོང་ཡས）[295]等先后到达，将洛桑扎西等祸首二十余人处决。鉴于之前专门设立司政之郡王，但对政教事业除了产生危害并无益处，于是下诏由达赖喇嘛全权掌管政教事务，由多仁班智达（རྡོ་རིང་པཎྜི་ཏ）和一名孜仲（རྩེ་དྲུང）即僧俗四人辅政。[296]王（珠尔默特那木札勒）之子塔杰次仁（དར་རྒྱས་ཚེ་རིང）和两位夫人准备押回京师，达赖喇嘛向皇帝恳求免他们死罪，尽管得到允准，但至奔地（འབོམ）时已被汉官处决，虽有赦免之令也为时已晚。据说处决母子等人时出现各种奇幻预兆，不知真假。

达赖喇嘛格桑嘉措在康济鼐岱青巴图鲁遗下之布达拉宫旧扎仓原址新建僧舍。达赖喇嘛在执政七年半期间，主持金字、金银混合、上品藏纸书写《甘珠尔》三套，制作汉制胜乐密集立体坛城，新制三大寺和上下密院大经堂坐垫，建立（向每位僧人分发）茶壶、青稞一斗、一银元之制度，对统属之下所有教派和上中下各等有情皆以大慈悲观照，以无上四摄之力佑护。所撰著述亦有《灌顶事业》等多函。（七世达赖喇嘛）自少时起就致力于闻思修和讲辩著，外守清净戒律，内持瑜伽准则，修道证悟，一生纯善。其弟子有无量光之化身洛桑班丹意希（བློ་བཟང་དཔལ་ལྡན་ཡེ་ཤེས）[297]、珠却若贝多杰（གྲུབ་མཆོག་རོལ་པའི་རྡོ་རྗེ）[298]、济咙洛桑班丹坚赞（རྗེ་དྲུང་བློ་བཟང་དཔལ་ལྡན་རྒྱལ་མཚན）[299]、摄政第穆（རྒྱལ་ཚབ་དེ་མོ་བ）[300]、堪钦意希班觉（མཁན་ཆེན་ཡེ་ཤེས་དཔལ་འབྱོར）[301]等大德、活佛、各大寺上师及学僧、噶然[302]等教证功德高尚者众多，这些大师亦将达赖喇嘛格桑嘉措视作与宗喀巴大师一般无二。不止于此，噶玛噶举、冈、主、多、敏[303]等也多于此尊者座前受别解脱出家近圆戒等，出现诸多持金刚贤士也。后亲证成熟解脱利益化众圆满之后，火牛年（1757 年）三月，清净之体聚于虚空，始无生死、三世诸佛意光显耀之胜义如来藏法身，最终与大乐虚空融为一体。

四位噶伦大臣（ཞབས་པད་བཀའ་བློན）为至尊上师圆寂，于布达拉宫立灵塔、金顶，每年新增三日超荐祈愿法会，在三大寺新立文殊、弥勒和宗喀巴大师金身大佛像。首任孜仲噶伦琼结巴尼玛坚赞（འཕྱོངས་རྒྱས་པ་ཉི་མ་རྒྱལ་མཚན）[304]写上乘金书《甘珠尔》献于达赖喇嘛灵塔尊前。噶伦热卡夏巴次仁旺杰（ར་ཁ་ཤག་པ་ཚེ་རིང་དབང་རྒྱལ）书纸版《甘珠尔》，其精于声明、诗歌和文字之学，修习大威德金刚、那若空行等密法。噶伦多仁班智达立两种珍宝之《甘珠尔》和《丹珠尔》、一层楼高银质十一面观音、一层楼高金铜质佛像、金铜质千佛像，在自家庄园噶锡（དགའ་བཞི）立觉沃佛近似像等，长期为善。佛父杰公[305]于桑耶寺新建金铜质旗杆，为释迦牟尼等三佛献金质华盖等。

七世达赖喇嘛圆寂之后，由工布第穆仁波切（ཀོང་པོ་དེ་མོ་རིན་པོ་ཆེ)[306]兼任摄政、喇本双职。由皇帝册封的这位尊者之传承为：大成就者多孜巴（གྲུབ་ཆེན་ཏོག་རྩེ་བ)、曲论噶尔（ཆོས་བློན་མགར)、八清净随从（འཁོར་དམ་པ་རྣམ་བརྒྱད）之绛噶巴（འཇམ་དཀར་བ)[307]、藏巴七系（གཙང་པ་བདུན་རྒྱུད）之一的夏鲁列巴坚赞（ཞ་ལུ་ལེགས་པ་རྒྱལ་མཚན)[308]、第穆帕巴拉杰曹贡却迥乃（དེ་མོ་འཕགས་པ་ལྷའི་རྒྱལ་ཚབ་དཀོན་མཆོག་འབྱུང་གནས)[309]、化身班觉扎西（སྤྲུལ་སྐུ་དཔལ་འབྱོར་བཀྲ་ཤིས)[310]、拉旺乔列朗杰（ལྷ་དབང་ཕྱོགས་ལས་རྣམ་རྒྱལ)[311]、拉旺丹贝坚赞（ལྷ་དབང་བསྟན་པའི་རྒྱལ་མཚན)[312]。此两人（拉旺乔列朗杰、拉旺丹贝坚赞）在康区广行利益有情之事，后者（拉旺丹贝坚赞）曾任五世达赖喇嘛之拉曼（བླ་སྨན)[313]。后第穆因外甥阿旺格列坚赞（ངག་དབང་དགེ་ལེགས་རྒྱལ་མཚན）受到官府惩治，所以遂隐居桑宗（གསང་རྫོང)。之后为阿旺南喀绛央（ངག་དབང་ནམ་མཁའ་འཇམ་དབྱངས)[314]，也曾赴汉地。[315]之后为阿旺格列坚赞（ངག་དབང་དགེ་ལེགས་རྒྱལ་མཚན)，时值（第巴）桑结嘉措时期，也曾前往汉地。[316]

之后为摄政第穆阿旺绛贝德勒嘉措（ངག་དབང་འཇམ་དཔལ་བདེ་ལེགས་རྒྱ་མཚོ)，因为在工布有一规模可观之寺庙，[317]于是自幼驻锡在第穆寺（དེ་མོ་དགོན)。成年后赴拉萨，在（七世）达赖喇嘛座前出家，于哲蚌寺听受教法并拜多位经师（学经），特别是从大怙主处听受诸多显密甚深教法。土虎年（1758 年）[318]出任摄政，被赐“掌办黄教事务吉祥诺门汗”银印和封诰。[319]加强寺庙戒律，禁止僧侣吸烟、以非僧非俗装束示人等。用四年维修雪域善乐根源三样永固天成佛寺[320]佛殿及树脂壁画等。新建内供齐全之甘丹桑阿嘎采（དགའ་ལྡན་གསང་སྔགས་དགའ་ཚལ）等寺院。为求藏土安乐，在各重要地区和新旧各寺举办多次福寿法事，得以五谷丰登、六畜兴旺，年年太平。组织维修色曼（སེར་སྨད）受损僧舍。主持（达赖喇嘛）转世灵童绛白嘉措（འཇམ་དཔལ་རྒྱ་མཚོ)[321]坐床典礼等。

八世达赖喇嘛洛桑绛白嘉措（བློ་བཟང་འཇམ་དཔལ་རྒྱ་མཚོ）[322]，因笔者目前尚未见到此尊者之详细传记，所以无法全面了解，且做简要叙述。（八世达赖喇嘛之）出生地为后藏托杰（གཙང་ཐོབ་རྒྱལ），父为第巴索朗塔杰（སྡེ་པ་བསོད་ནམས་དར་རྒྱས）[323]，母为班禅洛桑意希之妹平措旺姆（ཕུན་ཚོགས་དབང་མོ），出生于第十三饶迥土虎年（1758 年）。由于（出生时）出现各种奇兆瑞相，拉莫护法、班禅一切智[324]等将其认定为（七世）达赖喇嘛之转世，赐名洛桑绛白嘉措。在聂塘热堆寺（སྙེ་ཐང་ར་སྟོད）驻锡两年多。第十三饶迥水马年（1762 年）在布达拉宫大殿正式坐床，东方人主[325]亦派大喇嘛阿嘉呼图克图（ཨ་ཀྱ་ཧུ་ཐོག་ཐུ）、王爷（ཝང་ཡས）、公爷（ཀུང་ཡས）[326]等多位大人入藏（庆贺）。（八世达赖喇嘛）自幼在（甘丹）赤（巴）阿旺曲扎（ཁྲི་ངག་དབང་ཆོས་གྲགས）[327]和代理赤巴洛桑丹巴（ཁྲི་ཚབ་བློ་བཟང་བསྟན་པ）等座前听受教法灌顶。从班禅仁波切受近圆戒。[328]与经学陪读学僧一道闻习五部大论等。后从吉隆（སྐྱིད་གྲོང）迎请噶钦·意希坚赞（དཀའ་ཆེན་ཡེ་ཤེས་རྒྱལ་མཚན）[329]，奉为教习部主，为其赐“经师班智达”（ཡོངས་འཛིན་པཎྜི་ཏ）之封号。常驻布达拉宫，完整授受《文殊怙主耳传》等甚深教法。新塑人身等高银质无量寿佛九尊、无量寿千尊、大幅佛像、第一珍宝书写之《甘珠尔》等。为几千僧人授沙弥、比丘戒，确为一勤于闻思修和证悟之道之尊者，著述亦有《经师一切智传》等两三函。四十七岁木鼠年（1804 年）色身化入虚空现五决定之本性也。

关于此辈（达赖喇嘛）时期之执政大德，如上述第穆摄政大诺门罕，其兼任喇本双职（开始正式摄政）之年，与（八世达赖喇嘛）绛白嘉措诞生为同一年[330]，十八年后之火猴年（1776 年）[331]圆寂。由于当时（八世）达赖喇嘛年纪尚幼，遂从汉地（京师）派来夏孜堪布（ཤར་རྩེ་མཁན་པོ）诺门罕阿旺楚臣（ནོ་མོན་ཧན་ངག་དབང་ཚུལ་ཁྲིམས）[332]担任摄政。据说这位（大德）的转生系统有天竺阿阇黎婆罗门雀舍（སློབ་དཔོན་བྲམ་ཟེ་མཆོག་སྲེད）和纳布巴（ནག་པོ་པ），藏地有仲日果瓦（ཟུང་རི་འགོ་པ）、萨迦甚深教法之主多仁贡邦钦布（རྡོ་རིང་ཀུན་སྤངས་

ཆེན་པོ)、五世达赖喇嘛近侍比丘绛央扎巴（འཇམ་དབྱངས་གྲགས་པ）等。其（阿旺楚臣）出生地，为吐蕃三法王和萨迦蒙古福田施主时期萨迦辖下所属之朵麦安多卓尼（ཨ་མདོ་ཙོ་ནེ)。由于未见（其详细）传记，所以父母情况不明,[333]似出身一贫寒家族。（起初阿旺楚臣）从康区南部前来（拉萨）学经，入色麦闻思学院（སེར་སྨད་ཐོས་བསམ་གླིང）修习各部经论，终成大学者。后又入上密院，成为所有显密之大善知识。(阿旺楚臣）在任密院堪布之际，受诏需赴汉地，因此在刚任夏孜法王之后便前往北京。

在雍和宫任堪布八九年后，(阿旺楚臣）返藏（出任摄政）掌管藏事，于火猴年（1776 年)[334]八月正式上任。由于之前曾为普通僧人，遂就钱财流通及饮食用度等制定贸易法度，色拉、哲蚌两寺僧人等由此获益良多。禁止色拉、哲蚌等寺僧人经商。因其是朝廷委派，且被封为呼图克图，所以对噶伦和藏汉贵族诸人要求极严。摄政仁波切对跨地区运输马匹等也严加管理，但因内部贵族人家各护其利，未能完全集中管理。其出于减少驿站之目的，对驿运严格管理，除（担负）地方政府基本用度和生活必须品外，减少运输劳役，所以西藏民间传唱“大人来自汉地，安定三界康乐，毛驴背疮皆愈”之歌谣。(阿旺楚臣）建寺塑像亦有不少：于色麦扎仓内塑两层楼高金铜质弥勒佛像，置换大昭寺树脂壁画，新建下部擦朵公房和自居色拉协珠林（སེ་ར་བཤད་སྒྲུབ་གླིང）寝殿等。并未新建扎仓等。(阿旺楚臣）返藏三年后出任甘丹赤巴，共计执政十年。[335]后(1786 年）因章嘉仁波切（ལྕང་སྐྱ་རིན་པོ་ཆེ）圆寂，又进京接替履职。之后发生廓尔喀武力侵藏事件，于是五年后再次返藏，但因年岁已高，在到藏四个半月后（1791 年）圆寂于甘丹康萨。

诺门罕[336]再赴汉地时，怙主仁波切[337]已经成年。此前天子已遣郭莽呼图克图（སྒོ་མང་ཧུ་ཐོག་ཐུ）等携来玉印和金册十三叶，命（八世达赖喇嘛）执掌所有政教大权,[338]然因其本性和善，凡事皆从杰仲阿库拉（རྗེ་དྲུང་ཨ་ཁུ་ལགས）等[339]所请而未能完全掌权，虽然如此，几年下来亦算安定。且说诸有情因黑暗之因所驱而入浊世，历辈达赖喇嘛皆需经历一次大战乱之魔祟使然，在达赖喇嘛绛白嘉措三十一岁之土猴年（1788 年），巴勒布[340]王臣发兵侵藏，占领后藏协噶（ཤེལ་དཀར）以上之领土。

巴勒布之前有阳布（ཡམ་བུ）、叶楞（ཡེ་རང）、廓库穆（ཁོ་ཁམ）等巴勒布三部，（此三部名称亦）为三个小邦之都城也。[341]此前之五世达赖喇嘛时期，其等每隔三至四年，皆会专门遣使前来（拉萨）致礼供奉，多年不断。格桑嘉措[342]时期彼此亦有书信来往，之前相互并无交恶之心。廓尔喀（གོར་ཁ）[343]是一接近西藏聂囊（གཉའ་ནང）之地的（巴勒布）小邦，由于机缘凑巧，其于格桑嘉措圆寂之年即火牛年（1757 年）兼并（以上）三个小邦，[344]一时兴盛。（其后廓尔喀）为抢掠西藏土地而发动侵略战争，[345]汉地派将军、汉嘉绒（རྒྱ་རྒྱལ་རོང）[346]等多部官兵入藏，几位汉官[347]和多仁之子[348]等与（廓尔喀）一度达成协议。[349]

（此时）达擦济咙仁波切（རྟ་ཚག་རྗེ་དྲུང་རིན་པོ་ཆེ）[350]应班禅仁波切邀请到藏学法七年之期已至，土猴年（1788 年）接到去任汇宗寺[351]掌印喇嘛之折子，后以未能听受所有教法灌顶为由请求延期一年，遂于土鸡年（1789 年）启程。[352]（济咙一行）刚过通天河，便有朝廷侍卫主仆等人赶来，要其将廓藏双方和解之协议及赏赐献给达赖喇嘛，并传（皇帝口谕）善言："汝暂时可不必来京，（返藏）辅佐达赖喇嘛政教事业为重。"[353]并赐珊瑚念珠及上等绸缎。（济咙）一行人等随即折返抵达拉萨，将皇帝所赐之物尽数献给达赖喇嘛，并传皇帝圣旨内容。不过此时由于杰仲阿库拉等人具在之故，未能实现完全辅政。[354]时任两位驻藏大臣中，副职势力更盛，由于其偏向（杰仲）昆仲，[355]遂于狗年（1790 年）居旺丹班巴（དབང་ལྡན་དཔལ་འབར）。阿库拉去世后，将（杰仲）昆仲送往汉地，赤诺门罕（ཁྲི་ཆོ་མིན་ཧན）返藏掌政。（此时）要（济咙）大师进京之圣旨已到，[356]遂于铁猪年（1791 年）一月启程，从下路依次经八宿、昌都等地至夏拉图（ཤ་ལ་ཐུར），于此接到折子，言因诺门罕（阿旺楚臣）于四月圆寂，需要（济咙）再次返藏掌政。几日后，西宁办事大臣率二百余众携圣旨而来，遂向（西宁办事大臣）表示可否面圣转奏（请辞）本意，大臣言不可，于是再次折回。

铁猪年（1791 年）夏，正值巴勒布人关押几位不履协议之西藏贵族，并大举进军洗劫扎什伦布寺之时，[357]班禅亦避往卫地。由于巴勒布军势大，西藏所有僧俗惊恐无比，准备逃亡。当拟请佛子师徒[358]至汉地之时，色拉、哲蚌、甘丹三大寺请求稍作延缓。为保护（达赖喇嘛等）安全，上千僧人披挂坚守。巴勒布众人则满足于洗劫扎什伦布寺所得而撤回。

达擦（济咙）仁波切亦从那曲向师徒[359]请安，并恳请不要远行。此时虽为战乱时期，然不像之前，（济咙返藏）途中尚有些许简单的迎送仪式。如此到达拉萨甘丹康萨，（济咙与达赖喇嘛等）会面后，于吉日入布达拉宫，在三界殿陈设食供，由噶伦、代本和内外仲科等献上大量礼贡。关于此尊者[360]的转世世系，将于下文康区世系时简要介绍，但这位从杰拉旺（རྗེ་ལྷ་དབང）[361]算起第五世活佛之生平，与这段历史相关（，故在此述之）：

（八世济咙活佛）出生地为康区中部波密仲米觉（སྤོ་བོའི་གྲོང་མེས་ཛོ），属嘉热（རྒྱ་ར）氏，父达鲁次仁（དར་ལུ་ཚེ་རིང），母达瓦普赤（ཟླ་བ་བུ་ཁྲིད），于第十三饶迥铁龙年（1760 年）伴着各种吉兆祥瑞而生。班禅一切智[362]将其认定为济咙洛桑班丹坚赞（རྗེ་དྲུང་བློ་བཟང་དཔལ་ལྡན་རྒྱལ་མཚན）[363]之转世灵童，于五岁时由上一世（济咙）活佛之兄扎萨克室利热突（ཛ་སག་ཤྲི་རལ་ཛུ）迎请至八宿寺（དཔའ་ཤོད）坐床，班禅赐名意希洛桑丹贝贡布（ཡེ་ཤེས་བློ་བཟང་བསྟན་པའི་མགོན་པོ）。在上一世活佛之侄觉丹堪布班丹扎巴（ཛོ་གདན་མཁན་པོ་དཔལ་ལྡན་གྲགས་པ）座前剃度，六七年中潜心闻修佛法。火狗年（1766 年）座主扎萨克喇嘛圆寂，座主扎萨克由喇嘛然坚巴班丹扎巴（བླ་མ་རབ་འབྱམས་པ་དཔལ་ལྡན་གྲགས་པ）受命（继任）。两年后，（班丹扎巴）驻锡于郭莽寺（སྒོ་མང）时，因郭莽喇嘛根敦德庆（སྒོ་མང་བླ་མ་དགེ་འདུན་བདེ་ཆེན）与寺庙僧侣发生不睦，遂将其与瓦秀（部落）女头人（ཝ་ཤུལ་དཔོན་མོ）视为罪魁祸首，加上其后根敦德庆出任第穆仁波切之上师，遂心境不畅。此时又有类嘉

（རི་ལྡུགས）两地发生属地争端之事，类乌齐（一方至）拉萨告状，堪钦班丹扎巴亦到拉萨告状两次，结果尽是一些无谓的口舌之争。第二次（告状时）因有朝廷所颁金书等确凿证据，决心一告到底，请活佛仁波切[364]进京告御状。

（八世济咙于）十二岁之铁兔年（1771 年随班丹扎巴）启程赴京，冬驻锡于塔尔寺。十三岁至多伦淖尔（དོ་ལོ་ནོར）。堪钦（班丹扎巴）主仆等少许人进宫，拜见章嘉仁波切，拟（向皇帝）奏类嘉属地纠纷之事。章嘉仁波切提醒：不同于吾藏地，汉地执法极严，（一旦有错则）后果不堪设想。但其（班丹扎巴）仍极为执拗，答曰自己若不清白，即使被皇帝治罪赐死，亦心甘情愿。藏地上层相关人等唯恐被皇帝降罪，更是全力劝阻（班丹扎巴），因此最终不遂心愿，未能告发。此时两位（驻藏）大臣和西藏上层人等，亦将（此次属地纠纷）无视汉藏法律之事等上报朝廷，若无章嘉大师等在，类乌齐等双方都会遭受极为严重的后果，（幸有章嘉大师等在，）结果没有大碍。

（济咙）活佛驻锡多伦淖尔（མཚོ་བདུན）[365]地区，皇帝赐其主仆十三人俸禄。帝至热河（ཞེ་ཧོར）狩猎时，（济咙）前往觐见，得到褒奖。拜会章嘉仁波切，多次倾心交谈。于章嘉仁波切座前剃度，（赐法名时仅）在原法名之后加“意希”（ཡེ་ཤེས）两字。（济咙）在多伦淖尔驻锡九年间，年年拜见大皇帝福田施主，从章嘉仁波切听受诸多教法灌顶，皇帝亦赐其袈裟等丰厚赏赐以示无限关心。

班禅进京时，[366]卫地一度决定同意其（济咙）返回，遂于铁牛年（1781 年）三月启程，经北路于八月至八宿寺任住持。原来之属下及上下法王等（向济咙）供献大量供奉，极为恭敬。为僧俗群众举行利益法会和时供仪式。（济咙）驻锡八宿七月半，二十三岁时赴卫地，达赖喇嘛上下等人亦热情接待。拜会各位福田施主，参加哲蚌寺郭莽扎仓（འབྲས་སྤུངས་སྒོ་མང）夏季法会，对各方皆为尽心。木龙年（1784 年）二十五岁时，在所有教派之法主达赖喇嘛座前受近圆戒。前半生师从珠旺永增仁波切（ཕྲུང་དབང་ཡོངས་འཛིན་རིན་པོ་ཆེ）[367]、热堆散巴钦布（ར་སྟོད་སེམས་དཔའ་ཆེན་པོ）、班智达嘉木样协巴（པཎྜི་ཏ་འཇམ་དབྱངས་བཞད་པ）[368]等大德听受诸多甚深教法。后在杰赛仁波切（རྒྱལ་སྲས་རིན་པོ་ཆེ）[369]、达普仁波切（རྟག་ཕུ་རིན་པོ་ཆེ）[370]等处听受多种灌顶。自铁猪年（1791 年）夏天[371]起，辅助怙主（达赖喇嘛）协商处理重大政教事务。

猪、鼠两年[372]，为征伐廓尔喀，[373]五六月以来清兵陆续进藏，北路有大中堂（ཀུང་ཐང་ཆེན་མོ）[374]、海公（ཧེ་གོང）[375]、索伦汉兵（སོ་ལོང་རྒྱ་དམག）[376]等大军至，[377]鼠年（1792 年）五月大举进攻。不久，由于抵不过大皇帝之福德和天兵之威势，巴勒布王臣宣布投降并签永久协定，（规定巴勒布）向清朝臣服，向扎什伦布寺赔偿三百秤[378]银子以抵之前所劫。[379]

官兵返回后，为镇魇巴勒布军而在（拉萨）帕玛日山（བར་མ་རི）建三依怙殿、格萨尔（殿），并以清除官兵所障建立之僧团为基础，复又增加更多内供与财物后，新建成帕日丹秀曲阔林（བ་རི་བརྟན་བཞུགས་ཆོས་འཁོར་གླིང），即卫藏功德林（དབུས་གཙང་ཀུན་བདེ་གླིང）僧团。[380]（其后济咙）在八宿新建寺庙，其中立觉沃佛朵康美妙庄严、背高二十五拃[381]之金铜质宗喀巴大师像，所献和新立佛像上千尊。修复昌珠寺，在藏地抄金书《甘珠尔》和诸多佛像。地方治理方面，因为时运多舛以及廓藏之战影响，之后朝廷管控趋严，因此不能像此前那般，[382]但局势仍然缓和许多。总之（此辈济咙）具备上善贤达圣者之功德，广为弘传三法轮之教业，与胜义圣尊教轮亦无分别矣，然如“菩萨乐于利他之行，则能意识死亡之相”般，于五十一岁铁马年（1810 年）逝入清净佛土。如此从铁猪年（1791 年）到木鼠年（1804 年），（八世济咙）担任摄政十四年，木鼠年达赖喇嘛绛白嘉措圆寂后，又（继续）担任摄政到铁马年（1810 年）共为六年，总计任职二十年。

上述八世达赖喇嘛于木鼠年（1804 年）圆寂，出生于康区邓地（འདན）之转世灵童[383]确认无误且殊胜（无比），遂由达擦诺门罕仁波切和地方政府迎至布达拉宫坐床。但是不久，由于佛教众生时运不济，（九世达赖喇嘛）初生莲花般之色身被酷寒之灾侵扰。[384]然则，若大慈观世音菩萨化度此地之时尚未结束，必将乘愿为利益我佛教众生而早日从母胎降生，身像光芒万丈之太阳遍照天下，圣者新兴功德之事业亦昌盛于此世间也。

摄政达擦仁波切圆寂之后，由出生于康区昌都的摄政第穆仁波切之转世活佛[385]，从铁马年（1810 年）起摄政四年。达赖喇嘛隆朵嘉措（རྒྱལ་བ་ལུང་རྟོགས་རྒྱ་མཚོ）木狗年（1814 年）十岁时[386]圆寂后，（七世第穆）再任摄政五年至土兔年（1819 年），共计在任九年。之后从第十四饶迥土兔年（1819 年）起，当前这位出生于安多的赤钦却吉杰布（ཁྲི་ཆེན་ཆོས་ཀྱི་རྒྱལ་པོ）[387]之转世活佛[388]，登上金座兼任摄政和喇本，如今健在并正在追求圆满之事业也。

注释

〔1〕手持白莲为观音异名之一，此处指历辈达赖喇嘛。

〔2〕即噶当派。四尊指释迦、观世音、度母、不动明王，三藏即经藏、律藏、论藏。

〔3〕即仲敦巴·杰威迥乃。

〔4〕即第巴桑结嘉措（1653—1705 年），曾任五世达赖喇嘛时期西藏甘丹颇章地方政权第巴，故称为“王”。出身于西藏贵族仲麦巴（གྲོང་སྨད་པ）家族，8 岁起在五世达赖喇嘛座前学习，经过长年严格培养和训练，成长为一名佛学造诣和政治才能兼具的人才。1679 年起出任甘丹颇章地方政权第五任第巴，与和硕特汗王系统多有矛盾。五世达赖喇嘛圆寂后，曾秘不发丧多年，事发后被康熙帝发诏责备。后与拉藏汗发生战争，兵败被杀。

〔5〕即尚那囊多杰旺久（ཞང་སྣ་ནམ་རྡོ་རྗེ་དབང་ཕྱུག），鲁梅大师四柱弟子之一。

〔6〕指阿底峡尊者（982—1054 年），著名佛学大师，东印度萨霍尔国王子，超岩寺首座。1040 年受古格王朝拉喇嘛意希沃叔侄之邀进藏传法，在藏弘法 13 年并圆寂于聂塘。

〔7〕梵文，意为居士，指仲敦巴。

〔8〕创建于 1057 年，在拉萨北面林周县唐古乡境内。热振寺是噶当派第一座寺院，噶当派即以此寺为基础形成。

〔9〕即仲敦巴的三大弟子，分别为博多瓦·仁钦赛（པོ་ཏོ་བ་རིན་ཆེན་གསལ།，

1031—1105 年)，由其传出教典派；京俄瓦・楚臣拔（སྤྱན་སྔ་བ་ཚུལ་ཁྲིམས་འབར།，1038—1103 年)，由其传出教授派；普琼瓦・宣努坚赞（ཕུ་ཆུང་བ་གཞོན་ནུ་རྒྱལ་མཚན།，1031—1106 年)，由其传出教诫派。

〔10〕热振寺的柏树长出 7 层树皮，预示将出现 7 代法王护持佛教事业的典故，出自许康饶绛巴・格列伦珠（བཞུ་ཁང་རབ་འབྱམས་པ་དགེ་ལེགས་ལྷུན་གྲུབ）的《传记信仰之钥》(རྣམ་ཐར་དད་པའི་སྒོ་འབྱེད)，参第五世达赖喇嘛阿旺罗桑嘉措（རྒྱལ་དབང་ལྔ་པ་ཆེན་པོ།)：《四世达赖喇嘛云丹嘉措传》（འཇིག་རྟེན་དབང་ཕྱུག་ཐམས་ཅད་མཁྱེན་པ་ཡོན་ཏན་རྒྱ་མཚོ་དཔལ་བཟང་པོའི་རྣམ་པར་ཐར་པ་ནོར་བུའི་འཕྲེང་བ་ཞེས་བྱ་བ་བཞུགས་སོ།།)，见第五世达赖喇嘛等（རྒྱལ་དབང་ལྔ་པ་ཆེན་པོ་སོགས།)：《历辈达赖喇嘛传・第一世至第四世达赖喇嘛传》（རྒྱལ་དབང་སྐུ་ཕྲེང་རིམ་བྱོན་གྱི་མཛད་རྣམ་ལས་སྐུ་ཕྲེང་དང་པོ་ནས་བཞི་པའི་བར་གྱི་རྣམ་ཐར།)，北京：中国藏学出版社，2010 年，第 636 页。

〔11〕根敦珠巴（1391—1474 年)，宗喀巴著名弟子，建扎什伦布寺，后被追认为第一世达赖喇嘛。

〔12〕此处原文作“དཔལ་ལྡན་ས་སྐྱའི་བྱ་འདབ་བཞི་དང་པན་སྙིང་གཉིས་ཀྱི་མཚམས”，直译为“吉祥萨迦四角与盘宁之间”，似有误。从一世达赖喇嘛相关传记看，应是“吉祥萨迦之角，‘夏’（ཞག）和‘盘宁’（པན་སྙིང）两地之间”。见第五世达赖喇嘛等：《历辈达赖喇嘛传：第一世至第四世达赖喇嘛传》，北京：中国藏学出版社，2010 年，第 7 页；吉美桑珠（འཇིགས་མེད་བསམ་གྲུབ།)：《历辈达赖喇嘛生平》(གོང་ས་ཏཱ་ལའི་བླ་མ་སྐུ་ཕྲེང་རིམ་བྱོན་གྱི་ཆོས་སྲིད་མཛད་རྣམ།)，北京：民族出版社，2000 年，第 1 页。

〔13〕按《第一世达赖喇嘛传》，为“གུང་རུ་རུ་བ”（贡如茹瓦)。

〔14〕按《第一世达赖喇嘛传》，为“ངར་ཚོ”（俄措)。见比丘意希孜莫（དགེ་སློང་ཡེ་ཤེས་རྩེ་མོ)：《一切智根敦珠巴贝桑布传・奇异宝鬘》（རྗེ་ཐམས་ཅད་མཁྱེན་པ་དགེ་འདུན་གྲུབ་པ་དཔལ་བཟང་པོའི་རྣམ་ཐར་ངོ་མཚར་རྨད་བྱུང་ནོར་བུའི་ཕྲེང་བ།)，见第五世达赖喇嘛等：《历辈达赖喇嘛传：第一世至第四世达赖喇嘛传》，北京：中国藏学出版社，2010 年，第 7 页。和上述出生地一样，《第一世达赖喇嘛传》中相关地名和氏族名中的“ང”字，本书写为“ད”。

〔15〕即珠巴喜饶（གྲུབ་པ་ཤེས་རབ།，1357—1423 年)，噶当派高僧，纳塘寺第十四任堪布。

〔16〕按《第一世达赖喇嘛传》，为 1405 年。

〔17〕按《第一世达赖喇嘛传》，为 1410 年。

〔18〕按《第一世达赖喇嘛传》，为其授比丘戒的堪布仍为授沙弥戒的珠巴喜饶。比丘意希孜莫：《一切智根敦珠巴贝桑布传・奇异宝鬘》，见第五世达赖喇嘛等：《历辈达赖喇嘛传：第一世至第四世达赖喇嘛传》，北京：中国藏学出版社，

2010 年，第 14 页。

〔19〕按《第一世达赖喇嘛传》，为 1415 年。

〔20〕按《第一世达赖喇嘛传》，为 1426 年。

〔21〕即柏东·乔烈朗杰（བོ་དོང་ཕྱོགས་ལས་རྣམ་རྒྱལ།，1376—1451 年），又称柏东班钦（བོ་དོང་པཎ་ཆེན），藏传佛教著名高僧，以著作等身著称。

〔22〕始建于 1447 年。

〔23〕根敦嘉措（1475—1542 年），被格鲁派认为是根敦珠巴的转世，为第二世达赖喇嘛。

〔24〕据说贡噶贝将要生产的时候，梦中有一个声音说："你将要生下一个儿子，请给他取名桑杰培，此名为三世诸佛所取，不可改变。"见根敦嘉措（རྗེ་དགེ་འདུན་རྒྱ་མཚོ།）：《一切智根敦嘉措文集·自传》（རྗེ་བཙུན་ཐམས་ཅད་མཁྱེན་པའི་གསུང་འབུམ་ཐོར་བུ་ལས་རྗེ་ཉིད་ཀྱི་རྣམ་ཐར་བཞུགས་སོ།），见第五世达赖喇嘛等：《历辈达赖喇嘛传：第一世至第四世达赖喇嘛传》，北京：中国藏学出版社，2010 年，第 128 页。

〔25〕据《第二世达赖喇嘛传》，马年（1486 年）六月初四在班钦隆仁嘉措（པཎ་ཆེན་ལུང་རིགས་རྒྱ་མཚོ）座前受居士戒。年底在上师乃宁贡噶德勒仁钦坚赞贝桑布（ཀུན་དགའ་བདེ་ལེགས་རིན་ཆེན་རྒྱལ་མཚན་དཔལ་བཟང་པོ）座前受沙弥戒，见根敦嘉措：《一切智根敦嘉措文集·自传》，见第五世达赖喇嘛等：《历辈达赖喇嘛传：第一世至第四世达赖喇嘛传》，北京：中国藏学出版社，2010 年，第 137 页。

〔26〕按《第二世达赖喇嘛传》，为 1494 年。

〔27〕按《第二世达赖喇嘛传》，为 1495 年。

〔28〕始建于 1509 年，藏传佛教著名圣湖拉姆拉错就在此附近。

〔29〕按《第二世达赖喇嘛传》，为 1512 年，时年 37 岁。

〔30〕按《第二世达赖喇嘛传》，担任色拉寺堪布应在担任扎什伦布寺住持的同一年即 1512 年，见根敦嘉措：《一切智根敦嘉措文集·自传》，见第五世达赖喇嘛等：《历辈达赖喇嘛传：第一世至第四世达赖喇嘛传》，北京：中国藏学出版社，2010 年，第 162 页。

〔31〕按《第二世达赖喇嘛传》，为阴火牛年即 1517 年。

〔32〕索南嘉措（1543—1588 年），第三世达赖喇嘛，曾任哲蚌寺和色拉寺的法台，后应蒙古土默特部俺答汗迎请到青海仰华寺会晤，获赠"圣识一切瓦齐尔达喇达赖喇嘛"之尊号，此为"达赖喇嘛"称号之始。

〔33〕《第三世达赖喇嘛传》作水虎年（1542 年），见第五世达赖喇嘛阿旺洛桑嘉措（རྒྱལ་དབང་ལྔ་པ་ཆེན་པོ།）：《三世达赖喇嘛索南嘉措传·成就大海之舟》（རྗེ་བཙུན་ཐམས་ཅད་མཁྱེན་པ་བསོད་ནམས་རྒྱ་མཚོའི་རྣམ་ཐར་དངོས་གྲུབ་རྒྱ་མཚོའི་ཤིང་རྟ་ཞེས་བྱ་བ་བཞུགས་སོ།།），见第五世

达赖喇嘛等：《历辈达赖喇嘛传·第一世至第四世达赖喇嘛传》，北京：中国藏学出版社，2010年，第463页。

〔34〕即班钦索南扎巴（1478—1554年），格鲁派高僧，第十五任甘丹赤巴（1529—1535年在任），《新红史》作者。见第司桑结嘉措（སྡེ་སྲིད་སངས་རྒྱས་རྒྱ་མཚོ།）：《格鲁派教法史——黄琉璃宝鉴》（དགའ་ལྡན་ཆོས་འབྱུང་བཻཌཱུར་སེར་པོ།），北京：中国藏学出版社，1989年，第81—82页。

〔35〕按《第三世达赖喇嘛传》，索南嘉措受沙弥戒是在土鸡年即1549年，授戒师依然为班钦索南扎巴。见第五世达赖喇嘛阿旺洛桑嘉措：《三世达赖喇嘛索南嘉措传·成就大海之舟》，见第五世达赖喇嘛等：《历辈达赖喇嘛传·第一世至第四世达赖喇嘛传》，北京：中国藏学出版社，2010年，第498页。

〔36〕按《第三世达赖喇嘛传》，应为木鼠年即1564年。见第五世达赖喇嘛阿旺洛桑嘉措：《三世达赖喇嘛索南嘉措传·成就大海之舟》，见第五世达赖喇嘛等：《历辈达赖喇嘛传·第一世至第四世达赖喇嘛传》，北京：中国藏学出版社，2010年，第569—570页。

〔37〕即帕竹第悉阐化王阿旺扎巴。

〔38〕格列贝桑（1505—1567年），第二十一任甘丹赤巴（1553—1564年在任）。见第司桑结嘉措：《格鲁派教法史——黄琉璃宝鉴》，北京：中国藏学出版社，1989年，第84页。

〔39〕俺答汗当时赐给索南嘉措的尊号为“圣识一切瓦齐尔达喇达赖喇嘛”。

〔40〕当时索南嘉措回赐俺答汗的尊号为“咱克喇瓦尔第彻辰汗”。

〔41〕按《第三世达赖喇嘛传》，俺答汗（1508—1582年）于1571年有了皈依佛教之心，并听到了关于索南嘉措的信息，于是派使者入藏迎请。索南嘉措当时觉得“蒙古的事业之门即将敞开”，但“一时也还不够明朗”，所以征求了一些人的意见，随后才与使者们就双方会晤的有关事宜进行了详细的磋商，并派戒师宗哲桑布（བརྩོན་འགྲུས་བཟང་པོ）带上礼物先去青海拜见俺答汗。不久，俺答汗派出的第二批使者再次来到西藏。经过深思熟虑，1577年，索南嘉措离开拉萨向青海进发，于次年五月和俺答汗会于青海湖畔。会晤中，俺答汗宣布该部正式皈依藏传佛教格鲁派，赠索南嘉措“圣识一切瓦齐尔达喇达赖喇嘛”的封号，索南嘉措亦赠给俺答汗“天神大梵天法王”的尊号。之后建大乘曲阔林即仰华寺。见第五世达赖喇嘛阿旺洛桑嘉措：《三世达赖喇嘛索南嘉措传·成就大海之舟》，见第五世达赖喇嘛等：《历辈达赖喇嘛传·第一世至第四世达赖喇嘛传》，北京：中国藏学出版社，2010年，第596—610页。

〔42〕索南嘉措应济咙拉旺曲吉坚赞（རྗེ་དྲུང་ལྷ་དབང་ཆོས་ཀྱི་རྒྱལ་མཚན）等之请来到昌

都，曾短暂出任昌都强巴林寺（ཆབ་མདོ་བྱམས་པ་གླིང）法台。

〔43〕即理塘大寺，始建于1580年。

〔44〕俺答汗于1582年去世，当时索南嘉措尚在康区，听闻消息后马上北返，于次年到达土默特部为俺答汗举行超度法会。

〔45〕按《第三世达赖喇嘛传》，索南嘉措和俺答汗会晤后准备南下康区之际，收到万历皇帝的诏书，被封为“护国弘教禅师”，并有诸多赏赐和渐次来朝廷的圣旨。见第五世达赖喇嘛阿旺洛桑嘉措：《三世达赖喇嘛索南嘉措传·成就大海之舟》，见第五世达赖喇嘛等：《历辈达赖喇嘛传·第一世至第四世达赖喇嘛传》，北京：中国藏学出版社，2010年，第616页。

〔46〕云丹嘉措（1589—1616年），第四世达赖喇嘛，蒙古族，出身于俺答汗家族。1602年返藏，曾任哲蚌寺和色拉寺法台。

〔47〕为俺答汗之孙。

〔48〕前世索南嘉措圆寂于土鼠年即1588年，转世灵童出生于土牛年即1589年，这里将前后两年说成一年，当为笔误。

〔49〕即第三世达赖喇嘛索南嘉措。

〔50〕当时被传为三世达赖喇嘛转世灵童的有两个，除了云丹嘉措，还有一个来自止贡夏仲一系，所以转世认定稍有耽搁。当西藏代表赴蒙古考察灵童时，云丹嘉措已经在呼和浩特受到膜拜。

〔51〕此大强佐（管家），即三世达赖喇嘛的管家国师班旦嘉措（ཀུ་ཤྲཱི་དཔལ་ལྡན་རྒྱ་མཚོ）。

〔52〕按《第四世达赖喇嘛传》，返藏时间当为铁牛年即1603年。

〔53〕即青海湖。

〔54〕即哲蚌寺法台。

〔55〕班觉嘉措（1526—1599年），第二十五任甘丹赤巴（1582—1589年在任）。见第司桑结嘉措：《格鲁派教法史——黄琉璃宝鉴》，北京：中国藏学出版社，1989年，第85—86页。按《第四世达赖喇嘛传》，班觉嘉措为库敦·尊追雍仲的化身，在代表团赴蒙古时还在任甘丹赤巴，自称为格鲁派中年龄最长之僧人，因为无法去外地寻访，所以只能为转世灵童赐名。见第五世达赖喇嘛阿旺洛桑嘉措：《四世达赖喇嘛云丹嘉措传》，见第五世达赖喇嘛等：《历辈达赖喇嘛传·第一世至第四世达赖喇嘛传》，北京：中国藏学出版社，2010年，第657—658页。

〔56〕桑杰仁钦（1540—1612年），第二十七任甘丹赤巴（1590—1603年在任）。见第司桑结嘉措：《格鲁派教法史——黄琉璃宝鉴》，北京：中国藏学出版社，1989年，第86—87页。

〔57〕即四世济咙活佛。

〔58〕即四世班禅。

〔59〕按《第四世达赖喇嘛传》，主要是藏巴第悉夫人雅杰巴信仰达赖喇嘛，于是不管老第悉如何反对，母子二人尽量对四世达赖喇嘛表达了善意。见第五世达赖喇嘛阿旺洛桑嘉措：《四世达赖喇嘛云丹嘉措传》，载第五世达赖喇嘛等：《历辈达赖喇嘛传·第一世至第四世达赖喇嘛传》，北京：中国藏学出版社，2010 年，第 694 页。

〔60〕指仁蚌巴在格鲁派势力范围内建寺之事，为格鲁派和噶玛噶举派斗争之始。

〔61〕即却吉旺久（1584—1635 年）。

〔62〕关于讽刺诗，详见第五世达赖喇嘛阿旺洛桑嘉措:《四世达赖喇嘛云丹嘉措传》，载第五世达赖喇嘛等:《历辈达赖喇嘛传·第一世至第四世达赖喇嘛传》，北京：中国藏学出版社，2010 年，第 698—699 页。

〔63〕按《第四世达赖喇嘛传》，此事发生在木蛇年即 1605 年。

〔64〕藏文为“དྲག་ཅུམ”，是祭奠护方十五神和阎罗以求祷四业成就的一种宗教活动。

〔65〕按《第四世达赖喇嘛传》，时年 26 岁。

〔66〕四世达赖喇嘛圆寂后，作为格鲁派主要施主之一的第巴吉雪巴请来喀尔喀部蒙古兵入藏，结果蒙藏联军面对藏巴军队先胜后败，蒙古人退回北方，吉雪巴和格鲁派也受到重创。见王辅仁、陈庆英：《蒙藏民族关系史略》，北京：中国社会科学出版社，1985 年，第 98—99 页。

〔67〕又称索朗群培（བསོད་ནམས་ཆོས་འཕེལ།，1595—1658 年），曾任四世达赖喇嘛和五世达赖喇嘛的总管，为甘丹颇章政权建立后的第一任第巴，1642—1658 年在位。

〔68〕噶玛丹迥旺波（1606—1642 年），1621 年即位，末代藏巴汗，曾颁布著名的《十六法典》(ཞལ་ལྕེ་བཅུ་དྲུག)。1642 年，被固始汗率领的蒙藏联军击杀。

〔69〕即之前的卫藏战争。当时藏巴第悉攻入卫地，蒙古军撤出，卫地贵族被逐出，色拉、哲蚌两寺荒废。

〔70〕即现拉萨市中心的红山和铁山。

〔71〕即莲花生大师。

〔72〕即四世班禅。

〔73〕即第三十二任甘丹赤巴曲杰楚臣群培（ཆོས་རྗེ་ཚུལ་ཁྲིམས་ཆོས་འཕེལ།，1561—1623 年），1620—1623 年在任。见第司桑结嘉措：《格鲁派教法史——黄琉璃宝

鉴》，北京：中国藏学出版社，1989 年，第 89 页。

〔74〕即四世达赖喇嘛。

〔75〕由于上述激烈矛盾，四世达赖喇嘛圆寂之后，藏巴汗曾一度禁止其转世，才有此处强佐不敢轻举妄动之事。

〔76〕阿旺洛桑嘉措（1617—1682 年），第五世达赖喇嘛。出身于琼结巴家族，1622 年被认定为第五世达赖喇嘛。在四世班禅座前学经、受戒，先后担任哲蚌寺和色拉寺住持。1642 年，固始汗入藏推翻藏巴第悉地方政权，建立了以和硕特汗王和五世达赖喇嘛为首的甘丹颇章地方政权。1652 年进京觐见顺治皇帝，被授“西天大善自在佛所领天下释教普通瓦赤拉呾喇达赖喇嘛”之称号。1682 年圆寂于布达拉宫，享年 66 岁。基于其对甘丹颇章地方政权的奠基性作用及在藏蒙地区的影响力，被后人赞誉为“伟大的五世”。

〔77〕此藏文偈颂诗第三句之“智”和“贤”两字，藏文为“བློ་བཟང”（洛桑），即含有五世达赖喇嘛罗桑嘉措之名也。

〔78〕弥觉多杰（1507—1554 年），第八世黑帽系噶玛巴活佛。

〔79〕即第巴琼结巴家族。

〔80〕此处即琼结巴属下借第巴外出之机发动叛乱，将堡寨献给藏巴大臣苏布鼐之事。此次带头叛乱的是钦饶贝桑（མཁྱེན་རབ་དཔལ་བཟང），曾一度准备加害达赖喇嘛母子。此人之前被雅杰巴逐出，后有幸成为琼结巴的大臣。参第五世达赖喇嘛洛桑嘉措（རྒྱལ་དབང་ལྔ་པ་ཆེན་པོ།）、第司·桑杰嘉措（སྡེ་སྲིད་སངས་རྒྱས་རྒྱ་མཚོ།）：《历辈达赖喇嘛传·第五世达赖喇嘛传（第一册）》（རྒྱལ་དབང་སྐུ་ཕྲེང་རིམ་བྱོན་གྱི་མཛད་རྣམ་ལས་སྐུ་ཕྲེང་ལྔ་པ་ངག་དབང་རྒྱ་མཚོའི་རྣམ་ཐར།），北京：中国藏学出版社，2013 年，第 38 页。

〔81〕即今日喀则，藏巴第悉地方政府所在地。此处指藏巴第悉。

〔82〕此处疑似有误，若为蛇年，当为土蛇年（1629 年）。

〔83〕即四世班禅。

〔84〕即桑浦寺林麦六扎仓之法王，之后通常由格鲁派夏孜法王（ཤར་རྗེ་ཆོས་རྗེ）出任林麦夏仲。此时担任桑浦林麦法王的是绛央贡却群培（འཇམ་དབྱངས་དཀོན་མཆོག་ཆོས་འཕེལ།，1573—1646 年），曾于 1626 年起担任第三十五任甘丹赤巴，在任 12 年。后任五世达赖喇嘛经师。见第司桑结嘉措：《格鲁派教法史——黄琉璃宝鉴》，北京：中国藏学出版社，1989 年，第 90 页。

〔85〕即五世达赖喇嘛。

〔86〕即擦瓦噶居巴桑杰喜饶（ཚ་བ་དཀའ་བཅུ་པ་སངས་རྒྱས་ཤེས་རབ）和达玛固亚台吉（ཧྲམ་ཁི་ཡ་ཐའི་ཇི）、卓尼曲杰金巴塔杰（ཅོ་ནེ་ཆོས་རྗེ་སྦྱིན་པ་དར་རྒྱས），后两位分别为当时带兵入藏的土默特部拉尊和古如洪台吉的代表。见第五世达赖喇嘛洛桑嘉措、第司·桑

杰嘉措：《历辈达赖喇嘛传·第五世达赖喇嘛传（第一册）》，北京：中国藏学出版社，2013 年，第 43 页。

〔87〕怀柔手段即针对藏巴大臣提出的要求进行据理力争，同时也威胁如果不同意放行，蒙古兵马会立即进入后藏地区。另外，当时在后藏受藏巴第悉尊崇的噶玛噶举派和觉囊派，可能担心达赖喇嘛留在后藏会影响他们的地位，也曾极力劝说藏巴第悉不要挽留达赖喇嘛，详细请参第五世达赖喇嘛洛桑嘉措、第司·桑杰嘉措：《历辈达赖喇嘛传·第五世达赖喇嘛传（第一册）》，北京：中国藏学出版社，2013 年，第 44—45 页。

〔88〕按《五世达赖喇嘛传》，两位蒙古首领是被吉雪巴鼓动，想以此在格鲁派和藏巴之间制造矛盾，以便再次引蒙古军入藏。对于蒙古人的请求，四世班禅亦没有反对。参第五世达赖喇嘛洛桑嘉措、第司·桑杰嘉措：《历辈达赖喇嘛传·第五世达赖喇嘛传（第一册）》，北京：中国藏学出版社，2013 年，第 49—50 页。

〔89〕即四世班禅。

〔90〕按《五世达赖喇嘛传》，1624 年有蒙古高僧夏仲强巴师徒，1625 年有蒙古白帐部王子图巴台吉一行和土默特乌力钦囊索一行等先后入藏致礼，参第五世达赖喇嘛洛桑嘉措、第司·桑杰嘉措：《历辈达赖喇嘛传·第五世达赖喇嘛传（第一册）》，北京：中国藏学出版社，2013 年，第 59—66 页。

〔91〕即五世达赖喇嘛。

〔92〕分别是噶举派、宁玛派和萨迦派的主要教法，以此代替上述三个教派。

〔93〕即帕邦喀。

〔94〕见第五世达赖喇嘛洛桑嘉措、第司·桑杰嘉措：《历辈达赖喇嘛传·第五世达赖喇嘛传（第一册）》，北京：中国藏学出版社，2013 年，第 118 页。

〔95〕即金洲大师，阿底峡尊者的上师，公元 10 世纪印度著名大德。

〔96〕指帕邦喀和五世达赖喇嘛。

〔97〕即受居士戒时所赐法名“洛桑嘉措”。

〔98〕原文为“འབྲི”，为止贡（འབྲི་གུང）一词的第一个字，用来表示止贡。“འབྲི”字字面意思为“牦牛”，这种写法有一语双关的作用。下同。

〔99〕原文为“ཕག”，为帕竹（ཕག་གྲུ）一词的第一个字，用来表示帕竹。“ཕག”字字面意思为“猪”。

〔100〕原文为“གུང”，为贡塘（གུང་ཐང）一词的第一个字，用来表示贡塘。“གུང”字字面意思为“草豹”。

〔101〕原文为“ས”，为萨迦（ས་སྐྱ）一词的第一个字，用来表示萨迦。“ས”字字面意思为“土”。

〔102〕似指固始汗之母，待考。

〔103〕即固始汗（1582—1655年），明末清初蒙古和硕特部首领，成吉思汗之弟哈萨尔十九世孙。在卫拉特联盟内外矛盾激化之际，应第巴索朗饶旦和四世班禅的邀请入藏，1642年推翻藏巴第悉政权，主导建立了西藏甘丹颇章地方政府。

〔104〕16世纪下半期形成的卫拉特联盟，包括和硕特、绰罗斯（后称准噶尔）、土尔扈特和杜尔伯特。17世纪初叶土尔扈特部西迁到里海以北草原后，辉特部顶替土尔扈特部成为卫拉特四部之一。

〔105〕即哈尼诺颜洪果尔，卫拉特和硕特部首领，曾任卫拉特联盟盟主。

〔106〕固始汗之"固始"一词即为汉语"国师"也。按《西藏王臣记》，为固始汗赐号者有东科活佛（སྟོང་འཁོར་ཆོས་རྗེ）、喀尔喀大汗和喀尔喀王公。见第五世达赖喇嘛：《西藏王臣记》，北京：民族出版社，1957年，第192页。

〔107〕即工布（今林芝）波密地区。

〔108〕为工布地区小政权，源自吐蕃时期的工布王，明末清初作为噶玛噶举派属，长期对抗格鲁派。

〔109〕即三世第穆活佛（1572—1630年），曾任工布地区格鲁派丹吉林寺（བསྟན་རྒྱས་གླིང）住持。

〔110〕即四世第穆活佛（1631—1668年），由四世班禅认定，从五世达赖喇嘛受比丘戒，后随五世达赖喇嘛进京觐见顺治皇帝。

〔111〕即三世帕巴拉。

〔112〕当时类乌齐首领当为白玛杰布和杰仲措杰多吉，见本书之后昌都历史部分。

〔113〕即一世察雅活佛。

〔114〕明末清初康区主要势力之一，权力中心在四川甘孜地区，辖地包括德格、邓柯、白玉、瞻对、道孚等地。白利崛起于白利曲奔（བེ་རི་ཆོས་འབུམ）时期，到其孙顿月杰时期达到鼎盛。

〔115〕即阿潘杰（བེ་རི་ཨ་འཕན་རྒྱལ），为白利顿月杰（དོན་ཡོད་རྒྱལ）之父。

〔116〕郎依寺，位于四川阿坝县境内，是国内现存最大的雍仲苯教寺院之一，据说由第一世郎依多帕活佛创建于1168年。

〔117〕却图汗，属漠北喀尔喀部。后被逐南下占据青海，一度联合林丹汗与白利土司、藏巴第悉对格鲁派形成三面夹击之势。结果林丹汗死于发兵途中，前期入藏的却图汗子阿尔斯兰抗命，却图汗自己也被固始汗部击溃。

〔118〕阿尔斯兰率兵进藏后未按原计划攻灭格鲁派，反而发兵后藏，之后由于内讧被属下杀害。按《五世达赖喇嘛传》记载，阿尔斯兰还曾东下到藏东康区。

〔119〕此洪台吉当指卫拉特准噶尔部首领巴图尔浑台吉，其曾和固始汗一同进藏，之后又一起在青海攻灭却图汗部。见王辅仁、陈庆英：《蒙藏民族关系史略》，北京：中国社会科学出版社，1985 年，第 113—115 页。

〔120〕当时达赖喇嘛还给固始汗献宗喀巴大师金像和大量财物，为其儿子和属下赐称号，固始汗也给多位西藏僧俗显贵起蒙古语封号。详参第五世达赖喇嘛洛桑嘉措、第司·桑杰嘉措：《历辈达赖喇嘛传·第五世达赖喇嘛传（第一册）》，北京：中国藏学出版社，2013 年，第 142 页。

〔121〕按《五世达赖喇嘛传》，分别为梅尔甘噶居喜绕嘉措（མེརྒན་དཀའ་བཅུ་ཤེས་རབ་རྒྱ་མཚོ）、宰桑默岱齐（ཇའི་སང་མེ་དེའི་ཆེ）、宰桑国师（ཇའི་སང་གུ་ཤྲི）、乌钦切钦（ཨུ་ཆེན་ཆེ་ཆེན）、博冬古央（བོ་དོང་གུ་ཡང）、戴凯切钦（ཏཻར་གེལ་ཆེ་ཆེན）。见第五世达赖喇嘛洛桑嘉措、第司·桑杰嘉措：《历辈达赖喇嘛传·第五世达赖喇嘛传（第一册）》，北京：中国藏学出版社，2013 年，第 148 页。

〔122〕即康扎列丹多杰。

〔123〕指前述白利土司推崇苯教，在康区大肆迫害佛教徒，打击格鲁派事。

〔124〕即强佐索朗饶旦。

〔125〕即末代藏巴汗。

〔126〕此处原文作肯定句“方便”（བདེ་ན），然从上下文及《五世达赖喇嘛传》来看，应是“不便”（མ་བདེ་ན）之意。原文显然遗漏了否定前缀“མ”字。

〔127〕即固始汗。

〔128〕即四世班禅和五世达赖喇嘛。

〔129〕按《五世达赖喇嘛传》，固始汗按照之前忽必烈三次布施八思巴之例，向达赖喇嘛分别献阿阇世王所依佛舍利、据说为空行意希措杰（མཁའ་འགྲོ་ཡེ་ཤེས་མཚོ་རྒྱལ）护心镜的八思巴传给意希巴（ཡེ་ཤེས་པ）的洗镜嘛呢（ཁྲུས་ཤོང་མ་ཎི་མ）、仁蚌阿旺久旦旺久（རིན་སྤུངས་ངག་དབང་འཇིག་རྟེན་དབང་ཕྱུག）显像善种帐幔等三件稀释珍宝。详参第五世达赖喇嘛洛桑嘉措、第司·桑杰嘉措：《历辈达赖喇嘛传·第五世达赖喇嘛传（第一册）》，北京：中国藏学出版社，2013 年，第 180 页。

〔130〕据说为金刚手菩萨和多闻天王（财神）所居宫殿，以聚宝而著称。

〔131〕即达赖喇嘛。

〔132〕西藏古老寺院之一，位于大昭寺东北部，属吐蕃时期旧密派寺院。五世达赖喇嘛时期又建新木如寺。

〔133〕指达赖喇嘛。

〔134〕即昌都喜瓦拉活佛。

〔135〕盘德寺为帕巴桑杰（འཕགས་པ་སངས་རྒྱས）所建。见第司桑结嘉措：《格鲁

派教法史——黄琉璃宝鉴》，北京：中国藏学出版社，1989年，第289页。

〔136〕曲英多杰（1604—1674年），第十世黑帽系噶玛巴活佛。8岁（1611年）坐床，12岁（1614年）任楚布寺住持，21岁（1624年）受比丘戒。其后，曲英多杰卷入藏巴第悉和格鲁派之间的斗争，结果在格鲁派节节胜利之际远赴云南，在当地传法、生活三十余年。后五世达赖喇嘛主动邀请其返藏，并宣布不计前嫌，并于1673年返回楚布寺。1674年71岁时圆寂。

〔137〕按《五世达赖喇嘛传》记，林麦夏仲仁波切曾根据旧时预言，向达赖喇嘛提议在拉萨红山之上建立佛殿，从而连接色拉寺和哲蚌寺，使格鲁派政教事业永固。此后林麦巴和各界人士再次建议，遂决定在红山之上建立布达拉宫。见第五世达赖喇嘛洛桑嘉措、第司·桑杰嘉措：《历辈达赖喇嘛传·第五世达赖喇嘛传（第一册）》，北京：中国藏学出版社，2013年，第197—198、210页。

〔138〕天然成形檀香木圣观世音自在像，布达拉宫主供佛，据说为赞普松赞干布的本尊像。

〔139〕即布达拉宫。

〔140〕按《五世达赖喇嘛传》载，作为法王松赞干布的本尊，圣者洛格夏热佛像一直以来都供奉在布达拉。在卫藏战乱之际，第巴吉雪巴将佛像迎出，导致失去很多地盘。之后其将佛像作为献礼请给土默特色钦台吉以求援兵，后者将佛像迎到青海后又导致其部分崩离析。后佛像辗转到康区东郭尔寺，又使当地天灾不断。正应了莲花生大师“一尊佛像流边地，所到之处尽毁灭”之预言，惟有供在布达拉才能造福一方。经过多年的搜寻，最终由汗王王妃恰在净地仪式时寻回，可谓吉祥圆满也。见第五世达赖喇嘛洛桑嘉措、第司·桑杰嘉措：《历辈达赖喇嘛传·第五世达赖喇嘛传（第一册）》，北京：中国藏学出版社，2013年，第211—212页。

〔141〕李自成（1606—1645年），明末农民起义领袖。崇祯二年（1629年）随高迎祥起义，高迎祥牺牲后继称“闯王”。崇祯十六年（1643年）在襄阳称新顺王，次年建立大顺政权，年号“永昌”。不久攻克北京，推翻明王朝。不久，吴三桂迎清军入关，李自成退出北京。顺治二年（1645年）在湖北九宫山被杀。

〔142〕即清太宗皇太极（1592—1643年），努尔哈赤第八子。1626年努尔哈赤去世后继承汗位，崇德元年（1636年）在盛京称帝，改国号为清。崇德八年（1643年），猝死于入关前夕。皇太极在位17年，为清朝入主中原打下了坚实的基础。1635年林丹汗死后，漠南蒙古正式归附后金。次年，漠南蒙古十六部四十九王共奉皇太极为“博克图彻辰汗”，承认清朝皇帝继承蒙古可汗的大统。

〔143〕此处之大皇宫并非紫禁城，而是顺治初见达赖喇嘛的南苑旧宫。按《五世达赖喇嘛传》载，达赖喇嘛一行于十二月初五到张家口，之后依次经过沙

河、清河。顺治皇帝以田猎名义出迎，十六日接见达赖喇嘛。见第五世达赖喇嘛洛桑嘉措、第司·桑杰嘉措：《历辈达赖喇嘛传·第五世达赖喇嘛传（第一册）》，北京：中国藏学出版社，2013年，第326—328页。

〔144〕指顺治皇帝。

〔145〕即清世祖爱新觉罗·福临（1638—1661年），6岁即位，13岁亲政，在位共18年（1644—1661年）。

〔146〕五世达赖喇嘛在其自传中记当时皇帝年不过17，其实当年顺治皇帝年仅14。

〔147〕见第五世达赖喇嘛洛桑嘉措、第司·桑杰嘉措：《历辈达赖喇嘛传·第五世达赖喇嘛传（第一册）》，北京：中国藏学出版社，2013年，第328页。顺治在南苑接见达赖喇嘛之事，汉文史料与《五世达赖喇嘛传》并无出入，据第一历史档案馆《馆藏宫中杂档》记载："十二月，幸南苑。达赖上谒。上由御座起行数步，与达赖握手问候。后，上复登御座，侧设达赖座，奉温谕令登座吃茶，询起居。达赖即于座前恭请圣安、陈述前后藏情形。赏赐筵宴。由部库赏拨银九万两，达赖移居新建黄房。"

〔148〕顺治皇帝和朝廷要员、满蒙王公会见、宴请达赖喇嘛并献赐供奉等，详见第五世达赖喇嘛洛桑嘉措、第司·桑杰嘉措：《历辈达赖喇嘛传·第五世达赖喇嘛传（第一册）》，北京：中国藏学出版社，2013年，第328—338页。

〔149〕金册全文为："朕闻兼善独善，开宗之义不同；世出世间，设教之途亦异。然而明心见性，淑世觉民，其归一也。兹尔罗布藏札卜素达赖喇嘛，襟怀贞朗，德量渊泓，定慧偕修，色空俱泯，以能宣扬释教，诲导愚蒙，因而化被西方，名驰东土。我皇考太宗文皇帝闻而欣尚，特遣使迎聘。尔早识天心，许以辰年来见。朕荷皇天眷命，抚有天下，果如期应聘而至。仪范可亲，语默有度，臻般若圆通之境，扩慈悲于摄受之门。诚觉路梯航，禅林山斗，朕甚嘉焉。兹以金册印封尔为'西天大善自在佛所领天下释教普通瓦赤喇怛喇达赖喇嘛'。应劫现身，兴隆佛化，随机说法，利济众生，不亦庥哉！"《清世宗实录》卷74，顺治十年四月丁巳"遣礼部尚书觉罗郎球、理藩院侍郎席达礼等赍送封达赖喇嘛金册金印于代噶地方"，见《元以来西藏地方与中央政府关系档案史料汇编（2）》，北京：中国藏学出版社，1994年，第234页。

〔150〕即印有"西天大善自在佛所领天下释教普通瓦赤喇怛喇达赖喇嘛之印"之金印。

〔151〕其实顺治帝颁给达赖喇嘛的金册和金印，是达赖喇嘛离京返回西藏的途中于代噶地方收到的。当时顺治派礼部尚书觉罗朗球、理藩院侍郎席达礼等赍送满

汉藏三种文字之金册金印到代噶地方。

〔152〕达延汗并不是固始汗去世后直接继承汗位的。按《五世达赖喇嘛传》的记载，达延汗于土狗年即1658年继位，此时距固始汗去世已过了三年。达延汗继位后，五世达赖喇嘛赐其“丹增多吉杰布”的名号。见第五世达赖喇嘛洛桑嘉措、第司·桑杰嘉措:《历辈达赖喇嘛传·第五世达赖喇嘛传（第一册)》，北京:中国藏学出版社，2013年，第427—428页。

〔153〕甘丹颇章的第一任第巴索朗饶旦于该年去世，当时决定秘不发丧。见第五世达赖喇嘛洛桑嘉措、第司·桑杰嘉措:《历辈达赖喇嘛传·第五世达赖喇嘛传(第一册)》，北京:中国藏学出版社，2013年，第433页。

〔154〕见第五世达赖喇嘛洛桑嘉措、第司·桑杰嘉措:《历辈达赖喇嘛传·第五世达赖喇嘛传（第一册)》，北京:中国藏学出版社，2013年，第488—490页。

〔155〕这一年第二任第巴赤列嘉措去世。见第五世达赖喇嘛洛桑嘉措、第司·桑杰嘉措:《历辈达赖喇嘛传·第五世达赖喇嘛传（第二册)》，北京:中国藏学出版社，2013年，第70页。

〔156〕见第五世达赖喇嘛洛桑嘉措、第司·桑杰嘉措:《历辈达赖喇嘛传·第五世达赖喇嘛传（第二册)》，北京:中国藏学出版社，2013年，第133页。

〔157〕见第五世达赖喇嘛洛桑嘉措、第司·桑杰嘉措:《历辈达赖喇嘛传·第五世达赖喇嘛传（第二册)》，北京:中国藏学出版社，2013年，第294—295、296—298页。

〔158〕即第巴桑结嘉措（1653—1705年)，为第二任第巴赤列嘉措之侄。

〔159〕即洛桑金巴（བློ་བཟང་སྦྱིན་པ)。

〔160〕见第五世达赖喇嘛洛桑嘉措、第司·桑杰嘉措:《历辈达赖喇嘛传·第五世达赖喇嘛传（第二册)》，北京:中国藏学出版社，2013年，第412—413页。

〔161〕下文有洛桑图道之功绩描述，按上下文，此处当为第巴赤列嘉措，本书编者亦疑是原文有误。

〔162〕关于桑结嘉措告假不出任第巴及最终就职的情况，详参第五世达赖喇嘛罗桑嘉措、第司·桑杰嘉措:《历辈达赖喇嘛传·第五世达赖喇嘛传（第三册)》，北京:中国藏学出版社，2013年，第197—200、208—209页。

〔163〕见第五世达赖喇嘛洛桑嘉措、第司·桑杰嘉措:《历辈达赖喇嘛传·第五世达赖喇嘛传（第二册)》，北京:中国藏学出版社，2013年，第171页。

〔164〕即五世达赖喇嘛。

〔165〕即阿底峡尊者的弟子俄·列贝喜绕。

〔166〕即桑结嘉措。

〔167〕即至 1682 年五世达赖喇嘛圆寂。

〔168〕按木鼠年，为 1624 年。从上下文来看，既然是甘丹颇章建立之后，应该从 1642 年算起。如此，1642 年之后的第一个鼠年是土鼠年即 1648 年。《五世达赖喇嘛传》记载，当年建立甘丹曲阔央孜和朵松绕林（རྡོལ་གསུང་རབ་གླིང），并绘制布达拉宫壁画。见第五世达赖喇嘛洛桑嘉措、第司·桑杰嘉措：《历辈达赖喇嘛传·第五世达赖喇嘛传（第一册）》，北京：中国藏学出版社，2013 年，第 235—245 页。

〔169〕即上密院和下密院。

〔170〕见第五世达赖喇嘛洛桑嘉措、第司·桑杰嘉措：《历辈达赖喇嘛传·第五世达赖喇嘛传（第四册）》，北京：中国藏学出版社，2013 年，第 394—395 页。

〔171〕其实从 1682 年五世达赖喇嘛圆寂到 1696 年康熙帝知晓桑结嘉措匿丧，已经 15 年。

〔172〕第巴桑结嘉措在介绍六世达赖喇嘛的家族史时提到仓央嘉措的先祖，几乎是吐蕃第一位赞普聂赤赞普"自天神而为人主"之传说的复本。因为这个下凡的天神之子长相奇特、器宇轩昂，遂被当地人奉为首领。据说自此其天神品性受到了凡人习气的污染，所以称为尼氏（དེར་མིའི་གྲིབ་ཀྱིས་ལྷའི་བུ་ཉིད་སྦྱོས་བར་གྱུར་པ་ན་སྨྱོས་ཞེས་སེའི་རིགས་རྒྱུད་ལ་ཡང་གྲགས་སོ།）。见第五世达赖喇嘛洛桑嘉措、第司·桑杰嘉措：《历辈达赖喇嘛传·第五世达赖喇嘛传（第五册）》，北京：中国藏学出版社，2013 年，第 191—192 页。《六世达赖喇嘛传》的记载却有不同，参第司桑结嘉措（སྡེ་སྲིད་སངས་རྒྱས་རྒྱ་མཚོ།）：《历辈达赖喇嘛传·第六世达赖喇嘛传》（རྒྱལ་དབང་སྐུ་ཕྲེང་རིམ་བྱོན་གྱི་མཛད་རྣམ་ལས་སྐུ་ཕྲེང་དྲུག་པ་ཚངས་དབྱངས་རྒྱ་མཚོའི་རྣམ་ཐར།），北京：中国藏学出版社，2010 年，第 88—89 页。

〔173〕即邬坚白玛林巴，出生于西藏南部的门隅本塘地方，属尼氏家族。邬坚白玛林巴是西藏历史上著名的"掘藏五王"之一，据说受莲花生大师加持得到一部全面的《伏藏目录》，从西藏多个地方发掘出大量的伏藏文献。

〔174〕此处有误，本书编者亦提出疑问。按火猪年，当为 1647 年或 1707 年。五世达赖喇嘛圆寂于水狗年，所以六世达赖喇嘛出生年当为次年的水猪年，即 1683 年。

〔175〕即第五世班禅。

〔176〕仓央嘉措（1683—1706 年），第六世达赖喇嘛。按《六世达赖喇嘛传》，五世达赖喇嘛圆寂后，第巴桑结嘉措第一时间组织寻访转世灵童，不久就寻访到了远在错那的灵童。随后为了配合之前秘不发丧的决定，一直到 1697 年才对外公布为六世达赖喇嘛，同年迎请到浪卡子受戒并在布达拉宫坐床。在之后接受政教领袖

培养的过程中，仓央嘉措逐渐显露出离经叛道的迹象，并卷入当时西藏地方蒙藏统治阶级之间政治斗争的漩涡，导致 1705 年被废。1706 年，仓央嘉措据传在押往北京的途中圆寂于青海湖畔，但亦有相关《秘传》记其悄然遁去并云游四方，后于阿拉善传法收徒，于 64 岁（1746 年）圆寂。除了六世达赖喇嘛这个显赫的身份外，仓央嘉措还是藏族历史上的著名诗人，其创作的诗歌至今仍广为传唱。

〔177〕在第巴桑结嘉措的主持下，当时西藏各寺庙都举行了纪念法会，布施甚丰，比如 1694 年的各种法会规模就非常可观，详见第五世达赖喇嘛洛桑嘉措、第司·桑杰嘉措：《历辈达赖喇嘛传·第五世达赖喇嘛传（第六册）》，北京：中国藏学出版社，2013 年，第 244—266 页。

〔178〕指 17 世纪中叶拉达克进攻古格王朝之事。古格王朝传自吐蕃赞普后裔吉德尼玛衮一系，故有此说。

〔179〕出身和硕特蒙古，起初在西藏出家为僧，后因阿里之乱奉命还俗出征，领兵安定上部阿里地区。相关事迹下文亦有述及，见后。

〔180〕即噶伦（བཀའ་བློན）和代本（མདའ་དཔོན），西藏地方政府主要职官。

〔181〕指五世达赖喇嘛。

〔182〕僧人系于腰上的四方布袋，用于放置贴身物品。

〔183〕本书编者疑为水马年（1702 年）。

〔184〕达赖汗逝于 1701 年。

〔185〕拉藏汗，固始汗曾孙，达赖汗之子，和硕特蒙古在西藏的最后一任汗王。曾被康熙皇帝册封为“翊法恭顺汗”。在任期间与第巴桑结嘉措的矛盾无法调和，最终刀兵相向，第巴兵败被杀。拉藏汗随后废黜第巴所立仓央嘉措，重新认定意希嘉措（ཡེ་ཤེས་རྒྱ་མཚོ）为六世达赖喇嘛。1717 年，准噶尔军攻入拉萨后，拉藏汗被杀。

〔186〕即拉藏汗和第巴桑结嘉措。

〔187〕被拉藏汗立为第六世达赖喇嘛，先后得到五世班禅和清朝中央的认可，居布达拉宫 11 年。作为蒙藏上层政治斗争的产物，当时以拉萨三大寺为代表的多数西藏僧俗群众不认可意希嘉措为六世达赖喇嘛。1717 年准噶尔侵入拉萨后，拉藏汗兵败战死，其所立意希嘉措也被废。

〔188〕即拉藏汗。

〔189〕七世达赖喇嘛格桑嘉措（1708—1757 年），出生于理塘，后移居青海塔尔寺。格桑嘉措是格鲁派按照仓央嘉措的转世寻访的，所以是七世达赖喇嘛，而清朝因为之前废黜了仓央嘉措，所以 1719 年正式承认格桑嘉措时将其认定为六世达赖喇嘛。1720 年，清军护送七世达赖喇嘛格桑嘉措进藏，九月在布达拉宫坐床。之

后在五世班禅罗桑意希座前受戒，入哲蚌寺学经。1727 年西藏发生阿尔布巴之乱，清军入藏平乱后，雍正帝决定在西藏设置驻藏大臣，其地位与达赖喇嘛平等。1749 年发生珠尔默特那木札勒之乱，乾隆帝平定叛乱后废除郡王制，于 1751 年决定设立噶厦，由第七世达赖喇嘛格桑嘉措协同驻藏大臣掌管西藏地方政务。1757 年圆寂。

〔190〕汉文史书作索诺木达尔扎，出身仲氏（འབྲོམ），据说为仲敦巴的后裔。索朗塔杰初为哲蚌寺执事僧，以督导寺规严格著称。后随大格贵噶居敦丹旺布（དགེ་སློས་ཆེན་མོ་དཀའ་བཅུ་དོན་ལྡན་དབང་པོ）至理塘大寺，因出于管理俗人事务之需而还俗成家，但日常仍勤于礼佛受戒等。见章嘉·若贝多杰（ལྕང་སྐྱ་རོལ་པའི་རྡོ་རྗེ།）：《历辈达赖喇嘛传·第七世达赖喇嘛传（上册）》（རྒྱལ་དབང་སྐུ་ཕྲེང་རིམ་བྱོན་གྱི་མཛད་རྣམ་ལས་སྐུ་ཕྲེང་བདུན་པ་བློ་བཟང་བསྐལ་བཟང་རྒྱ་མཚོའི་རྣམ་ཐར།），北京：中国藏学出版社，2010 年，第 16—18 页。格桑嘉措入藏后，索朗塔杰一度专权造成西藏地方统治阶级内部矛盾加剧，后被限制在山南，主要管理桑耶寺事务。西藏著名的尧西贵族桑竹颇章（བསམ་གྲུབ་ཕོ་བྲང）即由其而来。

〔191〕格桑嘉措为达赖喇嘛转世的消息传到拉萨后，拉藏汗派代本罗布欧珠（མདའ་དཔོན་ནོར་བུ་དངོས་གྲུབ）、欧孜笔帖式（ཨུའི་ཚོང་སྤྱི་ཆའི་ཆེ）、蒙古人嘉诺颜（སོག་པོ་སྐྱབས་ནོ་ཡོན）、达瓦宰桑（ཟླ་བ་ཛའི་སང）等来理塘探访，据说罗布欧珠听到其为仓央嘉措转世时表现出不置可否的态度，但随即又派人私下告知灵童的父母，言此子非同寻常，应早日送到寺院。见章嘉·若贝多杰：《历辈达赖喇嘛传·第七世达赖喇嘛传（上册）》，北京：中国藏学出版社，2010 年，第 26—27 页。

〔192〕为时任德格土司，其事迹在后文亦有述及。

〔193〕从《七世达赖喇嘛传》来看，对格桑嘉措为达赖喇嘛转世灵童之事最早做出反应的就是青海的和硕特部，其实也体现出了青海和硕特部和西藏拉藏汗的内部斗争。据说亲王巴图尔台吉（ཅིང་ཝང་བླ་ཐུར་ཐའི་ཇི）和郡王噶丹额尔德尼济农（ཇུན་ཝང་དགའ་ལྡན་ཨེར་ཏེ་ནི་ཇ་ནང）、阿旺曲贝（ངག་དབང་ཆོས་དཔལ）、芒热堪布（མང་ར་མཁན་པོ）等一直关注转世之事，其中济农夫妇与五世、六世达赖喇嘛颇有渊源，也提前和理塘取得了联系。后，巴图尔台吉派人到理塘拜见格桑嘉措，并在去世前郑重嘱咐属下务必要把灵童迎到青海。见章嘉·若贝多杰：《历辈达赖喇嘛传·第七世达赖喇嘛传（上册）》，北京：中国藏学出版社，2010 年，第 25—35 页。

〔194〕青海和硕特部诸台吉当时向康熙帝奏报“里塘地方新出胡必尔汗，实系达赖喇嘛转世，恳求册封”（《清圣祖实录》卷 263，康熙五十四年四月辛未），康熙遣侍卫阿齐图等前往青海，命将理塘灵童送往北京查验，同时派人到西藏确认意希嘉措是否为达赖喇嘛。后青海和硕特诸台吉又奏请准许格桑嘉措暂缓进京，言

“将胡必尔汗送往西地”（《清圣祖实录》卷 266，康熙五十四年十二月壬午）。康熙帝准奏，令将格桑嘉措送至西宁附近的弘善寺，之后迎请到塔尔寺供养。

〔195〕即二世却藏活佛洛桑丹贝坚赞（ཆུ་བཟང་བློ་བཟང་བསྟན་པའི་རྒྱལ་མཚན།，1652—1723 年），佑宁寺著名高僧，后受罗卜藏丹津之乱牵连而圆寂。

〔196〕即三世察汗诺门罕洛桑丹贝坚赞（བློ་བཟང་བསྟན་པའི་རྒྱལ་མཚན།，1660—1728 年），又称拉莫呼图克图（ལ་མོ་ཧུ་ཐོག་ཐུ），拉莫德庆寺著名高僧。一世拉莫活佛奉三世达赖喇嘛之命到青海传教，受封为“察汗诺门罕”，故有此称。

〔197〕意为观音菩萨驻锡之地，指西藏拉萨。

〔198〕清军第一次入藏遭到惨败，额伦特战死，色楞被俘，之后才有第二次入藏之事。

〔199〕格桑嘉措驻锡塔尔寺期间，康熙皇帝下旨承认其为前世达赖喇嘛之转世，称为施主，自此三年内赐给 134 名僧人以冬夏衣单，见章嘉·若贝多杰：《历辈达赖喇嘛传·第七世达赖喇嘛传（上册）》，北京：中国藏学出版社，2010 年，第 54 页。

〔200〕即康熙十四子固山贝子胤祯，雍正初年改名允禵。

〔201〕即平逆将军延信。

〔202〕第二世土观·罗桑阿旺曲吉嘉措（ཐུའུ་བཀྭན་བློ་བཟང་ངག་དབང་ཆོས་ཀྱི་རྒྱ་མཚོ།，1680—1736 年），佑宁寺著名高僧。

〔203〕安班，满语，藏文史书中通常指驻藏大臣。

〔204〕此次进藏驱逐准噶尔，康熙命抚远大将军允禵移驻穆鲁斯乌苏居后指挥，平逆将军延信率兵进藏，公策旺诺尔布、额驸阿宝等 6 人为参赞军务。

〔205〕《康熙朝满文朱批奏折全译》“胤祯康熙五十八年三月二十三日折”（第 1377 页）载，1719 年三月二十一日（5 月 10 日），允禵率子弘曙、弘智、弘曦等至塔尔寺，其时在距庙五里处已搭起凉棚，众多喇嘛敲击金鼓，吹喇叭唢呐，高举仪仗迎接。允禵先入寺拜佛，复去灵童禅房，灵童亲迎出来，叩请皇上安，敬献哈达，继而与大臣等相互问好。进入禅房后，允禵向灵童曰：“来时皇父命我拜会于尔，我不晓呼毕勒罕本身与达赖喇嘛呼毕勒罕之真伪，众既然皆称尔为达赖喇嘛呼毕勒罕，呼毕勒罕升座，我即以礼会见。”呼毕勒罕曰：“大将军王，乃文殊菩萨大皇帝之子，亦菩萨也。我乃一小儿，岂敢受礼，请王坐床。”允禵曰：“此系遵旨致敬。”小呼毕勒罕曰：“大将军乃主人，我本不应受礼，唯圣主既有旨，我欲站立接受。”于是允禵率三子礼拜并献哈达，小呼毕勒罕合掌躬腰受礼并于座旁另设一床请大将军坐。见邓锐龄、冯智主编：《西藏通史·清代卷（上）》，北京：中国藏学出版社，2016 年，第 125 页。亦见章嘉·若贝多杰：《历辈达赖喇嘛传·第七世达

赖喇嘛传（上册）》，北京：中国藏学出版社，2010 年，第 83—84 页。

〔206〕金册上书：“奉天承运皇帝诏曰：朕经略万邦，不分内外，一视同仁，尚以化导，抚育众生。诚若秉持净意，恪谨王业，则必旌赐名号，以示褒赏。昔日达赖喇嘛弘扬道统，推兴西土之正教，表彰于禹甸，故蒙册封。尔自幼继承前业，恪勤戒律，钻研经典，深得各部落之信赖，是以特降慈旨，颁给册印，封尔为弘法觉众第六辈达赖喇嘛。著尔阐扬佛教，辅朕大业，勤于训导，恪遵勿怠。敬之。康熙五十九年二月二十七日。”见《元以来西藏地方与中央政府关系档案史料汇编》(2)，康熙五十九年（1720 年）二月二十七日，“册封里塘呼毕勒罕为弘法觉众第六世达赖喇嘛”，北京：中国藏学出版社，1994 年，第 333 页。

〔207〕从金册和金印可知，当时清廷仍将格桑嘉措认定为六世达赖喇嘛，不承认之前的仓央嘉措。直到册封八世达赖喇嘛时才默认了格桑嘉措为七世达赖喇嘛。

〔208〕即却藏活佛和察汗诺门罕。

〔209〕即罗卜藏丹津，固始汗之孙，青海蒙古和硕特部右翼首领。1714 年承袭亲王爵位，1720 年参与清军第二次入藏驱逐准噶尔之战。雍正元年（1723 年）发动叛乱，被年羹尧、岳钟琪平定，罗卜藏丹津逃往准噶尔部，乾隆年间出降。

〔210〕即察罕丹津（？—1735 年），固始汗曾孙，青海前首旗首任札萨克，号岱青和硕齐。1709 年筹建了拉卜楞寺并成为该寺施主。

〔211〕即额驸阿宝，又称额尔德尼额尔克托克托鼐，固始汗曾孙，和硕特部台吉。1705 年受命袭多罗贝勒爵，1716 年分领和硕特左翼。1720 年随清军入藏驱逐准噶尔，1723 年被封郡王。罗卜藏丹津之乱中受袭，后驻大通河南岸。

〔212〕即阿尔布巴·多吉杰布（ང་ཕོད་པ་རྡོ་རྗེ་རྒྱལ་པོ）。

〔213〕康熙五十九年八月十日（9 月 11 日），允禵折回西宁。

〔214〕即隆布鼐·扎西杰布（ལུམ་པ་བ་བཀྲ་ཤིས་རྒྱལ་པོ）。

〔215〕按《七世达赖喇嘛传》，行至央日山，有噶伦隆布鼐、强佐垂普瓦(ཕྱག་མཛོད་ཁྲུས་ཕུ་བ)、札尔鼐（སྦྱར་ར་བ)、恰当大格西卡多本洛、热振寺堪布洛桑塔杰(ར་སྒྲེང་མཁན་པོ་བློ་བཟང་དར་རྒྱས）等来迎。见章嘉·若贝多杰：《历辈达赖喇嘛传·第七世达赖喇嘛传（上册）》，北京：中国藏学出版社，2010 年，第 110 页。

〔216〕在热振寺和达隆寺有多位高僧和地方贵族前来拜见，详见章嘉·若贝多杰：《历辈达赖喇嘛传·第七世达赖喇嘛传（上册）》，北京：中国藏学出版社，2010 年，第 111 页。

〔217〕即时任甘丹赤巴根敦平措（དགེ་འདུན་ཕུན་ཚོགས)、卸任甘丹赤巴洛桑塔杰(བློ་བཟང་དར་རྒྱས)。

〔218〕通常指洛散巴仁波切（ལོ་སེམས་དཔའ་རིན་པོ་ཆེ)、温杰赛仁波切（འོན་རྒྱལ་སྲས་

རིན་པོ་ཆེ)、雷隆协贝多杰（སློ་ལུང་བཞད་པའི་རྡོ་རྗེ）等三位活佛。

〔219〕此句为嵌词诗，其中“贤劫”（བསྐལ་བཟང）和“海”（རྒྱ་མཚོ）两词，即格桑嘉措（བསྐལ་བཟང་རྒྱ་མཚོ）之法名也。

〔220〕即七世达赖喇嘛。

〔221〕即噶玛噶举和主巴噶举。

〔222〕即觉囊派和宁玛派。

〔223〕即乾宁，时称泰宁，据说其地为吐蕃名相噶尔东赞后裔居地，故有藏文“噶达”之名。1728 年，在准噶尔侵藏和卫藏战争之后，清廷将七世达赖喇嘛迎请到此避乱。后特建惠远寺于此，在今四川省甘孜藏族自治州。

〔224〕即五世班禅。

〔225〕洛桑塔杰（1662—1723 年），1708 年出任第四十九任甘丹赤巴，1720 年担任七世达赖喇嘛经师。

〔226〕据说该月为佛陀降生、成道、涅槃的月份，极其殊胜。

〔227〕即杰赛（佛子）活佛晋美意希扎巴（རྒྱལ་སྲས་རིན་པོ་ཆེ་འཇིགས་མེད་ཡེ་ཤེས་གྲགས་པ），西藏三大活佛之一。

〔228〕详见章嘉·若贝多杰：《历辈达赖喇嘛传·第七世达赖喇嘛传（上册）》，北京：中国藏学出版社，2010 年，第 200—202 页。

〔229〕阿旺却丹（1677—1751 年），即第一世热振活佛。早年在夏琼寺出家，成年后到拉萨入色拉寺学经，25 岁获拉然巴格西学位。历任下密院格贵、托林寺堪布、下密院堪布。1728 年开始担任七世达赖喇嘛经师，1739 年出任第五十四任甘丹赤巴。

〔230〕策妄阿拉布坦（？—1727 年），卫拉特准噶尔部大汗，僧格之子，噶尔丹之侄。策妄阿拉布先附噶尔丹，后噶尔丹东进时据原准噶尔领地，协助清朝彻底击败噶尔丹。1717 年，策妄阿拉布坦派策凌敦多布南下西藏，推翻和硕特部在西藏的统治。1727 年去世，子噶尔丹策零继位。

〔231〕此处似有混淆。按《颇罗鼐传》，赴准噶尔结亲者为拉藏汗长子噶丹丹增（དགའ་ལྡན་བསྟན་འཛིན），而苏擦（སུ་ཚ）为拉藏汗幼子。噶丹丹增赴准噶尔时，苏擦被父亲拉藏汗遣往青海。见多卡瓦·策仁旺杰（ཞབས་དྲུང་ཚེ་རིང་དབང་རྒྱལ།）：《颇罗鼐传》（མི་དབང་རྟོགས་བརྗོད།），成都：四川民族出版社，1981 年，第 258—261 页。

〔232〕当时拉藏汗倚仗的重要助手就是颇罗鼐。关于拉藏汗与准噶尔在那曲地区的拉锯战，详参多卡瓦·策仁旺杰：《颇罗鼐传》，成都：四川民族出版社，1981 年，第 263—286 页。

〔233〕即六世达赖喇嘛仓央嘉措。

〔234〕当时拉藏汗在布达拉宫内自知不得脱，于是让幼子苏擦沿北路逃亡，自己率贴身随从洛桑群培出布达拉宫东门突围，结果寡不敌众，被准噶尔军杀死。详参多卡瓦·策仁旺杰：《颇罗鼐传》，成都：四川民族出版社，1981 年，第 295—296 页。

〔235〕出身第巴吉雪巴家族，被准噶尔委任为第巴时已经年过七十。在准噶尔治下维持藏政。颇罗鼐被囚后，其曾极力挽救并准备重用。后清军入藏驱逐准噶尔后，因其属准噶尔亲信而被处以极刑。

〔236〕又称大策凌敦多布，噶尔丹弟布木之子，先后辅佐策妄阿拉布坦和噶尔丹策零两任准噶尔汗王。1717 年率兵侵藏，次年击败色楞、额伦特所率清军。1720 年被清军驱逐出西藏。后又受噶尔丹策零派遣侵喀尔喀等。

〔237〕即多吉扎寺（རྡོ་རྗེ་བྲག）和敏珠林寺（སྨིན་གྲོལ་གླིང）。

〔238〕即策妄阿拉布坦。

〔239〕指清朝，后一句中“汉地”一词亦同。

〔240〕指准噶尔叛清之事。

〔241〕即南路噶尔弼部和北路延信部两路入藏清军。

〔242〕按《颇罗鼐传》，颇罗鼐也曾为其求情，并罗列其在任期间所做善事，但仍未能幸免。见多卡瓦·策仁旺杰：《颇罗鼐传》，成都：四川民族出版社，1981 年，第 390—391 页。

〔243〕从《颇罗鼐传》可以了解到，当时处以极刑的还有达孜巴的亲信大臣扎西则巴（བཀྲ་ཤིས་རྩེ་པ），此人原与颇罗鼐交好，之后却多次陷害颇罗鼐。

〔244〕康济鼐·索南杰布（ཁང་ཆེན་ནས་བསོད་ནམས་རྒྱལ་པོ།,？—1727 年），后藏贵族，拉藏汗之婿。拉藏汗时期任阿里地区总管，准噶尔侵藏后曾举兵反抗，并积极协助清军入藏。驱逐准噶尔后，清朝在西藏废除第巴制度，改为噶伦制，任命康济鼐为首席噶伦。不久，被其他几位噶伦阴谋弑杀。

〔245〕阿尔布巴·多吉杰布（ང་ཕོད་པ་རྡོ་རྗེ་རྒྱལ་པོ།,？—1728 年），出身工布贵族，曾在拉藏汗手下任噶伦。准噶尔侵藏后，在工布地区举兵反抗，北路清军入藏时前往青海迎接，后配合清军驱逐准噶尔。1721 年封贝子兼噶伦，协助康济鼐管理西藏事务。1727 年联合隆布鼐、扎尔鼐等谋杀康济鼐。颇罗鼐闻讯逃脱，并集阿里和后藏联军反扑，卫藏战争爆发。次年，颇罗鼐攻入拉萨，阿尔布巴等人被俘，后经钦差大臣审判，被判凌迟处死。

〔246〕隆布鼐·扎西杰布（ལུམ་པ་བ་བཀྲ་ཤིས་རྒྱལ་པོ།,？—1728 年），出身拉萨贵族，曾任拉藏汗手下孜本之职。准噶尔侵藏时任日喀则宗本，北路清军入藏时前往迎接。次年，被封辅国公，兼噶伦。后忌首席噶伦康济鼐，遂与阿尔布巴等将康济鼐

杀害。次年。被颇罗鼐所擒，经钦差大臣审判，被处凌迟极刑。

〔247〕札尔鼐·罗追杰布（སྦྱར་ར་བ་བློ་གྲོས་རྒྱལ་པོ།,？—1728年），因配合北路清军入藏驱逐准噶尔有功，封一等台吉，以僧人身份出任噶伦，1727年伙同阿尔布巴等人杀害康济鼐。次年被执，被处以极刑。

〔248〕颇罗鼐·索朗多布杰（ཕོ་ལྷ་བ་བསོད་ནམས་སྟོབས་རྒྱལ།，1689—1747年），出身后藏江孜颇罗家族，因知书达理且颇具才干，受到拉藏汗赏识而走上仕途。准噶尔侵藏诛杀拉藏汗后，配合康济鼐举兵反抗，并策应清军入藏。驱逐准噶尔后，协助首席噶伦康济鼐理政，后增补为噶伦。1727年发生阿尔布巴之乱，颇罗鼐再次举兵讨击，击败卫地联军，擒获阿尔布巴等人。清军入藏后经过审理，判阿尔布巴等人死罪，任命颇罗鼐总理西藏地方政务。在任期间颇有作为，1739年被封为郡王。

〔249〕按《颇罗鼐传》，皇上派钦差大臣入藏宣布增补两名噶伦，多人以颇罗鼐此前曾为拉藏汗效力而反对其出任噶伦，但七世达赖喇嘛之父索诺木达尔扎和钦差大臣力推颇罗鼐，从而使其成为第一个噶伦推荐人选。至于第二个增补噶伦人选，当时西藏各派政治势力都各自推荐已方之人，最终经摇糌粑团，结果札尔鼐当选。见多卡瓦·策仁旺杰：《颇罗鼐传》，成都：四川民族出版社，1981年，第390—391页。

〔250〕即阿尔布巴、隆布鼐、札尔鼐。

〔251〕按《颇罗鼐传》记载，颇罗鼐早就发现阿尔布巴等人会对康济鼐不利，曾反复提醒，但康济鼐不以为然，甚至责怪颇罗鼐缺乏胆量、智慧和远见，是懦夫行为。见多卡瓦·策仁旺杰：《颇罗鼐传》，成都：四川民族出版社，1981年，第511—514页。

〔252〕阿尔布巴、隆布鼐和札尔鼐嫉恨康济鼐多时，当听到钦差大臣马上到藏的消息后决定先下手为强，于是合谋杀害首席噶伦康济鼐。对此《颇罗鼐传》有详细的记载：六月十八日，几位噶伦于设在大昭寺之办公室内议事，彼时意气风发的康济鼐，丝毫未能意识到危险。不久，阿尔布巴之亲信、拉雪总管阿沛洛桑呈函一封于康济鼐。正当后者浏览信件之时，送信人洛桑顿月从身后揪住康济鼐发辫，阿尔布巴、隆布鼐、札尔鼐和阿沛洛桑等人纷纷举刀砍杀，康济鼐当场被弑杀。见多卡瓦·策仁旺杰：《颇罗鼐传》，成都：四川民族出版社，1981年，第526—527页。

〔253〕按《颇罗鼐传》，面对严重局势，颇罗鼐写下三张字条放进糌粑团：一是进京面圣奏报西藏局势，二是组织后藏、阿里两地力量武装反抗，三是暂避阿里以待时机。结果转出第二张字条，遂组织武装开始反击。见多卡瓦·策仁旺杰：《颇罗鼐传》，成都：四川民族出版社，1981年，第537页。

〔254〕即康济鼐之兄噶锡鼐·策布丹扎什（དགའ་བཞི་པ་ཚེ་བརྟན་བཀྲ་ཤིས），时任阿里总管。

〔255〕按《颇罗鼐传》，当时达赖喇嘛和诸多贵族请求颇罗鼐饶三位噶伦一命，颇罗鼐声言在皇帝派钦差大臣来藏查明真相之前不会伤这几个人一丝一毫，不捆绑、供饮食、住宽屋，甚至允许他们见侍从和下人。见多卡瓦·策仁旺杰：《颇罗鼐传》，成都：四川民族出版社，1981 年，第 641—642 页。

〔256〕即 1727、1728 两年。

〔257〕似为巴沙尔之音译，应指当时统治印度的莫卧儿王。莫卧儿帝国由帖木儿的后裔巴布尔建立于 1526 年，全盛时期占据整个南亚次大陆以及阿富汗等地。19 世纪中期，逐渐沦为英国的殖民地。

〔258〕当时入藏的钦差大臣为查郎阿、迈禄和周瑛。

〔259〕即查郎阿。

〔260〕颇罗鼐初封贝勒是在雍正朝，乾隆五年赐“办理卫藏噶伦事务多罗贝勒”之印。

〔261〕《颇罗鼐传》对这次行刑有详细的描述：四名主犯被缚四根法柱之上，其余亲属皆伏于法场中间候斩。阿尔布巴与隆布鼐被处凌迟，刽子手以铁钩勾住其等身体，之后用弯刀割肉、剜眼、揪肠，甚至塞至口中。其他两人被判绞刑，被活活勒死。从犯与株连之亲属，皆被斩首。见多卡瓦·策仁旺杰：《颇罗鼐传》，成都：四川民族出版社，1981 年，第 667—669 页。

〔262〕即多卡·夏仲次仁旺杰（མདོ་མཁར་ཞབས་དྲུང་ཚེ་རིང་དབང་རྒྱལ།，1697—1763 年），曾任西藏地方政府噶伦，著有《颇罗鼐传》（མི་དབང་རྟོགས་བརྗོད）、《噶伦传》（བཀའ་བློན་རྟོགས་བརྗོད）、《勋努达美传》（གཞོན་ནུ་ཟླ་མེད་ཀྱི་གཏམ་རྒྱུད）等著作。

〔263〕关于此人，前文已有述及。作为蒙古贵族之后，噶丹次旺之前在藏出家为僧，后因将兵出征决定还俗，曾率大军西征阿里大获全胜。后驻守阿里。《颇罗鼐传》言颇罗鼐之父白玛杰布（པདྨ་རྒྱལ་པོ）为噶丹次旺手下得力随从。

〔264〕指率兵出征阿里之事。

〔265〕即当时的拉达克王。

〔266〕指古格王。

〔267〕即六世珠钦活佛即主巴嘉钦米旁旺布（འབྲུག་པ་སྐྱབས་ཆེན་མི་ཕམ་དབང་པོ།）。关于此次调停及甘丹颇章与拉达克之间的协议，伯戴克做了详细介绍，参［意］L. 伯戴克著，扎洛译，彭陟焱校：《拉达克王国：公元 950—1842 年（五）——拉达克力量的衰退》，《西藏民族学院学报》2009 年第 6 期，第 23—24 页。

〔268〕即颇罗鼐。

〔269〕此蒙古贵人即拉藏汗手下重臣松塔台吉（བཟུང་དར་ཐའི་ཇི），颇罗鼐接到其命令后不敢久留，随即还乡。见多卡瓦·策仁旺杰：《颇罗鼐传》，成都：四川民族出版社，1981 年，第 149—150 页。

〔270〕按《颇罗鼐传》，年轻的颇罗鼐经人引荐成为拉藏汗的随从，后在钦差大臣面前展示超凡武艺，使拉藏汗觉得脸上有光，随后得到重用。

〔271〕颇罗鼐担任噶伦是在 1723 年。

〔272〕指颇罗鼐开始主持藏政之事。

〔273〕即著名的纳塘版《大藏经》。作为颇罗鼐的又一历史壮举，其召集全藏百余名工匠刊刻全套《甘珠尔》和《丹珠尔》，《甘珠尔》从 1730 年开始刊刻，次年完成。1741 年，《丹珠尔》刊刻工作也宣告完成。

〔274〕即五世班禅。

〔275〕从《颇罗鼐传》等相关史料来看，达赖喇嘛父子可能被卷入卫藏战争背后的政治斗争中。之前阿尔布巴等人弑杀康济鼐、攻打颇罗鼐，时有搬出达赖喇嘛之情。尽管事后达赖喇嘛一方反复强调阿尔布巴和隆布鼐等人乃假传达赖喇嘛号令，但颇罗鼐对此仍有心结，遂有对班禅异常恭敬，对达赖喇嘛仅是客气相待之事。

〔276〕按《颇罗鼐传》，颇罗鼐针对以往驿站经营和支差中的弊端，新建从拉萨至阿里和朵康的驿站，甚至委派自己的侍从，使用自己的马匹承担公文传送任务，结果在缓解差民疾苦的同时，也极大地提高了信息传递的效率。见多卡瓦·策仁旺杰：《颇罗鼐传》，成都：四川民族出版社，1981 年，第 708—709 页。

〔277〕按《颇罗鼐传》，起初清廷计划留驻一万兵马在西藏，经颇罗鼐再三恳求，告知补给之艰难，遂降为五千，最终决定留下两千。见多卡瓦·策仁旺杰：《颇罗鼐传》，成都：四川民族出版社，1981 年，第 686—689 页。

〔278〕此处年代计算稍误。雍正驾崩是在 1735 年，为藏历木兔年。

〔279〕颇罗鼐于 1740 年一月被封为郡王，当时谕旨云：西藏贝勒颇罗鼐遵奉谕旨，敬信黄教，振兴经典，练兵防卡，甚属黾勉。著加恩晋封郡王。见《清高宗实录》卷 106，乾隆四年十二月乙酉。

〔280〕1737 年五世班禅额尔德尼圆寂，其转世洛桑班丹意希（བློ་བཟང་དཔལ་ལྡན་ཡེ་ཤེས）出生于 1738 年，1740 年被认定为前世班禅转世灵童。1741 年，六世班禅在扎什伦布寺坐床，颇罗鼐和七世达赖喇嘛的代表等一起出席。

〔281〕此处似有误，按《东噶藏学大辞典》，颇罗鼐卒于火兔年即 1747 年二月。

〔282〕此处作者计算有误，颇罗鼐享年 59 岁。

〔283〕珠尔默特策布登（？—1750 年），郡王颇罗鼐长子，随父参加卫藏战争，后功封台吉、辅国公、镇国公。颇罗鼐将其遣往阿里，以防备准噶尔南下侵藏，因此又称为阿里公。弟珠尔默特那木札勒袭郡王后，对其极为猜忌，甚至控告其有举兵作乱之心。1750 年病逝。

〔284〕即珠尔默特那木札勒。

〔285〕珠尔默特那木札勒（？—1750 年），颇罗鼐次子，1747 年颇罗鼐去世后袭郡王爵，总理西藏事务。在任三年多，操练军队、行事跋扈、打压异己。驻藏大臣傅清、拉布敦料其反叛，于 1750 年用计将其诛杀。珠尔默特那木札勒事件之后，清中央在西藏废掉郡王制，正式建立噶厦制度。

〔286〕疑误，当为 1747 年火兔年。

〔287〕即七世济咙活佛。

〔288〕即珠尔默特策布登。

〔289〕即珠尔默特那木札勒。

〔290〕从汉文档案资料看，策划和执行诛杀珠尔默特那木札勒之事，为两位驻藏大臣当机立断所为，之前皇帝多次要求他们安全至上，不可妄动。见邓锐龄、冯智主编：《西藏通史・清代卷（上）》，北京：中国藏学出版社，2016 年，第 213—216 页。

〔291〕即时任驻藏大臣傅清、拉布敦。

〔292〕时任珠尔默特那木札勒手下仲聂。

〔293〕即公班智达贡布欧珠饶丹（མགོན་པོ་དངོས་གྲུབ་རབ་བརྟན）。

〔294〕即之前的青海副都统班第，在事变之前已在路上，本拟接替拉布敦任驻藏大臣。

〔295〕似指和班第同到西藏善后的四川总督策楞。

〔296〕即公班第达（གུང་པཎྜི་ཏ）、扎萨克策凌旺札勒（མདོ་མཁར་ཞབས་དྲུང་ཚེ་རིང་དབང་རྒྱལ）、色珠特色卜腾（ཐོན་པ་སྲི་གཅོད་ཚེ་བརྟན）、扎萨克喇嘛尼玛坚参（ཛ་སག་བླ་མ་ཉི་མ་རྒྱལ་མཚན）四人，此即西藏地方设立噶厦制度之始。

〔297〕即六世班禅。

〔298〕即三世章嘉活佛。

〔299〕即七世济咙活佛。

〔300〕即第六世第穆活佛阿旺绛贝德勒嘉措（དེ་མོ་ངག་དབང་འཇམ་དཔལ་བདེ་ལེགས་རྒྱ་མཚོ）。

〔301〕即藏巴堪钦意希班觉（1714—1783 年），出身后藏贵族仁蚌家族，格鲁派高僧，曾受七世达赖喇嘛指派出任康区阔沃寺（སྨར་ཁམས་སྒོ་པོ་དགོན）喇嘛。

〔302〕即噶然坚巴（བཀའ་རམ་འབྱམས་པ），指掌握所有经论之大贤者。

〔303〕指噶举派和宁玛派等，多、敏分别指多吉扎寺和敏珠林寺。

〔304〕此人原为七世达赖喇嘛弟子，初设四大噶伦时，因之前的噶伦布隆簪（འབྲོན་རྩེ）年老目盲，达赖喇嘛力荐其出任噶伦，得到皇帝允准并赐扎萨克喇嘛衔。

〔305〕即达赖喇嘛之父公索诺木达尔扎。

〔306〕六世第穆活佛阿旺绛贝德勒嘉措（དེ་མོ་ངག་དབང་འཇམ་དཔལ་བདེ་ལེགས་རྒྱ་མཚོ，1723—1777 年），出生于藏东工布地区。13 岁到拉萨学经，受到七世达赖喇嘛赏识，得其亲授沙弥戒和比丘戒。依照达赖喇嘛安排入哲蚌寺学经，多年勤学终得极高佛学造诣，为达赖喇嘛弟子中之佼佼者。1757 年七世达赖喇嘛圆寂后，清中央在西藏设立摄政制度，六世第穆受到各方一致推荐，奉旨出任西藏摄政，掌管达赖喇嘛商上僧俗事务，同年或赐“掌办黄教事务吉祥诺门汗”名号，在拉萨建丹吉林（བསྟན་རྒྱས་གླིང）。

〔307〕宗喀巴后期八大弟子之一。

〔308〕继克珠杰之后出任第三任甘丹赤巴。

〔309〕即一世第穆活佛（1454—1506 年），为一世帕巴拉呼图克图的经师，曾出任工布地区第穆羌纳寺住持，遂被称为“第穆巴”。

〔310〕即二世第穆活佛（1507—1571 年）。

〔311〕即三世第穆活佛（1572—1630 年）。

〔312〕即四世第穆活佛（1631—1668 年），曾随五世达赖喇嘛进京觐见顺治皇帝。

〔313〕即首席医生。

〔314〕即五世第穆活佛（1669—1721 年）。

〔315〕五世第穆活佛曾在京多年，最终圆寂于北京。

〔316〕按第穆活佛世系，五世阿旺南喀绛央之后即为出任摄政的阿旺绛贝德勒嘉措，中间似无阿旺格列坚赞。从五世第穆活佛的生卒年和前后文如时值第巴桑结嘉措时期等内容来看，原文疑将五世第穆活佛同一人错记两次。

〔317〕即第穆羌纳寺。

〔318〕似误，按汉文档案资料，第穆活佛出任摄政是在 1757 年。

〔319〕乾隆二十六年（1761 年），乾隆授第穆金册封诰及银印。

〔320〕即桑耶寺。

〔321〕即八世达赖喇嘛。

〔322〕八世达赖喇嘛绛白嘉措（1758—1804 年），出生于后藏托布杰拉日岗，被六世班禅认定为七世达赖喇嘛的转世灵童。1761 年由六世班禅剃度，1762 年在

布达拉宫坐床，之后于六世班禅座前先后受沙弥戒和比丘戒。1781 年，乾隆帝颁金册金印并命其亲政。其后经历两次廓尔喀侵藏事件，事平后清中央颁布了《钦定藏内善后章程二十九条》。1804 年在布达拉宫圆寂。

〔323〕当时为该地地方官。

〔324〕即六世班禅。

〔325〕即乾隆皇帝。

〔326〕按《八世达赖喇嘛传》，前来参加达赖喇嘛坐床典礼的贵宾有将军（ཅང་ཇུན）、亲王次旦嘉（ཚིང་དབང་ཚེ་བརྟན་སྐྱབས）、梅仁章京傅景大臣（མི་རིན་ཛང་གི་ཕུ་ཆིང་ཨམ་བ）、普颜喇嘛阿嘉呼图克图（ཕུ་ཡན་བླ་མ་ཨར་སྐྱ་ཧོ་ཐོག་ཐུ）、恰额普公爷（ཁྲ་ཨེ་བུ་ཀོང་ཡེ）等。此处的王爷和公爷当指亲王次旦嘉和额普，阿嘉呼图克图即二世阿嘉罗桑丹贝坚赞（བློ་བཟང་བསྟན་པའི་རྒྱལ་མཚན།，1708—1768 年）。见第穆·洛桑图丹晋麦嘉措（དེ་མོ་ཧོ་ཐོག་ཐུ་བློ་བཟང་ཐུབ་བསྟན་འཇིགས་མེད་རྒྱ་མཚོ།）：《历辈达赖喇嘛传·第八世达赖喇嘛传》（རྒྱལ་དབང་སྐུ་ཕྲེང་རིམ་བྱོན་གྱི་མཛད་རྣམ་ལས་སྐུ་ཕྲེང་བརྒྱད་པ་བློ་བཟང་བསྟན་པའི་དབང་ཕྱུག་འཇམ་དཔལ་རྒྱ་མཚོའི་རྣམ་ཐར།），北京：中国藏学出版社，2010 年，第 36 页。

〔327〕赤钦阿旺曲扎（1707—1779 年），第五十八任甘丹赤巴。

〔328〕八世达赖喇嘛于火鸡年即 1777 年受比丘戒，见第穆·洛桑图丹晋麦嘉措：《历辈达赖喇嘛传·第八世达赖喇嘛传》，北京：中国藏学出版社，2010 年，第 125—126 页。

〔329〕噶钦·意希坚赞（1713—1793 年），即一世策觉林（ཚེ་ཆོག་གླིང）活佛。

〔330〕指六世第穆自 1758 年起摄政，按上，应为 1757 年。

〔331〕按《东噶藏学大辞典》，六世第穆活佛圆寂于火鸡年即 1777 年。

〔332〕即一世策墨林活佛阿旺楚臣（1721—1791 年），出生于甘肃卓尼。自幼在卓尼大寺出家学经，22 岁时跟他人一起到拉萨，在色拉寺系统学习格鲁派教法，38 岁获拉然巴格西学位。之后入上密院修行，历任吾则和堪布等职。42 岁（1762 年）出任夏孜法王，不久奉诏入京为雍和宫堪布。1777 年时任摄政六世第穆活佛圆寂后，奉旨回藏接任摄政。次年（1778 年）出任第六十一任甘丹赤巴。1783 年在拉萨建策墨林寺。1786 年章嘉呼图克图圆寂后再次奉旨进京。其后西藏发生廓尔喀侵藏事件，遂在多方要求下以七十高龄再次返藏掌政，未料到藏几个月后便不幸圆寂。

〔333〕其父名叫曲嘉（ཆོས་སྐྱབས），母名慈青（ཚུལ་ཆེན）。

〔334〕即 1776 年，按上，应为 1777 年。

〔335〕按《东噶藏学大辞典》，阿旺楚臣 1778 年出任甘丹赤巴，满 7 年后卸任。

〔336〕即摄政策墨林阿旺楚臣。

〔337〕即八世达赖喇嘛。

〔338〕1780 年，乾隆帝敕谕绛白嘉措：“尔前世荷蒙圣祖仁皇帝厚恩赏给金印敕封，今尔勤习经典，亦宜赐以金印敕封”（《清高宗实录》卷一六，乾隆四十五年十月乙卯）。1781 年藏历六月初一，钦差郭莽呼图克图扎萨克堪布大喇嘛等在布达拉宫正式将御赐金册玉印授于八世达赖喇嘛。金册、金印皆是满、汉、蒙、藏四种文体，金印上镌“西天大善自在佛所领天下释教普通瓦赤喇怛喇达赖喇嘛印”。见第穆·洛桑图丹晋麦嘉措：《历辈达赖喇嘛传·第八世达赖喇嘛传》，北京：中国藏学出版社，2010 年，第 188—189 页。

〔339〕即八世达赖喇嘛的叔父洛桑平措（བློ་བཟང་ཕུན་ཚོགས）和兄弟等人。策墨林进京之后，达赖喇嘛的叔父一度干涉西藏政务，曾参与签订与廓尔喀的私下协定。廓尔喀第一次侵藏期间，巴忠入藏后曾向乾隆上奏当时西藏情况，言自一世策墨林“进京后，达赖喇嘛掌印，一切过于柔懦，任听伊伯阿古拉（即伯父）、兄弟资忠绥本（即司膳官）办理诸务，不分善恶，惟以贿赂夤缘为事，与索诺木旺札尔朋比为奸，众噶布伦等俱致含怒不服，虽未能指出确据向臣等控告，而外间物议沸腾，早经询访得实。只因阿古拉系达赖喇嘛之伯，资忠绥本系达赖喇嘛兄弟，若遽行屏逐，恐与达赖喇嘛颜面攸关。”见《钦定巴勒布纪略》卷 19，北京：中国藏学出版社，2006 年，第 286 页。

〔340〕巴勒布，即尼泊尔，此处指巴勒布廓尔喀部。

〔341〕即巴勒布三部，尼泊尔马拉王朝晚期处于加德满都河谷的三个小邦，历史上曾与西藏保持着密切的贸易往来。

〔342〕即七世达赖喇嘛。

〔343〕原为巴勒布二十多部之一，1769 年，其首领普里特维·纳拉扬·沙阿（1769—1775 年在位）率兵灭巴勒布三部而称王。

〔344〕此处所记年代似乎有误，廓尔喀灭巴勒布三部是在 1769 年，为藏历第十三饶迥土牛年。

〔345〕廓尔喀第一次侵藏是在 1788 年，廓方由于经济原因早有入侵西藏之意，加上十世红帽却朱嘉措的挑唆，遂分兵两路侵入西藏。

〔346〕即当时奉旨入藏的四川备兵，其中包括汉、满绿营和嘉绒等地的屯练，故有此语。

〔347〕即当时入藏的钦差大臣御前侍卫理藩院侍郎巴忠、四川提督成德、成都将军鄂辉、松潘镇总兵张芝元等人。

〔348〕即多仁班智达丹增班觉（རྡོ་རིང་བསྟན་འཛིན་དཔལ་འབྱོར།，1760—?），公班智

达之子，从小接受良好教育，1781 年担任西藏地方政府噶仲，1783 年接替其父担任噶伦。时逢廓尔喀入侵，多仁班智达代表西藏地方政府前去阵前谈判，不料遭到袭击，遭较长时间的关押。廓尔喀被驱逐后，因其之前参与私订密约之罪被押解入京，后恩准返藏。

〔349〕此次私下协定涉及西藏向廓方支付数额巨大的赎金以换取廓尔喀撤军，也导致了其后廓尔喀第二次侵藏和相关人员受到朝廷严惩。

〔350〕即八世济咙呼图克图意希洛桑丹贝贡布（རྗེ་དྲུང་ཡེ་ཤེས་བློ་བཟང་བསྟན་པའི་མགོན་པོ།，1760—1810 年），策墨林阿旺楚臣圆寂时，其正在进京路上，途中接旨返回拉萨主持西藏事务。因在驱逐廓尔喀战争中筹办军务有功，被乾隆帝封为“慧通禅师”。1796 年在入藏清军协助下建功德林寺（ཀུན་བདེ་གླིང）。

〔351〕原文做“七湖”（མཚོ་བདུན），即汇宗寺。所谓“七湖”，即“多伦淖尔”名称之由来，位于内蒙古自治区锡林郭勒盟南部，蒙古语意为“七个湖泊”，分别为峒干淖尔、依克达汗淖尔、巴罕达淖尔、空儿贵淖尔、巴彦淖尔、科布多淖尔和乌木克淖尔。元中统年间，忽必烈在此建东凉亭，后成历代元朝皇帝避暑狩猎之地。康熙三十年（1691 年），于此始建皇家寺庙汇宗寺，由哲布尊丹巴活佛主持设计。此后大国师章嘉呼图克图曾担任寺院住持，为清代整个蒙古地区藏传佛教之中心。

〔352〕达赖喇嘛于火鸡年（1789 年）藏历正月二十九日正式为济咙活佛饯行，见第穆·洛桑图丹晋麦嘉措：《历辈达赖喇嘛传·第八世达赖喇嘛传》，北京：中国藏学出版社，2010 年，第 283—284 页。

〔353〕乾隆帝指出：“西藏自巴勒布滋事以来，业经大加惩创。但藏内诸务，必须一晓事大喇嘛帮同达赖喇嘛办理，方为有益。济咙呼图克图心地明白，熟习经典，素为唐古忒等敬信。著赏给‘毕里克图’名号，任以扎萨克之职，前往西藏帮同达赖喇嘛办理一切。”见《清高宗实录》卷 1328，乾隆五十四年五月戊午。

〔354〕廓尔喀第一次侵藏事件之后，乾隆皇帝针对当时西藏情况，封济咙呼图克图“毕里克图”名号及“扎萨克”之职，入藏摄政。并针对达赖喇嘛之兄弟干政滋事，摇惑众心，要巴忠将他们移往别寺居住，以防达赖喇嘛被欺蔽。见《巴勒布纪略》乾隆五十四年五月初二日谕旨两道。《钦定巴勒布纪略》卷 19，北京：中国藏学出版社，2006 年，第 287—288 页。

〔355〕时任驻藏大臣为舒濂和普福。乾隆五十五年五月，舒濂已革去副都统之职，命普福执掌驻藏大臣关防。据《清高宗实录》，舒濂与普福以及济咙呼图克图不和，时常袒护达赖喇嘛兄弟，派雅满泰再次入藏协同普福处理藏政。此后普福亦被革去侍郎职，由保泰代替。

〔356〕1790 年，针对当时西藏混乱的政局，乾隆皇帝不仅连换两个驻藏大臣，令将此前干政扰民、肆行舞弊的达赖喇嘛之兄弟、商卓特巴等押送进京，同时派遣一世策墨林再度赴藏帮助达赖喇嘛处理事务，济咙呼图克图亦行撤回。见《清高宗实录》卷 1361，乾隆五十五年八月戊辰。

〔357〕由于之前的第一次廓藏战争最终以私立密约的方式结束，此时廓尔喀前来索取所谓的赎银，被刚返回西藏执政的一世策墨林拒绝。不久，策墨林不幸圆寂，而奉旨由途中返回的济咙呼图克图尚未到藏，而以多仁班智达丹增班觉为首的西藏地方代表，此时则奉达赖喇嘛之名前去谈判，结果在聂拉木冲堆地方被廓尔喀人俘虏并押往巴勒布，被羁押在阳布一年多。与此同时，廓尔喀兵分两路长驱直入，很快攻入日喀则，洗劫扎什伦布寺。

〔358〕即达赖喇嘛班禅师徒。

〔359〕即达赖喇嘛和班禅大师。

〔360〕即此时接任摄政之八世济咙活佛。

〔361〕指四世济咙拉旺曲吉坚赞（ལྷ་དབང་ཆོས་ཀྱི་རྒྱལ་མཚན），济咙活佛转世系统由其正式开始，此前三世皆为后来追认。

〔362〕即六世班禅。

〔363〕即七世济咙活佛。

〔364〕即八世济咙活佛。

〔365〕即汇宗寺。

〔366〕即 1779—1780 年六世班禅入朝觐见之事。

〔367〕即一世策却林活佛意希坚赞。

〔368〕即第二世嘉木样活佛贡却久美旺布（འཇམ་དབྱངས་བཞད་པ་དཀོན་མཆོག་འཇིགས་མེད་དབང་པོ།，1728—1791 年），出生于青海尖扎，16 岁入拉卜楞寺，在经师阿旺丹增（ཡོངས་འཛིན་ངག་དབང་བསྟན་འཛིན）和诸多大德座前精习五部大论，22 岁于章嘉 · 若贝多杰座前受比丘戒，赐法名为久美旺布意希尊追扎贝德（དཀོན་མཆོག་འཇིགས་མེད་དབང་པོ་ཡེ་ཤེས་བརྩོན་འགྲུས་གྲགས་པའི་སྡེ）。25 岁赴藏，入哲蚌寺郭莽扎仓，从上师鲁本洛桑塔杰（ཀླུ་འབུམ་བློ་བཟང་དར་རྒྱས）和七世达赖喇嘛、六世班禅等高僧大德勤习佛法。1759 年返回朵麦地区，先后任塔尔寺等寺院法台。其后又前后到内地和西藏传教学法。60 岁返回拉卜楞寺，后又任夏琼寺法台。高徒云集、著作等身。1791 年圆寂，享年 64 岁。

〔369〕又称温杰赛（འོན་རྒྱལ་སྲས），法名意希扎巴（ཡེ་ཤེས་གྲགས་པ），18 世纪格鲁派高僧。

〔370〕即达普洛桑曲吉旺久（སྟག་ཕུ་བློ་བཟང་ཆོས་ཀྱི་དབང་ཕྱུག，1765—1792 年），出生

于娘布，被六世班禅认定为达普洛桑丹贝坚赞（རྟག་ཕུ་བློ་བཟང་བསྟན་པའི་རྒྱལ་མཚན）的转世，赐法名为洛桑曲吉旺久（བློ་བཟང་ཆོས་ཀྱི་དབང་ཕྱུག）。11 岁到拉萨，在八世达赖喇嘛座前剃度，赐法名为洛桑丹贝旺久（བློ་བཟང་བསྟན་པའི་དབང་ཕྱུག），同年在第穆活佛座前受沙弥戒。其后广拜名师勤习佛法，并于 19 岁在八世达赖喇嘛座前受比丘戒。此后致力于讲辩著，1792 年圆寂。

〔371〕即 1791 年。本书编者指出该摄政应从火羊年（1787 年）起担任辅助噶伦。

〔372〕即 1791、1792 年。

〔373〕在第一次侵藏之后，廓尔喀于 1791 年以西藏方面未履行协议为由，再次侵入西藏并洗劫扎什伦布寺。

〔374〕即福康安（1754—1796 年），历任云贵、四川、闽浙、两广总督，官至武英殿大学士兼军机大臣。曾参加第二次金川之战、镇压甘肃回民起义和台湾林爽文起义、驱逐廓尔喀之役等，参加制定《钦定藏内善后章程二十九条》等，在巩固清朝中央对西藏地方的治理，维护祖国统一，加强民族团结等方面作出了重大贡献。

〔375〕即多拉尔·海兰察（？—1793 年），1755 年以索伦族马甲身份征伐准噶尔部，其后参加清缅战争、大小金川之役、镇压甘肃回民起义和台湾林爽文起义、驱逐廓尔喀之役等。

〔376〕即黑龙江索伦、达呼尔兵。

〔377〕为了彻底解决廓藏纠纷，乾隆皇帝于 1791 年派福康安率大军入藏，要求来年雪消后深入廓境，予敌重创，使之不敢再萌窥伺。

〔378〕旧西藏货币单位，一秤等于 50 两。

〔379〕从 1792 年开始，福康安就逐步发起进攻，先后收复聂拉木、擦木山、吉隆，逐步收复西藏全境。1792 年 7 月，福康安、海兰察率军由吉隆启程，过藏廓边界之摆吗奈撒进入廓尔喀境内，突破热索桥，相继攻下噶勒拉、堆补木，直逼阳布。最后，廓尔喀头人请求归诚，并代廓王、王叔进京朝觐。福康安准其归降，不久清军撤回吉隆。1793 年初，廓尔喀贡使抵京觐见乾隆皇帝，恩准其王等维持王爵和公爵名号。

〔380〕1794 年，在入藏清军参赞公海兰察及将士捐助下，八世济咙活佛在拉萨磨盘山建寺，次年乾隆皇帝赐名“永安寺”，即藏语“功德林”（ཀུན་བདེ་གླིང）。

〔381〕长度单位，从拇指尖到中指尖的长度为一拃。

〔382〕廓尔喀两次侵藏，既威胁到清朝在西藏地方的主权和当地的社会安宁，也暴露了西藏吏治和政教弊端，于是在乾隆皇帝的指示下，1793 年福康安主持制

定了著名的《钦定藏内善后章程二十九条》，通过这个新章程，全面提高驻藏大臣的权力和地位，使“一切事权俱归驻藏大臣管理”，并针对达赖喇嘛、班禅额尔德尼等大活佛转世认定过程中存在的弊端，建立了金瓶掣签制度，同时建立和完善了西藏地方政治、经济、军事等方面的各项制度。《钦定藏内善后章程二十九条》是清朝治藏政策、经验和制度的总结，明确规定了中央政府拥有管辖西藏地方政治、宗教、军事、经济（租赋、银钱）、外交、外贸等各个方面的最高权力。所有对于西藏地方行使管辖的制度和权力，通过这份章程以法律的形式固定了下来，从而彻底革除了传统积弊。见邓锐龄、冯智主编：《西藏通史·清代卷（上）》，北京：中国藏学出版社，2016 年，第 343 页。

〔383〕即第九世达赖喇嘛隆朵嘉措（ལུང་རྟོགས་རྒྱ་མཚོ།，1805—1815 年），出生于康区邓柯，为当地土司之子。1808 年被认定为八世达赖喇嘛的转世灵童，嘉庆皇帝下旨“免于掣签”，同年在布达拉宫坐床。1813 年在七世班禅座前受沙弥戒，1815 年年仅 11 岁时突然圆寂。

〔384〕即九世达赖喇嘛年方十一就圆寂之事。

〔385〕即七世第穆活佛洛桑图丹晋麦嘉措（དེ་མོ་ཧོ་ཐོག་ཐུ་བློ་བཟང་ཐུབ་བསྟན་འཇིགས་མེད་རྒྱ་མཚོ།，1778—1819 年），济咙呼图克图圆寂后出任摄政，嘉庆皇帝赐其“额尔德尼诺门汗”名号。1819 年圆寂，享年 42 岁。

〔386〕按《九世达赖喇嘛传》，九世达赖喇嘛圆寂于木猪年即 1815 年，享年 10 岁。见第穆图丹晋美嘉措（དེ་མོ་ཧོ་ཐོག་ཐུ་བློ་བཟང་ཐུབ་བསྟན་འཇིགས་མེད་རྒྱ་མཚོ།）、洛桑赤列朗杰（བློ་བཟང་འཕྲིན་ལས་རྣམ་རྒྱལ།）：《历辈达赖喇嘛传·第九世达赖喇嘛隆朵嘉措和第十世达赖喇嘛楚臣嘉措传》（རྒྱལ་དབང་སྐུ་ཕྲེང་རིམ་བྱོན་གྱི་མཛད་རྣམ་ལས་སྐུ་ཕྲེང་དགུ་པ་ལུང་རྟོགས་རྒྱ་མཚོ་དང་སྐུ་ཕྲེང་བཅུ་པ་ཚུལ་ཁྲིམས་རྒྱ་མཚོའི་རྣམ་ཐར།），北京：中国藏学出版社，2011 年，第 282—283 页。

〔387〕即一世策墨林阿旺楚臣。

〔388〕即二世策墨林阿旺绛白楚臣嘉措（ཚེ་སྨོན་གླིང་ངག་དབང་འཇམ་དཔལ་ཚུལ་ཁྲིམས་རྒྱ་མཚོ།，1792—1862 年），和前世活佛一样出生在安多卓尼，1800 年经金瓶掣签认定为阿旺楚臣的转世活佛。后赴拉萨，在色拉寺系统学习显教教法，获拉然巴格西学位。之后入上密院，先后担任上密院堪布和夏孜法王。1819 年七世第穆活佛圆寂后接任摄政，任职时间长达 26 年，其间曾任十一世达赖喇嘛经师，第七十三任甘丹赤巴，参与主持《铁虎清册》的制定等。因二世策墨林掌权时久，被驻藏大臣、七世班禅和第穆、济咙等参奏，最终被废黜呼图克图名号，布衣发往黑龙江。晚年允准返乡，居卓尼寺。

第十四章　第一至七世班禅在世期间之历辈传承

神圣（甘丹颇章地方）政府之政教事业自兴起以来，政教两种事业在中心边地皆为兴盛，与（此前）萨迦和帕竹（时期）并无二致也。若简要论之，当时乌斯藏（除甘丹颇章外）尚有此前延续之萨迦、止贡、拉嘉里等三系古老传承，此外新兴（势力）未有大过后藏遍照班禅仁波切所属也。五世达赖喇嘛福田施主时期之班禅尊者，为与众不同之洛桑曲坚[1]也，边地康区等人对其供奉，与达赖喇嘛师徒完全相同，然其当时之地位，约相当于甘丹赤巴，供依庄园也仅为九百户左右。此后拉藏汗、准噶尔、颇罗鼐（执政）时期，（班禅）新增部分属民，特别是在洛桑意希[2]晚年，雍正大皇帝将扎什伦布寺以上之后藏和阿里地区皆赐予（班禅），但其顾忌（如此可能）损害（甘丹颇章）政府利益，遂未领全部，仅受（资源）稍佳之拉（孜）、昂（仁）、彭（措林）三宗（ལྷ་ངམ་ཕུན་གསུམ）庄园，其余以年老无力管辖为由退回。在教法方面，（班禅和达赖喇嘛）师徒差别不大，在达赖喇嘛格桑嘉措时期，（两人的）座位亦基本没有高低区别也。

据说（班禅之）转生世系共有十三世，第一为年推饶觉（ཉན་ཐོས་རབ་འབྱོར），（之后依次为）柔丹绛贝扎（རིགས་ལྡན་འཇམ་དཔལ་གྲགས）、清辩阿阇黎（སློབ་དཔོན་ལེགས་ལྡན་འབྱེད）、柔贝库久（རིག་པའི་ཁུ་བྱུག）、阿恰

雅嘎热（ཨ་བྷ་ཡ་ཀ་ར）等为古印度之传承。藏地为桂译师（འགོས་ལོ་ཙཱ）、萨迦班智达、宁玛雍敦巴（རྙིང་མ་གཡུང་སྟོན་པ）、宗喀巴大师心传弟子克珠杰（མཁས་གྲུབ་རྗེ）[3]、索朗乔吉朗布（བསོད་ནམས་ཕྱོགས་ཀྱི་གླང་པོ）、洛桑顿珠（བློ་བཟང་དོན་དོན་གྲུབ）、洛桑曲吉坚赞（བློ་བཟང་ཆོས་ཀྱི་རྒྱལ་མཚན）、洛桑意希（བློ་བཟང་ཡེ་ཤེས）、洛桑班丹意希（བློ་བཟང་དཔལ་ལྡན་ཡེ་ཤེས）、洛桑班丹丹贝尼玛（བློ་བཟང་དཔལ་ལྡན་བསྟན་པའི་ཉི་མ）等。其中：

第一世[4]温萨巴（དབེན་ས་པ）索朗乔吉朗布[5]，为拉库之普地（ལྷ་ཁུད་ཀྱི་ཕུར）旧密喇嘛次意仁增（སྔགས་རྙིང་མའི་བླ་མ་ཚེའི་རིག་འཛིན）[6]之侄，在觉丹索朗仁钦（ཇོ་ལྡན་བསོད་ནམས་རིན་ཆེན）座前出家，赐法名为索朗乔吉朗布。[7]先后拜帕索曲吉坚赞（པ་སོ་ཆོས་ཀྱི་རྒྱལ་མཚན）[8]、散巴钦布罗追贝巴（སེམས་དཔའ་ཆེན་པོ་བློ་གྲོས་སྦས་པ）[9]等为师，广兴教法传授，建立温萨普贡寺（དབེན་ས་ཕུར་དགོན）。

其转世温萨巴洛桑顿珠[10]，出生地与前一世同，父为索朗多杰（བསོད་ནམས་རྡོ་རྗེ），母为贝宗吉（དཔལ་འཛོམ་སྐྱིད）。拜嘉却贝珠钦曲吉多杰（སྐྱབས་མཆོག་དཔལ་གྲུབ་ཆེན་ཆོས་རྡོ་རྗེ）等多位贤哲为师，于查嘉多杰颇章（བྲག་སྐྱ་རྡོ་རྗེ་ཕོ་བྲང）、巴朗珠穆拉日（པ་སྣམ་ཇོ་མོ་ལྷ་རི）等地静修体验多年，终得殊胜证悟。其自有诗云："雪域之地有缘尊，被称洛桑顿珠者，证悟最胜上善道，取得即身成佛果。"是为不可思议之经历也！达玛巴杂（དྷརྨ་བཛྲ）[11]授其耳传所化经卷等[12]。最终于六十二岁（1566年）时逝往清净虚空。

其后之洛桑曲吉坚赞[13]，出生在后藏绒钦兰（རོང་ཆེན་ལྷན）地，父贡噶班觉（ཀུན་དགའ་དཔལ་འབྱོར），母措杰（མཚོ་རྒྱལ），于第十饶迥铁马年（1570年）降生。多次明言能记起杰瓦洛桑顿珠（རྒྱལ་བ་བློ་བཟང་དོན་གྲུབ）[14]之经历。杰桑杰意希（རྗེ་སངས་རྒྱས་ཡེ་ཤེས）[15]对格西班觉坚赞（དགེ་བཤེས་དཔལ་འབྱོར་རྒྱལ་མཚན）言：此化身[16]为克珠仁波切之转世，（将来）所成事业亦会（与克珠杰大师）齐平。十二岁时被杰桑杰意希迎往温贡寺[17]，剃度出家，赐法名为洛桑曲吉坚赞，完整授予全部教法灌顶。（其后洛桑曲吉坚赞）在扎什伦布寺精心修习摄量、因明等显宗经论。二十岁时在班钦丹曲央培（པཎ་ཆེན་དམ་ཆོས་ཡར་

འཕེལ)[18]座前受具足戒，成为大圣优婆离般之大德。三十岁时任扎什伦布寺法台。

此前扎什伦布寺之法台世系，根敦珠巴[19]建立寺院（为首任法台）之事前已述及，此后（之法台）依次为班钦桑布扎西（པཎ་ཆེན་བཟང་པོ་བཀྲ་ཤིས)[20]、班钦隆仁嘉措（པཎ་ཆེན་ལུང་རིག་རྒྱ་མཚོ)[21]、班钦意希孜莫（པཎ་ཆེན་ཡེ་ཤེས་རྩེ་མོ)[22]、绛央根敦嘉措（འཇམ་དབྱངས་དགེ་འདུན་རྒྱ་མཚོ)[23]、拉尊洛桑丹贝尼玛（ལྷ་བཙུན་བློ་བཟང་བསྟན་པའི་ཉི་མ)、班钦显第巴（པཎ་ཆེན་ཤན་ཏི་པ)[24]、班钦顿月嘉措（པཎ་ཆེན་དོན་ཡོད་རྒྱ་མཚོ)、夏敦洛追列桑（ཤར་སྟོན་བློ་གྲོས་ལེགས་བཟང)、乃宁曲吉嘉措（གནས་རྙིང་ཆོས་ཀྱི་རྒྱ་མཚོ)、香敦曲贝嘉措（ཤང་སྟོན་ཆོས་དཔལ་རྒྱ་མཚོ)、乔具雄索南嘉措（ཕྱོགས་བཅུ་གཞུང་བསོད་ནམས་རྒྱ་མཚོ)、香敦桑珠贝桑（ཤང་སྟོན་བསམ་གྲུབ་དཔལ་བཟང)、娘敦丹曲央培（ཉང་སྟོན་དམ་ཆོས་ཡར་འཕེལ)、娘敦拉旺洛追（ཉང་སྟོན་ལྷ་དབང་བློ་གྲོས)、十六任班禅洛桑曲吉坚赞。

此尊者[25]曾立金塔、利玛拉康、僧伽和好塔、弥勒金冠等诸多所依，担任先后两世达赖喇嘛[26]之上师。云丹嘉措[27]圆寂后，于四十八岁时出任色拉寺和哲蚌寺住持，弘转法轮。[28]应阿里古格王和那曲蒙古拉尊昆仲之迎请前往两地（传法），向诸多尊卑之众广撒解脱善种。诚如上述之事业齐天，（座下弟子以）前后两世达赖喇嘛为首，在上至上部阿里，下到汉地蒙古的诸多上师、活佛、噶然杰系等（诸多大德）之中，鲜少有不是其教法传承之弟子也，喀尔喀、厄鲁特等部蒙古汗王和王公贵族，对其亦是恭敬有加。九十三岁即第十一饶迥水虎年（1662 年）圆寂。

第四世洛桑意希[29]，出身托杰珠氏（ཐོབ་རྒྱལ་སྒྲོལ་ཚང）一个苯教持咒师家族，父为夏仲索朗旺扎（ཞབས་དྲུང་བསོད་ནམས་དབང་དྲག），母为次旦普赤（ཚེ་བརྟན་ཕུ་ཁྲིད），生于水阴兔年（1663 年）。因为出现相关征兆，遂向达赖喇嘛禀告，经咒师喇嘛多增贡却坚赞（རྡོར་འཛིན་དཀོན་མཆོག་རྒྱལ་མཚན）查验，（认定）所记尽得显露，于是上报（甘丹颇章地方）政府。第十一饶迥火羊年（1667 年），被迎请至扎什伦布寺坚赞通布（རྒྱལ་མཚན་མཐོན་པོ）佛宫[30]，登上洛桑曲吉坚赞之无畏住持法座，（五世）达赖喇嘛为其赐法名为洛桑意希贝桑布（བློ་བཟང་ཡེ་ཤེས་དཔལ་བཟང་པོ）。在达赖喇嘛代表和（和硕特）汗王使者之迎请下，八岁即铁狗年（1670 年）前往卫地，在达赖喇嘛阿旺洛桑嘉措座前受沙弥戒，（先后）受大威德金刚灌顶，听受杰根敦嘉措十万经等。土羊年（1679 年）师徒[31]再会，听受诸多教法。从多增贡却坚赞等处听受温萨巴甚深教法，并在其座前受具足戒。如此听闻各部大论，拜几位贤哲为师听闻诸多显密经论并勤于思修，严守纯净噶当之戒律，致力于为一切有缘众施讲修三法轮，撰有著述五函。七十五岁之土阴蛇年[32]逝往清净虚空。

第五世洛桑班丹意希贝桑布[33]，出生于香扎西孜（ཤངས་བཀྲ་ཤིས་རྩེ），父为唐拉（ཐང་ལྷ），母为尼达旺姆（ཉི་ཟླ་དབང་མོ），第十二饶迥土马年（1738 年）降生。因其示现前世（班禅）习气之举止，遂被疑为（转世）灵童。（七世）达赖喇嘛格桑嘉措、（颇罗鼐郡）王索朗多布杰（མི་དབང་བསོད་ནམས་སྟོབས་རྒྱས）及扎什伦布寺代表等人，将拉莫护法请至甘丹康萨求问转世灵童之事，（护法）回复此儿确定无疑为转世灵童，应当尽快让其坐床。于是在（洛桑班丹意希）四岁之铁阴鸡年（1741 年），由拉章强佐等侍从自扎西孜（བཀྲ་ཤིས་རྩེ）迎请到坚赞通布。在即将到达之际，有达赖喇嘛代表、郡王之强大侍从团、汉地贵人等千余骑士前来迎接，以寺院僧众仪仗为前导，到达坚赞通布佛宫，登上各方贤贵顶托之金座。从此开始学习读写等，师从杰阿旺强巴（རྗེ་ངག་དབང་བྱམས་པ）[34]和洛桑索巴（བློ་བཟང་བཟོད་པ）等听受相关灌顶、教法。

（洛桑班丹意希）十四岁（1749 年）时前往卫地，于氐宿月十五日在大昭寺释迦牟尼佛像前，在（七世）达赖喇嘛格桑嘉措座前剃度并受纯正教戒，授为护持僧伽胜幢之主，得传文殊阿热巴杂纳（འཇམ་དབྱངས་ཨ་ར་པ་ཙ་ན）和白度母如意轮（སྒྲོལ་དཀར་ཡིད་བཞིན་འཁོར་ལོ）之法，听受《菩提道次第略论》（ལམ་རིམ་བསྡུས་དོན）和《兜率百天论》（དགའ་ལྡན་ལྷ་བརྒྱ་མ）。复又提出再次接受全部灌顶要门之希望。之后返回后藏，勤于诵读闻思，从经师洛桑索巴听受诸多教法灌顶。十五岁（1750 年）时复至卫地，从水猴年（1752 年）六月吉日开始（系统）听受教法，依次学习金刚鬘、弥扎百法、帕日纳塘修法海论等多部佛法，亦受时轮金刚灌顶。之后再次返回本寺，按达赖喇嘛之教示，由摄类学开始用六七年时间学习各部大论后参加辩经。（此后）因（七世）达赖喇嘛圆寂，火牛年（1757 年）在经师持律师洛桑央培（འདུལ་བ་འཛིན་པ་བློ་བཟང་ཡར་འཕེལ）[35]座前受具足戒，成为诸佛教持幢者之主也。章嘉仁波切[36]到藏后请其传授时轮金刚灌顶，应其请，遂为上千佛弟子传授时轮金刚灌顶。其时亦朝拜甘丹（寺）、热振（寺）等圣地，后返回后藏。之后为授（八世）达赖喇嘛绛白嘉措沙弥、具足戒先后两次赴卫地。如此前后赴卫地五次，为八世达赖喇嘛完整传授诸教法灌顶，向中心和边地无数信众普降正法甘露。其间多次静修，证悟次第道之上佳功德却秘而未宣。

（其后）受到东方大皇帝召请，[37]（六世班禅）深知已到利益王之属民之时，于是慢慢启程，[38]（进京）途中每日有朵麦、蒙古、满洲和汉地等万余信众前来会见、朝拜，与其等广结法缘。天下之主亦降谕旨，依次派来多拨迎接队伍。在不可思议之宏大规模迎请队伍簇拥下，[39]于铁鼠年（1780 年）八月到热河（ཞེ་ཧོར），[40]觐见大地之梵天、天佑大人主福田施主[41]。（大皇帝）恭敬礼赞（六世班禅）并赏赐无数，双方相互礼敬献赐。（其间）数日参加集会、盛宴，欣赏杂技、魔术、歌舞、戏剧等诸多互不相同之奇幻表演，为大清皇帝献长寿等多种灌顶。约在（当年）九月赴紫禁城，觐见皇帝并参加宴会，参观供有无量三依处之神奇佛殿[42]、堪比帝释园林之御花园等，并做开光仪式，为檀香觉沃佛像做盛大祈愿供云。[43]之后大皇帝再赐盛宴两次，并请传授相关灌顶。然在（灌顶）授受尚未完成之际，（大师）便向凡人示现亲身化度之众业已度尽，暂以卧病之态逝往寂灭情景等多种殊胜之态，此等皆为不可思议之秘密，又岂是（吾等）凡人般不具（生死）自由之故也。（如此）于四十三岁之铁鼠年（1780 年）十一月，暂时逝往无漏大乐天界也。

诗云：

意念遍照无量光佛尊，
幻化相好皆具金刚身，
老病变换暂离佛法久，
实为迷惑幼童之智法。
往昔信众聚集海洋中，
所示无变法音圣容现，
洛桑利乐之主班丹巴，
圣教之日可否再次现。

此为间歇之诗歌也。

诚如《般若集颂》云：“化身如此变幻导万事”，为利益他人，以诸不觉者皆能接受之法而导之，乃所有大德秉持之法也，而神圣纯净智慧之体，则为彻悟有寂具齐、至彼岸净乐之土以获殊胜之体，遂有长久脱离世俗像之清净也。

如此，且说此前这位佛主尊者远赴东方大国度之日逐渐临近之际，听见如大海般聚集之所有僧众，尤其其中一位极其虔诚之老僧以大哀之声祈祷“务请早日回归大寺院”时，（班禅）安慰曰：“（吾）三年后必然回归，不必担心。”老僧复问：“多谢，不知返回之时先从何方而至？”（班禅）稍加思索后答曰：“吾回此处时，将从娘地（ཉང）而来，后经聪堆（ཚོང་འདུས）到达此处。”按此亲口承诺，因当前化众不变信仰之心维系，不动法身如皓月轮廓般又现于纯净水桶之中也。（转世灵童）出生地为后藏巴朗吉雄（པ་སྣམ་སྐྱིད་གཞོང），因未见到正式传记，父母真实姓名皆不得知，但通常认为父名阿黎啦（ཨ་ལི་ལགས），为（八世）达赖喇嘛绛白嘉措父亲之幼弟。（转世灵童）出生于第十三饶迥水虎年（1782 年），（八世）达赖喇嘛绛白嘉措与大皇帝议定后，将其认定为班禅仁波切之转世灵童，[44]三岁时迎请至扎什伦布吉祥大寺。（八世）达赖喇嘛与赤钦曲吉杰布（ཁྲི་ཆེན་ཆོས་ཀྱི་རྒྱལ་པོ）[45]施主福田亦从卫地赶来。（七世班禅）在达赖喇嘛座前剃度，同时正式坐床，赐法名为洛桑班丹旦贝尼玛乔列朗杰（བློ་བཟང་དཔལ་ལྡན་བསྟན་པའི་ཉི་མ་ཕྱོགས་ལས་རྣམ་རྒྱལ）。先后在（八世）达赖喇嘛绛白嘉措座前受沙弥戒和具足戒，[46]另从几位经师圆满学习、听受显宗乘、秘密咒语灌顶等所有要门、语词学等，严持善巧僧侣之德。此勤于修证四尊三藏之法、讲修文殊怙主无碍显密教法讲辩著之能，（心怀）教法和诸有情之具德贤者年近四十，当前健在也。

注释

〔1〕即四世班禅。

〔2〕即五世班禅。

〔3〕后被追认为第一世班禅。

〔4〕传统班禅转世系统通常将宗喀巴心传弟子克珠杰追认为一世班禅，此处将索南乔朗（二世班禅）记为第一世班禅，而将克珠杰视作其前之转生之一，是为本书的一个特色。

〔5〕即二世班禅索朗乔朗（1439—1504年），因诞生于后藏温萨地方，所以又称为“温萨巴”。最初在甘丹寺出家为僧，时任甘丹赤巴帕索·曲吉坚赞听到其本命为培吾（བེའུ，意为小牛犊），遂以牛犊长成即为牛（གླང）为由，为其赐法名为索朗乔吉朗布。之后在帕索瓦座前听法学经，经过多年勤习，精通显密，辩才无敌。后离开甘丹寺返回后藏，建曲科卫顶寺（ཆོས་འཁོར་དབུས་སྡིངས）。本想建立僧团，但最终未能如愿，遂将座下十六弟子等遣往扎什伦布寺等学经，后皆成大器。索朗乔朗自己常年在温萨曲吉拉章寺下隐居禅修。见洛桑却吉坚赞等（བློ་བཟང་ཆོས་ཀྱི་རྒྱལ་མཚན་སོགས།）：《历辈班禅大师传（第1册）·第一世至第四世班禅大师传》（པཎ་ཆེན་སྐུ་ཕྲེང་རིམ་བྱོན་གྱི་མཛད་རྣམ་ལས་དེབ་དང་པོ་སྟེ་སྐུ་ཕྲེང་དང་པོ་ནས་སྐུ་ཕྲེང་བཞི་པའི་བར་གྱི་རྣམ་ཐར།），北京：中国藏学出版社，2014年，第62—63页。

〔6〕又名朗杰旺久（རྣམ་རྒྱལ་དབང་ཕྱུག）。

〔7〕此说与帕索仁波切为索朗乔朗赐法名之说完全不同。

〔8〕一世班禅克珠杰之弟，第五任甘丹赤巴，后被追认为第一世济咙活佛，见后文昌都地区活佛部分。

〔9〕原文似有错，当为“བློ་གྲོས་སྦས་པ”，被称为持律师洛桑贝巴，格鲁派高僧。

〔10〕即三世班禅洛桑顿珠（1505—1566年），出身于前世索朗乔朗家族。幼时在曲科卫顶寺出家为僧，精心学习显密经论。后云游后藏各地，讲经说法。晚年在温萨寺内闭关静修，被认为是索朗乔朗的转世活佛，后被追认为三世班禅。

〔11〕即得道者曲吉多杰（གྲུབ་ཆེན་ཆོས་ཀྱི་རྡོ་རྗེ），藏传佛教史上，此尊者与玛尔巴译师（མར་པ་ལོ་ཙཱ་བ）、米拉日巴尊者（མི་ལ་རས་པ）、琼布南觉巴（ཁྱུང་པོ་རྣལ་འབྱོར་པ）、热译师（ར་ལོ་ཙཱ་བ）等合称五大成就者（བོད་ཀྱི་གྲུབ་ཐོབ་པ་ལྔ）。

〔12〕据说洛桑顿珠从曲吉多杰处接受了系统的道次第论和胜乐、密集、大威德金刚等一些显密教论和要门。见洛桑却吉坚赞等：《历辈班禅大师传（第1册）·第一世至第四世班禅大师传》，北京：中国藏学出版社，2014年，第91页。

〔13〕即四世班禅额尔德尼洛桑曲吉坚赞（1570—1662年）。最初在温萨寺出家，在克珠桑杰意希座前受沙弥戒，赐法名为洛桑曲吉坚赞，开始学习格鲁派教法。后到扎什伦布寺学经，成为一代宗师。后任扎什伦布寺第十六任法台，创立扎寺传召大法会，主持兴建佛像、佛殿、僧舍等。后赴拉萨为四世达赖喇嘛剃度授戒并取法名，后又授比丘戒。此后在格鲁派面临生存危机之时，邀和硕特蒙古军队入藏，先后击败白利土司和藏巴第悉，为格鲁派政教事业发展打下了坚实的基础。1662年，洛桑曲吉坚赞在扎什伦布寺圆寂，享年92岁。

〔14〕即三世班禅。

〔15〕克珠桑杰意希（1525—1591年），格鲁派高僧，曾任扎什伦布寺格贵，常年在完萨寺传法收徒。

〔16〕即四世班禅洛桑曲吉坚赞。

〔17〕即上述温萨普贡寺。

〔18〕即特却央培（ཐེག་མཆོག་ཡར་འཕེལ），扎什伦布寺第十五任法台。

〔19〕即第一世达赖喇嘛。

〔20〕扎什伦布寺第二任法台，67岁木羊年（1475年）始任。

〔21〕出生于1433年，1478年始任扎什伦布寺第三任法台，在任10年。

〔22〕出生于1418年，1487年始任扎什伦布寺第四任法台，在任24年。

〔23〕即第二世达赖喇嘛。37岁时接任扎什伦布寺第五任法台，在任6年。

〔24〕出生于1487年，为扎什伦布寺第七任法台。

〔25〕即四世班禅洛桑曲吉坚赞。

〔26〕指第四、五世达赖喇嘛。

〔27〕即四世达赖喇嘛。

〔28〕见洛桑却吉坚赞等：《历辈班禅大师传（第1册）·第一世至第四世班禅大师传》，北京：中国藏学出版社，2014年，第67页。同页记载，格鲁派第一次和清朝皇太极取得联系，也是在四世班禅的主导下实现的。

〔29〕即五世班禅额尔德尼洛桑意希（1663—1737年）。1667年被认定为四世班禅洛桑曲坚之转世，迎至扎什伦布寺坐床。从五世达赖喇嘛受沙弥戒，在持金刚

贡却坚赞座前受比丘戒。曾主持认定六世达赖喇嘛并为其授戒诸事。康熙五十二年（1713年）受封“额尔德尼”称号并颁金册金印。后主持七世达赖喇嘛入藏、坐床事宜。

〔30〕意为胜幢高耸之佛宫，初为第一世达赖喇嘛根敦珠巴修建扎什伦布寺的寝殿，据说根敦珠巴有一夜梦见寝殿上高耸11个胜幢，故将其命名为坚赞通布。四世班禅驻锡扎什伦布寺后，坚赞通布成为历辈班禅额尔德尼的寝殿。

〔31〕即五世达赖喇嘛和五世班禅。

〔32〕似误，五世班禅圆寂于1737年，为藏历第十二饶迥火蛇年。

〔33〕即六世班禅额尔德尼洛桑班丹意希（1738—1780年）。1740年被认定为五世班禅洛桑意希的转世灵童，在七世达赖喇嘛座前剃度，赐法名为洛桑班丹意希。1741年在扎什伦布寺正式坐床。1749年在七世达赖喇嘛座前受沙弥戒。之后因七世达赖喇嘛圆寂，由经师洛桑群培授比丘戒。曾协助章嘉呼图克图认定八世达赖喇嘛。1779年，赴北京为乾隆皇帝祝寿，次年八月到达承德避暑山庄，得到乾隆皇帝极高礼遇。其后到北京，游览各处并广做法事，不久因患天花在北京西黄寺圆寂，享年42岁。

〔34〕普觉阿旺强巴（ཕུར་ལྕོག་ངག་དབང་བྱམས་པ།，1682—1762年），康区人，早年在昌都强巴林寺学经。后到卫藏，先后在色拉寺和扎什伦布寺学法，在五世班禅座前受比丘戒。曾任八世达赖喇嘛经师。

〔35〕似有误，经师当为洛桑群培。

〔36〕章嘉呼图克图此次奉旨入藏，专为认定七世达赖喇嘛转世灵童而来。

〔37〕1780年为乾隆皇帝七十大寿，六世班禅提出进京朝觐祝寿的愿望，乾隆允准，敕谕曰：据章嘉呼图克图奏称，班禅额尔德尼情愿来京入觐等语，即照所请，著传谕留保住协同堪布诺们汗阿旺簇勒提木，赍旨前往后藏扎什伦布，允其前来。至四十五年班禅额尔德尼起程时，即令留保住照料随行。沿途一切事宜，仍会同阿旺簇勒提木妥协办理。见《清高宗实录》卷1072，乾隆四十三年十二月壬戌。

〔38〕经过长时间的准备，六世班禅一行于乾隆四十四年六月十七日（1779年7月29日）从扎什伦布寺起程，按预定路线行进。十月十六日（1779年11月23日）抵达塔尔寺，在此停留5个月进行休整。次年三月自塔尔寺起程，依次经过宁夏、绥远、察哈尔等地，最终按时抵达热河。途中各方遵奉圣旨做周密部署，保证其顺利行进。

〔39〕关于礼遇六世班禅的规模，理藩院按之前五世达赖喇嘛进京之例予以安排：此次班禅额尔德尼朝觐，请照从前达赖喇嘛之例，由青海一带行走，抵西宁时，由臣院奏派侍郎一员，及散秩大臣一员，恭赍敕书，并御赐珍珠数珠、雕鞍、

白马、银茶壶瓶、大缎、哈达，前往迎接。在西宁筵宴一次。行抵归化城，再派御前侍卫、乾清门侍卫并扎萨克喇嘛等往迎。伊等起程，即将御用轿乘赏给，并将旗伞赏给数对，一并带往。至章嘉呼图克图及王公、大臣等应迎至代汉。仍请再降敕书，并赏给珍珠僧帽、珍珠偏（褊）衫、珍珠数珠、雕鞍、白马、银茶壶瓶、大缎、哈达，在代汉筵宴一次。其在热河，每日支给口粮，即照会典内载之例支给。再从前达赖喇嘛来京，有赏班禅额尔德尼之例。此次亦应颁发达赖喇嘛敕书，并赏给数珠、银茶壶瓶、大缎、哈达，遇便带往。见张其勤原稿，吴丰培增辑：《清代藏事辑要》，拉萨：西藏人民出版社，1983 年，第 198—199 页。

〔40〕此前乾隆皇帝同意班禅前来朝觐祝寿时，就提出能在八月寿辰之时抵达热河，班禅一行属按时到达，《清高宗实录》载：昨据章嘉呼图克图奏称，班禅额尔德尼因庚子年为大皇帝七十万寿，欲来称祝。朕本欲见班禅额尔德尼，因道路遥远，或身子尚生，不便令其远涉。今既出于本愿，实属吉祥之事，已允所请。是年朕万寿月，即驻热河，外藩毕集。班禅额尔德尼若于彼时到热河，最为便益。已谕令于热河度地建庙，备其居住。至沿途应办事宜尚多，均系理藩院承办，虽为日尚宽，而早为部署，更觉从容妥当。见《清高宗实录》卷 1072，乾隆四十三年十二月乙丑。

〔41〕即乾隆皇帝。

〔42〕当为宁寿官，之前六世班禅所供佛像等皆供奉于此。

〔43〕当时六世班禅先后游览了长春园、圆明园、昆明湖、北海等景点，为香山昭庙等寺庙举行开光仪式，到雍和宫、白塔寺等礼佛做法。见《六世班禅朝觐档案选编》，北京：中国藏学出版社，1996 年，第 274—276 页。

〔44〕即七世班禅旦贝尼玛（1782—1853 年）。1784 年被迎至扎什伦布寺坐床，在八世达赖喇嘛座前接受剃度，赐法名为杰尊洛桑班丹旦贝尼玛乔列朗杰贝桑布，其后于 1789、1801 年先后在八世达赖喇嘛座前受沙弥戒和比丘戒。其间遭遇廓尔喀两次侵藏，扎什伦布寺惨遭洗劫，七世班禅积极配合清军入藏驱逐廓尔喀人入侵。1853 年圆寂，享年 72 岁。

〔45〕即时任摄政一世策墨林。

〔46〕按《八世达赖喇嘛传》，土羊年（1789 年）藏历六月四日，为七世班禅授沙弥戒，铁鸡年（1801 年）四月十五日授比丘戒。见第穆·洛桑图丹晋麦嘉措：《历辈达赖喇嘛传·第八世达赖喇嘛传》，北京：中国藏学出版社，2010 年，第 287、459 页。

第十五章　多仁和桑珠颇章家族

再说居于卫藏大地上之政府诸公、论等大员，以及其他大小贵族，其众不计其数也。（若论功绩显赫者，需提及）多仁（家族，其）先祖康济鼐岱青巴图鲁因抗击准噶尔有功，授封贝子衔，被（皇帝）委以噶伦之职并兼任长官（主持藏事）。其他三位噶伦〔1〕被处极刑等事前已述及。其（康济鼐）侄辈诺颜贡布欧珠饶丹（ནོ་ཡོན་མགོན་པོ་དངོས་གྲུབ་རབ་བརྟན）〔2〕，似为王（颇罗鼐）之女德旦卓玛（བདེ་ལྡན་སྒྲོལ་མ）的夫婿，受赐恰（བྱ་ཡུལ）地方宗等，加上本族庄园，属下民户极多。（多仁家族）三代人曾连续出任噶伦。王（珠尔默特那木札勒被诛）之时，从叛首〔3〕被押直至朝廷（派员）裁决，其间（多仁贡布欧珠饶丹曾经）担任长官之职（主持藏政）三四月余，后成为达赖喇嘛属下百官之首，被称为公班智达（ཀུང་པཎྜི་ཏ）。其（公班智达）子为台吉巴散次仁（ཐལ་ཇི་དཔག་བསམ་ཚེ་རིང）。其（巴散次仁）子为噶伦扎萨克丹增班觉次仁（བཀའ་བློན་ཇ་སག་བསྟན་འཛིན་དཔལ་འབྱོར་ཚེ་རིང），其时因被巴勒布人所擒，朝廷略有惩戒，罢其噶伦之职。其（丹增班觉次仁）子为散巴仁波切（སེམས་དཔའ་རིན་པོ་ཆེ）〔4〕及当前之噶伦等人也。

桑珠颇章公（བསམ་གྲུབ་ཕོ་བྲང་ཀུང）者，因（七世达赖喇嘛）格桑嘉措之父索诺木达尔扎有佛父身份，遂得赐山南桑日宗（ཟངས་རི་རྫོང）、洛热（宗）（ལོ་ར）等较多属民为其个人庄园。达赖喇嘛暂避泰宁时，（索诺木达尔扎）进京觐见皇帝，赐一等公顶戴花翎，[5]为上好之嘉许也。从其子贡噶丹增（ཀུན་དཀའ་བསྟན་འཛིན）至今，约有承袭公爵之两代子孙[6]。

第穆仁波切，之前为康区之大喇嘛，在阿旺德勒嘉措（ངག་དབང་བདེ་ལེགས་རྒྱ་མཚོ）[7]时期任达赖喇嘛摄政，兼喇本职务。寺院所属庄园较多，尽管其他二林[8]亦有所属（寺庙庄园），但仍以丹吉林（བསྟན་གླིང）为其中之领先者也。

注释

〔1〕即前述阿尔布巴、隆布鼐、札尔鼐三人。

〔2〕即著名的公班智达（1721—1792 年），为噶锡鼐策布丹扎西（དགའ་བཞི་ནས་ཚེ་བརྟན་བཀྲ་ཤིས།，康济鼐弟）之子，噶锡鼐朗杰次旦（དགའ་བཞི་ནས་རྣམ་རྒྱལ་ཚེ་བརྟན）之弟。幼时在敏珠林寺学习，后得颇罗鼐和七世达赖喇嘛赏识，因学识渊博，被称为诺颜班智达。1740 年兄朗杰次旦去世后袭辅国公爵。1750 年珠尔默特那木札勒事件后积极维护西藏地方稳定，1751 年噶厦成立后担任首席噶伦。

〔3〕即前述珠尔默特那木札勒属下洛桑扎西等人，在杀害两名驻藏大臣后被俘，后被处决。

〔4〕按《八世达赖喇嘛传》，土羊年藏历六月四日，出身多仁家族的珠旺散巴活佛（གྲུབ་དབང་སེམས་དཔའི་སྤྲུལ་སྐུ）求见，请赐法名，遂赐其法名为“洛桑协聂扎巴坚赞”（བློ་བཟང་བཤེས་གཉེན་གྲགས་པ་རྒྱལ་མཚན），见第穆·洛桑图丹晋麦嘉措：《历辈达赖喇嘛传·第八世达赖喇嘛传》，北京：中国藏学出版社，2010 年，第 287 页。

〔5〕卫藏战争爆发后，清廷将七世达赖喇嘛一行转移到泰宁。1729 年，达赖喇嘛一行抵达理塘，佛父索诺布达尔扎被召进京，次年封为辅国公，赐顶戴花翎。见章嘉·若贝多杰：《历辈达赖喇嘛传·第七世达赖喇嘛传（上册）》，北京：中国藏学出版社，2010 年，第 228、231 页。

〔6〕按《八世达赖喇嘛传》，土猴年（1788 年），经向皇帝奏报，新任命桑珠颇章公扎西朗杰（བཀྲ་ཤིས་རྣམ་རྒྱལ）为噶伦。见第穆·洛桑图丹晋麦嘉措：《历辈达赖喇嘛传·第八世达赖喇嘛传》，北京：中国藏学出版社，2010 年，第 269 页。

〔7〕即六世第穆活佛阿旺降白德勒嘉措。

〔8〕指拉萨四大林中的策觉林、策墨林两寺。

第十六章　历辈帕巴拉活佛

诗云：

朵麦聚宝广袤大地上，
政教德财兼具两河口，
历辈大圣佛尊师徒聚，
勇胜诸敌下部广土上，
历世无等怙主依次降，
威伟恰似岩檐导师双，
具德塘贝噶举法统等，
珍稀珠宝美串此处兴。[1]

此为间歇之诗歌也。

朵康佛教之灯帕巴拉（འཕགས་པ་ལྷ）[2]者，（有赞）曰："前世为佛拘留孙（དེ་བཞིན་གཤེགས་པ་འཁོར་བ་འཇིགས）[3]，现为帕巴世系主，未来不动如来佛（སངས་རྒྱས་མི་བསྐྱོད་རྒྱལ་པོ）[4]，大悲（ཐུགས་རྗེ་ཆེན་པོ）[5]化身为尊胜。"且说大悲观自在菩萨因化度之异而现化身种种，为使（众生）脱离轮回（之苦）而广行利乐诸道有情之事。菩萨深感吾等浊世有情甚为愚蛮难以度化，尤其偏爱己属教派且引以为最胜，对其他（教派）则持种种仇视污蔑之态，由此积累断法业力甚巨，故转生为帕巴拉佛，外正戒律品行，内树菩提之学，以修深密金刚乘为中心，将吉祥甘丹山派（དཔལ་རི་བོ་དགེ་ལྡན་པ）[6]与无比达布噶举之教法合二为一，将雪域所有无垢显密之法融汇一体无所不包，从而创立协阿噶举（ཞལ་སྔ་བཀའ་བརྒྱུད）并将其发扬光大。

据《传记赞颂》（འཁྲུངས་རབས་གསོལ་འདེབས）记曰：（帕巴拉）之前（依次）转生为拘留孙佛、因札菩提王（རྒྱལ་པོ་ཨིནྡྲ་བོ་དྷི）[7]、圣天（ཨརྱ་དེ་བ）[8]、夏瓦日巴（ཤ་ཝ་རི་པ）[9]、松赞干布、大译师噶哇贝则（ལོ་ཆེན་སྐ་བ་དཔལ་བརྩེགས）[10]、大成就者米扎佐格（གྲུབ་ཆེན་མི་ཏྲ་ཛྙཱ་ཀི）[11]、怙主帕木竹巴（འགྲོ་མགོན་ཕག་མོ་གྲུ་པ）[12]等。莲花生大师授记云："如今这位噶哇贝则者，未来转生地名有'朗'（རྣམ）处，名带'圣者'（འཕགས་པ）两字生肖羊，随从弟子超过五百众，必成边地兴法除暗灯。"《莲花遗教》（པདྨ་བཀའ་ཐང）记曰："圣天转生一系胜勇具，彼等常行普度有情事，不退精进众生合十赞。"又云："观音化生'圣者'以为名，出生昭示标志属相羊，朗久山岩（སྣང་འཇུག་བྲག）示现六字咒。"如上所述，父为杰尊文殊藏[13]之亲传弟子，金刚乘大瑜伽师古觉多丹桑杰贝桑（ཀུ་ཅོ་རྟོགས་ལྡན་སངས་རྒྱས་དཔལ་བཟང）[14]，于土羊年（1439年）[15]出生于娘布（ཉང་པོ）[16]地区，彼时朗久山岩上自然示现六字真言矣。幼时随散巴洛追坚赞（སེམས་དཔའ་བློ་གྲོས་རྒྱལ་མཚན）出家，赐名帕巴拉（འཕགས་པ་ལྷ）[17]。（帕巴拉）先后拜散巴钦布多丹桑杰奔巴（སེམས་དཔའ་ཆེན་པོ་རྟོགས་ལྡན་སངས་རྒྱས་འབུམ་པ）、桑杰贝绒顿巴（སངས་རྒྱས་དཔལ་རོང་སྟོན་པ）、喇嘛贝丹巴（བླ་མ་དཔལ་ལྡན་པ）、垂康译师（ཁྲུས་ཁང་ལོ་ཙཱ་བ）等四十四位大德为师，座前听闻无数深广教法并依法思修，终得大成。四十岁[18]时在甘丹尊胜大洲，以（甘丹）赤仁波切帕索·曲吉坚赞（པ་སོ་ཆོས་ཀྱི་རྒྱལ་མཚན）[19]为堪布受近圆戒。（帕巴拉）先后建叶尔巴拉日宁布（ཡེར་པ་ལྷ་རི་སྙིང་པོ）、列布日沃曲培（ལེགས་པོ་རི་བོ་ཆོས་འཕེལ）、扎西查（བཀྲ་ཤིས་བྲག）、卡觉日垂（མཁའ་སྤྱོད་རི་ཁྲོད）、兰日垂（ལན་རི་ཁྲོད）、曼丁日垂（སྨན་ཏིང་རི་ཁྲོད）、象底普（ཤང་ཏི་ཕུག）、绒卡（རོང་ཁ）、杭日（ཧང་རི）、切顿辛措康热（བྱེ་སྟོང་ཤིང་མཚོ་གངས་ར）、贡如赞丹（གུང་རི་ཙན་དན）等修行处，扎西曲垅（བཀྲ་ཤིས་ཆོས་ལུང）、尼达塘（ཉི་ཟླ་ཐང）、尼玛林（ཉི་མ་གླིང）、巴达桑珠林（སྟག་མདའ་བསམ་འགྲུབ་གླིང）、章涅郭昌卡东（སྒང་གནས་སྒོ་འཕང་ཁ་གདོང）、唐扎绛曲林（ཐང་གྲ་བྱང་ཆུབ་གླིང）、甘丹达瓦塘（དགའ་ལྡན་ཟླ་བ་ཐང）、第穆拉喀洛塞林（དེ་མོ་ལ་ཁ་བློ་གསལ་གླིང）、古扎西岗（དགུ་བཀྲ་ཤིས་སྒང）、叶寺强巴林（ཡེ་དགོན་བྱམས་པ་གླིང）、波堆郭纳寺（སྤོ་སྟོད་སྒང་ནག་དགོན）、波沃曲多（སྤོ་བོ་ཆུ་མདོ）、噶朗旧寺（ཀ་ནམ་དགོན་རྙིང）、洛曲赤塘（ལྷོ་ཆོས་ཁྲི་ཐང）、绛直卡寺（ལྗང་གྲུ་ཁ་དགོན）、德吉尼玛林（བདེ་སྐྱིད་ཉི་མ་གླིང）等解明之寺庙，建诸多佛殿及供依处等。

（帕巴拉）门下弟子从上部贡却迥乃（དཀོན་མཆོག་འབྱུང་གནས）到第穆（དེ་མོ་བ）和曲杰阿旺（ཆོས་རྗེ་ངག་དབང་པ），从大喜瓦拉（ཞི་བ་ལྷ）到温仲（དབོན་དྲུང）等。如此广弘佛法，利益众生事业后，四十九岁（1491 年）时于札松措河（ཟབ་གསུམ་མཚོ་ཆུ）上游干囊谷地（སྐམ་ནང་ལུང་པ）圆寂。

其（帕巴拉）转世（二世帕巴拉）帕巴桑杰（འཕགས་པ་སངས་རྒྱས），火兔年（1507 年）出生于工布曲康杂哇（ཀོང་པོ་ཆོས་ཁང་རྩ་བ），父为瑜伽师桑杰扎西（རྣལ་འབྱོར་སངས་རྒྱས་བཀྲ་ཤིས）。在甘丹寺巴瓦大师（སློབ་དཔོན་དཔལ་བ）座前受近圆戒，赐名帕巴桑杰。先后于洛本索南坚赞（སློབ་དཔོན་བསོད་ནམས་རྒྱལ་མཚན）、绛赛洛追沃色（བྱམས་སེམས་བློ་གྲོས་འོད་ཟེར）等上师处听受诸多教法灌顶。后应姜三赕王（འཇང་ས་ཐམ）〔20〕绛央扎巴（འཇམ་དབྱངས་གྲགས་པ）〔21〕之邀前往木府，开启（此地）政教事业之帷幕。（二世帕巴拉）虽未能亲自拜见一切智根敦嘉措（ཐམས་ཅད་མཁྱེན་པ་དགེ་འདུན་རྒྱ་མཚོ）〔22〕、班钦索南扎巴（པཎ་ཆེན་བསོད་ནམས་གྲགས་པ）〔23〕、（甘丹）赤仁波切曲迥嘉措（ཁྲི་རིན་པོ་ཆེ་ཆོས་སྐྱོང་རྒྱ་མཚོ）〔24〕等，但供献、上书等礼敬不断。六十岁（1566 年）时逝往色究竟天。

其（帕巴桑杰）转世（三世）帕巴拉通哇顿丹（མཐོང་བ་དོན་ལྡན），火兔年（1567 年）生于列布堆（ལེགས་པོ་སྟོད）。在阿旺释迦坚赞（ངག་དབང་ཤཱཀྱ་རྒྱལ་མཚན）座前出家，赐法名帕巴索朗南贝杰哇旺布德（འཕགས་པ་བསོད་ནམས་རྣམ་པར་རྒྱལ་བ་དབང་པོའི་སྡེ）。曾先后到南部康区上下（བར་ཁམས་སྟོ་རྒྱུད་སྟོད་སྨད）、波密（སྤོ་བོ）、昌都（ཆབ་མདོ）、八宿

（དཔའ་ཤོད）等地，讲授诸多教法，广行调停（地方）纷争等诸多善举。因丽江木土司[25]多次邀请，经擦瓦岗芒康（ཚ་བ་སྒང་སྨར་ཁམས）等地到达丽江，福田施主相会。其后经建塘（རྒྱལ་ཐང）[26]至芒康，在此安驻传法。应擦瓦岗头人贡布索朗（ཚ་བ་དཔོན་མགོན་པོ་བསོད་ནམས）恳请（于当地）建寺之祈求，派温仲巴（དཔོན་དྲུང་པ）建邦达寺（སྡོམ་མདའི་དགོན），起寺名为“岗噶德钦寺”（གང་དཀར་བདེ་ཆེན）。如此驻锡三四年后，向木土司请愿返回上部康区，于是在迎请下依次至昌都。在济咙拉旺曲吉坚赞（རྗེ་དྲུང་ལྷ་དབང་ཆོས་ཀྱི་རྒྱལ་མཚན）[27]座前受近圆戒，并受诸多灌顶教法。（其后）因济咙仁波切志在遁世修法，故经敦请和商议，此尊者（通哇顿丹）登上昌都强巴林寺（ཆབ་མདོ་བྱམས་པ་གླིང）法台。

（现将）此（强巴林）寺之修建及此前历任法台世系（叙述）如下：

（且说）昌都强巴林寺（之修建）。起初宗喀巴大师出家修法，（其后）决定前往可达一切智慧园地之梯般的卫藏各大寺院，唯求闻思全部佛法，遂从宗喀地区启程，至昂曲（ངོམ་ཆུ）和扎曲（ཟ་ཆུ）两河汇合之地[28]稍作休息时，侍从见此处地貌甚佳，（便向大师）禀曰：“若于此处建一聚合僧众之大寺，极善。”怙主宝[29]示曰：“此地由圣者巴沽拉（འཕགས་པ་བ་ཀུ་ལ）[30]护持，未来必有一弘传显密教法之大寺建成，凡所愿皆得圆满富足也。”诚如（宗喀巴大师之）预言，其亲传弟子强森曲杰喜饶桑布（བྱམས་སེམས་ཆོས་རྗེ་ཤེས་རབ་བཟང་པོ）[31]，出生于（类乌齐）噶玛约许（ཀརྨ་ཡོལ་གཞིས）贝格千户（སེ་དགེ་སྟོང་དཔོན）[32]之家。幼时入噶玛噶举派，后赴卫地学经，拜宗喀巴大师为师，成为大师的高足之一。藏历第七饶迥木鼠年（1444 年）建此（强巴林）寺，因地处两河交汇之处，寺内主供弥勒大佛，遂称“昌都强巴林”（ཆབ་མདོ་བྱམས་པ་གླིང）。（强巴林寺）有林堆巴（གླིང་སྟོད་པ）、林麦（གླིང་སྨད）、努林（ནུབ་གླིང）、江热（ལྕང་ར）、库秀（ཁུ་བྱུག）等五个扎仓，八个修行院[33]。

若论（强巴林寺之）历任法台，强森巴（喜饶桑布）之后的宗喀巴大师弟子阿里曲旺扎巴（མངའ་རིས་ཆོས་དབང་གྲགས་པ）[34]为第二任，（其后依次为）卫楚敦南喀贝（དབུས་ཚུལ་སྟོན་ནམ་མཁའ་དཔལ）[35]、强森之侄喜饶贝泽（ཤེས་རབ་དཔལ་བརྩེགས）[36]、宣努八宿巴曲杰贡噶班丹（གཞོན་ནུ་དཔའ་ཤོད་པ་ཆོས་རྗེ་ཀུན་དགའ་དཔལ་ལྡན）[37]、藏娘堆巴贡噶贝（གཙང་མྱང་སྟོད་པ་ཀུན་དགའ་དཔལ）[38]、琼布贡噶洛追（ཁྱུང་པོ་ཀུན་དགའ་བློ་གྲོས）[39]、藏仲则杰仲根敦扎西（གཙང་འབྲོང་རྩེ་རྗེ་དྲུང་དགེ་འདུན་བཀྲ་ཤིས）[40]，（此根敦扎西）即第一世沃卡杰仲（འོལ་ཁ་རྗེ་དྲུང）活佛也，应出任昌都（强巴林寺）法台，杰仲之名亦由此传出。其后（出任法台的）是擦瓦米约宁布（ཚ་བ་མི་གཡོ་སྙིང་པོ）[41]、绛雪杰仲喜饶旺布（རྒྱང་ཤོད་རྗེ་དྲུང་ཤེས་རབ་དབང་པོ）[42]、贡德杰仲绛央巴（སྒོམ་སྡེ་རྗེ་དྲུང་འཇམ་དབྱངས་པ）[43]。其后为智慧第一、藏巴七系之一的帕索（大师）转世拉旺曲吉坚赞（ལྷ་དབང་ཆོས་ཀྱི་རྒྱལ་མཚན）[44]，其时迎请（三世）达赖喇嘛索南嘉措（བསོད་ནམས་རྒྱ་མཚོ）长驻（强巴林寺）[45]。其后济咙仁波切（拉旺曲吉坚赞）将法台之位传给（三世）帕巴拉世间自在协俄通哇顿丹，自己赴南方达察伦珠德庆寺（ཏ་ཚག་ལྷུན་གྲུབ་བདེ་ཆེན）修行。（帕巴拉）协俄仁波切致力于弘扬政教事业，三十八岁时远赴卫地和工布等地，（不幸）圆寂于八宿喀达（མཁར་ཏགས）地方。[46]

四世帕巴拉曲吉杰布（ཆོས་ཀྱི་རྒྱལ་པོ），木蛇年（1605 年）生于隆布顿（ལོང་པོ་སྟོང），父次塔顿珠（ཚེ་ཐར་དོན་གྲུབ），母杰姆（རྒྱལ་མོ）。兄弟三人，此尊者为长兄，二弟为曲杰阿旺赤列桑布（ཆོས་རྗེ་ངག་དབང་འཕྲིན་ལས་བཟང་པོ），幼弟为边坝仲巴阿旺曲扎（དཔལ་འབར་དྲུང་པ་ངག་དབང་ཆོས་གྲགས）之转世帕巴丹培（འཕགས་པ་བསྟན་འཕེལ），即第一世边坝活佛（དཔལ་འབར་སྤྲུལ་སྐུ）。（四世帕巴拉）于四世达赖喇嘛云丹嘉措（ཡོན་ཏན་རྒྱ་མཚོ）座前剃度，赐法名帕巴南贝杰哇嘉措德（འཕགས་པ་རྣམ་པར་རྒྱལ་བ་རྒྱ་མཚོའི་སྡེ）。（后）拜见大怙主（五世达赖喇嘛）洛桑嘉措。在（四世）班禅洛桑曲坚（བློ་བཟང་ཆོས་རྒྱན）座前受具足戒，广泛听受佛法。彼时，因白利土司（བེ་རི་རྒྱལ་པོ）[47]迫害昌都等康区所有（藏传佛教）寺院，固始汗（བསྟན་འཛིན་ཆོས་ཀྱི་རྒྱལ་པོ）率兵将其尽数歼灭后将朵康诸地纳入属下，封（四世）帕巴拉仁波切为法王。（四世帕巴拉）政教宏业日盛，后于三十九岁时（1643 年）逝往净土。

其转世（五世）帕巴拉杰哇嘉措（རྒྱལ་བ་རྒྱ་མཚོ），木猴年（1644 年）生于杂曲河畔之杜地（སྡུ）[48]。由（四世）班禅洛桑曲吉坚赞认定为（四世）帕巴拉之转世，赐法名杰哇嘉措，建立法脉传承。八岁时在哲蚌寺由（五世）达赖喇嘛阿旺洛桑嘉措（ངག་དབང་བློ་བཟང་རྒྱ་མཚོ）剃度出家，赐法名为洛桑帕巴索朗伦珠德勒贝桑布（བློ་བཟང་འཕགས་པ་བསོད་ནམས་ལྷུན་གྲུབ་བདེ་ལེགས་དཔལ་བཟང་པོ）。九岁时任昌都（强巴林寺）法台。以达赖喇嘛有寂顶庄严上师，班禅律统师二源合一受近圆戒，领受甚深教法甚多。从大伏藏师达香巴（གཏེར་ཆེན་སྟག་ཤམ་པ）听受《米扎心要》（མི་ཏྲ་སྙིང་ཐིག）等多部伏藏教法，并依大伏藏师若必多杰（རོལ་པའི་རྡོ་རྗེ）和达香巴（སྟག་ཤམ་པ）两位之授记，建三界尊胜宫（ཕོ་བྲང་སྲིད་གསུམ་རྣམ་རྒྱལ）。主持新建朗卓林扎仓（གྲྭ་ཚང་རྣམ་གྲོལ་གླིང），献诸多身语意所依，广授利益众生之佛法。六十岁后逝往净土[49]。

此后六世、七世、八世帕巴拉大师之详细传记未能全面了解，且做简要介绍。（六世帕巴拉）晋美丹贝嘉措（འཇིགས་མེད་བསྟན་པའི་རྒྱ་མཚོ）或（晋美丹贝）贡布（འཇིགས་མེད་བསྟན་པའི་མགོན་པོ），出生于昌都杂布托（ཛ་སྤུ་ཐོགས）[50]，由（五世）班禅洛桑意希（བློ་བཟང་ཡེ་ཤེས）和护法神等认定为帕巴拉活佛之转世，在嘉热阿旺赤列伦珠（ལྷགས་ར་ངག་དབང་འཕྲིན་ལས་ལྷུན་གྲུབ）和寺会主持下登上强巴林寺法台金座。七八岁时远赴拉萨，由（六世）达赖喇嘛意希嘉措（ཡེ་ཤེས་རྒྱ་མཚོ）[51]剃度出家，赐法名晋美丹贝嘉措。不久返回康区。其间因卫藏发生战乱，遂有大量清军官兵入藏平乱之事，（六世）帕巴拉因支应差役有功，皇帝赐其“诺门罕”之金册金印[52]。之后再赴拉萨，于色拉寺和哲蚌寺各驻三年，悉心学经。在后藏（五世）班禅座前受具足戒。在（七世）达赖喇嘛格桑嘉措离开泰宁进藏两年之际，福田施主嘉奖厚赏甚多，之后返回东方故土。（其后）几十年致力于弘法传教，根据空行上师之净相开示，朝拜可噶（ཁབ་དཀར）等大小圣地，举办诸多祈祷藏土安定与佛法广兴之仪轨，于波密董曲（སྤོ་བོ་མདོང་ཆུ）等地维修、新建佛殿。师从甲热央贡丹增伦珠（ལྕགས་ར་ཡང་གོང་བསྟན་འཛིན་ལྷུན་གྲུབ）、赤阿旺却登（ཁྲི་ངག་དབང་མཆོག་ལྡན）、普觉强巴（ཕུར་ལྕོག་བྱམས་པ）、绛央德贝多杰（འཇམ་དབྱངས་བདེ་བའི་རྡོ་རྗེ）、波沃宁玛喇嘛曼伦活佛（སྤོ་བོ་སྙིང་མའི་བླ་མ་སྨན་ལུང་སྤྲུལ་སྐུ）等经师，先后听闻多部新旧甚深教法。诚如《净相幻网》所预言："帕巴为名传承莲花法"，在成就显著之晚年，继承、弘传莲花教法之功德甚大，于隐秘之土莲花圣地静修三四年，最终于四十岁时色身虹化归入法界〔53〕。弟子有其法台继承人喜桑帕巴格勒坚赞（ཞི་བཟང་འཕགས་པ་དགེ་ལེགས་རྒྱལ་མཚན）〔54〕、甲珠阿旺赤列贝桑布（ལྕགས་སྤྲུལ་ངག་དབང་འཕྲིན་ལས་དཔལ་བཟང་པོ）〔55〕等多人。另外似有散佚著述多部。

其（六世帕巴拉之）转世活佛仁波切——本著者之上师——（七世）法王帕巴拉晋美班丹丹贝贡布贝桑布（འཇིགས་མེད་དཔལ་ལྡན་བསྟན་པའི་མགོན་པོ་དཔལ་བཟང་པོ），为秀氏十八部（ཤུལ་ཆེན་བཅོ་བརྒྱད）之一、理塘达绒瓦秀部（ལི་ཐང་འདབ་རོལ་ཞ་ཤུལ）头人阿丹贡布（ཨ་བརྟན་མགོན་པོ）之子，出生于第十三饶迥木猪年（1755 年）。根据前世之预示和（六世）班禅班丹益希（དཔལ་ལྡན་ཡེ་ཤེས）等人之认定，于五岁（1759 年）左右由法台喜桑仁波切迎请至朵康唯一庄严具吉祥强巴林寺坐床。七岁（1761 年）时赴卫地，在班禅一切智〔56〕座前剃度出家，赐予上述法名〔57〕。后复返康区，勤习仪式仪轨和经典诵读。十四岁（1768 年）时，随多位显宗上师善知识学习广略摄类学知识，十七岁（1771 年）时再赴雪域金刚座〔58〕，在色拉寺杰扎仓（བྱེས་གྲྭ་ཚང），用时五年精习通达中观、般若等。于（六世）班禅仁波切座前受具足戒。二十二岁之木羊年〔59〕时准备返回朵康大寺（强巴林）时，八世达赖喇嘛（རྒྱལ་དབང་བརྒྱད་པ）与第穆活佛（དེ་མོ）福田施主赞其为"第二佛陀"，赐旌旗、华盖等仪仗和乐队等为其践行。（其后）沿北路下线缓行，终返强巴林具吉祥大寺。其后不久加强属下教民善治规范、寺院扎仓戒律整顿。火猴年（1776 年）开始为拆旧新建佛堂奠基，历经两年修成高达五层、面阔六百柱、建筑工艺冠绝康区之当前这座大乘佛殿。佛殿里面主供背高三十七卡之镀金强巴佛像，喜瓦拉和嘉热两位献供三十五卡高无量光佛和宗喀巴大师像，所有供依和装饰、壁画等皆于木猪年[60]圆满完工，举行规模盛大之开眼开光仪式。此前之土狗年（1778 年）夏，（六世）班禅进京途经康区之时，（七世帕巴拉）一路送（班禅）大师至金沙江畔。（其间）几日（从班禅处）听受多种精深佛法灌顶，致以多种隆重迎送仪式，以致师徒皆有难舍难分之感。在返回（强巴林）寺院途中多为有情广播慈善种子。其后受霍查（ཧོར་ཟག）地区头人之邀，去往彼处为诸有情播解脱之种。铁猪年（1791 年）在藏拜会达察济咙仁波切（རྟ་ཚག་རྗེ་དྲུང་རིན་པོ་ཆེ），共处八天，加深彼此之间紧密之政教关系。此怙主帕巴拉精于善法和世俗两业，深得藏汉百姓拥戴，本拟木虎年（1794 年）再赴卫藏，无奈染疾作罢，并于是年四十岁时圆寂。杰曹喜瓦拉（རྒྱལ་ཚབ་ཞི་བ་ལྷ）和强佐洛桑多杰（ཕྱག་མཛོད་བློ་བཟང་རྡོ་རྗེ）等于康区和卫藏等地，举行多种超度法事。

当前乘愿再掌世间教法之圣者八世帕巴拉晋美班丹丹贝尼玛（འཇིགས་མེད་དཔལ་ལྡན་བསྟན་པའི་ཉི་མ），出生于理塘地方，父为博巴桑日玉杰哇（ཟངས་རི་གཡུལ་རྒྱལ་བ）。按照护法神开示和上师授记，（经）从文殊大皇帝亲赐宝瓶中抽出名签[61]（而得以认定），登上五面金龙之法座。一直勤习教法并有所成，即为眼下利乐佛教信众，尤为护佑吾康区众人之怙主也。

注释

〔1〕按照本书编者整理的目录，此诗当在前一章结尾。然从内容来看，此诗作为本书余下昌都历史部分之引言，以传统的嵌词修辞手法在其中依次点出“具德昌都”[第 2 句中“德”（དཔལ）、“具”（ལྡན）、“河口”（ཆབ་མདོ།，音译为“昌都”）等词结合即为“具德昌都”（དཔལ་ལྡན་ཆབ་མདོ）]、“八宿”[第 4 句中“勇”（དཔའ།，音译为“八”）、“下部”（སྨད།，音译为“宿”，两词结合即为“八宿”（དཔའ་སྨད）]、“察雅”[第 6 句中“岩”（ཟག，音译为“察”）、“檐”（གཡབ།，音译为“雅”）两词结合即为“察雅”（ཟག་གཡབ）] 等地名，因此移至本章之首。

〔2〕帕巴拉，意为“圣天”。帕巴拉是昌都最大的藏传佛教寺院强巴林寺（བྱམས་པ་གླིང）的寺主活佛，至今已传 11 世。

〔3〕拘留孙佛，过去七佛之第四佛，贤劫千佛之第一佛。据《长阿含经》卷一记载，在贤劫中人寿四万岁时，拘留孙佛出现于世，为婆罗门种姓，姓为迦叶。父名为记得，母名为善枝，子名为上胜。时国王名为安和，王城名为安生城。他在尸利沙树下成道，曾有一会说法，度化弟子四万。

〔4〕不动如来，即不动金刚佛，又称阿初比如来。为佛教五方佛之一，位东方，是东方妙喜净土的教主。

〔5〕大悲，指观世音菩萨。

〔6〕吉祥甘丹山派，即藏传佛教格鲁派。

〔7〕因札菩提王，古代乌仗那国王，莲花生大师之父。

〔8〕圣天，古印度“六庄严二胜”中六庄严之一。

〔9〕古印度八十四大成就者之一，龙树菩萨弟子，以猎人的形象出现以度化众生。

〔10〕噶哇贝则，即吐蕃赤松德赞时期著名大译师，为吐蕃九大译师之一。

〔11〕米扎佐格，印度大成就者，公元9世纪曾入藏传法。

〔12〕帕木竹巴，即帕木竹巴·多吉杰布（1110—1170年），藏传佛教帕竹噶举派创始人。

〔13〕指格鲁派创始人宗喀巴大师。

〔14〕为宗喀巴大师“拼舍此生的五多丹弟子”（ཚེ་བློས་བཏང་གི་རྟོགས་ལྡན་ལྔ）之一，五多丹分别为古觉多丹桑杰贝桑（ཀུ་ཅོར་རྟོགས་ལྡན་སངས་རྒྱས་དཔལ་བཟང）、多丹南喀雪热（རྟོགས་ལྡན་ནམ་མཁའ་ཤོ་རེ）、郭楚法主扎巴迥乃（རྒོད་ཕྲུག་ཆོས་རྗེ་གྲགས་པ་འབྱུང་གནས）、多丹热希巴（རྟོགས་ལྡན་རལ་ཞིག་པ）、普列瓦南喀坚赞（ཕུ་ལེ་བ་ནམ་མཁའ་རྒྱལ་མཚན）。

〔15〕关于帕巴拉的生年，属羊并无疑问，但除了通常所说的土羊年，亦有水羊年一说，似误。根据《甘丹宗教源流》和《噶举不共之宗教源流考释》等文献的记载，宗喀巴大师圆寂的第十九年帕巴拉诞生，如此当为1439年，即上述土羊年。参江参等编著，扎雅·洛桑普赤译：《昌都强巴林寺及历代帕巴拉传略》，北京：中国藏学出版社，2010年，第58页。

〔16〕按照《一世帕巴拉杰瓦帕巴拉传》记载，其诞生地系“繁盛富庶之隆布地方，称卡顶拉卡之域。该地位于念青唐古拉山前，诺巴地之附近”。参江参等编著，扎雅·洛桑普赤译：《昌都强巴林寺及历代帕巴拉传略》，北京：中国藏学出版社，2010年，第57页。

〔17〕即第一世帕巴拉活佛。

〔18〕关于帕巴拉受近圆戒的年龄，除本书外，《一世帕巴拉杰瓦帕巴拉传》等亦做40岁。值得注意的是，帕巴拉出生于1439年，40岁当为1478年，而上述

两部文献记载的授戒堪布帕索仁波切曲吉坚赞，根据记载圆寂于1473年（参王维强：《没有主人的法座——甘丹赤巴述评》，北京：中国藏学出版社，2012年，第256页）。如此，这条记载若不是堪布之名错误，就是帕巴拉的受戒年龄有误。

〔19〕帕索·曲吉坚赞（1402—1473年），宗喀巴弟子，第一世班禅克珠杰之弟。出生于藏堆多雄（གཙང་སྟོད་ཕོག་གཞུང），后依止宗喀巴师徒学法，因任帕索寺（བ་སོ་དགོན་པ）堪布而被人称为帕索瓦（བ་སོ་བ）。1463年62岁时任第六任甘丹赤巴，在任11年，于1473年72岁时圆寂。后来由帕索仁波切传出济咙（རྗེ་དྲུང）活佛转世系统。

〔20〕指云南丽江木土司，前文已有解释。

〔21〕根据《昌都强巴林寺及历代帕巴拉传略》所引，二世帕巴拉记有“至年二十九时许，吾于阿嘎理塘域，适逢纳西丽江兵……”等语,参江参等编著,扎雅·洛桑普赤译：《昌都强巴林寺及历代帕巴拉传略》，北京：中国藏学出版社，2010年，第65页。据此推测，帕巴桑杰是在29岁，即1536年后到达云南，当时丽江木府的在任土司为木公（阿秋阿公，1494—1553年），其于1527—1553年任土司，在任28年。

〔22〕即第二世达赖喇嘛根敦嘉措（1475—1542年）。

〔23〕班钦索南扎巴（1478—1554年），藏传佛教格鲁派高僧，曾于1529—1535年任第十五任甘丹赤巴。著有《新红史》（དེབ་ཐེར་དམར་པོ་གསར་མ།）、《格丹格言》（དགེ་ལྡན་ལེགས་བཤད།）等著作。1554年圆寂，享年77岁。

〔24〕曲迥嘉措，即嘉热·曲迥嘉措（རྒྱ་ར་ཆོས་སྐྱོང་རྒྱ་མཚོ།，1473—1539年），藏传佛教格鲁派高僧，1535年继班钦索南扎巴之后任第十六任甘丹赤巴，直到1539年圆寂。

〔25〕当为木旺（阿都阿胜，1551—1596年），1580—1596年任丽江土司。

〔26〕即今云南省迪庆藏族自治州香格里拉市。

〔27〕即四世济咙。

〔28〕即今昌都市卡若区，扎曲和昂曲在这里汇合后称为澜沧江。扎曲是澜沧江的正源，发源于青海省玉树州杂多县境内的夏容加山麓，昂曲发源于西藏那曲市巴青县境内的万玛拉山，为澜沧江的支流。

〔29〕即宗喀巴。

〔30〕巴沽拉尊者，佛教十六罗汉之一。

〔31〕即著名的麦·喜饶桑布，是宗喀巴大师弟子中著名的“边远护持圣教六大旗手”之一。关于其生卒年，不同文献记载亦有不同，比如生年就有1387、1395年等说法。

〔32〕原文做“སེ་དགེ”即德格，疑有误，按《东噶藏学大辞典》，应为“སྡེ་དགེ”。

〔33〕按照《昌都强巴林寺及历代帕巴拉传略》的记载，8个修行院分属于5个扎仓，分别为：桑堆和堆廓修行院属于林堆扎仓，节多和衮日修行院属于努林扎仓，德巧和廓钦修行院属于林麦扎仓，晋协修行院属于库秀扎仓，策巴修行院属于江热扎仓。见江参等编著，扎雅·洛桑普赤译：《昌都强巴林寺及历代帕巴拉传略》，北京：中国藏学出版社，2010年，第8页。

〔34〕出任法台的时间为藏历土虎年，即公元1458年，见江参等编著，扎雅·洛桑普赤译：《昌都强巴林寺及历代帕巴拉传略》，北京：中国藏学出版社，2010年，第53页。

〔35〕出任法台的时间为藏历水羊年，即公元1463年，见江参等编著，扎雅·洛桑普赤译：《昌都强巴林寺及历代帕巴拉传略》，北京：中国藏学出版社，2010年，第53页。

〔36〕出任法台的时间为藏历铁兔年，即公元1471年，见江参等编著，扎雅·洛桑普赤译：《昌都强巴林寺及历代帕巴拉传略》，北京：中国藏学出版社，2010年，第53页。

〔37〕出任法台的时间为藏历火兔年，即公元1507年，见江参等编著，扎雅·洛桑普赤译：《昌都强巴林寺及历代帕巴拉传略》，北京：中国藏学出版社，2010年，第53页。

〔38〕出任法台的时间为藏历土兔年，即公元1519年，见江参等编著，扎雅·洛桑普赤译：《昌都强巴林寺及历代帕巴拉传略》，北京：中国藏学出版社，2010年，第53页。

〔39〕出任法台的时间为藏历水兔年，即公元1543年，见江参等编著，扎雅·洛桑普赤译：《昌都强巴林寺及历代帕巴拉传略》，北京：中国藏学出版社，2010年，第53页。

〔40〕出任法台的时间为藏历木蛇年，即公元1545年，见江参等编著，扎雅·洛桑普赤译：《昌都强巴林寺及历代帕巴拉传略》，北京：中国藏学出版社，2010年，第53页。《藏汉大辞典》记为火马年即1546年。

〔41〕出任法台的时间为藏历水牛年，即公元1553年，见江参等编著，扎雅·洛桑普赤译：《昌都强巴林寺及历代帕巴拉传略》，北京：中国藏学出版社，2010年，第53页。

〔42〕出任法台的时间为藏历铁猴年，即公元1560年，见江参等编著，扎雅·洛桑普赤译：《昌都强巴林寺及历代帕巴拉传略》，北京：中国藏学出版社，2010

年，第53页。

〔43〕又做“绛央喜念”（འཇམ་དབྱངས་བཤེས་གཉེན）或“强巴喜念”（བྱམས་པ་བཤེས་གཉེན），出任法台的时间为藏历火虎年，即公元1566年，见江参等编著，扎雅·洛桑普赤译：《昌都强巴林寺及历代帕巴拉传略》，北京：中国藏学出版社，2010年，第53页。

〔44〕即二世济咙活佛，出任法台的时间为藏历铁龙年，即公元1580年，见江参等编著，扎雅·洛桑普赤译：《昌都强巴林寺及历代帕巴拉传略》，北京：中国藏学出版社，2010年，第53页。

〔45〕按照《昌都强巴林寺及历代帕巴拉传略》的记载，三世达赖喇嘛索南嘉措于藏历铁蛇年（1581年）出任强巴林寺第十三任法台。见江参等编著，扎雅·洛桑普赤译：《昌都强巴林寺及历代帕巴拉传略》，北京：中国藏学出版社，2010年，第54页。

〔46〕按照《昌都强巴林寺及历代帕巴拉传略》的记载，是年为藏历木龙年，即公元1604年，三世帕巴拉在前往工布调解纷争的途中圆寂。见江参等编著，扎雅·洛桑普赤译：《昌都强巴林寺及历代帕巴拉传略》，北京：中国藏学出版社，2010年，第82页。

〔47〕白利土司是明末清初康区地方势力之一，此处的白利土司即顿月多吉（བེ་རི་དོན་ཡོད་རྡོ་རྗེ）。顿月多吉任土司时期大致是在公元17世纪20—40年代，其间大肆扩张，崇奉苯教，对藏传佛教采取打压态度。

〔48〕《昌都强巴林寺及历代帕巴拉传略》记为“扎举圣地一称为‘果坡琼休’和‘当恰杜’的地方。”见江参等编著，扎雅·洛桑普赤译：《昌都强巴林寺及历代帕巴拉传略》，北京：中国藏学出版社，2010年，第87页。

〔49〕按照《昌都强巴林寺及历代帕巴拉传略》的记载，五世帕巴拉杰哇嘉措于藏历第十二饶迥水蛇年（1713年）十月二十日下午圆寂，享年70岁。《藏汉大辞典》记为水龙年，即1712年。见江参等编著，扎雅·洛桑普赤译：《昌都强巴林寺及历代帕巴拉传略》，北京：中国藏学出版社，2010年，第91—92页。

〔50〕按照《昌都强巴林寺及历代帕巴拉传略》的记载，六世帕巴拉出生于藏历第十二饶迥木马年（1714年），见江参等编著，扎雅·洛桑普赤译：《昌都强巴林寺及历代帕巴拉传略》，北京：中国藏学出版社，2010年，第92页。值得注意的是，本著中由于没有给出五世帕巴拉的圆寂年，故六世帕巴拉的出生年也不能明确，从而使之后的一些年代和事件出现了混淆。

〔51〕此处显然是受到对六世帕巴拉生年有不同认定的影响。《昌都强巴林寺及历代帕巴拉传略》此处作七世达赖喇嘛格桑嘉措，见江参等编著，扎雅·洛桑普

赤译：《昌都强巴林寺及历代帕巴拉传略》，北京：中国藏学出版社，2010 年，第 93 页。按该书记载，六世帕巴拉出生于公元 1714 年，七八岁当为 1720—1721 年，此时清朝已经承认格桑嘉措为六世达赖喇嘛，1720 年格桑嘉措随同平逆将军延信的军队从青海启程进藏，九月初抵达拉萨。而拉藏汗立阿旺意希嘉措为六世达赖喇嘛是在 1707 年，此后一直到 1720 年清军入藏被废，意希嘉措基本没有得到三大寺的认可。

〔52〕作者此处所记六世帕巴拉之事迹，疑似与七世帕巴拉混淆。六世帕巴拉曾因支应朝廷堪舆官员入藏而受嘉奖，按照《大清一统志》卷 413 的记载：“本朝康熙五十六年（1717 年），遣喇嘛楚儿沁藏布兰木占巴，理藩院主事胜住等，绘画西海西藏舆图，测量地形。”《昌都强巴林寺及历代帕巴拉传略》亦载：“藏历第十二饶迥土猪年（1719 年）前往藏地丈量冈底斯山的钦差官兵受昌都驿站的妥善接待。鉴于帕巴拉为皇上所做经忏佛事、为佛教众生积利等无量功德，皇上特赐‘额尔德尼诺门罕’之名号印信及诏书。”见江参等编著，扎雅·洛桑普赤译：《昌都强巴林寺及历代帕巴拉传略》，北京：中国藏学出版社，2010 年，第 97 页。按支应入藏进军平乱是在七世帕巴拉时期，当时清军两次进藏驱逐廓尔喀，帕巴拉积极为清军支应乌拉，受到清廷褒奖，乾隆皇帝将之前赐给帕巴拉的铜印换成银印，并为强巴林寺赐御笔“祝厘寺”匾额。

〔53〕按照《昌都强巴林寺及历代帕巴拉传略》的记载，六世帕巴拉圆寂于藏历第十三饶迥木狗年（1754 年），享年 41 岁。见江参等编著，扎雅·洛桑普赤译：《昌都强巴林寺及历代帕巴拉传略》，北京：中国藏学出版社，2010 年，第 102 页。

〔54〕喜桑帕巴格勒坚赞，出生于藏历第十二饶迥铁鼠年（1730 年），六世帕巴拉圆寂后继任昌都强巴林寺第二十二任法台。见江参等编著，扎雅·洛桑普赤译：《昌都强巴林寺及历代帕巴拉传略》，北京：中国藏学出版社，2010 年，第 54 页。

〔55〕即第七世曲杰阿旺活佛。

〔56〕即六世班禅罗桑班丹益希。

〔57〕即晋美班丹丹贝贡布贝桑布（འཇིགས་མེད་དཔལ་ལྡན་བསྟན་པའི་མགོན་པོ་དཔལ་བཟང་པོ།）。

〔58〕即拉萨。

〔59〕疑误，22 岁，当为火猴年，公元 1776 年。

〔60〕疑误，当为土猪年，公元 1779 年。

〔61〕八世帕巴拉当为藏传佛教历史上第一位经过金瓶掣签认定的大活佛。1793 年，清中央在驱逐廓尔喀后制定《钦定藏内善后章程二十九条》，章程第一条

便规定，认定活佛转世实行金瓶掣签制度。按照《八世达赖喇嘛传》的记载，藏历火龙年（1796年）为了认定昌都帕巴拉的转世灵童，迎请金奔巴瓶至萨松南杰寝殿并诵经，八月初一日，“佛爷和阁下达擦仁波切驾临会场，同时两位驻藏大臣也亲临现场。按照谕旨所示，将疑为其转世的所选三个幼童的生年月日名字分别写于金牌名签之上，放入瓶中，然后在宗喀巴大师像前诵经祈请，并向前世帕巴拉的护法神念诵真言，进行托请。随后摇动金奔巴瓶，掣出一签。签牌所示正是昌都所有贵贱人士都认为是其转世的灵童，也是各护法神授记所指认的理塘出生的幼童。”见第穆呼图克图·洛桑图丹晋麦嘉措著，冯智译：《八世达赖喇嘛传》，北京：中国藏学出版社，2006年，第226页。

第十七章　历辈喜瓦拉活佛

杰曹喜瓦拉（རྒྱལ་ཚབ་ཞི་བ་ལྷ）[1]之世系，有谓“化身本体文殊妙吉祥，化作印度大贤寂天师”。班丹却珠（དཔལ་ལྡན་མཆོག་གྲུབ）[2]为第一世（喜瓦拉活佛），温仲桑杰迥乃（དབོན་དྲུང་སངས་རྒྱས་འབྱུང་གནས）[3]为第二世，奔洛喜瓦桑布（དཔོན་སློབ་ཞི་བ་བཟང་པོ）[4]为第三世，喜桑贡玛帕巴格勒坚赞（ཞི་བཟང་གོང་མ་འཕགས་པ་དགེ་ལེགས་རྒྱལ་མཚན）[5]为第四世。其（四世喜瓦拉）转世为洛桑顿珠嘉措（བློ་བཟང་དོན་གྲུབ་རྒྱ་མཚོ）[6]。由于历辈喜瓦拉活佛长寿圆满，至今才传五世[7]。

注释

〔1〕喜瓦拉，意为寂天，通常指印度佛教高僧寂天。杰曹喜瓦拉为昌都强巴林寺主要活佛系统之一，到1959年共传七世。《昌都强巴林寺及历代帕巴拉传略》载，七世喜瓦拉阿旺钦绕于“公元1959年春前往拉萨参加帕巴拉之授名仪式，因当时正值叛乱之时，后下落不明”。见江参等编著，扎雅·洛桑普赤译：《昌都强巴林寺及历代帕巴拉传略》，北京：中国藏学出版社，2010年，第184页。

〔2〕一世喜瓦拉班丹却珠，藏历第八饶迥木狗年（1454年）出生于工布扎吉拉顶卡囊吉。他是帕巴拉及门弟子，在帕巴拉在世和圆寂后弘传佛法，广铸佛像，人称“帕巴拉第二”。藏历第九饶迥水羊年（1523年），班丹却珠圆寂于朵麦康区，享年70岁。参江参等编著，扎雅·洛桑普赤译：《昌都强巴林寺及历代帕巴拉传略》，北京：中国藏学出版社，2010年，第179页。

〔3〕二世喜瓦拉桑杰迥乃，藏历第九饶迥水兔年（1543年）出生于工布塔达。

二世帕巴拉圆寂时将其视为自己佛法善业之接续者并为之灌顶，在寻访迎请三世帕巴拉的过程中发挥了重要作用。藏历第十饶迥铁猴年（1620年）圆寂于强巴林寺，享年78岁。参江参等编著，扎雅·洛桑普赤译：《昌都强巴林寺及历代帕巴拉传略》，北京：中国藏学出版社，2010年，第180—181页。

〔4〕喜瓦桑布，藏历第十饶迥木牛年（1625年）出生于滚普。两个月时就被帕巴拉认定为喜瓦拉转世。一直在盘德寺学经、生活，直到18岁（1642年）方莅临昌都强巴林法座。藏历第十二饶迥火鸡年（1717年）圆寂，享年93岁。参江参等编著，扎雅·洛桑普赤译：《昌都强巴林寺及历代帕巴拉传略》，北京：中国藏学出版社，2010年，第181—182页。

〔5〕帕巴格勒坚赞，藏历第十二饶迥铁鼠年（1720年）出生于察雅。帕巴格勒坚赞在世时，正值皇上谕准遣使进贡，遂于乾隆二十五年首次遣使进贡。乾隆复帕巴拉之诏书谕："赏赉喜瓦拉呼图克图"，赐其呼图克图名号及礼品。藏历火鼠年，皇上降旨饬其代理帕巴拉任法台。七世达赖喇嘛亦同时赏赐方印、法幢、马旗、唢呐等。藏历第十三饶迥土羊年（1799年）圆寂，享年80岁。参江参等编著，扎雅·洛桑普赤译：《昌都强巴林寺及历代帕巴拉传略》，北京：中国藏学出版社，2010年，第182—183页。

〔6〕洛桑顿珠嘉措，藏历第十三饶迥铁猴年（1800年）出生于察雅旺卡，经大昭寺金瓶掣签后确认为第五世喜瓦拉活佛。公元1847年代理圆寂的八世帕巴拉摄理事务。藏历第十四饶迥水猪年（1863年）圆寂，享年64岁。参江参等编著，扎雅·洛桑普赤译：《昌都强巴林寺及历代帕巴拉传略》，北京：中国藏学出版社，2010年，第183页。

〔7〕本书成书年代在五世喜瓦拉洛桑顿珠嘉措在世期间，故有此说。

第十八章　历辈曲杰阿旺活佛

曲杰阿旺世系（ཆོས་རྗེ་ངག་དབང་པ）[1]，据说为密集金刚之化身。一世（曲杰阿旺）珠托阿旺贝却（གྲུབ་ཐོབ་ངག་དབང་དཔལ་མཆོག）、二世桑杰班觉（སངས་རྒྱས་དཔལ་འབྱོར）[2]、三世阿旺多杰增巴（ངག་དབང་རྡོ་རྗེ་འཛིན་པ）[3]、四世阿旺班觉（ངག་དབང་དཔལ་འབྱོར）[4]、五世阿旺赤列桑布（ངག་དབང་འཕྲིན་ལས་བཟང་པོ）[5]。六世阿旺丹增赤列伦珠（ངག་དབང་བསྟན་འཛིན་འཕྲིན་ལས་ལྷུན་གྲུབ）[6]，在（五世）帕巴拉杰哇嘉措圆寂后曾代摄政事务。（七世）甲热贡玛阿旺赤列贝桑（ལྕགས་ར་གོང་མ་ངག་དབང་འཕྲིན་ལས་དཔལ་བཟང）[7]，曾在（七世）帕巴拉（晋美班丹丹贝贡布）赴藏（学经）期间代为摄理事务。此前有几世（曲杰阿旺活佛）驻锡洛堆甲热寺（ཉི་སྟོད་ལྕགས་ར），此世（阿旺赤列贝桑）时将（甲热寺）法台（之位）奉献于七世帕巴拉，自新建大寝殿始，师徒三人曾聚一处。当前转世活佛为（八世）阿旺曲央旺久丹贝坚赞（ངག་དབང་ཆོས་དབྱིངས་དབང་ཕྱུག་བསྟན་པའི་རྒྱལ་མཚན）[8]也。

注释

〔1〕昌都主要活佛系统之一，即甲热活佛（ལྕགས་ར）系统。

〔2〕按照《昌都强巴林寺及历代帕巴拉传略》，桑杰班觉为一世甲热活佛，出生于藏历第十一饶迥土蛇年（1629 年），藏历第十二饶迥水羊年（1703 年）圆寂，享年 75 岁。见江参等编著，扎雅・洛桑普赤译：《昌都强巴林寺及历代帕巴拉传

略》，北京：中国藏学出版社，2010 年，第 184 页。

〔3〕按照《昌都强巴林寺及历代帕巴拉传略》，曲杰阿旺（阿旺多杰增巴）为二世甲热活佛，出生于藏历第十一饶迥木鸡年（1645 年），藏历第十二饶迥铁兔年（1711 年）圆寂，享年 67 岁。见江参等编著，扎雅・洛桑普赤译：《昌都强巴林寺及历代帕巴拉传略》，北京：中国藏学出版社，2010 年，第 184 页。

〔4〕按照《昌都强巴林寺及历代帕巴拉传略》，阿旺曲觉桑布（阿旺班觉）为三世甲热活佛，出生于藏历第十一饶迥木羊年（1655 年），藏历第十二饶迥火马年（1666 年）圆寂，享年 12 岁。见江参等编著，扎雅・洛桑普赤译：《昌都强巴林寺及历代帕巴拉传略》，北京：中国藏学出版社，2010 年，第 184—185 页。

〔5〕按照《昌都强巴林寺及历代帕巴拉传略》，阿旺赤列桑布为四世甲热活佛，出生于藏历第十一饶迥火羊年（1667 年），藏历第十二饶迥火羊年（1727 年）圆寂，享年 61 岁。见江参等编著，扎雅・洛桑普赤译：《昌都强巴林寺及历代帕巴拉传略》，北京：中国藏学出版社，2010 年，第 185 页。

〔6〕按照《昌都强巴林寺及历代帕巴拉传略》，阿旺丹增伦珠（阿旺丹增赤列伦珠）为五世甲热活佛，出生于藏历第十一饶迥铁猪年（1671 年），藏历第十二饶迥火羊年（1727 年）圆寂，享年 56 岁。见江参等编著，扎雅・洛桑普赤译：《昌都强巴林寺及历代帕巴拉传略》，北京：中国藏学出版社，2010 年，第 185 页。

〔7〕按照《昌都强巴林寺及历代帕巴拉传略》，阿旺赤列贝桑为六世甲热活佛，出生于藏历第十二饶迥铁狗年（1730 年），藏历第十三饶迥木虎年（1794 年）圆寂，享年 65 岁。七世达赖喇嘛曾封其为丹曲廓常务堪布，赐“额尔德尼班智达”名号，乾隆皇帝赏赐其“甲热呼图克图”名号及印信、礼品。乾隆二十八年遣使入贡，皇上回赐诏书礼品。嗣后，帕巴拉每遣拜谒人员，其亦同呈贡礼。见江参等编著，扎雅・洛桑普赤译：《昌都强巴林寺及历代帕巴拉传略》，北京：中国藏学出版社，2010 年，第 185 页。

〔8〕按照《昌都强巴林寺及历代帕巴拉传略》，阿旺曲吉旺久（阿旺曲央旺久丹贝坚赞）为七世甲热活佛，出生于藏历第十三饶迥火龙年（1796 年，书中此处将藏历写作“藏历第十一饶迥木龙年”，疑误），藏历第十四饶迥铁猴年（1860 年）圆寂，享年 65 岁。见江参等编著，扎雅・洛桑普赤译：《昌都强巴林寺及历代帕巴拉传略》，北京：中国藏学出版社，2010 年，第 185—186 页。

第十九章　历辈贡多活佛

贡多仁波切（དཀོན་རྡོར་རིན་པོ་ཆེ）[1]，据说为大贤释迦拉旺（ཤཱཀྱ་ལྷ་དབང）之转世。帕温贡却多杰（འཕགས་དབོན་དཀོན་མཆོག་རྡོ་རྗེ）[2]，或大善知识洛桑朗杰（བློ་བཟང་རྣམ་རྒྱལ）为第一世。当前之转世活佛洛桑乔列朗杰（བློ་བཟང་ཕྱོགས་ལས་རྣམ་རྒྱལ）[3]为二世。当前之转世活佛洛桑乔列朗杰（བློ་བཟང་ཕྱོགས་ལས་རྣམ་རྒྱལ）[4]为三世。

注释

〔1〕昌都主要活佛系统之一。

〔2〕贡却多杰，藏历第十饶迥火狗年（1586 年）出生于工布，曾担任工布盘德寺法王。藏历第十一饶迥木羊年（1655 年）圆寂，享年 70 岁。见江参等编著，扎雅·洛桑普赤译：《昌都强巴林寺及历代帕巴拉传略》，北京：中国藏学出版社，2010 年，第 187 页。

〔3〕此句显然与下一句重合，《西藏史籍五部》此处亦作注："此处两句疑重复"（第 363 页）。按照《昌都强巴林寺及历代帕巴拉传略》的记载，二世贡多活佛名洛桑旺久（བློ་བཟང་དབང་ཕྱུག），藏历第十二饶迥土蛇年（1689 年）出生于囊钦，藏历第十三饶迥土虎年（1758 年）圆寂，享年 70 岁。见江参等编著，扎雅·洛桑普赤译：《昌都强巴林寺及历代帕巴拉传略》，北京：中国藏学出版社，2010 年，第 187 页。

〔4〕洛桑乔列朗杰，藏历第十三饶迥水马年（1762 年）出生于囊钦，藏历第十四饶迥土猪年（1839 年）圆寂，享年 70 岁（按其圆寂于土猪年即 1839 年算，享年 70 岁有误，故此句中的卒年和享年必有一误）。见江参等编著，扎雅·洛桑普赤译：《昌都强巴林寺及历代帕巴拉传略》，北京：中国藏学出版社，2010 年，第 187 页。

第二十章 历辈嘉日活佛

嘉日活佛（རྒྱ་ར་མཆོག་སྤྲུལ）[1]，出生于琼布达雪（ཁྱུང་པོ་ཏ་ཤོད）之多丹喜饶平措（རྟོག་ལྡན་ཤེས་རབ་ཕུན་ཚོགས）[2]（为一世嘉日活佛），其七岁时珠古塘寺（གྲུ་གུ་ཐང）建成。（第二世嘉日活佛为）出生于工布之喜饶桑杰意希（ཤེས་རབ་སངས་རྒྱས་ཡེ་ཤེས）[3]，又名嘉日桑杰意希（རྒྱ་ར་སངས་རྒྱས་ཡེ་ཤེས）。三世（嘉日活佛）为（五世）帕巴拉杰哇嘉措之弟洛桑平措朗杰（བློ་བཟང་ཕུན་ཚོགས་རྣམ་རྒྱལ）[4]。四世（嘉日活佛）为出生于察雅之班丹丹巴（དཔལ་ལྡན་བསྟན་པ）[5]。五世（嘉日活佛）为格勒丹贝坚赞（དགེ་ལེགས་བསྟན་པའི་རྒྱལ་མཚན）[6]。

注释

〔1〕昌都主要活佛系统之一。

〔2〕喜饶平措，为一世嘉日活佛。《昌都强巴林寺及历代帕巴拉传略》记其“藏历水猴年圆寂，享年六十六岁”。见江参等编著，扎雅·洛桑普赤译：《昌都强巴林寺及历代帕巴拉传略》，北京：中国藏学出版社，2010年，第188页。由于缺少具体饶迥，因此无法断定此处的水猴年具体为公元哪一年。《昌都强巴林寺及历代帕巴拉传略》除了最后一辈即第八世之生年外，之前历辈嘉日活佛的生卒年都缺具体公元，经过推算，书中藏历年数中的五行搭配略有散乱，因故无法确认。下表为译者尝试从仅有的八世嘉日活佛生年，依次倒推之前历辈活佛的生卒公元年，难免有误，仅供参考。

序	姓名	寿	原文藏历生年	推测藏历生年	原文藏历卒年	推测藏历卒年
一世	喜饶平措	66	（缺）	第十饶迥土兔年，即1579年	水猴年	第十一饶迥木猴年，即1644年
二世	喜饶桑杰意希	11	木狗年	第十一饶迥火狗年，即1646年	木猴年	第十一饶迥火猴年，即1656年
三世	洛桑平措朗杰	31	火狗年	第十一饶迥土狗年，即1658年	火龙年	第十二饶迥土龙年，即1688年
四世	洛桑丹增赤列（班丹丹巴）	51	（缺）	第十二饶迥水鸡年，即1693年	铁猪年	第十二饶迥水猪年，即1743年
五世	格桑却扎班丹（格勒丹贝坚赞）	58	木虎年	第十二饶迥火虎年，即1746年	铁猪年	第十三饶迥水猪年，即1803年
六世	洛桑群培	15	水鼠年	第十三饶迥木鼠年，即1804年	铁牛年	第十四饶迥火牛年，即1817年
七世	帕却土登晋美曲吉旺布	72	水虎年	第十四饶迥土虎年，即1818年	水牛年	第十五饶迥土牛年，即1889年
八世	洛桑丹增曲吉旺久		木马年。将该年确定为第十五饶迥木马年（1894年），以上由此逆推。			

〔3〕喜饶桑杰意希，为二世嘉日活佛。《昌都强巴林寺及历代帕巴拉传略》记二世嘉日活佛藏历木狗年生于工布，木猴年圆寂，享年11岁。未记其名。见江参等编著，扎雅·洛桑普赤译：《昌都强巴林寺及历代帕巴拉传略》，北京：中国藏学出版社，2010年，第189页。

〔4〕洛桑平措朗杰，为三世嘉日活佛。《昌都强巴林寺及历代帕巴拉传略》记其藏历火狗年生于昌都杂举，火龙年圆寂，享年31岁。见江参等编著，扎雅·洛桑普赤译：《昌都强巴林寺及历代帕巴拉传略》，北京：中国藏学出版社，2010年，第189页。

〔5〕班丹丹巴，为四世嘉日活佛。《昌都强巴林寺及历代帕巴拉传略》记其名为洛桑丹增赤列，生于察雅朗荣，铁猪年圆寂，享年51岁。未记生年，见江参等编著，扎雅·洛桑普赤译：《昌都强巴林寺及历代帕巴拉传略》，北京：中国藏学出版社，2010年，第189页。

〔6〕格勒丹贝坚赞，为五世嘉日活佛。《昌都强巴林寺及历代帕巴拉传略》记其名为格桑却扎班丹，生于昌都达塞，铁猪年圆寂，享年58岁。见江参等编著，扎雅·洛桑普赤译：《昌都强巴林寺及历代帕巴拉传略》，北京：中国藏学出版社，2010年，第189页。

第二十一章　八宿济咙活佛世系

且简略述说八宿济咙活佛世系（དཔའ་བོད་རྗེ་དྲུང་རིན་པོ་ཆེའི་གདན་རབས）[1]及驻锡寺院之历史。（济咙活佛）详细之转生，有圣薄伽梵之子罗睺罗（སྒྲ་གཅན་འཛིན）等印藏班智达、成就者和一系列王臣大德世系长矣，此处不赘。然以通常所说，（一世济咙活佛为）“文殊藏巴七系”（འཇམ་དབྱངས་གཙང་པ་བདུན་རྒྱུད）[2]之五帕索·曲吉坚赞（བ་སོ་ཆོས་ཀྱི་རྒྱལ་མཚན）。（帕索）出生于后藏拉堆绛（ལ་སྟོད་བྱང），其父扎西贝桑（བཀྲ་ཤིས་དཔལ་བཟང）和母仲却杰姆（མགྲོན་མཆོག་རྒྱལ་མོ）育有两子，长子为克珠杰（མཁས་གྲུབ་རྗེ）[3]，次子即为此大德，于第六饶迥水马年（1342 年）出生。[4]（帕索·曲吉坚赞）先后师从宗喀巴大师和（兄）克珠杰勤习佛教经典，终成一代大德。（其后）因在后藏绒隆帕索（རོང་ལྷན་བ་སོ）地方静修而生甚深乐空禅定，故得名帕索法王（བ་སོ་ཆོས་རྗེ）。六十二岁时出任甘丹赤巴（དགའ་ལྡན་ཁྲི་པ）[5]，造狮子吼大佛像，著述颇多。有乃宁贡噶德勒（གནས་རྙིང་ཀུན་དགའ་བདེ་ལེགས）等诸多贤德弟子，将讲授和修持融汇合一，弘扬佛法。七十二岁即水蛇年往生奇异稀有净土，[6]银质尊胜灵塔供于灵塔殿左侧第二位。[7]

其后之转世为（二世济咙活佛）帕温拉加（འཕགས་དབོན་ལྷ་སྐྱབས）[8]，为古觉巴次子绛央宣努（འཇམ་དབྱངས་གཞོན་ནུ）之子。（帕温拉加）曾拜协俄帕巴拉仁波切等为师学经，习得其全部教法与耳传，听受绛央噶洛（འཇམ་དབྱངས་དགའ་བློ）等师讲授经典广论。三十五岁时不幸染疾，后伴种种奇异瑞相逝往极乐净土。

之后为（三世济咙活佛）李域曲杰（ལི་ཡུལ་ཆོས་རྒྱལ）。关于李域（ལི་ཡུལ），向来众说纷纭，[9]然其具体地望，在唐三藏所著，公贡布加翻译之《大唐西域记》中认定为瞿萨旦那国（ཀུ་ས་ད་ན）[10]，与当前吾等常说之边陲绒域（ཀླ་ཀློའི་རུམ་ཡུལ）的疆域基本一致也。彼处时有诸多小邦，此法王出生于其中一个强盛富庶、佛法兴盛之小邦。（李域曲杰）其相貌俊俏、天资聪慧，孝敬父母、礼佛向善，博学多闻、精通技艺，修密乘道果获双运之神圣果位也。

（四世济咙活佛）杰拉旺曲吉杰布（རྗེ་ལྷ་དབང་ཆོས་ཀྱི་རྒྱལ་པོ）[11]，于藏历第九饶迥火鸡年（1537 年）出生于广袤藏土之昌都上部秀普（ཤུག་ཕུག）地方，其父为咒师贡却杰布（དཀོན་མཆོག་རྒྱལ་པོ），母阿斯（ཨ་སྲིད）。且说（二世帕巴拉活佛）协俄大教主帕巴桑杰（འཕགས་པ་སངས་རྒྱས）驻锡藏姜之地时[12]，即预言此子（拉旺曲吉杰布）必为自己弟子中之翘楚也。如此，父母按上师之命，让其十三岁时在协俄仁波切（帕巴桑杰）座前剃度、受沙弥戒。因符合此前之预言，遂赐法名拉旺曲吉坚赞（ལྷ་དབང་ཆོས་ཀྱི་རྒྱལ་མཚན）。（拉旺曲吉坚赞）在此尊者上师（二世帕巴拉）座前听受诸多教法灌顶，后赴卫地广闻、勤修浩瀚大洋般之教法理论，习得圆满。先后于（三世）达赖喇嘛索南嘉措、克珠旦达巴（མཁས་གྲུབ་བསྟན་དར་བ）、曲杰德勒尼玛（ཆོས་རྗེ་བདེ་ལེགས་ཉི་མ།）等大德座前听法，游学辩经获得（格西）学位。三十岁返回康区，驻锡达察伦珠德庆寺（རྟ་ཚག་ལྷུན་གྲུབ་བདེ་ཆེན）[13]精心修持。四十九岁时出任朵康大地唯一庄严具吉祥昌都（强巴林）寺法台，广转深广法轮。雪山大怙主（三世）达赖喇嘛索南嘉措远赴蒙古途中，（拉旺曲吉坚赞）曾迎请其到昌都（强巴林）驻锡较长时间。后为（三世）帕巴拉通哇顿丹授近圆戒，传授全部显密教法，并将法台传于（三世帕巴拉通哇顿丹），法王自己仍往恰普多阿塔杰林（བྱ་ཕུད་མདོ་སྔགས་དར་རྒྱས）及达察寺（རྟ་ཚག）等地静心修持。六十八岁[14]时指示转生之语，之后色身凝于寂净虚空矣。

其（拉旺曲吉杰布之）转世为（五世济咙活佛）阿旺曲吉旺久

（ངག་དབང་ཆོས་ཀྱི་དབང་ཕྱུག）[15]，按前世（拉旺曲吉杰布）“（转世）必将降生于本楚宗巴（སྤུན་དྲུག་རྫོང་པ）或协扎郭巴（བཤད་སྒྲ་འགོ་པ）之一族”所示，其父为第悉内邬栋巴司膳官之后裔本顿珠（དཔོན་དོན་གྲུབ），母为索南嘉措侄女诺增（ནོར་འཛིན）。（五世济咙）五岁时受到康区迎请（坐床），于（四世）达赖喇嘛云丹嘉措座前剃度出家，赐法名阿旺曲吉旺久丹贝坚赞（ངག་དབང་ཆོས་ཀྱི་དབང་ཕྱུག་བསྟན་པའི་རྒྱལ་མཚན）。（其后）于哲蚌寺闻思教法，从（四世）达赖喇嘛尊者和诸位经师处听受教法灌顶多部。之后回到达察伦珠德庆寺，（四世）协俄帕巴拉活佛和（三世）第穆活佛等为五世济咙授诸多正法善果，授受圆满。后在（四世）班禅曲吉坚赞（པཎ་ཆེན་ཆོས་ཀྱི་རྒྱལ་མཚན）座前受具足戒，听受大手印等诸多与众不同之甚深佛法。与协擦第巴朗杰扎西（བཞད་ཚ་སྡེ་པ་རྣམ་རྒྱལ་བཀྲ་ཤིས）[16]结为福田施主，将此前康区素有“噶托郭夏等五寺”（ཀ་ཐོ་སྒོ་ཤར་སོགས་དགོན་ལྔ）之称的五座寺院合五为一，于藏历第十一饶迥水羊年（1643 年）在当前寺址主持堪舆建寺，担任堪布，（四世）班禅仁波切赐寺名“甘丹协珠林”（དགའ་ལྡན་བཤད་སྒྲུབ་གླིང）[17]。于恰普等地继承前世（济咙活佛之）法座，广兴善业。三十七岁时因他故而圆寂。[18]

之后为（六世济咙活佛）贡却尼玛（དཀོན་མཆོག་ཉི་མ），（藏历第十一饶迥）水蛇年（1653 年）出生于波密帕里恰噶（བ་ལི་ཆབ་དཀར）地方，父本阿聂（ཨ་སྙོད），母次旺措（ཚེ་དབང་མཚོ）。因其能清楚记忆前世（活佛）居所，又有护法和上师等之明示，故于四岁时被前世活佛之近侍等迎请至新殿扎西饶丹（མཁར་གསར་བཀྲ་ཤིས་རབ་བརྟན）。十一岁时到卫地，在（五世）达赖喇嘛一切智洛桑嘉措座前剃度出家，受沙弥戒，赐法名阿旺贡却丹贝尼玛（ངག་དབང་དཀོན་མཆོག་བསྟན་པའི་ཉི་མ），并听受所请教法若干。后遵（五世达赖喇嘛）“常驻（本）寺为善”之令，返回康区并广集献供法会。在昌都从阿旺巴（ངག་དབང་པ）处听受协俄（帕巴拉）之甚深教法后，于猴年（1668 年）再赴卫地，入色拉寺杰凯莽扎仓，广学经论，精修佛法。木虎年（1674 年）参加拉萨祈愿大法会辩经。在（五世）达赖喇嘛尊者座前受具足戒[19]，并接受多部灌顶。（六世济咙）本意继续（于卫地）精修大小明处，然康区僧众再三恳请回归，遂向（五世）达赖喇嘛请辞，允假三年。达赖喇嘛赏赐（六世济咙）甘丹桑珠林（དགའ་ལྡན་བསམ་གྲུབ་གླིང）[20]三依供养，以及八部壮年差民组成之八百余户属民为其庄园，同时赏赐尊享华盖等显赫褒奖，以此返回康区。（之后）依次途经前辈（活佛）诸寺直至八宿，驻锡（八宿）寺院并敬献大量供奉。

关于八宿寺之概况，法王宗喀巴大师（弟子中）“边远护持圣教六大旗手”（བསྟན་པ་ཕྱོགས་མཐར་སྤེལ་བའི་དར་ཆེན་དྲུག）[21]之一洛巴・坚赞森格（སྟོ་པ་རྒྱལ་མཚན་སེང་གེ）在康区建珠寺（འབྲུག་དགོན），后来其（洛巴・坚赞森格）侄班觉桑布（དཔལ་འབྱོར་བཟང་པོ）将寺院迁至现寺址，得名甘丹桑珠林，亦称桑珠德庆林（བསམ་གྲུབ་བདེ་ཆེན་གླིང）。寺院住持世系为：扎西班旦（བཀྲ་ཤིས་དཔལ་ལྡན）、索朗唯色（བསོད་ནམས་འོད་ཟེར）、楚臣杰哇（ཚུལ་ཁྲིམས་རྒྱལ་བ）、楚臣森格（ཚུལ་ཁྲིམས་སེང་གེ）、贡却仁钦（དཀོན་མཆོག་རིན་ཆེན）、索朗仁钦（བསོད་ནམས་རིན་ཆེན）、贡却迥乃（དཀོན་མཆོག་འབྱུང་གནས）、楚哲巴（ཚུལ་བཀྲས་པ）、罗追索朗（བློ་གྲོས་བསོད་ནམས）、绛央列巴（འཇམ་དབྱངས་ལེགས་པ）、喜饶班旦（ཤེས་རབ་དཔལ་ལྡན）、南喀桑布（ནམ་མཁའ་བཟང་པོ）、云丹桑布（ཡོན་ཏན་བཟང་པོ）、班觉伦珠（དཔལ་འབྱོར་ལྷུན་གྲུབ）、赤列扎巴（འཕྲིན་ལས་གྲགས་པ）、根敦楚臣（དགེ་འདུན་ཚུལ་ཁྲིམས）、贡却班觉（དཀོན་མཆོག་དཔལ་འབྱོར）、喜饶旺久（ཤེས་རབ་དབང་ཕྱུག）、贡噶索朗（ཀུན་དགའ་བསོད་ནམས）、仁钦罗追（རིན་ཆེན་བློ་གྲོས）、扎西嘉措（བཀྲ་ཤིས་རྒྱ་མཚོ）、喜饶扎西（ཤེས་རབ་བཀྲ་ཤིས）、沃卡・曲吉坚赞（འོལ་ཁ་ཆོས་ཀྱི་རྒྱལ་མཚན）、拉卡・喜饶坚赞（ལ་ཁ་ཤེས་རབ་རྒྱལ་མཚན）、洛桑赤列（བློ་བཟང་འཕྲིན་ལས）等历任阿阇梨。此前寺院堪布或名义寺主由帕巴拉担任，（帕巴拉）任命第穆乔列朗杰（དེ་མོ་ཕྱོགས་ལས་རྣམ་རྒྱལ）[22]为（八宿）寺院代理法座。之后在第穆活佛拉旺丹贝坚赞（དེ་སྤྲུལ་ལྷ་དབང་བསྟན་པའི་རྒྱལ་མཚན）[23]时期，因其属下内部不睦，遂在其后几年由（甘丹颇章）地方政府管理，直到（此时将八宿寺）赐于此世（济咙）活佛也。

（六世济咙活佛）此后再赴卫地，向达赖喇嘛敬献身语意三依、马百匹、骡三十只、金银、茶叶和绸缎等大量供养作为供敬。之后继续闻思十明之学，听受超乎想象之显密经要，如此（驻拉萨）几年。此后应青海湖周边大蒙古信力自在博硕克图汗（བོ་ཤོག་ཐུ་རྒྱལ་པོ）[24]之请，于三十岁时重返康区，驻锡上下诸寺。木鼠年（1684年）经北路至青海湖边与人主（蒙古汗王）会面[25]，向（汗王）传授相关佛法灌顶，使几十万信众皈依（佛教）。（六世济咙）在此地（传法）七年余，后欲返回卫地之时，又奉命代表达赖喇嘛前去居中调停喀尔喀与厄鲁特（准噶尔）之争，遂紧急赶往（博硕克图汗）王处，经过调伏使诸人恶意归寂、争斗得解。[26]调解功成之后，被大皇帝召请入京，恭敬有加并盛情款待，赐银印、银册以为嘉奖。不久，复由青海，经康区北路中段再到拉萨，拜见雄萨仁波切[27]，向色拉、哲蚌等寺僧众熬茶布施。后返康区，以政教两道满足上下寺院僧俗学法之需，新建精美殊胜之寝殿甘丹朗杰（གཞིམ་ཁང་དགའ་ལྡན་རྣམ་རྒྱལ）。此后又遵皇帝圣旨远赴汉蒙大地广行佛法事业，最后于当地圆寂。[28]皇帝和诸僧徒众（为其）举办追荐法事，灵塔立于安多塔尔寺。

之后的（七世济咙活佛）洛桑班丹坚赞贝桑布（བློ་བཟང་དཔལ་ལྡན་རྒྱལ་མཚན་དཔལ་བཟང་པོ），出生于朵康之地类乌齐吉域拉喀（ལྷི་ཡུལ་ལ་ཁ）地方。其父扎西曲加（བཀྲ་ཤིས་ཆོས་སྐྱབས）和母贡玛（མགོན་མ）共育有子女六人，长子温布旺扎多杰（དཔོན་པོ་དབང་དྲག་རྡོ་རྗེ）；之下为温姆（དཔོན་མོ）；之下为朗然巴（སྣང་རས་པ）转世；之下为此尊者；之下为意希格桑（ཡེ་ཤེས་སྐལ་བཟང），曾一度被传为帕巴拉尊者之转世；幼弟为冉热噶玛贡却活佛（རག་ར་ཀཛ་དཀོན་མཆོག་སྤྲུལ་སྐུ），之后曾任法座。此（七世济咙）怙主尊者于（藏历第十二饶迥）土鼠年（1708年）出生，求示（五世）班禅仁波切和卜问大梵天（护法），结果一致为（前世）尊者毋庸置疑之转世灵童，且诸多辨识和认定过程清晰无误，遂于五岁即水龙年（1712年）在八宿寺坐床，开始习文练字。十二岁时入（拉萨）哲蚌寺扎西郭莽扎仓（འབྲས་སྤུངས་བཀྲ་ཤིས་སྒོ་མང）

学习经论。于觉木隆寺（སྐྱོར་མོ་ལུང）修白文殊仪轨。赴后藏，于（五世）班禅洛桑意希（པཎ་ཆེན་བློ་བཟང་ཡེ་ཤེས）座前受沙弥戒，赐法名洛桑班丹旦贝坚赞（བློ་བཟང་དཔལ་ལྡན་བསྟན་པའི་རྒྱལ་མཚན）。（七世）达赖喇嘛格桑嘉措（བསྐལ་བཟང་རྒྱ་མཚོ）自朵麦前来布达拉宫之时，（七世济咙）曾前往迎请致礼[29]。从持金刚上师顿月克珠（རྡོ་རྗེ་འཆང་དོན་ཡོད་མཁས་གྲུབ），以及洛桑金巴（བློ་བཟང་སྦྱིན་པ）等上师处，受诸多显密灌顶和秘密要门。

（七世济咙于）土猴年（1728 年）护送（七世）达赖喇嘛尊者到下部康区时，在八宿寺驻锡三年左右。二十四岁铁猪年（1731 年）再次进藏，受到郡王（མི་དབང་ཆེན་པོ）[30]大人厚待。在（五世）遍照班禅仁波切座前受近圆戒。郡王大人奉献诸多原来之庄园、属民为供养。此外，之前（六世济咙）贡却尼玛时期曾受赠朗然巴（སྒང་རམ་པ）之寺贾桑巴（ཕྱུགས་ཟམ་པའི་སྡེ）等，在（六世济咙）贡却尼玛圆寂后被（甘丹颇章）政府收回，后由拉藏汗（ལྷ་བཟང་ཁང）赐予囊钦杰喇（ནང་ཆེན་རྒྱལ་བླ），此时亦由（郡王颇罗鼐）重新归赐旧主，（如此）共计新赐寺庙庄园属民超五百户。为了清点所受庄园与属民之事，（七世济咙）专赴康区，执掌各主属寺政教事业，广转法轮。

其后（七世济咙）再赴卫地，在（七世）达赖喇嘛从泰宁（མགར་ཐར）返藏[31]时前往迎接、拜见，与达赖喇嘛心意相通。此时拜会章嘉仁波切（ལྕང་སྐྱ་རིན་པོ་ཆེ）[32]，于达赖喇嘛座前共同接受大威德灌顶[33]。（七世济咙到拉萨后又）前往（后藏）参加祈祷班禅大师长寿仪轨活动，返回时班禅大师赐其能仁王佛像、道次第经卷、尖顶僧冠等，嘱其“当为法主”。火猴年[34]章嘉仁波切（返京）面圣时，（七世济咙与其）结伴返回，至硕督寺（ཤོ་མདོ）。硕督寺此前为（甘丹颇章）地方政府所属，在此前后，被达赖喇嘛福田施主赐予（七世济咙）。（七世济咙）此后数十年在康区广施无数利益有情之法，也曾前赴昌都，拜会（六世）帕巴拉尊者晋美丹贝嘉措（འཕགས་མཆོག་འཇིགས་མེད་བསྟན་པའི་རྒྱ་མཚོ།），任（强巴林寺）法台。（此后）

又迎请帕巴拉仁波切到八宿寺会面。

火兔年（1747年），（七世济咙）四十岁时，达赖喇嘛遵照大皇帝圣旨，要其前往（京城）觐见皇帝。[35]（七世济咙）尽管向达赖喇嘛福田施主告假推辞，但（达赖喇嘛和地方）政府指出此行必有善果，务必前往为佳，不得推脱。于是决定遵命前往（北京）。（其后）在（七世）达赖喇嘛座前听受宗喀巴大师全集教授，求班禅转世灵童班丹意希（དཔལ་ལྡན་ཡེ་ཤེས）[36]赐予皈依摸顶。（之后）返回康区，为八宿（寺）为代表之各寺学僧广传教言，特别将所有政教重任，托付于胞弟阿旺丹巴培杰（གཙུང་ངག་དབང་བསྟན་པ་འཕེལ་རྒྱས）。土龙年（1748年）四十一岁时，因前往大国度[37]之际需向达赖喇嘛尊者辞行并接受教诲，（七世济咙又）到藏地，福田施主赐其大量随行供赏。

（此后七世济咙一行依次）沿北路进发，至凉城（ལིང་མཁར）时有大臣率马队前来迎接[38]。（之后）皇帝所派迎客侍卫官员到来，（七世济咙与其）一同随行。不久到达金色大国度（གསེར་གྱི་རྒྱལ་ཁབ་ཆེན་པོ）[39]，觐见法王大皇帝后，亲切交谈，福田施主交心甚深。之后奉皇帝圣旨任雍和宫（ཡུང་ཧོ་དགོན་གསར）或称净土兜率天（དགའ་ལྡན་བྱིན་ཆགས་གླིང）之堪布，广兴黄帽教法，此地达官贵人、僧俗群众皆生崇敬心，共沐法雨。皇帝赐其（七世济咙）“慧通禅师”（ཡེ་ཤེས་ཡོངས་རྫོགས་བསམ་གཏན་མཁན་པོ）册印、黄色案几、黄色马缰等物以示宠敬[40]。其间（七世济咙）往西藏献大量供奉等，善业功德极为广大。

为度诸多以相为执者早入法门，（七世济咙）于五十一岁土虎年（1758年）渐显完成最终功德相。之前在藏时，由于饮食不良落下病根，（七世济咙）身体一直有恙，此时病情加重，水米不进。虽然举办多次福寿仪轨，皇帝亦派诸御医多方诊疗，但仍不见好转。藏历十月三十日凌晨，（七世济咙）命徒众聚集颂密集经，当颂至（其中的）“无物无修”（一句）时，光明法体寂入法界。（属下）随即（将圆寂之事）上奏皇帝，圣心悲痛异常，赐绸缎十五匹、马蹄银十五锭治丧，赐其（七世济咙）弟八宿寺法座（阿旺丹巴培杰）

札萨克头衔、金册，下旨令众僧节哀。（皇帝另外恩准活佛之）法体可请回西藏，命以八十头骡子辇驮至西宁。铁龙年（1760 年），强佐阿旺达杰（ཕྱག་མཛོད་ངག་དབང་དར་རྒྱས）迎回尊者法体宝及（大皇帝）赐予其弟之金印金册，座主与强佐在康藏各地举办多种超度仪轨。

此（七世济咙）活佛之转世即（八世济咙）洛桑丹贝贡布贝桑布（བློ་བཟང་བསྟན་པའི་མགོན་པོ་དཔལ་བཟང་པོ），正如前文西藏地方政权史部分已述那般，此辈济咙活佛曾主持西藏地方政务八年，其间处理政教事务皆合达赖喇嘛之意。为表其功，更鉴于其本寺供养属民条件欠佳，遂于土羊年（1799 年）札萨克丹增嘉措（ཇོ་སག་བསྟན་འཛིན་རྒྱ་མཚོ）时期，将东朵仲秀三翼（སྟོམ་རྡོ་གྲོང་ཤུག་གསུམ）、擦卓三部（ཚ་འགྲོང་ཁག་གསུམ）等多处属地转封于（八世济咙）以济其寺产。

此怙主（八世济咙）之当前转世活佛仁波切[41]，第十四饶迥铁羊年（1811 年）藏历十一月出生于朵康吉祥类乌齐附近之仲埃达（གྲོང་བརྗེས་མདའ），父卓贡（སྒྲོལ་མགོན），母桑珠措姆（བསམ་གྲུབ་མཚོ་མོ），属良善人家。诞生时吉兆频现，（又据）卫藏方面护法、上师授记，确认无误为摄政仁波切之转世。[42]以此上报于藏汉诸上师、官员，并经金瓶掣签认定。[43]九世达赖喇嘛（为九世济咙）赐法名为阿旺洛桑丹贝坚赞贝桑布（ངག་དབང་བློ་བཟང་བསྟན་པའི་རྒྱལ་མཚན་དཔལ་བཟང་པོ）。三岁水鸡年（1813 年）被正式认定，并向大皇帝禀告可为法主之请。当年八月一度迎请至擦瓦岗卓玛拉康（ཚ་སྣང་སྒྲོལ་མ་ལྷ་ཁང），在此驻锡七个月左右。之后于木狗年（1814 年）二月，九世济咙在本寺札萨克阿旺楚臣（ཇོ་སག་ངག་དབང་ཚུལ་ཁྲིམས）为首之主属寺院大小各级组织、三百骑迎接马队之隆重迎请开道下，正式入驻佛宫甘丹朗杰（བློ་བྲང་དགའ་ལྡན་རྣམ་རྒྱལ）。于良辰吉日，在以（九世）达赖喇嘛委派代表为首之公私（各方）要人（见证下，九世济咙）登上此前历辈（济咙）活佛政教二业之金座。在恰普硕督寺（བྱ་ཐུད་ཧོ་མདོ）广摆筵席几日。

此后不久，（九世济咙）开始习学拼读，吾等亦举行多次清源除障等仪轨。猪年（1815 年）札萨克阿旺楚臣圆寂。火鼠年（1816

年）地方政府委任佐钦意希饶丹（མཛོད་ཆེན་ཡེ་ཤེས་རབ་བརྟན）担任（强佐之）职。不久（九世济咙）准备前赴卫地事宜。火牛年（1817年）在寺院主持吉日法会，为诸僧登坛讲经。（其后）于四月逐步启程，（当地）公私各方皆奉献供养并做送往仪式。（九世济咙）六月初抵达圣地拉萨，在布达拉宫拜见丹吉林摄政仁波切（བསྟན་གླིང་རྒྱལ་ཚབ་རིན་པོ་ཆེ）〔44〕，复于第穆仁波切（དེ་མོ་རིན་པོ་ཆེ）座前剃度，于此勤于闻修几年。十岁铁龙年（1820 年）八月，入具吉祥哲蚌寺扎西郭莽扎仓（དཔལ་ལྡན་འབྲས་དཀར་སྤུངས་པའི་བཀྲ་ཤིས་སྒོ་མང་གི་ཆོས་གྲྭ），拜强孜曲杰（བྱང་རྩེ་ཆོས་རྗེ）等为师，听受五部大论等理论教授，当前正如上弦之月般为教法兴盛和利益有情而成长中。

注释

〔1〕即功德林活佛（ཀུན་བདེ་གླིང་སྤྲུལ་སྐུ），昌都著名活佛系统之一，后期曾为西藏地方政府摄政候选之四大林（གླིང་བཞི）之一。

〔2〕指宗喀巴圆寂后担任甘丹赤巴的 7 位来自后藏的高僧，前文已述。

〔3〕即第一世班禅。全名克珠格列贝桑（མཁས་གྲུབ་དགེ་ལེགས་དཔལ་བཟང），为宗喀巴心传弟子，与宗喀巴、贾曹杰合称“师徒三尊”（རྗེ་ཡབ་སྲས་གསུམ）。

〔4〕此出生年疑似有误。应为第七饶迥水马年，即公元 1402 年，见《东噶藏学大辞典》，北京：中国藏学出版社，2002 年，第 350 页。

〔5〕即藏历第八饶迥水羊年，公元 1463 年。在任 11 年。

〔6〕即藏历第八饶迥水蛇年，公元 1473 年。

〔7〕关于帕索·曲吉坚赞的灵塔，据相关记载，亦有骨灰分置之说，一在宗喀巴大师灵塔右侧之第三座灵塔，一在桑昂喀寺灵塔内。见谢廷杰等编著：《西藏昌都史地纲要》，拉萨：西藏人民出版社，2000 年，第 150 页。

〔8〕帕温拉加，即二世济咙活佛。所谓帕温，帕指一世帕巴拉，温即外甥或侄子。其名拉加，为一世帕巴拉之侄。

〔9〕李域，藏文为“ལི་ཡུལ”。古藏文文书中特指于阗，泛指西藏北部和西部的新疆和中亚地区，与汉文文献中的“西域”相近。

〔10〕原文似有误，按照公贡布加（工布查布）翻译的《大唐西域记》藏文原文，当为“ཀུ་ས་ད་ན།”，见（唐）玄奘、辩机著，公贡布加译，格桑格勒坚赞修订：《大唐西域记》（ཆེན་པོ་ཐང་གུར་དུས་ཀྱི་རྒྱ་གར་ཞིང་གི་བཀོད་པའི་དཀར་ཆག་བཞུགས་སོ།），北京：中国藏学出版社，2006 年，第 306—311 页。此处的“ཀུ་པ་ད་ན”显然将原文中的“ས”

误认成了“པ”。“གུ་ས་ད་ན”即瞿萨旦那国，指于阗。《大唐西域记》卷十二·二十二国记曰：“从此（即斫句迦国——引者注）而东，逾岭越谷，行八百余里，至瞿萨旦那国（唐言地乳，即其俗之雅言也。俗语谓之涣那国，匈奴谓之于遁，诸胡谓之豁旦，印度谓之屈丹。旧曰于阗，讹也）。瞿萨旦那国周，四千余里。沙碛太半，壤土隘狭。宜谷稼，多众果。出氍毹细毡，工纺绩絁紬，又产白玉、黳玉。气序和畅，飘风飞埃。俗知礼义，人性温恭。好学典艺，博达伎能。众庶富乐，编户安业。国尚乐音，人好歌舞。少服毛褐毡裘，多衣絁紬白氎。仪形有礼，风则有纪。文字宪章，聿遵印度，微改体势，粗有沿革。语异诸国，崇尚佛法。伽蓝百有余所，僧徒五千余人，并多习学大乘法教。”

〔11〕通常作拉旺曲吉坚赞（ལྷ་དབང་ཆོས་ཀྱི་རྒྱལ་མཚན）。实际上济咙活佛由此世开始转世制度，之前的三世皆为后来追认。

〔12〕指二世帕巴拉受丽江木土司邀请到云南传法之际。

〔13〕达察伦珠德庆寺在今昌都八宿县，为前几世济咙活佛的驻锡地，故济咙活佛又称为达察活佛。1796年，嘉庆帝为八世济咙在拉萨驻锡的寺院赐名“永安寺”，藏文为ཀུན་བདེ་གླིང（功德林），因此其后济咙达察活佛又被称为功德林活佛。

〔14〕当为藏历第十饶迥木龙年，公元1604年。

〔15〕相关文献记载其于藏历第十饶迥火马年（1606年）诞生在墨竹工卡本珠宗。见谢廷杰等编著：《西藏昌都史地纲要》，拉萨：西藏人民出版社，2000年，第151页。

〔16〕此人为四世班禅的主要施主。

〔17〕即硕督寺，在今西藏自治区昌都市洛隆县硕督镇。

〔18〕据此，五世济咙活佛享年37岁，圆寂之年当为1642年。但是按照《西藏昌都史地纲要》的记载，五世济咙活佛寿47岁，1652年圆寂。见谢廷杰等编著：《西藏昌都史地纲要》，拉萨：西藏人民出版社，2000年，第151页。

〔19〕按《西藏昌都史地纲要》，贡却尼玛于26岁火羊年（按照藏历饶迥算法，应为土羊年——引者）在五世达赖喇嘛座前受具足戒，见谢廷杰等编著：《西藏昌都史地纲要》，拉萨：西藏人民出版社，2000年，第152页。

〔20〕即八宿寺。

〔21〕即宗喀巴弟子中将格鲁派传播到阿里和朵康等地的6位高僧，分别为堆·喜饶森格（སྟོད་ཤེས་རབ་སེང་གེ）、麦·喜饶森格（སྨད་ཤེས་རབ་སེང་གེ）、古格·阿旺扎巴（གུ་གེ་ངག་དབང་གྲགས་པ）、洛巴·坚赞森格（ལྷོ་པ་རྒྱལ་མཚན་སེང་གེ）、喇嘛班旦喜饶（བླ་མ་དཔལ་ལྡན་ཤེས་རབ）、丹玛云丹贝瓦（ལྡན་མ་ཡོན་ཏན་དཔལ་བ）。

〔22〕即三世第穆呼图克图·拉旺巧列朗杰（1572—1630年）。

〔23〕即四世第穆呼图克图·拉旺丹贝坚赞（1631—1668年）。

〔24〕即噶尔丹（1644—1697年），厄鲁特蒙古准噶尔部首领巴图尔珲台吉第六子。噶尔丹本在拉萨出家为僧学习佛法，1670年，其兄僧格在内讧中被两个同父异母的弟弟杀害。在五世达赖喇嘛和第巴·桑结嘉措的特准下，噶尔丹“下高楼，释僧服”，日夜兼程赶回准噶尔部，不到几年时间就平定了内乱。其后，噶尔丹以“近攻计”为策略，先后击败楚琥尔乌巴什、鄂齐尔图车臣汗，1679年迫使吐鲁番、哈密臣服。同年，“以西域既定，诸国咸愿奉为汗。嘎尔旦乃请命达赖喇嘛，始行卜失克兔汗”。自瓦剌也先称汗后，噶尔丹成为两百多年来绰罗斯家族称汗的第一人。称汗后，噶尔丹加快对外扩张，1680年灭叶尔羌汗国，其后先后征伐哈萨克、诺盖、吉尔吉斯和费尔干，1688年进攻喀尔喀蒙古土谢图汗部，威逼北京。面对噶尔丹的步步紧逼，康熙帝三征噶尔丹，清军分别于1690年和1696年取得了乌兰布通和昭莫多战役的决定性胜利。之后，又经过几年的拉锯战，1697年，噶尔丹最终败亡，病死于败逃的路上。“博硕克图汗”是五世达赖喇嘛于1678年赠予噶尔丹的名号，之后他曾以博硕克图汗的名义遣使入贡，被清政府以“擅称汗号”为由断然拒绝。

〔25〕按《西藏昌都史地纲要》，济咙贡却尼玛于30岁之水狗年（1682年）启程，31岁水猪年（1683年）与噶尔丹会面。见谢廷杰等编著：《西藏昌都史地纲要》，拉萨：西藏人民出版社，2000年，第152页。

〔26〕此时五世达赖喇嘛已经圆寂，第巴·桑结嘉措匿丧不报，济咙受其派遣前往噶尔丹处。当时噶尔丹东征喀尔喀土谢图汗部，与清军在乌兰布通正面对峙，济咙在其中暗助噶尔丹。如康熙帝质问达赖喇嘛（时达赖喇嘛已逝，实际幕后人为第巴）所言：“第巴与噶尔丹朋比，恐吓班禅，言噶尔丹兵将要而杀之，不遣之行。先是，乌阑布通之役，遣济隆胡土克图为噶尔丹诵经，择战之。及噶尔丹败，又诱我军讲和，遂使噶尔丹得以远遁。朕知喇嘛断不作此举动，明系第巴指喇嘛之名而为之也。至噶尔丹大败于乌阑布通之时，顶尔所给威灵佛像于首，誓不复犯归降圣朝之喀尔喀……”见《清圣祖实录》卷175，康熙三十五年八月甲午条。

〔27〕应指第巴·桑结嘉措。

〔28〕第巴·桑结嘉措匿丧不发、勾结噶尔丹之事败露后，康熙帝大为震怒，派人携相关信物入藏查明。康熙在致第巴的书信中说：“今为殄灭准夷告捷礼，……遣使赍往，可令与达赖相见，令班禅来京，执济隆以畀我。如其不然，朕且檄云南、四川、陕西之师见汝城下!”第巴回信承认五世达赖喇嘛已经圆寂，班禅尚未出痘，不敢进京，唯“济隆当捷力至之京师，乞全其生命戒体。”济咙至京后，康熙未降重罪：“济隆胡土克图情罪甚大，理应当斩。但康熙三十六年三月谕第巴

旨内有宽宥其身命之语，请将济隆胡土克图并其弟子，发正阳门东城下龙泉庵，交步军统领及近庙官兵看守。该部酌量支给饮食。第巴请遣回济隆胡土克图之语，无庸议。”济咙至此被软禁在京，于火猪年（1707 年）在京圆寂。见谢廷杰等编著：《西藏昌都史地纲要》，拉萨：西藏人民出版社，2000 年，第 153—154 页。

〔29〕七世达赖喇嘛返藏为 1720 年。按《七世达赖喇嘛传》，在进藏之前驻锡塔尔寺期间，以及之后的进藏路上，七世达赖喇嘛曾多次接见来自西藏和康区的高僧，按此记载，七世济咙亦在其中。

〔30〕即颇罗鼐。

〔31〕1729 年，为防止准噶尔再次侵藏及西藏地方政局平稳，雍正皇帝决定将七世达赖喇嘛从拉萨移驻理塘，之后移驻泰宁惠远寺。1735 年彻底消除准噶尔部威胁后，当年护送七世达赖喇嘛从泰宁西返拉萨。

〔32〕即三世章嘉国师·若贝多杰（1717—1786 年）。1720 年坐床，罗卜藏丹津之乱后按照雍正皇帝旨意赴京，师从二世土观活佛。1734 年雍正帝正式封其为“灌顶普惠广慈大国师”，后乾隆帝封其为札萨克掌印喇嘛。

〔33〕1734 年，章嘉奉旨随大军前往泰宁护送七世达赖喇嘛返回拉萨，次年（1735 年）三月到达拉萨，七世济咙拜会章嘉当在此时。章嘉赴藏后除了在拉萨达赖喇嘛座前听法，还曾赴扎什伦布寺，在五世班禅座前受比丘戒。从此处记载看，七世济咙似乎一直陪在章嘉身边，直到章嘉闻雍正皇帝驾崩后于 1736 年启程回京之时，七世济咙还与其一路结伴返回。七世济咙此次拜会章嘉，也为其之后被章嘉推荐为雍和宫堪布打下了基础。

〔34〕此处原文似误，当为 1736 年火龙年。

〔35〕1744 年，乾隆将其父皇雍正登基前之王府雍亲王府改为藏传佛教寺院，称为“雍和宫”，藏语“དགའ་ལྡན་བྱིན་ཆགས་གླིང་།”。按照章嘉呼图克图的举荐，乾隆皇帝命达赖喇嘛委派七世济咙进京担任雍和宫堪布。根据时任驻藏大臣傅清的上奏：“副都统臣傅清谨奏，为请旨事。准理藩院咨文内开：办理雍和宫事务处来文内称，吾处奏准，为遵旨议奏事。乾隆十一年十月二十七日奉上谕：章嘉呼图克图奏称，西藏济隆呼图克图乃学艺精良高僧。将此咨文达赖喇嘛，著将济隆呼图克图送来，主持雍和宫，总管教习学经喇嘛。钦此。钦遵。除咨文达赖喇嘛外，经查，济隆呼图克图现居西藏鄂博勒硕般多地方，若赴藏复又遣返，因往返行走时日长久，故咨文副都统傅清、王颇罗鼐，将济隆呼图克图照先前所送喇嘛等之例办理，即送至京城。除跟役外，随从徒弟不得过二十名。……遵此将此咨文驻藏办事大臣傅清、郡王颇罗鼐，敬谨查勘谕旨内事宜，明白转告达赖喇嘛，立即遵办。等语到来。奴才傅清我将此立即照部咨文，详禀达赖喇嘛、郡王颇罗鼐。惟由部指派之处，教经喇

嘛务必由已出天花喇嘛内选送等语，并无提起济隆呼图克图之处。惟济隆呼图克图现尚未出痘，是否即刻送去之处，奴才岂敢不预先奏闻皇上。”之后，西藏方面就济咙是否出痘做了调查，并将结果迅速上奏：“今将济隆呼图克图携至藏，臣等亲自询问，济隆呼图克图告称：我身并未出痘，然吾父告诉我，我母亲怀我时曾出痘，故我在我母亲怀里已出痘。先前章嘉呼图克图来藏我等闲聊时，我亦告之等语。照此，咨文济隆呼图克图之父询问，亦呈称若此。吾藏人有若女人怀孕时出痘，怀的孩子也属已出痘等语。再，若视我西藏所有之大喇嘛，扎塞呼图克图、散巴呼图克图、沃古嘎济隆呼图克图皆年纪小，第穆呼图克图、簇藏呼图克图、喇希钟呼图克图皆未出痘，除伊等而外，并无与济隆呼图克图相当之大喇嘛。今文殊师利大皇上在京城修大庙，召集众喇嘛，教习技艺，弘扬黄教，特为安逸众生。管理教习皇上所修大庙之众喇嘛时，若非似济隆呼图克图之喇嘛，实属不能。今济隆呼图克图在其母怀内已出痘，且济隆呼图克图感戴文殊师利大皇上之恩典，亦言愿意前往，宜将济隆呼图克图照原谕旨送至京城。”见《驻藏办事大臣傅清奏请济隆呼图克图未出天花应否送京及达赖喇嘛贡使应由何路进京折》《驻藏办事大臣傅清奏请济隆呼图克图情愿进京俟准噶尔熬茶使者离藏后再令起程事折》，载《清代雍和宫档案史料》第四册，第252—249、291—285页，参赵令志：《济隆七世呼图克图入京考》，《吉林师范大学学报》2015年第4期，第2—3、5页。

〔36〕即六世班禅。

〔37〕即入朝觐见皇帝。

〔38〕应指西宁城。按满文档案记载，当时的驻藏大臣索拜和西宁办事大臣众佛保都详细上奏了济咙进京前的准备和行进计划，乾隆十三年（1748年）五月初八日，济咙一行正式离藏启程，经北道先至西宁并稍作休整，然后于闰七月二十五日由众佛保安排遣送进京。

〔39〕即紫禁城。

〔40〕乾隆十八年十一月十七日《著加封济隆呼图克图禅师并颁给印信之上谕》，内容为：济隆呼图克图乃西域大喇嘛，从藏地前来，管教雍和宫习经众喇嘛，甚为尽心。其全心全意奉行黄教教理，大为可赞，著施恩封为禅师，颁给印信。著该部查找定例议奏。钦此。参赵令志：《济隆七世呼图克图入京考》，《吉林师范大学学报》2015年第4期，第8页注3。

〔41〕即九世济咙活佛洛桑丹贝坚赞（བློ་བཟང་བསྟན་པའི་རྒྱལ་མཚན）。

〔42〕《九世达赖喇嘛传》载，水鸡年（1813年），强佐和随从等多次请求卜问摄政达擦诺门汗活佛转世于何处等问题。由于（达赖喇嘛能）遍知三时，遂稍待时日。不久卜卦后得到未来授记，曰（济咙活佛）将转世于东方离寺不远之地，

需要注意母亲名字带有“桑”（བསམ）字，幼童名带“拉杰”（ལྷ་རྒྱལ）。如此在萨松朗杰大殿中金瓶掣签时，所掣出之名签与之前授记无异，即为堆达（地方）（བདེས་མདའ）头人竹氏（འབྲུ）之子。并为其取名阿旺洛桑丹贝坚赞（ངག་དབང་བློ་བཟང་བསྟན་པའི་རྒྱལ་མཚན）。见第穆·图丹晋美嘉措（དེ་མོ་ཧོ་ཐོག་ཐུ་བློ་བཟང་ཐུབ་བསྟན་འཇིགས་མེད་རྒྱ་མཚོ།）、洛桑赤列朗杰（བློ་བཟང་འཕྲིན་ལས་རྣམ་རྒྱལ།）：《历辈达赖喇嘛传·第九世达赖喇嘛传和第十世达赖喇嘛传（第12册）》（རྒྱལ་དབང་སྐུ་ཕྲེང་རིམ་བྱོན་གྱི་མཛད་རྣམ་ལས་སྐུ་ཕྲེང་དགུ་པ་ལུང་རྟོགས་རྒྱ་མཚོ་དང་།སྐུ་ཕྲེང་བཅུ་པ་ཚུལ་ཁྲིམས་རྒྱ་མཚོའི་རྣམ་ཐར།），北京：中国藏学出版社，2011年，第204页。

〔43〕《九世达赖喇嘛传》载，之前强佐等人还对该灵童心存怀疑，但经在大皇帝画像前之金瓶掣签，结果与之前授记吻合，诸人遂生起无限信仰。见第穆·图丹晋美嘉措、洛桑赤列朗杰：《历辈达赖喇嘛传·第九世达赖喇嘛传和第十世达赖喇嘛传（第12册）》，北京：中国藏学出版社，2011年，第206页。

〔44〕即时任摄政七世第穆呼图克图阿旺洛桑图丹晋美嘉措。

第二十二章　历辈察雅扎巴嘉措活佛

聂热（ཉག་རེ）或察雅扎巴嘉措（བྲག་གཡབ་གྲགས་པ་རྒྱ་མཚོ）之世系[1]，（其转生最初为）佛前之阿罗汉邬陀夷（དགྲ་བཅོམ་འཆར་ཀ），（其后依次有）阿阇黎绛白协念（སློབ་དཔོན་འཇམ་དཔལ་བཤེས་གཉེན）、吞米桑布扎（ཐོན་མི་སམ་བྷོ་ཊ）、大成就者德罗巴（གྲུབ་ཆེན་ཏེ་ལོ）、大成就者传人沃阐旺久（གྲུབ་ཆེན་རྗེས་འབྲང་འོ་བྲན་དབང་ཕྱུག）、普琼巴宣努坚赞（ཕུ་ཆུང་བ་གཞོན་ནུ་རྒྱལ་མཚན）[2]、俄·罗丹喜饶（རྔོག་བློ་ལྡན་ཤེས་རབ）[3]、昌都强森喜饶桑布（ཆབ་མདོ་བྱང་སེམས་ཤེས་རབ་བཟང་པོ）[4]、芒康扎巴桑布（སྨར་ཁམས་གྲགས་པ་བཟང་པོ）[5]等多人。

（关于察雅扎巴坚赞之）法座传承，且说在朵康六岗或三岗之一的芒康岗（སྨར་ཁམས）上部，有不同氏族之三大部落，统称聂热（ཉག་རེ）。噶居扎巴嘉措（དཀའ་བཅུ་གྲགས་པ་རྒྱ་མཚོ）[6]出生于上述三部之一的麦须达贝岗（མེར་གཤིས་མདའ་སྤུས་སྒང），父为咒师拉结贡（སྔགས་པ་ལྷ་རྗེ་མགོན），母名阿白措（ཨ་པད་མཚོ），出生于（藏历）第十饶迥水猴年（1572 年），幼名斗格扎西（གདུགས་དཀར་བཀྲ་ཤིས）。二十岁之前多耽于娱乐，以觉醒之态观见世俗家庭生活之痛苦本性，遂赴卫藏佛法之地。在塔布扎仓（དྭགས་པོ་གྲྭ་ཚང）和热堆（ར་བ་སྟོད）等地圆满听闻诸多教法经论，拜（四世）班禅曲吉坚赞（པཎ་ཆེན་ཆོས་ཀྱི་རྒྱལ་མཚན）等多位贤哲为上师。在复返康区之前去拜见（四世）达赖喇嘛云丹嘉措，

（达赖喇嘛）赐弥勒金像并赞其为持教圣贤（བསྟན་འཛིན་དམ་པ）。在（四世）帕巴拉曲吉杰布（འཕགས་པ་ལྷ་ཆོས་ཀྱི་རྒྱལ་པོ）座前听受协俄法系能断灌顶等多种甚深教法。后在离家乡不远处如岩檐[7]般之修行洞中静心修炼，终成一代大德。上述三部（对其）生起信仰之心而日趋聚于此地，（遂）以四摄之法（将各部教民）统之。（藏历）第十饶迥铁鸡年（1621 年）在旧寺遗址上新建卡撒顶扎西曲宗寺（ཁར་ས་སྙིང་བཀྲ་ཤིས་ཆོས་རྫོང）。政教事业昌盛之时，于六十七岁（1638 年）时逝往净土。

（噶居扎巴嘉措的）近侍喇嘛桑杰扎西（སངས་རྒྱས་བཀྲ་ཤིས）[8]按其（扎巴嘉措）"不久会有白髯王者驾临，必将利益佛法事业也，汝依之，必善"之授记，在厄鲁特固始汗统治整个青海和朵康之地时，前往拜见固始汗。（桑杰扎西当时向固始汗）禀曰："请恩准（本寺）继续管辖吾之上师此前以教法所统之各部"，（固始汗）念在黄帽教派本为一系，颁诰皆准其请。"察雅"（བྲག་གཡབ，意为"岩檐"）之名，即由此上师所居之所而来。（噶居扎巴嘉措）此后曾有一转世，（不幸）只寿三岁。

复有二世法座阿旺索朗伦珠（ངག་དབང་བསོད་ནམས་ལྷུན་གྲུབ）[9]，（藏历）第十一饶迥火猪年（1647 年）生于洛拉（སྟོམ་ལྷ）地方，父为宁玛派持咒师索朗伦珠（བསོད་ནམས་ལྷུན་གྲུབ），母意希玛（ཡེ་ཤེས་མ）。曾两赴卫地，似在五世达赖喇嘛座前先后受沙弥、近圆戒，拜嘉日瓦上师亲传弟子本洛强巴顿珠（བྱམས་པ་དོན་གྲུབ）、仲巴达普巴（དྲུང་པ་ཏ་ཕུག་པ）等为师，舍弃一切世俗之幻相而静心修证佛性。三十六岁水狗年（1682 年），即五世达赖喇嘛圆寂之年之藏历六月圆寂。

三世法座阿旺楚臣列珠（ངག་དབང་ཚུལ་ཁྲིམས་ལས་གྲུབ）[10]，（藏历第十一饶迥）水猪年（1683 年）出生于松雪聂塘（གསུ་སོད་ཉིས་ཐང）。其父帕瓦次多（པ་བ་ཚེ་མདོ），母名奔措玛（འབུམ་མཚོ་མ）。只寿十岁。

四世法座即重新掌权之转世活佛洛桑朗杰（བློ་བཟང་རྣམ་རྒྱལ）[11]，（藏历第十二饶迥）水鸡年（1693 年）生于雄雪列热（གཞུང་སོད་ལེ་ར）西部地方。父为努氏（སྣུབ）持咒师拉旺（ལྷ་དབང），母洛雅吉（ལོ་

ཡག་སྐྱིད)。曾多次赴卫藏等地，在（五世）班禅洛桑意希、珠却阿旺乔旦（སྐྱབས་མཆོག་ངག་དབང་མཆོག་ལྡན）和（七世）达赖喇嘛格桑嘉措、本洛强巴（དཔོན་སློབ་བྱམས་པ）等座前听受广博显密教法。先后于康区为广大信众讲授达赖喇嘛所传教法两次。由于旧寺受到地震破坏，新建现烟多曲德寺（དབྱེན་ཟླུམ་ཆོས་སྡེ།）[12]。主持抄写纯金粉书写之《甘珠尔》等诸多所依，为弥勒殿弥勒菩萨像造覆罩金铜顶等。如此广兴政教善业，于五十八岁第十三饶迴铁马年（1750 年）时圆寂。

其（四世察雅切仓洛桑朗杰）之转世班丹丹巴坚赞（དཔལ་ལྡན་བསྟན་པ་རྒྱལ་མཚན）[13]，（藏历第十三饶迴）火鼠年（1756 年）出生在前世的同一家族之中，父为阿古（ཨ་འགུར），母名次仁玛（ཚེ་རིང་མ）。先后多次赴卫藏等地，在热堆听受诸多佛法，在（六世）班禅班丹意希、嘉塞仁波切等座前听受无数文殊藏显密甚深教法。塑立三层半楼高之金铜无量光佛像、巨幅佛像唐卡等诸多所依，以闻思修等方式广兴佛法事业后，于第十四饶迴铁羊年（1811 年）逝往西方净土。

由此一佛转生无数之转世活佛，（当前之察雅切仓转世活佛）身如上弦月[14]，正以朵康地区佛法和信众之依靠而在也。

注释

〔1〕此活佛世系据说传自 12 世纪噶当派高僧俄·罗丹喜饶，所以通常称为察雅罗丹喜饶活佛系统。实际上，察雅的罗丹喜饶转世系统是从 17 世纪的扎巴嘉措开始的，后来形成了切仓（ཆེ་ཚང།，大活佛）和琼仓（ཆུང་ཚང།，小活佛）两个系统。

〔2〕普琼巴（1031—1106 年），阿底峡弟子，后从仲敦巴学法，藏传佛教噶当派著名高僧，由其传出噶当派教诫派。

〔3〕即著名的俄译师罗丹喜饶（1059—1109 年），俄译师列贝喜饶之侄，藏传佛教噶当派著名高僧。罗丹喜饶佛学造诣极高，尤其是辩才无敌，曾在其叔俄列贝喜饶圆寂后继任桑浦寺住持，对藏传因明学发展作出了突出贡献。

〔4〕即宗喀巴大师的亲传弟子强森法王喜饶桑布，昌都强巴林寺的创建者。

〔5〕著名高僧，俄尔钦贡噶桑布（1382—1456 年）的弟子。

〔6〕噶居扎巴嘉措（1572—1638 年），即一世察雅切仓罗丹喜饶活佛。8 岁时

随舅父白玛多杰学习，24 岁时到卫藏学经求法，先后师从四世班禅和四世达赖喇嘛学经。后返康区，于 50 岁（1621 年）时在卡撒顶创建了察雅第一座格鲁派寺院扎西曲宗。1638 年圆寂，享年 67 岁。见土呷：《昌都清代的四大呼图克图》，《中国藏学》2001 年第 4 期，第 43—44 页。

〔7〕此即藏文“བྲག་གཡབ”，即察雅地名之由来。

〔8〕此人之后亦有转世，形成察雅琼仓活佛转世系统。

〔9〕阿旺索朗伦珠（1647—1682 年），即二世察雅切仓罗丹喜饶活佛。1654 年由五世达赖喇嘛授记并认定，6 岁时在察雅寺坐床。曾协助达赖洪台吉平息本康珠在康区挑起的动乱。1682 年圆寂，享年 36 岁。见土呷：《昌都清代的四大呼图克图》，《中国藏学》2001 年第 4 期，第 44 页。

〔10〕阿旺楚臣列珠（1683—1692 年），即三世察雅切仓罗丹喜饶活佛。

〔11〕洛桑朗杰（1693—1750 年），即四世察雅切仓罗丹喜饶活佛。1719 年（康熙五十八年），洛桑朗杰由于积极支持清军入藏驱逐准噶尔部有功，康熙赐“讲习黄法那门汗之印”，为清朝中央政府首次给察雅切仓活佛世系的封号。1745 年扎西曲宗寺失火，在烟多地方新建扎西央恰寺，后来被称为察雅母寺。1750 年圆寂，享年 58 岁。见土呷：《昌都清代的四大呼图克图》，《中国藏学》2001 年第 4 期，第 44 页。

〔12〕即后来的察雅母寺。

〔13〕班丹丹巴坚赞（1756—1811 年），即五世察雅切仓罗丹喜饶活佛。1759 年（乾隆二十四年），乾隆帝赐其“黄教传法呼图克图诺门罕”名号。曾主持修缮母寺佛殿、僧舍等，兴办法相院。1788 年廓藏战争期间，曾亲率察雅民兵开赴前线抗击廓尔喀侵略军。1811 年圆寂，享年 56 岁。见土呷：《昌都清代的四大呼图克图》，《中国藏学》2001 年第 4 期，第 44 页。

〔14〕即洛桑土登·晋美曲吉嘉措（1814—1857 年），六世察雅切仓罗丹喜饶活佛。15 岁到拉萨哲蚌寺学经，返回察雅后在母寺创办 32 个扎仓，使察雅母寺的学经制度更加完善。1836 年参与征讨波密噶郎德巴取得胜利，受到朝廷嘉奖。1855 年廓尔喀再次侵藏之时，亦率众前往征讨，朝廷嘉奖“乍丫掌教诺们罕，著赏给郭罗奇博波郭鄂布哈禅师名号”。见中国藏学研究中心等合编：《元以来西藏地方与中央政府关系档案史料汇编》第三册，北京：中国藏学出版社，1994 年，第 1005 页。1857 年圆寂，享年 44 岁。见土呷：《昌都清代的四大呼图克图》，《中国藏学》2001 年第 4 期，第 44 页。

第二十三章　历辈琼仓活佛

琼仓（ཁྱུང་ཚང）之世系〔1〕，（此前之转生依次为）文殊菩萨、阿底峡尊者近前俄·列贝喜饶、（一世）达赖喇嘛根敦珠之亲传弟子绛央却拉沃塞（འཇམ་དབྱངས་མཆོག་ལྷ་འོད་ཟེར）、噶居扎巴嘉措〔2〕近前喇嘛桑杰扎西（སངས་རྒྱས་བཀྲ་ཤིས）〔3〕。此（桑杰扎西）喇嘛对察雅政教事业之发展贡献极大，土狗年〔4〕出生，铁兔年〔5〕圆寂，享年六十四岁。

其（桑杰扎西之）转世扎巴曲增（གྲགས་པ་ཆོས་འཛིན）〔6〕，火鸡年〔7〕出生，水狗年〔8〕圆寂，享年仅二十六岁。

其（扎巴曲增之）转世洛桑旦巴（བློ་བཟང་བསྟན་པ）〔9〕，似乎广习萨迦和格鲁两派教法，水猪年〔10〕出生，土羊年〔11〕圆寂，享年五十七岁。

其后为格桑土登旺久（སྐལ་བཟང་ཐུབ་བསྟན་དབང་ཕྱུག）〔12〕。铁鸡年〔13〕出生，享年三十四岁〔14〕。由于未见上述各人之详细传记，只能略记如此。洛桑朗杰（བློ་བཟང་རྣམ་རྒྱལ）下半生及格桑土登嘉措（སྐལ་བཟང་ཐུབ་བསྟན་རྒྱ་མཚོ）〔15〕是为（七世）达赖喇嘛格桑嘉措时期。当前之转世活佛洛桑丹贝嘉措（བློ་བཟང་བསྟན་པའི་རྒྱ་མཚོ）〔16〕，正驻人间广兴政教事业矣。（七世）达赖喇嘛格桑嘉措时期，洛桑朗杰活佛〔17〕似乎获得清朝皇帝颁赐之印册。

注释

〔1〕即察雅小活佛系统，据说为大译师俄·列贝喜饶的转世。

〔2〕即上述一世察雅切仓罗丹喜饶活佛。

〔3〕桑杰扎西，即第一世琼仓活佛。目前尚未找到历辈琼仓活佛的生卒年记载，但一世琼仓活佛桑杰扎西曾在固始汗讨伐康区时，按其上师切仓活佛之遗嘱归顺固始汗，因此可以以固始汗讨伐康区的年代为基础，在知道历代琼仓活佛的藏历出生年月或享年的基础上，大致推算出公元年代。

〔4〕通过推算，应为 1598 年。

〔5〕通过推算，应为 1651 年。

〔6〕即第二世琼仓活佛。

〔7〕通过推算，应为 1657 年。

〔8〕通过推算，应为 1682 年。

〔9〕即第三世琼仓活佛。其他资料又作克珠洛桑（མཁས་གྲུབ་བློ་བཟང）。

〔10〕通过推算，应为 1683 年。

〔11〕通过推算，应为 1739 年。

〔12〕即第四世琼仓活佛。

〔13〕通过推算，应为 1741 年。

〔14〕通过推算，圆寂年应为 1773 年。

〔15〕此处所记洛桑朗杰和格桑土登嘉措两个名字似误。从下文来看，此两辈琼仓活佛大概在七世达赖喇嘛时期（1708—1757 年），按上述我们推算的几辈琼仓活佛的生卒年，这里的洛桑朗杰和格桑土登嘉措当为上述三世琼仓洛桑旦巴和四世琼仓格桑土登旺久之误（本书编者亦指出后者非格桑土登嘉措，而是格桑土登旺久），或者此两辈活佛各有两个法名。

〔16〕即第五世琼仓活佛。按上述推算，当出生于 18 世纪 70 年代，19 世纪初仍然健在。

〔17〕即第三世琼仓活佛。

第二十四章　达隆活佛政教史

且说具吉祥塘巴噶举之达隆仁波切（སྟག་ལུང་རིན་པོ་ཆེ）[1]及其政教事业之发展。道统教主众生怙主宝（འགྲོ་མགོན་རིན་པོ་ཆེ）[2]之究竟三弟子中，礼敬究竟弟子达隆塘巴钦布（སྟག་ལུང་ཐང་པ་ཆེན་པོ）于阿钦水狗年[3]出生在朵康央雪澎热顶（གཡང་སོད་པོང་ར་སྟེང），父为卡斯氏（ཀ་བཟི）班伦巴塞（བན་སྟོན་འབར་སེ），母为格松婥姆（དགེ་གསུམ་ཁྲོ་མོ）[4]。十八岁出家为僧,[5]二十二岁到卫地，长期拜在具德帕木竹巴（ཕག་མོ་གྲུ་པ）大师座前，终成传授甚深教法之一代法主。众生怙主（帕木竹巴多吉杰布）圆寂后，（达隆塘巴）精心处理后事，受近圆戒后亲往伍茹北方一带，建立雅塘寺（ཡར་ཐང）。[6]（在此寺）致力于讲修传承，有最胜证悟者之弟子多人，包括古叶仁波切（སྐུ་ཡལ་རིན་པོ་ཆེ）等四大心传弟子[7]和十八随弟子[8]等。任（达隆寺）住持三十年后，于六十八岁时凝于不动佛（རྒྱལ་བ་མི་འཁྲུག་པ）之意田也。

其后之古叶仁钦贡布（སྐུ་ཡལ་རིན་ཆེན་མགོན་པོ）[9]，为上述（达隆仁波切）之侄。自幼就至塘巴钦布（ཐང་པ་ཆེན་པོ）之近前，圆满听受诸多甚深教法。二十岁受近圆戒并出任（达隆寺）住持。[10]三十五岁时立雅塘寺诸所依。任住持二十八年后，于四十四岁时逝往寂空。[11]

其后为桑杰雅雄喜饶喇嘛（སངས་རྒྱས་ཡར་བྱོན་ཤེས་རབ་བླ་མ）[12]。其出生地与上述（古叶仁钦贡布）一样，十六岁[13]出家，十九岁到卫地，拜古叶仁波切为师。后担任（达隆寺）代理法主[14]，立诸多所依，聚三千六百僧人之大规模僧团。享年七十岁[15]。

之后为桑杰温（སངས་རྒྱས་དབོན）[16]，为上述（桑杰雅雄喜饶喇嘛）之侄，故称为桑杰温。十三岁到卫地出家。原名扎巴贝沃塞桑布（གྲགས་པ་དཔལ་འོད་ཟེར་བཟང་པོ）。在雅雄[17]和杂纳达巴（ཛྙ་ན་དྷ་པ）处听受无限甚深教法。受具足戒后出任雅塘寺住持两年左右，后返回康区。二十五岁时在驻锡于中部康区十八大雪（ཤོད་ཆེན་བཅོ་བརྒྱད）之一的益雪类乌齐（དབྱི་ཤོད་རི་བོ་ཆེ），建立佛宫寝殿（བླ་བྲང་གཟིམ་སྤྱིལ）、纳仓雪殿（ནག་ཚང་ཤོད）、能仁王山殿（ཐུབ་དབང་ལྷུན་པོ）等基本建筑，以讲修合一之法利益众生无量。[18]据传（此尊者桑杰温）为大圣大悲菩萨之化身。四十六岁[19]逝往清净持明之圣地北方香巴拉也。

之后为邬坚贡布（ཨོ་རྒྱན་མགོན་པོ）[20]。出生在卫地澎域（འཕན་ཡུལ）地区，五岁到类乌齐（寺），从舅拉仁波切（ཞང་རིན་པོ་ཆེ）等听受诸多教法。十二岁出家。二十八岁即第四饶迥木猴年[21]为大佛殿奠基，即花色底层身中心、红色中层语中心、白色顶层意中心之立体吉祥时轮坛城状（大殿），七年后竣工。曾于央贡寺修行六年，多行利益众生之事。七十四岁时[22]圆寂。

其后由杰嘉韦参坚（རྗེ་རྒྱལ་བའི་མཚན་ཅན）[23]登上住持之位，在大殿内立佛像、中型十万佛塔等。担任住持十九年后卸任，后于五十八岁时圆寂。

其后热达纳嘎拉（རཏྣ་ཀཱ་ར）[24]担任住持，主持书《甘珠尔》《丹珠尔》，建一百零八座小围殿。

其后扎巴参坚（གྲགས་པའི་མཚན་ཅན）[25]上任，建热达纳所依佛像和灵塔等，四十六岁圆寂。

其后有弥约贡布（མི་གཡོ་མགོན་པོ）[26]，寿四十六岁。之后为贡布意希（མགོན་པོ་ཡེ་ཤེས）[27]，寿四十四岁。其后为杰久丹旺久（རྗེ་འཇིག་རྟེན་དབང་ཕྱུག）[28]，在任六十多年，寿七十八岁。上述各人，特别是此尊者（久丹旺久）建立所依甚多，（塑像抄经）此时尤为盛也。

其后有杰卡仲索朗扎西（རྗེ་མཁར་དྲུང་བསོད་ནམས་བཀྲ་ཤིས）[29]，此人保

持勤于精修密法之僧态，虽未实际登上住持之位，然对政教事业之发展贡献颇多。时值达赖喇嘛莲花事业兴起之时，建立宁玛佛殿莲花宫及旧密扎仓等，无分别发展新旧两派，悟得甚密精髓，尤其以甚深加行解脱二法获得怀、伏之果也。

其子有白玛杰布（པདྨ་རྒྱལ་པོ）[30]和杰仲措吉多杰（རྗེ་དྲུང་མཚོ་སྐྱེས་རྡོ་རྗེ）[31]等人。措吉多杰在父亲（及其他上）师座前听受广博教法，后任住持，寿六十二岁。然到其晚年，恰逢下部白利土司顿月占领朵康大部分地区，大肆打压佛教之际，因此寺院暂时受到较大破坏。

之后杰仲扎巴坚赞（རྗེ་དྲུང་གྲགས་པ་རྒྱལ་མཚན）出世。曾长期驻于雅塘寺，随扎西贝珠（བཀྲ་ཤིས་དཔལ་གྲུབ）[32]和红帽曲吉旺久（ཞྭ་དམར་ཆོས་ཀྱི་དབང་ཕྱུག）[33]等师听受诸多甚深教法。在格鲁派和蒙古福田施主之政教阳光再次辐照瞻部洲中心边地各处，大地再次得到统一之时，因格鲁派和达隆（噶举）之前本就友好，此前之政教事业得以恢复。后（杰仲扎巴坚赞）重回康区之时，不幸在途中圆寂。

此时认定了白玛杰布之转世灵童[34]并迎请至昌都，上报五世达赖喇嘛。为复兴玛塘寺，从卫藏特派曲杰扎西贝珠（ཆོས་རྗེ་བཀྲ་ཤིས་དཔལ་གྲུབ）（担任类乌齐寺住持）[35]。此（曲杰扎西贝珠）尊者诞生于卫地澎域地区，在达隆阿旺朗吉[36]座前剃度出家、受近圆戒，并圆满听受所有佛法。（其）从雅塘住持任上前来类乌齐（任住持），建立俗称为“达隆扎仓”（སྟག་ལུང་གྲྭ་ཚང）之“噶举三戒林”（བཀའ་བརྒྱུད་སྡོམ་གསུམ་གླིང），集有识、清净之五百多名（学僧），新建佛殿、僧舍多间，维修和新立诸多寺内所依，新立佛殿上之金顶，整治寺院戒律等。然新旧密院之三基仪轨[37]等，因当时遗失传统等恶习而致未能建立也。（曲杰扎西贝珠）曾驻锡康区十余年，广行利益众生之事。卸任（类乌齐寺住持）后复至雅塘寺，于此塞巴隆（སེ་བ་ལུང）净修，其后逝往寂空。

其后之玛塘后嗣，第巴仁钦坚赞（སྡེ་པ་རིན་ཆེན་རྒྱལ་མཚན）之子杰仲扎巴列珠（རྗེ་དྲུང་གྲགས་པ་ལེགས་གྲུབ）[38]，为央贡寺（ཡང་དགོན）第一世活佛[39]，（其）于扎西贝珠座前听受诸多灌顶教法、出家、受近圆戒等。扎西贝珠赴卫地时，命其代替自己担任住持，被委任为玛塘教法之主。（杰仲扎巴列珠）在广兴政教事业后圆寂。

其[40]转世杰仲扎巴仁钦喜饶伦珠（རྗེ་དྲུང་གྲགས་པ་རིན་ཆེན་ཤེས་རབ་ལྷུན་གྲུབ）[41]，出生于琼布达雪卡斯（ཁྱུང་པོ་ཏ་སོད་ཀ་ཟི）家族，由达隆阿旺丹增赤列朗杰（སྟག་ལུང་ངག་དབང་བསྟན་འཛིན་འཕྲིན་ལས་རྣམ་རྒྱལ）[42]剃度出家，闻思圆满，在孜（རྫེ）、央（ཡང）共同认可下出任央贡寺住持，广兴教法事业。

其[43]转世活佛扎巴仁钦列珠（གྲགས་པ་རིན་ཆེན་ལེགས་གྲུབ）[44]即当前建在之尊者，出生于八宿阿扎（དཔའ་ཤོད་ང་ཟག）地方，依噶托仁增（ཀ༔ཐོག་རིག་འཛིན）[45]大师于泥婆罗做出之明确授记等（得以认定），经报八宿寺法台冉热活佛（རག་ར་སྤྲུལ་སྐུ）确认后正式坐床。多方闻思，多建所依，又于修行地主巴卡（དབེན་འབྲུག་པ་ཁ）等地闻思修舍离禅定等多种教法，当前正在修习和弘扬佛法中。

以上为央贡寺法嗣系统也。

注释

〔1〕达隆塘巴扎西贝（1142—1210 年），帕竹噶举祖师帕木竹巴多吉杰布弟子，达隆噶举创始人。1159 年在塘嘉寺（ཐང་སྐྱ）出家为僧，赐法名扎西贝（བཀྲ་ཤིས་དཔལ）。1165 年赴卫地，师从帕木竹巴大师。帕木竹巴圆寂后，曾北上建达隆寺，开创达隆噶举派。

〔2〕即帕木竹巴多吉杰布。

〔3〕藏历第二饶迥水狗年，即 1142 年。

〔4〕按《达隆教法史》，卡斯属西藏远古六大氏族之一的札（དཟ）氏族，父名班伦巴布（བན་བློན་འབར་པོ），母叫格松察姆（དགེ་གསུམ་ཁྲ་མོ），父母名与本书所记各有一字之差。见夏仲阿旺朗吉（སྟག་ལུང་ངག་དབང་རྣམ་རྒྱལ）：《达龙史籍》（སྟག་ལུང་ཆོས་འབྱུང），拉萨：西藏藏文古籍出版社，2013 年，第 179—180 页。

〔5〕按《达隆教法史》，土兔年（1159 年）在塘嘉寺（ཐང་སྐྱའི་གཙུག་ལག་ཁང）出家。

〔6〕即达隆寺，亦称“央贡寺”（ཡང་དགོན），由达隆塘巴建于 1180 年，位于今拉萨林周县境内。达隆噶举的主寺，除了此达隆寺，还有其后建立于昌都类乌齐县的类乌齐寺，所以通常将达隆寺称为“雅塘”（ཡར་ཐང）即上部寺院，类乌齐寺称

为“玛塘”（མར་ཐང）即下部寺院。

〔7〕按《达隆教法史》，达隆塘巴的四大心传弟子分别为喇嘛年多巴（བླ་མ་སྨྱུ་ཏོ་བ）、成就者次仁布或贤哲噶敦（གྲུབ་ཐོབ་ཚེ་རིང་པོའམ་དམ་པ་ཀ་སྟོན）、卓罗增（འབྲོ་སློ་བཙུན）和觉卧阿布巴（ཇོ་བོ་ཛ་འབུལ་བ）。见夏仲阿旺朗吉：《达龙史籍》，拉萨：西藏藏文古籍出版社，2013 年，第 217—218 页。

〔8〕十八随弟子名录见夏仲阿旺朗吉：《达龙史籍》，拉萨：西藏藏文古籍出版社，2013 年，第 219—220 页。

〔9〕古叶巴·仁钦贡布（1190—1236 年），达隆塘巴之侄，达隆寺第二任住持。

〔10〕按《达隆教法史》，古叶巴十九岁土龙年（1208 年）受比丘戒，铁马年（1210 年）出任住持。见夏仲阿旺朗吉：《达龙史籍》，拉萨：西藏藏文古籍出版社，2013 年，第 226、228 页。

〔11〕按《达隆教法史》，古叶巴圆寂于火猴年（1236 年），享年 47 岁。见夏仲阿旺朗吉：《达龙史籍》，拉萨：西藏藏文古籍出版社，2013 年，第 239—241 页。

〔12〕桑杰雅雄喜饶喇嘛（1203—1272 年），达隆寺第三任住持。在任期间曾制定“达隆三十九戒法”，详参夏仲阿旺朗吉：《达龙史籍》，拉萨：西藏藏文古籍出版社，2013 年，第 246—248 页。

〔13〕即土虎年（1218 年）。

〔14〕按《达隆教法史》，火猴年即 1236 年古叶巴圆寂后，时年 34 岁的桑杰雅雄喜饶喇嘛继任住持。见夏仲阿旺朗吉：《达龙史籍》，拉萨：西藏藏文古籍出版社，2013 年，第 245 页。

〔15〕按《达隆教法史》，桑杰雅雄喜饶喇嘛圆寂于水猴年（1272 年），见夏仲阿旺朗吉：《达龙史籍》，拉萨：西藏藏文古籍出版社，2013 年，第 259 页。

〔16〕桑杰温（1231—1296 年），桑杰雅雄喜饶喇嘛之侄。桑杰雅雄圆寂后，桑杰温代理达隆寺住持之位，后法王扎西喇嘛正式出任达隆寺第四任住持。由于此变故，桑杰温离开达隆寺，来到昌都类乌齐建立类乌齐寺，俗称“玛塘”。桑杰温即为玛塘寺第一任住持。

〔17〕即其叔伯桑杰雅雄喜饶喇嘛。

〔18〕桑杰温卸任达隆寺堪布后到昌都，建类乌齐寺（རི་བོ་ཆེ་དགོན），由其传出类乌齐法嗣。

〔19〕按《达隆教法史》，是年为火猴年即 1296 年。见夏仲阿旺朗吉：《达龙史籍》，拉萨：西藏藏文古籍出版社，2013 年，第 565 页。

〔20〕邬坚贡布（1293—1366 年），桑杰温之侄，据传为莲花生大师的化身，

类乌齐寺第二任住持。

〔21〕此处第四饶迥木猴年有误，按《达隆教法史》，邬坚贡布 28 岁时为 1320 年，即藏历第五饶迥铁猴年，见夏仲阿旺朗吉：《达龙史籍》，拉萨：西藏藏文古籍出版社，2013 年，第 572 页。

〔22〕按《达隆教法史》，邬坚贡布于藏历火马年即 1366 年五月初九日圆寂。

〔23〕又称克珠嘉韦参坚（མཁས་གྲུབ་རྒྱལ་བའི་མཚན་ཅན།，1344—1401 年），为邬坚贡布之侄。出生于木猴年（1344 年），六岁随兄扎巴仁钦（གྲགས་པ་རིན་ཆེན）受居士戒。后拜邬坚贡布为师，出家受戒、学修佛法，22 岁木蛇年（1365 年）受比丘戒。火马年（1366 年）邬坚贡布圆寂后，继任为类乌齐寺第三任住持。在任 19 年，后将住持之位传给热达纳嘎拉，自己潜心静修。按相关记载，嘉韦参坚在洪武年间获封国师，见杰仲·绛白坚赞（རྗེ་དྲུང་འཇམ་དཔལ་རྒྱལ་མཚན།）：《康区类乌齐寺、杰仲活佛、噶热喇嘛简史》（ཁམས་རི་བོ་ཆེ་དགོན་པ་དང་།རྗེ་དྲུང་སྤྲུལ་སྐུ་གོང་མ།མགར་ར་བླ་མ་བཅས་ཀྱི་ལོ་རྒྱུས་རགས་བསྡུས།），载政协西藏自治区委员会文史资料编辑部编：《西藏文史资料选辑（第 3 卷）》（བོད་ཀྱི་ལོ་རྒྱུས་རིག་གནས་དཔྱད་གཞིའི་རྒྱུ་ཆ་བདམས་བསྒྲིགས།），成都：四川民族出版社，2009 年，第 47 页。

〔24〕热达纳嘎拉，即仁钦迥丹（རིན་ཆེན་འབྱུང་ལྡན།，1362—1418 年），克珠嘉韦参坚之侄，据传为雅塘寺第七任住持热达纳嘎拉（1300—1361 年）的转世。1384 年，克珠嘉韦参坚传位于他，出任类乌齐寺第四任住持。在任 35 年，政教功德显赫。后将住持之位传给异母弟扎巴参坚，圆寂于藏历土狗年（1418 年）十二月十二日，享年 57 岁。

〔25〕扎巴参坚（1376—1421 年），又作仁波切察卡瓦（རིན་པོ་ཆེ་ཟྲག་ཁ་བ），热达纳嘎拉和阿阇黎日杂瓦（སློབ་དཔོན་རི་ཙ་བ）之弟。自幼在杰嘉韦参坚座前学经，12 岁火兔年（1387 年）出家受戒，听受桑杰温所有教法。土虎年（1398 年）受比丘戒，42 岁土狗年（1418 年）出任类乌齐寺第五任住持。46 岁铁牛年（1421 年）圆寂。

〔26〕弥约贡布（1409—1454 年），热达纳嘎拉之侄。9 岁火鸡年（1417 年）出家受戒，听受教法。14 岁水虎年（1422 年）到央贡寺，16 岁木龙年（1424 年）出任类乌齐寺第六任住持。46 岁木狗年（1454 年）圆寂。

〔27〕贡布意希（1430—1473 年），又称贡邦巴（ཀུན་སྤངས་པ）。16 岁木牛年出家受戒，在弥约贡布座前听受佛法。25 岁受比丘戒，出任类乌齐寺第七任住持。水马年（1462 年）将住持之位传给杰久丹旺久，自己致力于修行，44 岁水蛇年圆寂。

〔28〕久丹旺久（1454—1533 年），9 岁水马年（1462 年）出家受戒，出任类

乌齐寺第八任住持。在贡布意希座前听受佛法，毕生广兴法事，曾参与八世噶玛巴的认定，撰写有《玛塘噶举史》等著作。78 岁水蛇年圆寂。

〔29〕按《达隆教法史》，久丹旺久之后的住持是白玛杰布，但在久丹旺久圆寂之后、白玛杰布继任之前这段时期，由杰卡仲索朗扎西代理住持，但其并未正式担任住持之职。见夏仲阿旺朗吉：《达龙史籍》，拉萨：西藏藏文古籍出版社，2013 年，第 572 页。

〔30〕白玛杰布，又称白玛坚赞喜饶贝桑布（པདྨ་རྒྱལ་མཚན་ཤེས་རབ་དཔལ་བཟང་པོ），类乌齐寺第九任住持。

〔31〕措吉多杰，铁虎年（1590 年）出生，类乌齐寺第十任住持。61 岁铁虎年（1650 年）圆寂。

〔32〕扎西贝珠（1600—1671 年），达隆寺即雅塘寺第十八任住持。

〔33〕曲吉旺久（1584—1635），第六世红帽系噶玛巴活佛。

〔34〕此处记载似有误，按照后期杰仲活佛转世系统，第一世杰仲活佛为白玛杰布之弟措吉多杰。寻访到的二世杰仲活佛为仁钦喜饶。

〔35〕扎西贝珠 1615 年出任达隆寺第十八任住持，1638 年让位给侄子夏仲阿格旺久，自己到类乌齐寺，后任类乌齐寺第十一任住持。

〔36〕阿旺朗吉（1571—1626 年），达隆寺第十七任住持，《达隆教法史》作者。

〔37〕即寺院僧众需做之布萨（གསོ་སྦྱོང）、坐夏（དབྱར་གནས）、解制（དགག་དབྱེ）三种仪轨。

〔38〕杰仲扎巴列珠，类乌齐寺第十二任住持。

〔39〕按相关记载，此杰仲扎巴列珠为第三世杰仲活佛，之前的第一、二世杰仲活佛为措吉多杰迥乃和仁钦喜饶。见杰仲·绛白坚赞：《康区类乌齐寺、杰仲活佛、噶热喇嘛简史》，载政协西藏自治区委员会文史资料编辑部编：《西藏文史资料选辑（第 3 卷）》，成都：四川民族出版社，2009 年，第 47 页；谢廷杰等编著：《西藏昌都史地纲要》，拉萨：西藏人民出版社，2000 年，第 148 页。

〔40〕应指扎巴列珠。若按后句“转世杰仲扎巴仁钦喜饶伦珠”来看，则此处似应是第一世杰仲活佛，即措吉多杰迥乃，故疑似有误。

〔41〕仁钦喜饶为第二世杰仲活佛。从上下文来看，此处似应为四世杰仲活佛阿旺扎巴嘉措，因原文如此，暂存疑。杰仲活佛世系，见谢廷杰等编著：《西藏昌都史地纲要》，拉萨：西藏人民出版社，2000 年，第 148 页。

〔42〕阿旺赤列丹增朗杰（1691—1745 年），达隆寺第二十任住持。

〔43〕按原文，即杰仲扎巴仁钦喜饶伦珠。实际上应为四世杰仲阿旺扎巴嘉措。

〔44〕即第五世杰仲活佛，由嘉庆皇帝封为呼图克图，赐玉印。见杰仲·绛白坚赞：《康区类乌齐寺、杰仲活佛、噶热喇嘛简史》，载政协西藏自治区委员会文史资料编辑部编：《西藏文史资料选辑（第3卷）》，成都：四川民族出版社，2009年，第48页；谢廷杰等编著：《西藏昌都史地纲要》，拉萨：西藏人民出版社，2000年，第148页。

〔45〕噶托仁增钦布（1698—1755年），又名次旺诺布（ཚེ་དབང་ནོར་བུ），康区三岩（མདོ་སྨད་ས་ངན）人，藏传佛教著名高僧，曾游历康区、工布、卫藏、阿里和尼泊尔等地，著述甚多。

第二十五章　夏仲孜扎巴传略

（再说）夏仲孜扎巴（ཞབས་དྲུང་རྩེར་གྲགས་པ）系统之形成，第巴仁钦坚赞（སྡེ་པ་རིན་ཆེན་རྒྱལ་མཚན）除杰仲扎巴列珠（རྗེ་དྲུང་གྲགས་པ་ལེགས་གྲུབ）之外，并无其他子嗣。为了玛塘系传嗣，第巴仁钦坚赞从雅塘请来夏仲阿格旺久（ཞབས་དྲུང་ངག་གི་དབང་ཕྱུག）[1]，将神圣法主之位传让给（夏仲阿格旺久），承担衍嗣。之后由于小人从中挑拨离间，第巴仁钦坚赞与夏仲阿格旺久内部不睦，导致分裂为二。（夏仲阿格旺久）新建寝殿扎西饶丹（གཟིམ་ཁང་བཀྲ་ཤིས་རབ་བརྟན）等。

后有其（夏仲阿格旺久之）子扎西曲迥（བཀྲ་ཤིས་ཆོས་སྐྱོང）执掌政教两权。其（扎西曲迥）有两子，长子阿旺扎巴（ངག་དབང་གྲགས་པ）[2]出家为僧，杰仲圆寂后继任央贡寺住持，为（护送七世）达赖喇嘛格桑嘉措（入藏）坐床的朝廷官员提供支援，（为此）皇帝赐其印册。[3]

（扎西曲迥）幼子扎西朗杰（བཀྲ་ཤིས་རྣམ་རྒྱལ）衍嗣，却不得子。遂由出生于琼布达雪的一位转世活佛担任住持，不久即圆寂。为了再次衍嗣，为西藏（地方政府）噶伦次仁旺杰（བཀའ་བློན་ཚེ་རིང་དབང་རྒྱལ）之弟扎西贝（བཀྲ་ཤིས་དཔལ）迎娶囊谦（ནང་ཆེན）（头人）之女，结婚多年亦不得子，不久去世。之后由热夏巴（རག་ཤག་པ）之子夏仲阿旺曲吉扎巴（ཞབས་དྲུང་ངག་དབང་ཆོས་ཀྱི་གྲགས་པ）担任住持，享誉盛名而圆寂。

其（夏仲阿旺曲吉扎巴）转世活佛出生于昌都约堆（ཆབ་མདོ་གཡོ་སྟོད）地区，即现任住持也。

夏仲阿旺扎巴之转世为扎西扎巴坚赞（བཀྲ་ཤིས་གྲགས་པ་རྒྱལ་མཚན）[4]，出生于琼布麦如（ཁྱུང་པོ་སེ་རུ）地方，在央贡寺坐床，闻思圆满。杰仲扎巴仁钦[5]圆寂后继任住持，主持认定杰仲扎巴仁钦列珠[6]并坐床，建立诸多所依，六十岁[7]时圆寂。

其（扎西扎巴坚赞）之转世活佛[8]，出生于楚巴官家（ཕྲུ་པ་དཔོན་ཚང），现担任住持，政教事业正处上升期也。

如此，朵堆（མདོ་སྟོད）或吾等中部康区之官方、地方两家，其中诸位法主及其伟大政教事业诚如上述也。而（其时之）地方首领，有波沃噶朗巴（སྤོ་བོ་ཀ་ནམ་པ）[9]、上部嘉德（རྒྱ་སྡེ）各部之霍尔头人（འགོ་པ་ཧོར）[10]和琼布头人（ཁྱུང་པོ་དཔོན་ཁག）系统[11]、下部巴（འབའ）理（ལི）嘉拉（ལྷགས་ལ）等[12]。康区官府宗堡，大致有边坝达宗（དཔལ་འབར་ཏ་རྫོང）、嘉顿颂宗（རྒྱ་སྟོན་སོང་རྫོང）、硕督波沃宗（ཤོ་མདོ་སྤོ་བོ་རྫོང）、洛宗（ལྷོ་རྫོང）、左宗（མཛོ་རྫོང）、萨宗二宗（གསར་རྫོང་གཉིས）、贡觉芒康（གོ་འཇོ་སྨར་ཁམས）等。

芒康之前为蒙古总管（སོག་པོའི་སྤྱི་ཁྱབ）驻地，时称“嘎托”（སྨར་ཐོག），不是宗之建制，王颇罗鼐时期有总管伦策台吉德钦饶丹（བློན་ཚེ་ཐའི་རིགས་བདེ་ཆེན་རབ་བརྟན）之府邸似建于此处。

之前巴、理、嘉、塘（འབའ་ལི་རྒྱལ་ཐམ），以及木雅（མི་ཉག）等地曾为官府属宗，（七世）达赖喇嘛格桑嘉措于藏土之中心宫殿坐床时，康熙皇帝将此（上述诸宗）赏赐予其（七世达赖喇嘛）作为奉献，当前在四川、云南辖下，由诸多掌土司大印之官员管理。[13]

囊谦（ནང་ཆེན）、热须（རག་ཤུལ）、玉树（ཡུག་ཤུལ）等北部地区部落众多，皆属青海三王统治[14]。（七世达赖喇嘛）格桑嘉措坐床三年左右，其部发生内讧，雍正元年（将此地部属）封给纳多尔吉策旺（ནར་རྡོ་རྗེ་ཚེ་དབང）[15]。丹津亲王（བསྟན་འཛིན་ཆིང་དབང）不服朝廷而发动叛乱[16]，结果遭到失败，逃往准噶尔。于是，（此地之）诸多蒙藏大部落等皆归入朝廷国亲黄马褂与蒙古大臣之手[17]，在其之上新设西宁办事大臣（ཟི་ལིང་ཨམ་བན）[18]统率各部，由《（章嘉）传记》可知，此时正值章嘉若贝多杰七八岁之际也。[19]

后期名声显赫之德格土司（ས་སྐྱོང་སྡེ་དགེ），前文已有述及，其系统始自八思巴之近侍官员[20]，其后依次传承。当此前白利土司和蒙古等势力强盛之际，（德格土司）呈蛰伏之态，并不显眼。七世达赖喇嘛年幼之时（被迎到德格），（当时）出面接待者为德格喇嘛和丹巴泽仁。之后达赖喇嘛之妹下嫁给丹巴泽仁之子索朗贡布（བསོད་ནམས་མགོན་པོ）[21]。在此两任（土司在位）时期，正值蒙古各部内乱之际，康熙皇帝传旨在北部德格建上下殿（རྩེ་སྟོད་སྨད）三千多间，以印刷藏文大藏经作为拜谒。[22]另用强盛势力兼并或降服岭（གླིང）[23]等之南北部落众多，朝廷赐顶戴花翎和土司职位，被人称为“德格杰布”（སྡེ་དགེ་རྒྱལ་པོ）[24]。关于此（德格土司）系统与家族之历史，前辈司徒活佛（སི་ཏུ）所撰之《〈甘珠尔〉目录》（བཀའ་འགྱུར་དཀར་ཆག）[25]有详细记载。（德格土司）现为萨迦和噶玛噶举之大施主也。

如此不离至圣世间自在慈悲事业之时的福田施主三王集聚，由此因缘所合之力而形成之黄帽教派政教大业——天授甘丹颇章政权，自其以金轮善治之无限盛名推动政教事业传遍广袤大地以来，先后出现之历代法嗣、执政，以及所封赐之小邦、部落等各种分支之大致历史，至此阐述完毕。

现附言一段作为结尾也。往昔大圣三依怙主[26]之化身——吐蕃祖孙三法王[27]掌政之时，虽然以政护教，但期间仍有逆缘之力所生之无依期等七十年也。直到后来蒙古法令一统天下之前，（西藏亦）有超过三百年之分裂割据政权之空白时期[28]。后弘期以降，有文殊化身之昆氏家族所建具吉祥萨迦巴（地方政权），虽然统治时间不长[29]，但却开启了政教兴盛、秉正持政之序幕。其后有金刚手之化身大司徒后裔贤明统治较长时期，[30]其政衰落后五十余年，大圣大悲菩萨如愿持政，政权转入有寂顶庄严历辈达赖喇嘛之手。[31]如此，以上皆为三依怙之事业也。

且说现前虽将各利益有情之主分别列出，然诚如《噶当经卷》所言，实则此藏土仍以大圣观世音为尊也。至于撰写此书之目的，《西藏王臣记》对往昔之历史以及萨迦、帕竹时期之记载可谓细矣，然则只以（五世）达赖喇嘛之前所集之文献整合而成，加之其间夹杂大量诗歌韵文，使诸多愚钝者不知其意也。热堆仁波切（ར་སྟོད་རིན་པོ་ཆེ）之文集当中，（关于相关历史）亦有些许记载，但有过于简略之病，且次序多有混乱。（鉴于上述原因），选择编撰此书之重任也。如若仅仅关注（佛教）善法，（撰写）此类（王统历史之）内容，其实用处甚小，盖国王统军杀伐与强人纷争宣言等等，本非出家人之所为也。若能彻底摒弃喧嚣之言、世俗之事，以闻思修为唯一事业，吾等自当崇敬；如若不能，就算拘泥于说文解字相争诡辩之诸分别师，亦会接近“无意义歧义与有义”之前二者也。虽然（当前）以僧侣之身，一心谋求衣食（享受）、（行事）善恶不分者亦不在少数，但世间众人正如《珍珠》中形容般，纷纷摈弃高尚与善行，寡廉又轻义，在此烧杀劫掠无恶不作赛过禽兽者布满大地之恶世，既有（如此）具有高上吉祥福德之无分别教法施主之王统，以及相应时期萨迦、噶举、格丹、历辈达赖喇嘛和班禅师徒等殊胜圣贤之略传，对此进行阐述，相信不仅无过，亦大大胜过普通之古史传说也。

诚如吾辈导师之所教：“应究器情世界之盛衰”。试想之前强大昌盛，功高盖世之历代先辈王臣，余留后世者，仅为如斯区区身世和名号！若能仔细度之，诚如“无常皆苦无我空，四大法印以净心”所示般，意在世俗之安乐与富贵并无意义，一切表象之背后乃无常之本质也。且说西藏此地，（往昔）法王赤松父子开创之唯一别解脱僧众根本部、瑜伽行寂护之中观见、无上大瑜伽之密咒观行、甚深密法等，皆由王廷旨令明确，凡有缘具善根者可视其为秘密教法而修持，但不得用于世间之事。然后弘时期，王法衰败，除僧众之部尚可言有余存之外，其他两种[32]皆未能传世，由此形成不同之上师，皆有各自不同之教派命名与传承法统。往昔善世之时，多有僧众共聚、无分别闻思之现象，就算不至如此，但偏袒站队、相互仇视等现象等却是极为罕见。诚如莲花生大师“教派不同各持自家法”之授记，（此后）各教派首领热衷于教派之争，其间甚至多有相互联合攻伐之举。一些教派之兴衰，与其根本施主之力量大小与盛衰成败息息相关，如此事例亦不少见。如此，一些欲知前事者，多不见原典而信口开河，比如因第巴桑结嘉措盛名极隆之故，所以（后世）一说“第巴”，皆认为所指即为其人，对其后之七世达赖喇嘛福田施主（之历史），亦信为先前之传说。基于此，遂撰此著也。

注释

〔1〕阿格旺久，为杰仲扎巴列珠堂弟。1638 年继扎西贝珠出任达隆寺第十九任住持，1640 年卸任。

〔2〕阿旺扎巴（1688—1723 年），即第一世帕曲活佛（འཕགས་མཆོག་རིན་པོ་ཆེ）。

〔3〕因其支援清军护送七世达赖喇嘛入藏，雍正皇帝赐其呼图克图称号。

〔4〕扎西扎巴坚赞（1724—1785 年），即第二世帕曲活佛。

〔5〕即上述四世杰仲阿旺扎巴嘉措。

〔6〕即上述五世杰仲仁钦列珠。

〔7〕按相关记载，当为 62 岁。

〔8〕扎巴曲英伦珠（གྲགས་པ་ཆོས་དབྱིངས་ལྷུན་གྲུབ།，1786—1829 年），即第三世帕曲活佛。

〔9〕即波密土王，因其驻在今波密县古乡噶朗村，故称为噶朗王。清代其王统治范围包括今波密、墨脱、林芝县部分地区，最盛时辖 18 个宗。道光十六年（1836 年），封旺秋饶丹为噶朗第巴，承认了波密土王的势力。

〔10〕即霍尔三十九族，又称藏北三十九族，为清代游牧于今西藏那曲东部和昌都西北部一带的三十九个部落的总称。雍正十年（1732 年），西藏与青海勘定边界时，南路的三十九族与达木蒙古同归驻藏大臣管辖，遂被称为“嘉德”，即“汉管”三十九族之意。

〔11〕指统领西藏丁青县境琼布七族之部落首领琼布王系统。据史载，琼布家族初居阿里，为象雄应供上师的后代。后该族辗转迁至丁青一带，清代直属驻藏大臣管辖。

〔12〕即巴塘土司、理塘土司和明正土司，通常与著名的德格土司合称为甘孜四大土司。清代德格和明正土司领宣慰司，巴塘和理塘土司领宣抚司。

〔13〕雍正四年（1726 年），鄂齐、班第会同川、藏、滇三方官员会勘地界，决定以金沙江西的宁静山为界，以西为达赖喇嘛之“香火地”，以东属四川，中甸属云南。

〔14〕固始汗占领青海后，将青海分给其几个儿子作为领地，俗称“八台吉”。固始汗去世后，五世达赖喇嘛将青海和硕特部分为左右两翼。此处所谓之“青海三王”，似指驱逐准噶尔后得到清廷承认的三位青海蒙古部首领，即右翼的亲王罗卜藏丹津、亲王察罕丹津，以及左翼的郡王额尔德尼额尔克托克托鼐。

〔15〕即第十八世囊谦王。

〔16〕指雍正元年的罗卜藏丹津之乱。

〔17〕年羹尧、岳钟琪等平定罗卜藏丹津之乱后，推行了一系列善后措施，比如收抚蒙古各部为内番、蒙藏各部以黄河为界、青海西藏分界等。

〔18〕平定罗卜藏丹津之乱后，清廷依年羹尧奏《青海善后事宜》十三条，设置青海办事大臣，总理青海蒙古二十九旗和玉树等四十族事务。因后来办事大臣衙门设于西宁，故又称为西宁办事大臣，首任青海办事大臣为蒙古人达鼐，于雍正三年（1725 年）到任。

〔19〕按《章嘉国师若必多吉传》：“当时，青海的首领丹津亲王等人统治一方的福气将尽，竟如盲人持棍上阵，欲与四大转轮王的军队较量一般，准备反叛汉地，掀起战乱。水兔年（1723 年），年羹尧和岳钟琪率领大军平定青海蒙古。当时有色科寺的色钦然绛巴等几个鬼迷心窍的人协助蒙古军队，恶缘具集，致使清朝皇帝下令惩治色科寺，殃及佑宁寺和许多大大小小无辜的寺院。当年兵临色科寺，木龙年（1724 年）兵临佑宁寺，将两寺夷为平地。”见土观·洛桑却吉尼玛著，陈庆英、马连龙译：《章嘉国师若必多吉传》，北京：中国藏学出版社，2007 年，第 20—21 页。

〔20〕据说德格土司先人索郎珠钦曾获帝师八思巴赏识，被赞为“四德十格之大夫”，遂有“德格”之称。后被元朝廷封为“朵麦东本”即朵麦千户长。

〔21〕德格第十三代土司，在位一年。

〔22〕此处似有误，建立德格印经院并刻印德格版大藏经是在雍正年间。德格十二代土司却吉·丹巴泽仁（1678—1739 年）于雍正七年（1729 年）始建德格印经院，前后经过 16 年最终建成。德格版《甘珠尔》在丹巴泽仁的主持下雕造于雍正七年至十一年（1729—1733 年）。

〔23〕应指林葱土司，长盛于元明清三代，主要范围在今四川甘孜藏族自治州石渠、德格二县境内，为康区著名地方势力之一，后随德格土司的崛起而逐渐衰落。学术界亦有观点认为，民间史诗《格萨尔王传》中的岭国，就是指林葱土司

辖地。

〔24〕雍正七年（1729 年），德格土司丹巴泽仁被授予安抚司衔，隶属打箭炉厅管辖。雍正十年（1732 年），加宣慰司职衔。从此，德格土司系统正式成为当地政教统治者。

〔25〕即德格甘珠尔目录，全称《佛说藏译原本全集之近撰善言·能使愉悦智者之莲盛开月光藤》（བདེ་བར་གཤེགས་པའི་བཀའ་གངས་ཅན་གྱི་བརྡས་དྲངས་པའི་ཕྱི་མོའི་ཚོགས་ཇི་སྙེད་པ་པར་དུ་བསྒྲུབས་པའི་ཚུལ་ལས་ཉེ་བར་བརྩམས་པའི་གཏམ་བཟང་པོ་བློ་ལྡན་མོས་པའི་ཀུནྡ་ཡོངས་སུ་ཁ་བྱེ་བའི་ཟླ་འོད་གཞོན་ནུའི་འཁྲི་ཤིང་ཞེས་བྱ་བ་བཞུགས་སོ།），司徒·却吉迥乃（སི་ཏུ་ཆོས་ཀྱི་འབྱུང་གནས།，1700—1774 年）著，成书于藏历第十二饶迥水牛年（1733 年）。司徒·却吉迥乃为德格八邦寺第一世司徒活佛，藏族历史上的著名学者，八邦寺（དཔལ་སྤུངས་དགོན་ཐུབ་བསྟན་ཆོས་འཁོར་གླིང）的创建者。

〔26〕指观世音菩萨。

〔27〕指吐蕃赞普松赞干布、赤松德赞和赤热巴巾。

〔28〕自公元 9 世纪中叶吐蕃王朝灭亡，到 13 世纪中叶西藏被纳入元朝中央政府行政管辖，其间约历四百年。

〔29〕从八思巴至元元年（1264 年）使领总制院事统辖藏地事务，到至正十四年（1354 年）绛曲坚赞受封“大司徒”，其间经历 90 年。

〔30〕从 1354 年大司徒绛曲坚赞建政到 1618 年被藏巴第悉政权推翻，帕竹地方政权经历 260 多年。

〔31〕藏巴第悉政权正式建立于 1618 年，不过到 1642 年就被蒙藏联军推翻，建立了甘丹颇章地方政权。

〔32〕即上述瑜伽行寂护之中观见和无上大瑜伽之密咒观行。

跋颂

有寂[1]善饰天道广阔面，
三明[2]智慈尽显皓月轮，
时常映照时劫水桶中，
二法一十六之部分尽。
洛桑扎巴[3]持教祈愿力，
引来北方人主护法王，
无数信力强大具能众，
皆为索南名者幻化伏，
自由统治西藏广阔土。
梵天之力引来多闻妒，
统一甘丹政教事业盛，
法令大幡遍盖世间土，
居空各路天神如此言。
娑婆土之中心雪山顶，
四部三能皆归五面王，
历代传记苍龙啸声起，
心中之火瞬间消弭尽。
虽然讲辩著之智慧逊，
有据可查史料所成金，
五色珍宝格言所缀书，

可做兼听智者耳饰美。
多多词汇未能精炼足，
真真历史要点汇总毕，
美美修饰辞藻虽然无，
清清专为欲知史者做。
所资善业古达花般白，
可助摆脱世间愚昧枷，
获得遍智佛之殊胜果，
愿度众生皆往解脱土。
世间众生安乐唯一根，
指示具德十力教证法，
持此共众佛主日月二，
尤以吾等救主化身尊，
座下金刚宝座永远固。
统治广阔土地人主群，
十善慈悲之法治理民，
尽力后延世间衰落期，
愿那圆满太阳灿烂光，
普照三界善兆永不逝！

如此将雪域大地主要统治者之历史，以及汉、蒙古历代大政权之简史等，以史籍形式阐述之此书《上善贤哲耳饰》（ཡ་རབས་མཁས་པའི་སྙན་རྒྱན）者，撰于〔4〕神圣导师圣者遍智日亲威武者（ཀུན་མཁྱེན་ཉི་མའི་གཉེན་དྲག་པོ）铁猴年降生，（佛历）2782 年即铁龙年涅槃之后过 2702 年〔5〕，大圣世间自在化为人主之松赞（干布）诞生后 1195 年〔6〕，释迦牟尼佛殿大昭寺建立后 1167 年〔7〕，印度一切学者与得道者之主——持明莲花生大师为利益藏土众生而为怙主后 1073 年〔8〕，师君三尊聚首修建三样曲阔寺（ཟན་ཡངས་ཆོས་འཁོར）〔9〕后 1071 年〔10〕，后弘佛主具吉祥阿底峡诞生后 840 年〔11〕，第一饶迥土羊年了义道统法主无比冈布巴诞生后743年[12]，第四饶迥水牛年萨迦八思巴管理包括中心和边地所有西藏之境后567年[13]，第五饶迥火牛年康区类乌齐寺建立后545年[14]，第六饶迥土牛年金刚手化身大司徒绛曲坚赞成为全藏之主后473年[15]，之后七年即该饶迥之火鸡年遍智文殊怙主上师[16]诞生后465年[17]，第一世达赖喇嘛根敦珠巴诞生后431年[18]，甘丹寺建立后413年[19]，第七饶迥火蛇年吉祥昌都强巴林寺建立后385年[20]，其后该饶迥之水马年帕索曲坚诞生后320年[21]，第十饶迥铁马年无量光佛化身班禅洛桑曲坚诞生后252年[22]，其后该饶迥之火蛇年五世（达赖喇嘛）尊者诞生后205年[23]，其后该饶迥之铁鸡年建立察雅旧寺卡撒顶后201年[24]，第十一饶迥水马年北方人主固始汗统治卫藏、康区全境，将自己所辖领土、百姓、政权等所有一切以供奉之方式献给遍照大德[25]，将（五世达赖喇嘛）尊为天地间所有土地之主人，其后三年木鸡年开始修建布达拉宫之后197年[26]；第十一饶迥火龙年达赖喇嘛赐给怙主三世济咙八宿所有寺庙和部落之后146年[27]，其后三年土羊年牟尼赞普化身、第巴桑结嘉措登上大位后143年[28]；第十二饶迥土鼠年达赖喇嘛格桑嘉措诞生，十三岁即铁鼠年登上兜率第二菩提洛迦金座，开启甘丹颇章政教后弘期后103年[29]；第十三饶迥铁龙年[30]摄政大师意希洛桑丹贝贡布[31]诞生，三十岁即铁猪年[32]主持西藏政教事业，三十二年后之第十四饶迥水马年[33]，于北方之土，藏土中区，朵康上部所属雨生林（ཆར་སྐྱེས་ཤིང）八宿寺，寺院住持、徒有转世活佛之虚名，持出家人之姿态者，以还愿之心撰于氐宿月上旬。祝吉祥，吉祥！此著由冉热活佛赤钦阿旺旦贝坚赞贝桑布撰于□十三岁时也。

注释

〔1〕有寂（སྲིད་ཞི），即生死涅槃。

〔2〕三明（རིག་གསུམ），指无学道者所具有的三神通，即宿命明或前际明（སྔོན་གྱི་གནས་རྗེས་སུ་དྲན་པའི་མཐའ་རིག་པ）、天眼明或后际明（འཆི་འཕོ་བ་དང་སྐྱེ་བའི་ཕྱི་མའི་མཐའ་རིག་པ）、漏尽明（ཟག་པ་ཟད་པ་རིག་པ）。见《藏汉大词典》编写组（《བོད་རྒྱ་ཚིག་མཛོད་ཆེན་མོ་》རྩོམ་སྒྲིག་ཚོ་ཆུང་།）：《藏汉佛学词典》（བོད་རྒྱ་ནང་དོན་རིག་པའི་ཚིག་མཛོད།），成都：四川民族出版社，

1993 年，第 1511 页。

〔3〕即宗喀巴。

〔4〕从以下一系列年代线索看，本书著于公元 1822 年，即第十四饶迴水马年。

〔5〕关于释迦牟尼诞生、成道与涅槃的年代，一直以来存在不同的算法，所以传统的“佛历”之间多有出入。1950 年，“世界佛教徒联谊会”议决佛陀诞生于公元前 623 年，成道于公元前 588 年，涅槃于公元前 543 年。1954 年决定佛教国家以“佛历”纪元，即由释迦牟尼涅槃日（公元前 543 年）计算起。

〔6〕按此计算法，本书认为松赞干布出生于公元 627 年，于通常认为的公元 617 年相差整整十年，所以此处若为“大圣世间自在化为人主之松赞（干布）诞生后 1205 年”，则与传统史籍记载相同。

〔7〕按此计算法，本书认为大昭寺建于公元 655 年。按照传统说法，大昭寺建于松赞干布迎娶泥婆罗赤尊公主和大唐文成公主之后，而根据藏汉史料，松赞干布逝于公元 650 年。因此本书此处计算应有错误。

〔8〕按此计算法，本书认为莲花生大师到达吐蕃的年代为公元 749 年。

〔9〕即桑耶寺。

〔10〕按此计算法，本书认为桑耶寺首建年代为公元 751 年。

〔11〕按：阿底峡生于公元 982 年。

〔12〕按：冈布巴生于公元 1079 年。

〔13〕结合此段相关年代计算，此处计算似有误，即将八思巴管理西藏的年代算成了 1253 年，按该年八思巴正式到蒙古，忽必烈尊其为上师。因此当为“第四饶迴水牛年萨迦八思巴管理包括中心和边地所有西藏之境后 569 年”。

〔14〕按：类乌齐寺建于公元 1277 年。

〔15〕按此计算法，本书认为大司徒绛曲坚赞管理西藏地方事务是在 1349 年。

〔16〕即宗喀巴大师。

〔17〕按：宗喀巴大师生于 1357 年。

〔18〕按：第一世达赖喇嘛根敦珠巴诞生于 1391 年。

〔19〕按：甘丹寺建立于 1409 年。

〔20〕按：昌都强巴林寺建于 1437 年。

〔21〕此处计算似有误。按此计算法，本书认为帕索·曲吉坚赞生于 1502 年，而实际上帕索·曲吉坚赞的生年当为 1402 年，即第七饶迴之水马年，两者之间整整差了一百年。因此，此处当为“第七饶迴之水马年帕索曲坚诞生后 420 年”。

〔22〕按：四世班禅洛桑曲坚诞生于 1570 年。

〔23〕按：五世达赖喇嘛诞生于 1617 年。

〔24〕按：察雅旧寺当建成于 1621 年。

〔25〕即五世达赖喇嘛。

〔26〕按：布达拉宫始建于 1645 年，结合此段相关年代计算，此处计算似有误，当为“木鸡年开始修建布达拉宫之后 177 年”。

〔27〕按此计算法，此事发生在 1676 年。

〔28〕按：桑结嘉措担任第巴是在 1679 年。

〔29〕此处计算似有误，结合此段相关年代计算，当为“开启甘丹颇章政教后弘期后 102 年”。

〔30〕即 1760 年。

〔31〕即八世济咙呼图克图意希罗桑丹贝贡布。

〔32〕即 1791 年。

〔33〕即 1822 年。

后 记

至今仍清晰地记得，当敲下这部译稿的最后一条注释，我曾起身走到阳台上，伸长脖子想看一下当时东方的天空是否泛起了经常被人描写的鱼肚白，结果除了冰冷的高楼，一无所见。

也不知道一共熬了多少次夜，才完成了这部《西藏王统世系·水晶鉴》的译注工作。需要特别说明的是，我说熬了多少次夜，说最终完成译注是在又一个黎明，并不是在这里标榜自己有多勤奋多拼命，毕竟，当课题已经进行到了第七个年头，而你最后又只能熬夜突击，这时候除了反思自己的效率，根本没有任何其他推脱的理由。是的，在这期间，我和同事们曾经全身心地投入到《西藏通史》的编纂和修改工作中，曾经多次深入到西藏和其他涉藏州县的高山牧场和田间地头开展社会调研，曾经高质量地完成了上级部门委托的各类应急课题和工作任务，但是，在更多的时候，还是个人时间管理出了问题，紧迫感不足，不愿意迈开第一步，不愿意逼自己一把。

2014 年，历史所申报重点课题“西藏地方政治史研究与藏文历史文献翻译整理”，由于我熟练掌握藏汉双语，课题负责人张云老师让当时只是助理研究员的我承担其中一个子课题。我自幼酷爱读史，上大学以来细读的藏文史籍也不算少，更是诸多藏文史籍汉译本的受惠者。这次有机会参与藏文史籍的翻译课题，既能继续走陈庆英先生等历史所前辈开拓的学术之路，又能进一步锻炼自己阅读史料和分析研究的能力，自然是倍加珍惜。

我第一次读到这部《西藏王统世系·水晶鉴》是在大学本科期间，因为在一篇文章中提到奈巴班智达的《奈巴教法史》，所以从图书馆借来收录有这部教法史的《西藏史籍五部》。看完《奈巴教法史》后，将其后的四部史籍也看了一遍，其中对主编恰白·次旦平措先生评价《西藏王统世系·水晶鉴》的那句可以补充“五世达赖喇嘛《西藏王臣记》所记之后的西藏历史”印象深刻。到中国藏学研究中心历史研究所工作后，有一次参加《西藏通史·清代卷》的审稿和修改工作，当时邓锐龄先生正在关注昌都大小乍丫活佛的问题，问我有没有看过相关的藏文史书，我就提到了《西藏王统世系·水晶鉴》并提供了几段译文，结果得到先生的赞赏。所以，当第一次参加中心的重点课题，要选择一部史籍进行翻译时，我毫不犹豫地选择了这部《西藏王统世系·水晶鉴》。

接下来的第一年，我较为高效地完成了这部史籍前五章的译注，并以此为基础完成了我的第一个，也是至今唯一一项所级课题。然后，就回到了这部后记的开头，翻译和注释工作由于种种原因推进缓慢，在迷茫和焦虑中坚持零敲碎打了几年，直到不能再拖的时候，才万不得已逼了自己一把——每天定量完成一天的任务，所以才有了最后阶段连续挑灯夜战的“壮举”。那一个个日日夜夜，现在回想起来感觉相当复杂。平静的日子，被突如其来的新冠疫情搅得支离破碎。当我每天凌晨完成当天的任务准备睡觉时，都会经过挂着一排口罩的窗口，每当这时候我就祈祷疫情尽快过去。今天，我在同样的时间写这篇后记，尽管这该死的疫情还在继续，但胜利已在眼前。

年少之时，曾想来日方长，自当挥斥方遒、著书立说，如今年逾不惑，方有此鄙陋之作，感慨颇多。感谢当年在藏东八宿古庙中独守青灯奋笔疾书写下这部珍贵史籍的作者，正因为有了他的努力，我们才有了继《西藏王臣记》后又一部藏文通史性著作。感谢所有为藏文史籍翻译打下坚实基础的学界前辈，正因为有了你们的开拓，我们才能在不断学习的过程中得到成长。当然，更要感谢所有关心、帮助我完成这项工作的亲人、师长、学友们，尽管个人水平有限、努力也不够，但你们的关怀和指引，激励和包容，相伴和相助，是我在这个过程中收获的最温暖的、最珍贵的礼物，在此就不一一具名，一并谢过了。

最后，感谢自己一直以来的坚持，感谢能够有幸长期伏案读书的平凡生活。曾文正公曾言："盖士人读书，第一要有志，第二要有识，第三要有恒。有志则断不甘为下流；有识则知学问无尽，不敢以一得自足，如河伯之观海，如井蛙之窥天，皆无识者也；有恒者则断无不成之事。此三者缺一不可。"这句话，也是我这段经历最大的收获。

也许是机缘巧合，《西藏王统世系·水晶鉴》完成于 1822 年，这部译注本出版之时，恰值原作成书二百周年之际，可谓吉祥圆满！

班玛更珠

2022 年 3 月 16 日

图书在版编目（CIP）数据

西藏王统世系·水晶鉴/（清）冉热·阿旺旦贝坚赞著；班玛更珠译注. —北京：中国藏学出版社，2022. 7

（藏文古籍文献翻译研究丛书/郑堆主编）

ISBN 978-7-5211-0385-4

Ⅰ. ①西… Ⅱ. ①冉… ②班… Ⅲ. ①西藏-地方史-研究-清代 Ⅳ. ①K297. 5

中国版本图书馆 CIP 数据核字（2022）第 119790 号

西藏王统世系·水晶鉴

（清）冉热·阿旺旦贝坚赞 著　班玛更珠 译注

责任编辑　徐华兰
封面设计　李建雄
出版发行　中国藏学出版社
印　　刷　中国电影出版社印刷厂
印　　次　2022 年 8 月第 1 版第 1 次印刷
开　　本　787×1092 毫米　1/16
印　　张　20
字　　数　288 千
书　　号　ISBN 978-7-5211-0385-4
定　　价　75. 00 元

图书若有印装质量问题，请与本社发行部联系
E-mail：dfhw64892902@126. com　电话：010-64892902